TERAPIA DE RELACIONES OBJETALES
PARA EL TRATAMIENTO DEL ABUSO SEXUAL

TERAPIA DE RELACIONES OBJETALES
PARA EL TRATAMIENTO DEL ABUSO SEXUAL

Jill Savege Schraff
y David E. Schraff

Diseño de portada: Estudio La fe ciega / Domingo Martínez
Traducción: Gabriela Uranga Grijalva
Revisión técnica: Ana María Barroso

Título original: *Object Relations Therapy of Physical and Sexual Trauma*

First published in the United States
by Jason Aronson, Inc. Lanham, Maryland, U.S.A.
This translation published by arrangement with Jason Aronson. All Rights
Reserved.
Publicado por primera vez en los Estados Unidos
por Jason Aronson, Inc. Lanham, Maryland, E.U.A.
Esta traducción es publicada por acuerdo con Jason Aronson. Todos los
derechos reservados.

© 1994, Jill Savege Scharff y David E. Scharff

Derechos reservados

© 2017, Ediciones Culturales Paidós, S.A. de C.V.
Bajo el sello editorial PAIDÓS M.R.
Avenida Presidente Masarik núm. 111, Piso 2
Colonia Polanco V Sección
Delegación Miguel Hidalgo
C.P. 11560, Ciudad de México
www.planetadelibros.com.mx

Primera edición impresa en México: octubre de 2017
ISBN: 978-607-747-422-7

Impreso en los talleres de Litográfica Ingramex, S.A. de C.V.
Centeno núm. 162-1, colonia Granjas Esmeralda, Ciudad de México
Impreso y hecho en México—*Printed and made in Mexico*

Para nuestros pacientes y colegas,
cuyas vidas estuvieron atravesadas por un trauma
y que nos han enseñado a través de esa vivencia.

Contenido

SECCIÓN III
Tratamiento de los efectos del trauma sexual en los individuos y en las familias

Prefacio a la edición de 2009

En los años posteriores a la escritura de este libro, la teoría sobre el trauma ha florecido con investigaciones que profundizan nuestro punto de vista sobre el impacto negativo en el desarrollo y funcionamiento psicológico a consecuencia de un trauma severo emocional, físico o sexual. Tenemos la esperanza de que los lectores encuentren útil el enfoque de las relaciones objetales sobre los ataques al bienestar del niño durante su crecimiento y hacia el adulto que ha sufrido un trauma infantil. Decidimos volver a editar el libro porque el tema clínico central es más relevante que nunca y porque continuamos trabajando en la forma en que aquí se describe.

Al mismo tiempo, el conocimiento que se ha añadido ha fortalecido nuestra comprensión y nos ha proporcionado nuevas visiones sobre por qué el trauma temprano es tan devastador y tan difícil de tratar, tanto en las terapias breves como en los tratamientos psicoanalíticos de largo plazo que conforman el pilar de este libro. No es nuestra intención presentar experiencias en otras modalidades de tratamientos, por ejemplo, hipnosis, psicofarmacología, métodos conductuales-cognitivos o en la desensibilización a través del movimiento ocular. Eso corresponde a otros libros escritos por clínicos provenientes de esas tradiciones. Nosotros investigamos a profundidad lo que conocemos mejor; esto es, los tratamientos analíticos para los trastornos de estrés postraumático, los trastornos de ansiedad, las fobias y los trastornos de la personalidad, como la personalidad limítrofe (*borderline*), que, con frecuencia, son las secuelas de un trauma.

Las investigaciones que validan los tratamientos psicoanalíticos actualmente proceden de numerosas fuentes. Los resultados de los estudios del grupo de Kernberg (Clarkin, *et al.*, 2007), de Milrod y sus colegas (2007) y de Fonagy, Target y sus colegas de Londres (Fonagy,

2001; Fonagy y Target, 1994a, 1994b; Bateman y Fonagy, 2003, 2006; Fonagy, *et al.,* 2007; Fonagy, *et al.,* 2002) sobre los enfoques psicoanalíticos han empezado a mostrar resultados comparables, o superiores, a los tratamientos farmacológicos y de enfoque cognitivo-conductual. Estos estudios, actualmente en sus primeras etapas, comienzan a sugerir que los pacientes tratados con terapias psicodinámicas breves continúan mejorando después del tratamiento en forma más rápida que los que son tratados con otro tipo de terapias breves. La terapia de largo plazo es mucho más compleja, de manera que no se ha intentado hacer estudios similares de sus resultados; pero el estudio de Bateman y Fonagy de los resultados en pacientes con trastorno limítrofe de la personalidad (*borderline*) tratados con una hospitalización parcial con enfoque analítico muestra una mejoría firme y sostenida en el seguimiento a largo plazo (Bateman y Fonagy, 2003). En este breve prefacio, solo sugerimos algunas de las áreas de la teoría del apego, de la regulación del afecto y de la neurociencia que sustentan nuestro trabajo con los sobrevivientes de trauma. Nos hemos interesado en el corpus de trabajo cada vez mayor sobre la investigación del apego que proporciona herramientas para estudiar la transmisión intergeneracional de las relaciones objetales internas. La formulación original de Bowlby sobre el apego de los bebés con sus madres hizo hincapié en la ventaja evolutiva del sistema de apego para la supervivencia (Bowlby 1969, 1973, 1980). Ainsworth y sus colegas (1978) ampliaron las formulaciones de Bowlby para aplicarlas a su estudio de los apegos seguros e inseguros. Cuando Main y Solomon (1986) descubrieron la categoría de apego desorganizado y temeroso dentro del grupo de apego inseguro, vincularon este trastorno especialmente severo del sistema de apego con casos de trauma y negligencia severa en el cuidado de los niños en su etapa temprana. En tanto que Bowlby consideraba que el propósito teleológico del apego estaba al servicio de la sobrevivencia real en el mundo salvaje, observable —por ejemplo, en los animales pequeños que protestan llorando cuando los deja la madre—, Fonagy, Target y sus colegas (Fonagy, *et al.,* 2002) ampliaron el propósito evolutivo a uno que maximiza el potencial humano para el desarrollo. El apego seguro ofrece la mejor situación para que los padres ayuden al hijo a que pase de la corregulación del afecto a una regulación autónoma del self y al desarrollo máximo total de la mente. Los niños que están creciendo utilizan su apego a los padres para desarrollar un self que es capaz de relacionarse adecuadamente y que, al mismo tiempo, es autónomo. Los niños logran esto aprendiendo de la corregulación del afecto que se inicia con sus padres para pasar a la regulación de su propio afecto y aprendiendo gradualmente a leer las mentes y los estados mentales de los otros coloreados inconscientemente por las emociones. Esta lectura e interpretación sofisticadas de las intenciones y de las experiencias de los otros asegura no solo la supervivencia, sino, igualmente importante, una capacidad para florecer y competir en el ámbito humano. Fonagy y Target llaman a esta capacidad *mentalización*. El trauma interfiere con la seguridad del apego y limita la capacidad de la mentalización. Cuando el sistema de apego se encuentra bajo amenaza, la necesidad de asegurar una base emocional con otra persona anula otras necesidades y la posibilidad de una actividad mental más compleja, comprometiendo el crecimiento. La conducta se vuelve menos compleja y menos flexible. Predominan las conductas repetitivas, automáticas, desencadenadas por el miedo.

Los avances en la psicología del desarrollo y en la teoría del apego han sido confirmados por la neurociencia. En las últimas dos décadas, el descubrimiento de las *neuronas espejo* (Rizzolatti y Craighero, 2004) ha establecido que todas las personas nacen con la capacidad de sintonizar neurológicamente con otros, interiorizando las experiencias emocionales de las otras personas, aprendiendo a través de señales en espejo que son percibidas por las áreas motoras y emocionales del cerebro. Las neuronas espejo de la corteza motora se conectan con las cortezas visual y auditiva, que son estimuladas cuando una persona realiza una acción y cuando la misma persona ve o escucha a alguien más realizar una acción similar. Podemos aprender una acción motora al verla y podemos aprender una emoción al observarla (ver, oír u oler). Esta investigación ha proporcionado una base neurológica para la comunicación inconsciente (Ferrari y Gallese, 2007). La discusión sobre la identificación proyectiva e introyectiva en este libro ha sido validada por la neurociencia. Esto ha conducido a la idea de que el inconsciente mismo es producto de la interacción interpersonal (Schore, 2003; Scharff y Scharff, 2008).

La detección de las neuronas espejo otorga a la neurociencia una herramienta para explicar la forma en que aprendemos sobre, y a través de, la experiencia de los otros. Cuando los padres se comportan en forma traumática o negligente, los bebés internalizan emocionalmente estas experiencias. En forma similar, cuando los padres son extremadamente ansiosos, temerosos, felices, tristes o enojados, los bebés asimilan estos estados emocionales como el sustrato de la experiencia futura. Ambas clases de experiencias se codifican en la mente infantil. Esto explica por qué es probable que los padres que muestran estilos de apegos desorganizados, tal como se codifica en la "Entrevista de apego adulto", tengan hijos que muestren un apego desorganizado en relación con ellos (Fonagy, 2001). El tipo de apego se transmite al ver y sentir los temores y ansiedades que se muestran en los ojos y los cuerpos de los padres, que el bebé internaliza a nivel psicológico a través de la identificación introyectiva por la acción de las neuronas espejo a nivel cerebral. Esta internacionalización se da de la misma manera en que se internaliza una conducta traumática real.

Schore (2003) ha documentado la manera en que el trauma, la negligencia severa y un ambiente de trauma, temor y ansiedad parentales producen un crecimiento lento en el cerebro derecho del niño, una conectividad menos sofisticada en el circuito neural y una reacción magnificada de estructuras inferiores, como la amígdala derecha. La amígdala derecha es el *first responder* que determina si las señales que llegan al cerebro desde el mundo externo son de peligro. En un estado de salud, la tendencia a detectar el peligro y reaccionar con temor de la amígdala derecha se revisa por centros cerebrales superiores y la clasifican adecuadamente, especialmente por la corteza orbitofrontal derecha (el área del cerebro que se localiza sobre el ojo derecho), que es el área ejecutiva del cerebro emocional. Pero en los niños y en los adultos traumatizados, la amígdala derecha funciona como en automático, interpretando las señales ambiguas que llegan como peligrosas. La revisión normal por parte de la corteza orbitofrontal derecha sufre un cortocircuito que da como resultado una actitud predeterminada de defensa automática en que la persona presenta una fuerte tendencia a tratar el mundo interpersonal con temor, ansiedad y una sensación de peligro.

La mayoría de estas codificaciones del trauma y de la negligencia no son conscientes. Se mantienen en la estructuración no verbal de la mente. Por lo tanto, el tratamiento no puede ser rápido. Las terapias verbales son efectivas no esencialmente porque la comprensión verbal instantáneamente llegue a estas heridas profundas, sino porque el esfuerzo del terapeuta por comprender ofrece un nuevo tipo de apego y una nueva relación objetal que se sintoniza con las necesidades y las defensas. Al igual que en la infancia, el terapeuta ofrece una relación de corregulación del afecto doloroso, que el cerebro izquierdo y la mente manejan a través de un lenguaje más lógico y consciente atraviesa el cuerpo calloso —el puente entre la parte izquierda y derecha del cerebro— para causar un efecto sobre el cerebro derecho y en la mente, que son principalmente no verbales e inconscientes. El paciente traumatizado, a causa de su temor evidenciado al inicio de cualquier terapia, al final puede experimentar que el intento de comprenderlo constituye una nueva clase de cuidado que puede ayudarlo a aprender a modular por sí mismo la ansiedad y temor que lo han acosado. En este entorno, las víctimas de trauma pueden lentamente lograr un nuevo sentimiento de *seguridad adquirida* en sus patrones de apego, pueden asumir lentamente una nueva autonomía para la regulación emocional, a menudo pueden reanudar el crecimiento que ha estado bloqueado por la repetición del trauma durante el desarrollo y, finalmente, atreverse a establecer una nueva gama de relaciones (Roisman, *et al.,* 2002). Es a través de las interacciones interpersonales inconscientes entre paciente y terapeuta en el intercambio transferencia-contratransferencia que el tratamiento tiene lugar (Scharff y Scharff, 2008).

Los estudios que hemos expuesto en este libro transmiten nuestra comprensión del trauma desde la perspectiva de las relaciones objetales. Las historias y los tratamientos de caso demuestran que el trabajo con estos pacientes es difícil. Una dificultad inevitable y fundamental deriva del hecho clínico de que el temor y el estado cauteloso de la mente que estos pacientes llevan al tratamiento colorea el intercambio en la transferencia-contratransferencia, de modo que los terapeutas se sentirán desalentados por sentimientos complejos dentro de sí mismos al hacerse cargo del dolor y del temor de los pacientes. Sabemos mucho más sobre los mecanismos neuronales de esta transferencia inconsciente de los estados emocionales dolorosos de lo que sabíamos en años pasados; pero, a pesar de todo, nuestro trabajo no es más fácil. Aunque ayuda el contar con investigaciones que sustenten nuestro pensamiento clínico, el trabajo clínico sigue siendo uno de los esfuerzos más dolorosos y difíciles para el terapeuta. Pero, en última instancia, también es uno de los esfuerzos más gratificantes al luchar para brindar comprensión y alivio a esos pacientes que necesitan ayuda desesperadamente.

Referencias

Ainsworth, M., *et al.*, *Patterns of Attachment: A Psychological Study of the Strange Situation*, Hillsdale, NJ, Lawrence Erlbaum, 1978.

Bateman, A. y P. Fonagy, "Health service utilization costs for borderline personality disorder patients treated with psychoanalytically oriented partial hospitalization versus general psychiatric care", *American Journal of Psychiatry*, 160, 2003, pp. 169-171.

_____, *Mentalization-Based Treatment for Borderline Personality Disorder: A practical Guide*, Oxford, Oxford University Press, 2006.

Bowlby, J., *Attachment and Loss*, 3 vols., Nueva York, Basic Books, 1969, 1973, 1980.

Clarkin, J., K.N. Levy, M.F. Lenzenweger y O.F. Kernberg, "Evaluating three treatments for borderline personality disorder: A multiwave study", *American Journal of Psychiatry*, 164, pp. 922-928.

Ferrari, P.F. y V. Gallese, "Mirror neurons and intersubjectivity", S. Braten (ed.), *On Being Moved: From Mirror Neurons to Empathy*, Ámsterdam, John Benjamins, 2007, pp. 73-88.

Fonagy, P., *Attachment Theory and Psychoanalysis*, Nueva York, Other Press, 2001.

Fonagy, P., A. Bateman, A. Ryle e I. Kerr, "Psychotherapy for borderline personality disorder: Mentalization based therapy and cognitive analytic therapy compared", *International Review of Psychiatry*, 19,1, 2007, pp. 51-62.

Fonagy, P., G. Gergely, E. Jurist y M. Target, *Affect Regulation, Mentalization and the Development of the Self*, Nueva York, Other Press, 2002.

Fonagy, P. y M. Target, "The efficacy of psychoanalysis for children with disruptive disorders", *Journal of the American Academy of Child and Adolescent Psychiatry*, 33, 1994a, pp. 45-55.

_____, "Efficacy of psychoanalysis for children with emotional disorders", *Journal of the American Academy of Child and Adolescent Psychiatry*, 33, 1994b, pp. 361-371.

Main, M. y P. Solomon, "Discovery of an insecure / disorganized / disoriented attachment pattern", en T.B. Brazelton y M.W. Yogman (eds.), *Affective Development in Infancy*, Norwood, NJ, Ablex, 1986, pp. 95-124.

Milrod, B., *et al.*, "A randomized controlled clinical trial of psychoanalytic psychotherapy for panic disorder", *American Journal of Psychiatry*, 164, 2007, pp. 265-272.

Rizzolatti, G. y Laila Craighero, "The mirror neuron system", *Annual Review of Neuroscience*, 27, 2004, pp. 169-192.

Roisman, G.I., E. Padrón, L.A. Sroufe y B. Egeland, "Earned-secure attachment status in retrospect and prospect", *Child Development*, 73, 4, 2002, pp. 1204-1219.

Scharff, D.E. y J.S. Scharff, "The interpersonal unconscious", en G.C. Zavattini (ed.), *Funzione Gamma, An Online Journal of the University of Rome*, marzo de 2008.

Schore, A., *Affect Dysregulation and Disorders of the Self*, Nueva York, Norton, 2003.

Prefacio y Agradecimientos

Es hasta ahora que nos hemos dado cuenta de la gran cantidad de pacientes nuestros que han sufrido traumas a lo largo de su vida, algunos en la infancia y otros en las etapas adultas de desarrollo. En un caso individual, ciertamente habíamos visto los efectos del trauma que por lo general estaba en el centro del tratamiento, pero el carácter central del tema a lo largo de una serie de casos se perdía por la inmersión en dificultades del desarrollo específicas de cada caso. La atención sobre el tema en la literatura psiquiátrica atrajo nuestra atención y la necesidad de revisar nuestra experiencia del trabajo clínico que hemos reportado previamente para aprender del *continuum* traumático que se presenta no solo en pacientes individuales cuya angustia actual se debe a ser testigos del trauma experimentado por la generación anterior, sino también en parejas y familias donde el trauma físico y sexual ha producido tensiones en la generación actual y en la siguiente, incluso cuando los padres de la generación presente tuvieron cuidado de evitar la repetición del abuso en sus propios hijos.

Evidentemente, los terapeutas también quieren evitar la repetición del abuso. No queremos herir o traicionar a nuestros pacientes. Pero esa es solo una de las razones para nuestro relativo silencio sobre la psicoterapia de los pacientes que sufrieron abuso. La otra explicación radica en sentirnos traumatizados por el material, sin contar, hasta recientemente, con un buen ambiente de sostén en la cultura psicoanalítica. Tal como Kluft (1990a, b) y Herman (1981) nos encontramos a nosotros mismos luchando contra el impacto al tratar al sobreviviente de abuso. Como escritores, aplazamos el tema, estudiamos cualquier otro asunto y escribimos primero otros libros, porque al registrar nuestras contratransferencias se revivía el recuerdo de nuestra recepción del trauma del paciente. Como terapeutas, y luego como escritores, nos hemos sentido asqueados, angustiados, asustados, culpables y desamparados.

En la contratransferencia, el terapeuta puede experimentar un malestar tremendo cuando en la transferencia se le considera un objeto abusivo, o cuando los intentos del paciente para evitar el desarrollo nos conducen a un callejón sin salida, lo que no habla bien de la capacidad del terapeuta. Incluso cuando la situación se presta a un informe de un caso gratificante, el terapeuta se reprime de informar sobre el trabajo por temor a la censura de sus colegas psicoanalistas, quienes pueden horrorizarse ante la supuesta credulidad del terapeuta por aceptar como recuerdos reales lo que debería haber sido interpretado como distorsiones fantásticas. Al presentar o redactar ejemplos clínicos del trabajo con pacientes que vivieron abuso, puede intensificarse la preocupación relativa al exhibicionismo, a la traición, al quebrantamiento de los límites, a la explotación del paciente y a traumatizar al lector.

Hemos intentado contener estas ansiedades, de modo que no tengamos que escindirnos ni disociarnos de este material. Nos hemos sentido alentados por las respuestas positivas de pacientes que se han sentido impulsados a persistir y a invertir más en su propio trabajo terapéutico después de haber leído en alguno de nuestros libros las viñetas clínicas de otras terapias. En ocasiones, mitiga el dolor, la vergüenza y la culpa ver que, aunque la experiencia individual es única, existe una universalidad relativa al proceso inconsciente y a las relaciones objetales primitivas. Como siempre, hemos ocultado cuidadosamente la identidad de los pacientes incluyendo la combinación de las características de diversas constelaciones familiares en la presentación de una historia familiar o individual a fin de proteger las identidades de las personas cuyas viñetas se escogieron para ilustrar la teoría y la técnica; pero hemos permanecido fieles a la recopilación de nuestras propias intervenciones. Tenemos la esperanza de que nuestros pacientes permanezcan libres de traumas, en tanto que las narrativas de sus terapias contribuyan a una mayor comprensión y a un ambiente terapéutico responsable y, en última instancia, a una sociedad más segura. Nos sentimos agradecidos con los individuos, las parejas y las familias que depositaron suficiente confianza en nosotros para decirnos lo que necesitábamos saber para poder comprenderlos. Nos beneficiamos de profesores como Frank Putman, Juliet Mitchell y Joyce McDougall, que abordan los fenómenos disociativos y la fantasía arcaica. Las presentaciones de Joanne Greer, William Larrison, Richard Loewenstein, Charles Olsen y Joseph Silvio estimularon nuestro interés en la multiplicidad y en el abuso sexual infantil. Estamos agradecidos por el apoyo de los colegas que nos animaron a hablar sobre nuestro trabajo cuando se encontraba en la etapa de borrador en las sociedades de psiquiatría y psicoanálisis de Cincinnati, en la Washington Psychoanalytic Society y en la Washington School of Psychiatry. Extendemos las gracias a Richard Chefetz por aconsejarnos para escribir sobre la disociación y los estados hipnóticos, y a Ralph Gemelli por ayudarnos a localizar la más reciente investigación sobre la memoria. Phyllis Grosskurth gentilmente nos convalidó una referencia y Sharon Alperowitz localizó material de Ferenczi. Agradecemos a Richard Gardner y a Creative Therapies por permitirnos tabular sus ideas sobre acusaciones verdaderas y falsas de abuso sexual. Damos las gracias a Jason Aronson por convencernos de la necesidad de dejar hablar por sí mismo al material clínico, y a Judy Cohen, nuestra editora responsable, a Muriel Jorgensen por encargarse del libro hasta su destino final, y a Ana María Barroso por su revisión editorial.

La mayor parte de los escritos sobre el abuso enfatizan la teoría del trauma basada en el estudio y tratamiento conductuales del trastorno de estrés postraumático como consecuencia de haber estado en combate, especialmente en la guerra de Vietnam, y en estudios de sobrevivientes del Holocausto y de desastres naturales. Los hallazgos relativos a escenas retrospectivas, a fenómenos disociativos y a ataques de pánico como testimonios de estrés o intentos desesperados de huir del horror pueden aplicarse para comprender la sintomatología de niños y adultos cuyos cuerpos fueron atacados físicamente, invadidos sexualmente o agredidos por una malformación congénita y por cirugías correctivas. Pero para abarcar el impacto del trauma en la estructura mental, la elección marital, la relación sexual y la vida familiar, necesitamos una perspectiva del desarrollo de las relaciones objetales.

El conocimiento psicoanalítico sobre los traumas aún no ha sido desarrollado por completo (Hopper, 1991; Sandler, *et al.,* 1991). Con notables excepciones, como los volúmenes recopilados por Kramer y Akhar (1991), Levine (1990c) y Davies y Frawley (1994), que elaboraron un enfoque psicoanalítico para entender los efectos del abuso, el psicoanálisis ha tenido más que decir sobre el conflicto, el déficit, la pérdida y las fantasías incestuosas que acerca del trauma real sobre el self. El presente libro es nuestro intento de llenar esta laguna.

SECCIÓN I

Una visión desde las Relaciones
Objetales sobre el trauma

1. El continuum traumático

El trauma y el abuso tienen lugar de una manera constante, y pueden ir desde la falta grave de atención y cariño durante los primeros años de vida hasta los daños que suceden en etapas posteriores de desarrollo; desde los actos severamente abusivos hasta los menos traumáticos; y desde los actos intencionalmente dañinos hasta los poco acertados. Los más graves son los ataques a la integridad corporal, en tanto que los menos serios son las pérdidas temporales y los accidentes menores. Nuestro propósito es entender la crisis que tiene lugar tras la pérdida de las fronteras corporales a causa del incesto, del abuso físico, de pérdidas de partes del cuerpo y de intervenciones médicas. Asimismo, nos interesan los efectos similares, aunque menos evidentes, de los pacientes que han experimentado traumatismos menos profundos, así como los mecanismos que favorecen la supervivencia. Deseamos entender las fuerzas que pueden movilizar los pacientes comprendidos en todas estas categorías para poder continuar su desarrollo, a pesar de las probabilidades en su contra, de tal modo que podamos aprovechar al máximo tales factores al tratar tanto a los que están severamente traumatizados como a aquellos que lo están menos. Tenemos la esperanza de que nuestro estudio del trauma corporal no genital sirva para ampliar nuestra comprensión de los efectos del incesto. En el presente capítulo, a través de breves reseñas clínicas, introducimos el espectro del trauma.

TRAUMA FÍSICO SEVERO EN LA INFANCIA

El trauma más severo para un bebé es la negligencia o el abuso por parte de sus padres durante sus primeros meses de vida. Si existe una

23

completa ausencia de cuidados y cariño, el niño no se desarrolla ni física ni emocionalmente y tampoco desarrolla el aspecto cognitivo, y puede incluso a llegar a morir (Bowlby, 1969, 1980; Spitz 1945, 1946). A pesar de que es posible encontrar una gran negligencia durante los primeros años en las historias de muchas personas que posteriormente sufren abuso físico y sexual, en otros casos la etapa del bebé de brazos se desarrolla relativamente bien y no sucede abuso alguno hasta que el niño es una persona más independiente.

Los niños que nacen con defectos o discapacidades a causa de un nacimiento prematuro o de complicaciones durante el parto pueden recibir un cuidado físico excelente de parte de unos padres devotos y del personal de enfermería; sin embargo, las coerciones de la incubadora, la alimentación intravenosa y el equipo de monitoreo, así como la intromisión de los procedimientos médicos, todo ello viola el cuerpo del niño y frustra su anhelo de estar junto a su madre en busca de comida, de seguridad y de confort. En las primeras etapas se desarrolla una identidad traumatizada; sentimiento que puede mejorar a través de una recuperación futura, o que puede quedar grabado debido a las invasiones constantes a su piel y a su privacidad personal.

El señor Patrick, que se describe en el Capítulo 10, nació con una deformidad congénita en el tracto urogenital. Las constantes cirugías y las hospitalizaciones durante su infancia y adolescencia dieron lugar a un trauma acumulativo no identificado. Desarrolló un falso self como un paciente excelente y un profesor complaciente, pero tuvo que encapsular su trauma en una fantasía perversa que le impedía entablar relaciones. John, mencionado en el Capítulo 4, un niño cariñoso que adoraba a su madre, sufrió una enfermedad seria a la edad de 4 años y afrontó el trauma en forma similar, de una manera contrafóbica. No elaboró una fantasía perversa sino que expresó su angustia desarrollando otro aspecto de su ser que culpaba a su madre y que tomaba represalias contra ella. Como consecuencia, ella experimentó una gran pérdida de lo que había sido una relación encantadora con un niño sano e integrado.

ABUSO FÍSICO Y SEXUAL EN LOS
BEBÉS Y EN LOS NIÑOS PEQUEÑOS

El abuso físico y sexual empieza con los bebés o con los niños muy pequeños, cuando la frustración de los padres los lleva a maltratar a un bebé o a estimular a un lactante. Ejemplos de este tipo aparecen en las primeras historias de casos que presenta Freud (Breuer y Freud, 1893). Su paciente conocido como el Hombre de los Lobos, recordó, hasta donde le alcanzaba la memoria, haber sido utilizado sexualmente por su hermana (1918). Tales niños podrían haber sufrido abuso por un adulto antes de que empezara el patrón del incesto entre hermanos.

La señora Feinstein, que se describe en el Capítulo 11, cuya madre introducía los dedos en su vagina y le aplicaba frecuentes enemas durante la infancia y duchas vaginales en la adolescencia, recordó que, siendo bebé, su madre la había levantado y frotado contra su cuerpo desnudo. El primer recuerdo de Freda, cuyo tratamiento se detalla en el Capítulo 12, fue el de haber sido incluida en el coito de sus padres. La invitaban a sentarse desnuda en la cama mientras ellos tenían relaciones sexuales, los dos la tocaban y ella acariciaba sus genitales y el pecho de su madre. La negligencia y el interés abusivo de sus padres hacia ella se prolongó durante toda su infancia, y su padre practicaba el coito con ella en forma regular desde su menarca, a la edad de 8 años, hasta que ella le puso fin al amenazar con suicidarse a la edad de 14 años.

ABUSO SEXUAL Y NEGLIGENCIA EN LA INFANCIA TARDÍA

Los casos de abuso sexual que tiene lugar en la infancia tardía son traumáticos en sí mismos, pero a menudo resultan aún más porque suceden en un contexto de relaciones familiares que han estado desequilibradas desde el principio. El abuso sexual se produce cuando hay un ambiente generalizado de negligencia que caracteriza a estas familias y puede constituir un intento paradójico para resolver la soledad.

Chloe Johnson creció en una familia de ese tipo. Buscó un trata-miento a causa de su aversión al sexo con su esposo. Durante un largo tratamiento que incluía terapia sexual y psicoterapia individual in-tensiva, surgió el relato de negligencia y de abuso durante la infancia. Ella nació cuando su madre, una joven promiscua de 19 años, quedó preñada en una relación de una noche con un soldado. Su madre ado-lescente no se preocupaba por la niña, por lo que su abuela se hizo cargo de ella durante su infancia. Cuando posteriormente la madre se casó y tuvo hijos, Chloe pidió encarecidamente regresar con su madre, y a la edad de 6 años se le permitió volver con ella. Aunque su madre no se preocupaba por ella –prefería a sus dos medios her-manos–, su padrastro se interesó vivamente en ella. Era un hombre paranoide y pegajoso que estaba celoso de la madre de Chloe y que sexualizó su relación con Chloe. Con frecuencia caminaba desnudo por la casa y pedía a la niña que se peinara su larga cabellera mien-tras se encontraba sentada en un taburete, paralizada de miedo. Sin-tiéndose sola y estando desatendida en casa, la niña deambulaba sin supervisión por las sucias calles de su pobre pueblo rural. Un hom-bre de una casa cercana entabló amistad con ella, la llevó a su cama y le pidió que le acariciara los genitales, hasta que finalmente tuvo un coito con ella. Esto sucedió en varias ocasiones, y Chloe recordó que sentía que por lo menos alguien se preocupaba por ella, al igual que sentía que su padrastro se preocupaba más por ella que su ma-dre. El sexo con su vecino terminó cuando la esposa de este se enteró de las visitas de Chloe y le prohibió tajantemente que regresara, cul-pándola de seducir a su esposo. Chloe nunca contó a sus padres estos incidentes. Mientras tanto, la relación con sus padres continuó siendo perturbadora y traumática. El padrastro era psicótico a intervalos y en ocasiones amenazaba a la madre de Chloe con un cuchillo. La madre hacía todo lo posible para apaciguarlo, al tiempo que mantenía aven-turas extramaritales a escondidas. Por último, cuando la niña tenía 12 años, su padrastro la llevó al cuarto de baño, exhibió sus genita-les y le pidió que tocara su pene. Chloe sintió náuseas, huyó de la casa y regresó con su abuela en forma permanente; pero nunca logró superar el sentimiento de exclusión de su madre y de la familia del padrastro.

En la terapia individual y familiar conjunta de Judy Green, muchos años atrás, David Scharff se enteró de que esta había sufrido abusos sexuales graves siendo pequeña, pero no directamente de manos de sus padres. En ese tiempo, en el primer año de su residencia psiquiátrica, no estaba suficientemente sensibilizado con las bases traumáticas de las dificultades que ella experimentaba y se valió de un enfoque más amplio (véase el Capítulo 13 para el relato de la entrevista complementaria con Judy de 25 años después).

Judy tenía 14 años cuando se le admitió en el hospital por haber ingerido cien aspirinas. Su madre se lamentaba por haberse casado antes de que Judy hubiera nacido y tenía sentimientos ambivalentes sobre la niña desde el principio, enfocando muchas de las dudas que tenía sobre ella misma en la pequeña Judy. Deprimida durante la infancia de Judy, a ella y a su hermano mayor los trataba con negligencia, resentimiento y en ocasiones con compensaciones excesivas a causa de sus sentimientos de culpa; todo ello en forma alternada. Por lo menos en una ocasión, cuando Judy tenía 4 años, su madre la obligó a nutrirse de su pecho, poco después del nacimiento de una hermana menor, posiblemente porque la madre prefería relacionarse con los bebés y no toleraba las demandas más dinámicas de los niños más grandes.

La relación de Judy con su padre también se veía ensombrecida por una seducción mutua que se debía a la soledad generalizada imperante en la familia. Él se sentía excluido por la madre de Judy y generalmente dedicaba poco tiempo a Judy, pero en ocasiones recurría a ella con actitud seductora, llamándola Judy baby, y la animaba a complacerlo con coquetería. Al parecer deseaba la gratificación que no obtenía en su infeliz matrimonio, al igual que Judy anhelaba el amor y los cuidados que ninguno de los padres le prodigaban. Judy recordaba a su padre levantándola y agitándola en el aire alegremente, pero el sentimiento general de su primera infancia era el de haber estado dolorosamente sola. La difícil situación de Judy empeoró al enfermar su padre de cáncer cuando ella tenía 4 años, y murió un año después. La aflicción provocada por esta situación puede haber contribuido a la inapropiada demanda que la madre hizo a Judy para que se alimentara de su pecho cuando la niña tenía 4 años. La madre de Judy se sentía particularmente culpable porque cuando se descubrió la enfermedad de su esposo, sostenía una aventura, y durante la enfermedad y el deterioro de su salud, estaba profundamente deprimida y permanecía largos ratos sin moverse.

Las cosas mejoraron cuando la madre se casó dos años después, pero el cuidado de sus hijos siguió siendo inadecuado. La familia se mudó a causa del trabajo del esposo, a los niños se les dejaba solos durante mucho tiempo. Judy dijo que ella y su hermano mayor se involucraron en una actividad sexual incestuosa con regularidad cuando ella tenía 9 años y él 11. Este incesto entre hermanos se descubrió, por lo cual finalizó después de un año. Sin embargo, hacia la edad de 13 años, Judy estaba profundamente deprimida y empezó a valerse del sexo como una forma de expresarse. Tuvo relaciones sexuales con diversos chicos durante algunos meses. El miedo de un embarazo y el haber presenciado la muerte de un bebé en un accidente de automóvil se entremezclaron, y se aferró al delirio de que ella había causado la muerte del bebé al no haber advertido deliberadamente al conductor, quien conducía en reversa, que había un bebé detrás del coche. Por último, tomó una sobredosis de aspirinas y fue admitida en el hospital, donde se le consideró como un caso de borderline, o trastorno límite de la personalidad, con una propensión a la exageración dramática, una cualidad de "como si" al aseverar que alucinaba y una forma sexualizada de relacionarse con el personal. No resulta sorprendente que rápidamente desarrollara una transferencia sexualizada hacia su terapeuta, sosteniendo que quería tener un bebé de él.

Estas mujeres que tuvieron historias de negligencia, al mismo tiempo que sufrieron abuso, al enfrentarse a estos problemas, obtuvieron diversos grados de éxito. El tratamiento les produjo a todas un gran cambio, pero ellas, al igual que otras mujeres que padecieron negligencia y abuso a lo largo de su primera infancia, siguieron preocupadas por las huellas de dicho abuso.

Pero las niñas no son las únicas que han sido agredidas sexualmente. Los niños son objeto de toda clase de abuso por parte de cualquiera de los padres, y en no pocas ocasiones, por parte de personas externas. Durante mucho tiempo se ha reconocido el problema de las relaciones homosexuales en los internados de niños. La prensa popular ha estado repleta de casos en que los encargados del cuidado de los niños, como los maestros y los sacerdotes, han seducido o agredido homosexualmente a niños o niñas. Años antes de que el abuso sexual se discutiera abiertamente, W.R.D. Fairbairn (1935) escribió un ensayo sobre el problema de la agresión a los niños –notable por su previsión–, en el que afirmaba que el problema del abuso sexual de niños era, en ciertos casos, más serio que el de las niñas. A causa de que el abuso de los niños era aún menos aceptado por la sociedad, estos se veían sometidos a una vergüenza y a una soledad más profundas.

Lars y Velia formaban una pareja, y los dos sufrieron abuso en la infancia. (Esta pareja y su familia son objeto de un amplio informe en Sharff y Sharff, 1991). Recurrieron a un tratamiento porque ambos eran sexualmente disfuncionales. Además, Velia había padecido una depresión severa y recurrente, y podía recordar los ataques de cólera de su padre causados por el alcohol y los abusos hacia su madre. Desde el inicio de su tratamiento, pudo relatar indiferentemente que había tenido un juego incestuoso con sus hermanos en sus últimos años de la infancia y en la preadolescencia. A pesar de que no podía recordar con certeza, creía que no había tenido lugar algún coito. Posteriormente, en la terapia, surgió una imagen más emocional cuando la terapia sexual revivió los recuerdos de Velia:

> Al tocar lo referente a la erección de Lars me hizo recordar los tiempos con mi hermano cuando él tenía 13 años y yo 11. Íbamos a su cuarto y él se bajaba el cierre de la bragueta, sacaba su pene y me hacía que lo tocara. No era agradable hacer esto. Era duro. La parte de arriba se veía gomosa con rugosidades. Yo no quería tocarlo... Durante años, sin recordar esto, veía un pene erecto en todo, sin estar adherido a algo, sino flotando en el aire, como el pene de mi hermano. Solamente saliendo de sus pantalones, sin testículos.

Inicialmente, ella no podía recordar haber estado interesada en esto, pero con el tiempo, con sentimientos de vergüenza y de culpabilidad, fue recordando su excitación sexual y su interés por el pene de su hermano. Solamente tras haber recordado esto le recordó el abuso físico de su padre hacia ella y hacia sus hermanos y hermana.

El relato de Lars fue diferente. No solamente no tenía ningún recuerdo de abuso, sino que no tenía recuerdo alguno de su tierna infancia. Durante los dos primeros años de terapia, contó que su infancia había sido feliz hasta que su padre fue arrestado por insinuársele a un hombre en un baño. Su padre pasó un tiempo en prisión y a partir de entonces vivió abiertamente una relación homosexual. Lars dijo que había pensado que sus padres eran un matrimonio feliz hasta que tuvo lugar este incidente, ocurrido cuando él tenía 17 años.

Dos años después, cuando la pareja estuvo en terapia sexual psicodinámica y en terapia familiar por más de un año y Velia acababa de recordar los detalles adicionales y la vergüenza que le producía su excitación durante su actividad sexual con su hermano, Lars repentinamente recordó el abuso en su infancia.

Sucedió cuando tenía 12 o 13 años. Mi padre dejó de trabajar a causa de una hernia doble. No podía levantar nada, de modo que mi mamá trabajaba para sostenernos. No sé cómo empezamos a hablar del tema, pero un día que estábamos en la casa, recuerdo que pregunté a mi padre qué se sentía tener sexo. Él respondió: "Ven, voy a mostrártelo", y practicó sexo anal conmigo. Esta fue la única vez que sucedió. Pero después, cuando hablaba sobre eso con mi hermano, le acaricié el pene, y después se lo acaricié dos veces más cuando estaba dormido o fingía estar dormido.

Posteriormente, regresábamos de los Boy Scouts con mi papi y otros tres niños en el automóvil. Cuando dos de los niños entraron en una tienda, le conté a mi padre lo que le había hecho a mi hermano. Mi padre no dijo: "¡Eso no está bien!" Solo dijo: "Tienes que tener cuidado cuando cuentes cosas como esa". Había otro niño en el asiento trasero del automóvil; me dio la impresión de que mi padre y ese niño habían tenido sexo.

La pérdida de un recuerdo específico y la presentación de una historia en blanco de la niñez comúnmente deriva de la falla del funcionamiento mental tras un abuso sexual. Mientras que Velia mostraba pérdida de recuerdos dolorosos y perturbadores mediante la represión, la descripción de Lars era de una pérdida generalizada de la función cognitiva. Sufría de una profunda discapacidad del aprendizaje, la cual lo había incapacitado toda su vida: no podía aprender temas complejos ni aprobar exámenes promocionales ordinarios. Cuando, durante el tratamiento, Lars pudo recordar el abuso, enseguida mejoró notablemente su capacidad para estudiar y aprender, aunque no alcanzó completamente el grado que se hubiera esperado para alguien con su inteligencia.

La experiencia de esta pareja muestra otro aspecto clínico importante: las historias de abuso sexual se encuentran en personas que buscan ayuda por una disfunción sexual. Aunque el conjunto de sus historias de abuso resultó especialmente sorprendente en esta pareja, no es poco común encontrar a dos personas que se casan con un interés compartido en reparar el daño experimentado en su infancia mediante la formación de una familia sin una tendencia sexual destructiva. (Véase el caso de Tony y Theresa en el Capítulo 9 para una descripción detallada del tratamiento de una pareja de ese tipo).

FORMAS MÁS LEVES DE NEGLIGENCIA

No todo el abuso sexual o el trauma temprano puede definirse de forma tan extensa y con tanta facilidad. Durante largos años, los psicoanalistas y los terapeutas han oído relatos de sus pacientes en los que hablaban sobre haber recibido enemas, experiencia que consideraban claramente traumatizante, pero que no siempre se pensó que constituía técnicamente un abuso sexual. En ocasiones, tales enemas se encontraban autorizados por los médicos. La frecuencia de los enemas, el sadismo o el placer sexual del padre o de la madre que lo administra y las condiciones de vida dentro de la familia influyen en la experiencia. En el siguiente ejemplo, el abuso del alcohol contribuyó a la elaboración de una fantasía sadomasoquista referente al abuso de los enemas y a los golpes.

Sandra, una mujer que recurrió al tratamiento cuando tenía más de treinta años a causa de su incapacidad para sostener relaciones amorosas, había sustituido la intimidad por la expresión de su sexualidad. Tuvo numerosas aventuras amorosas durante su matrimonio y tendía a acabar en relaciones con hombres que no tenían intención de dejar a sus esposas. Mientras Sandra crecía, su padre bebía todas las noches y dominaba a la familia con una ira irracional. La madre se sometía a él en forma sumisa, y trataba de tener a los niños tranquilos al tiempo que obtenía su propia satisfacción en forma indirecta a través de ellos. Su intimidad con Sandra incluía la aplicación de frecuentes enemas antes de que cumpliera 3 años. Durante el mismo período, el padre la disciplinaba frecuentemente pegándole con un cinturón en las nalgas desnudas. Estas experiencias, que llegamos a comprender durante el análisis, constituyeron los precursores del patrón de masturbación de Sandra, el cual se inició en la adolescencia, cuando pasaba largos períodos en la tina de baño estimulando su ano mientras dejaba correr agua sobre su vulva. El trauma causado por ambos padres derivó en una erotización compulsiva de su ano y desembocó en el desarrollo de una profunda confusión inconsciente sobre aspectos genitales y anales del cuerpo para relacionarse. A medida que crecía, Sandra puso la sexualidad en primer plano con la intención de conseguir el amor, pero en formas sadomasoquistas que replicaban los patrones que se habían iniciado con sus padres siendo una niña muy pequeña.

El hermano de Sandra nació cuando ella tenía 3 años, y ambos padres fijaron gran atención en él. La niña se sintió desplazada, al igual que sucede con muchos niños con el nacimiento de un hermano. Pero debido a que este nacimiento tuvo lugar en el contexto de una conducta abusiva tanto en forma sutil como directa por parte de ambos padres, adquirió un impacto traumático adicional. En el análisis, este aspecto se comprendió cuando ella tuvo un sueño en que, siendo niña, iba a pescar con este hermano menor. Él cogió un gusano mientras que ella no cogió nada. En su mente, el gusano era un tubo hueco parecido a un prepucio. Llegamos a entender que a la edad de 3 años ella había fijado su atención en el pene de su hermano como el principal objeto de interés de los padres y, como consecuencia, también se convirtió en su principal objeto de interés. Había elaborado fantasías inconscientes de que ella tenía un pene interno, un tubo similar al gusano que era su recto, el cual podía definir con sus dedos, en tanto que su vagina tenía una forma más difícil de describir. A través de sus fantasías, desarrolló la convicción de que la posesión de un pene similar a un gusano era necesaria para conseguir el amor. Esto era lo que perseguía en su sexualidad promiscua en busca de hombres que pudieran darle la preciada posesión, envidiándolos por lo que ellos poseían, lo que significaba, al igual que en el caso de su hermano, que ellos tenían lo que ella no podía poseer.

Tales dinámicas inconscientes son gráficas, pero no tan inusuales en el tratamiento psicoanalítico. De lo que se trata es que los aspectos concretos de las dinámicas se establecieron por un trauma corporal y emocional temprano que Sandra había experimentado a manos de ambos padres. El problema explícito para ella se debió a que el nacimiento de su hermano, en lugar de emocionalmente inconveniente, fue traumático. Esta constelación significó que la transferencia y la contratransferencia de la situación del tratamiento también se encontraban impregnadas del trauma por el hecho de que Sandra se sentía rechazada por su analista al que no podía seducir, y ella tenía la intención de traumatizarlo en formas que representaban el equivalente emocional de los constantes traumas y pérdidas que había sufrido en su familia de origen y en sus actuales relaciones fallidas.

El abuso sexual a menudo coexiste con el abuso físico, pero cualquiera de los dos puede darse como el único tipo de abuso.

Matt, estudiante de leyes, fue remitido a las autoridades de la universidad por su mujer a causa de su alcoholismo y de su actitud irascible e irresponsable hacia ella y sus hijos. La escuela decidió que no podía continuar a menos que aceptara un tratamiento, lo cual él aceptó con gran resentimiento. Un período en un centro de tratamiento puso fin al ciclo del abuso del alcohol y pudo reiniciar su papel como estudiante y padre.

Los síntomas de Matt cobran sentido al observar su historia. Siendo el hijo mayor, creció en una familia grande, con un padre alcohólico que se dedicaba a la industria de la construcción y una madre dócil y sumisa. Mediante amenazas físicas, el padre controlaba a la familia, y Matt era el único que se le enfrentaba. En un incidente, cuando tenía 15 años, Matt ayudaba a su padre a construir una casa. Se encontraban de pie sobre un muro de ladrillo instalando los enormes soportes triangulares que sostendrían el techo. Entre ellos surgió una riña por un desacuerdo y empezaron a arrojarse los soportes hasta que el hijo logró tirar al padre de un golpe. Dos años después, el padre se mató en uno de sus lugares de construcción: colocó algunas cargas explosivas junto a un bidón de gasolina con el fin de producir una explosión masiva. Un fuego violento se propagó durante horas; un fin violento para un hombre violento.

ABUSO NO COMPROBADO

Hay algunos pacientes que tienen sospechas de haber sufrido abuso, pero que en realidad no lo padecieron. Dicho tipo de pacientes entran en dos amplias categorías: los que sostienen falsamente que sufrieron abuso y los que pertenecen a una variedad más sutil, para quienes no se trata de acusar a los padres, sino que desean de manera desesperada encontrar una explicación a sus síntomas, a su historia y al daño que se han hecho a sí mismos.

Las acusaciones falsas de trauma desafortunadamente aumentan considerablemente. Organizaciones como la False Memory Syndrome Foundation (Fundación para el Síndrome del Recuerdo Falso, FMSF, por sus siglas en inglés) han proliferado con el fin de proteger la reputación de familias y trabajadores que cuidan niños y que han sido acusados, y de llamar la atención de los terapeutas para que no sean demasiado crédulos (Gardner, 1992). En la medida en que la aceptación de la existencia del abuso de menores crece, más adultos presentan relatos que sugieren tal abuso. La naturaleza de los procesos represivos y disociativos que se inducen por los traumas tempranos hacen que la memoria se vuelva poco confiable, de modo que los pacientes requieren tiempo y apoyo para explorar sus pasados. Algunas de estas sospechas de abuso son ciertas y en el transcurso de la terapia pueden ser reconocidas. Otras se desvanecen tras un trabajo posterior sobre estos aspectos. Un terapeuta que llega con demasiada premura a la conclusión de que todos los pacientes que sospechan que un trauma ha sido resultado de un abuso, validará involuntariamente falsas acusaciones y conclusiones e impedirá los intentos de curación al impedir que el paciente se responsabilice de sus deseos incestuosos.

Tal fue el caso de una joven de 18 años, quien, durante la psicoterapia, "recordó" que su padre la había agredido sexualmente. Nadie más en la familia recordaba algo sobre este aspecto, y el relato no parecía consistente con la organización de la familia y con el nivel general de funcionamiento de la joven. En última instancia, el relato se redujo a un recuerdo de la primera infancia referente a tomar duchas con su padre y a sentirse apabullada por sus deseos hacia el pene de su padre, el cual pendía amenazante. A pesar de que no recomendamos que los padres se duchen son sus hijos, tanto niños como niñas, porque esto estimula fantasías en forma traumática, dicha conducta no representa la clase de abuso severo, directo y en ocasiones repetido al que originalmente ella se había referido.

En este caso en particular, además, la familia siempre estuvo en contra del nudismo parental frente a los niños, de modo que parecía improbable que este suceso hubiera sucedido como lo recordaba la paciente. El padre, que se sintió triste por la acusación, posteriormente se sintió aliviado por la evolución de la reconstrucción de su hija, que comenzaba a parecer más bien una elaboración edípica de los deseos de la primera infancia, posiblemente estimulados al nadar con el padre, cuando, por casualidad, pudo haber visto los genitales de él o hubo una transmisión inconsciente de los deseos incestuosos del padre hacia su hija. La hija continuó con la psicoterapia individual para explorar más profundamente los orígenes y consecuencias de la elaboración de su fantasía. Un terapeuta ingenuo podría haber apoyado la acusación de esta joven y alentarla a emprender una cruza-da infructuosa e injustificada contra su familia por su "encubrimiento".

Por otro lado, algunos pacientes que realmente sobrevivieron al abuso, pero tienen recuerdos confusos y tratan de que los terapeu-tas lo crean, pueden hacer que estos se sientan confundidos. Kramer (1985) llamó a esta coerción a la que se ve sometida el terapeuta *ob-jeto coercitivo dudoso;* fenómeno que la investigadora encontró más presente entre las mujeres que sufrieron abuso por parte de sus ma-dres. En nuestra cultura, parece ser especialmente increíble que una madre pueda traicionar de este modo la confianza de su hija. Nosotros deseamos mantener la mente abierta hasta que contemos con el peso de la evidencia procedente de la caída de la represión y de la reinte-gración de las partes escindidas del self tras haber pasado suficiente tiempo en terapia.

En casos más ambiguos, los pacientes describen relaciones con sus padres en las que una historia de abuso sexual sería causa de sus dificultades, pero ellos no tienen ningún recuerdo definitivo del abu-so. En otros casos, como el del análisis de Freda (véase el Capítulo 12), años después, los recuerdos recobrados, en última instancia, apo-yan la sospecha de abuso que tiene el terapeuta. El levantamien-to de la represión de recuerdos es crucial para el tratamiento y la recuperación. Sin embargo, es igualmente importante respetar la posibilidad que no existan recuerdos asociados a fin de no inventarlos y descarriar el tratamiento.

La situación en que las sospechas de abuso no están confirmadas se ilustra con ejemplos de dos análisis.

Albert (a quien se describe más ampliamente en el Capítulo 5) era un hombre joven, que estaba aislado socialmente. Tenía intereses se-xuales tanto hacia hombres como hacia mujeres y su fantasía era un rico conjunto de perversiones, que generalmente incluían la violencia y la muerte. Había escrito un cuento sobre una relación homosexual entre dos niños cuyo interés sexual se vio intensificado cuando encon-traron un muerto flotando en un lago. En el largo trabajo terapéutico y analítico, el terapeuta y el paciente empezaron a sospechar conjun-tamente de un trauma sexual temprano, dado que siendo niño Albert había empezado a buscar contacto sexual prematuro tanto con niños como con niñas y en la adolescencia había trabajado en entornos experimentales en una escuela primaria en que se alentaba la expresión sexual entre el personal y los niños. A pesar de que esta experiencia podía considerarse traumática en sí, para los niños pequeños y para el adolescente Albert, parecía que solamente ponía a este joven en un papel en el que aparecía marcado por un trauma anterior. Posteriormente, cuando comenzaba su terapia, Albert participó en juegos sexualmente provocativos con su sobrino y su sobrina pequeños, hasta que el terapeuta le advirtió que si seguía participando en juegos sexuales de este tipo sería necesario denunciarlo legalmente. Con considerable alivio, Albert pudo poner fin al juego sexual de manera rápida y permanente. Con la terapia analítica prolongada surgieron muchos recuerdos tempranos que, en general, concordaban con los problemas de Albert. Sin embargo, ninguno de estos recuerdos se refería a un trauma directo, y las sospechas al respecto se desvanecieron con el paso del tiempo en la terapia. Él reconstruyó una narrativa de sus primeros años de vida como una experiencia sombría y solitaria con padres que eran emocionalmente frágiles y estaban traumatizados. El trauma de Albert fue atenuado por haber estado expuesto a padres que habían sufrido un trauma directo y cuyos intentos de encapsularlo los dejó emocionalmente alejados de su hijo.

Otra paciente, Patricia, buscó tratamiento por su depresión a la edad de 35 años a causa de que su matrimonio de 17 años se estaba desmoronando. En la terapia llegó a entender la relación emocionalmente abusiva que padeció con su esposo, pero a la cual había sido incapaz de ponerle un alto. El hecho de permanecer con él representaba un intento de reparar el suceso que marcó su infancia: el padre abandonó a su madre y a tres hijos cuando Patricia tenía 10 años.

Sus padres tuvieron que casarse cuando la madre de Patricia quedó embarazada de ella, y el matrimonio careció de amor desde el inicio. El padre estaba interesado de manera especial en Patricia, y ella tenía muy buenos recuerdos de su energía creativa, de los cuentos que le contaba a la hora de dormir y de los deportes que jugaba con él. Sin embargo, era un hombre seductor, centrado en sí mismo, que siempre coqueteaba con mujeres y que, ella creía, tenía una relación sexualizada con ella. Patricia lo idealizaba; en contraste, su madre, quien fue abandonada con los niños y sin medios para sostenerse, se encontró deprimida y amargada durante el resto de la infancia y juventud de Patricia.

Al principio de la terapia, Patricia comenzó a pensar que su padre había abusado de ella. Por ejemplo, su madre había promovido el divorcio después de que su padre la llevó a un fin de semana a la playa, donde él se había encontrado con una amante y la había cortejado enfrente de Patricia. Cuando regresaron a casa, la madre interrogó a Patricia y el haber admitido presenciar la conducta de su padre se convirtió en el elemento legal principal del juicio de divorcio. Al comprender esto, en Patricia nació una corazonada tan fuerte que casi se convirtió en convicción, que consistía en que su padre había sido más que seductor en un sentido emocional con ella, sino en que la había acariciado o que había abusado de ella más directamente en los primeros años cuando se sentía muy sola y dominada por la amargura del matrimonio de sus padres. En la transferencia, sentía que el terapeuta, a quien ella había idealizado anteriormente, la decepcionaría periódicamente en forma traumática. Por ejemplo, en una ocasión en que él olvidó abrir la puerta de la sala de espera antes de que ella llegara, Patricia se convenció de que básicamente la quería rechazar. Si él comenzaba la hora de terapia solamente un minuto después o terminaba la sesión un minuto antes, ella interpretaba esto como un rechazo, lo que era el equivalente emocional de la partida de su padre después del divorcio.

Pero a medida que la terapia avanzó, no recordaba algo que confirmara el abuso directo por parte de su padre. Ella y su terapeuta se convencieron de que los sucesos tan penosos que había sentido estaban constituidos por el ambiente emocional de la relación de los padres, la falta de preocupación de ellos por su verdadero self, la partida del padre tras haber mantenido una relación emocionalmente seductora con Patricia, y las encarnizadas batallas entre Patricia y su madre, y no por el trauma de abuso sexual directo. Al igual que en el caso de Albert, la búsqueda del trauma en Patricia condujo al descubrimiento de que ella lo asimiló de sus padres, de un matrimonio fallido y de su destrucción.

Los casos de Albert y Patricia son similares a los que Freud entendió mejor, aquellos en que la negligencia relativa conforma la simiente de la fantasía traumática, sobre la cual el conflicto se reprime hasta que se le persuade para que vuelva a la consciencia mediante el método analítico de asociación libre e interpretación de la resistencia.

TRAUMA MÉDICO EN LA ADULTEZ

Cuando el trauma médico sucede en la adultez, afecta no solo al paciente, sino al cónyuge y a los hijos.

A Tony, un fornido trabajador de la electrónica (cuyo trauma y los efectos en él y en su matrimonio se describen en el Capítulo 9), le tuvieron que amputar el brazo y el hombro derechos con el fin de evitar la expansión de la gangrena producida por la aplicación de una inyección de rutina. La pérdida de una extremidad para un trabajador manual es muy dura, pero el brazo derecho también implicaba la asociación de la violencia física y su control. Tony perdió el puño que utilizaba para golpear violentamente contra la pared, para no golpear a su esposa cuando estaba enojado, como su padre lo había hecho con su madre. Sin esa defensa en el momento de mayor cólera y en su difícil situación, y el de ella por esperar su rehabilitación, Tony quedó inmovilizado, su mujer y un hijo se deprimieron, y la familia comenzó a desintegrarse.

Arturo, una estrella de futbol de 16 años de una aldea rural de Colombia, sufrió una herida en un ojo cuando ayudaba en la cosecha de fruta. Se le desarrolló una infección y la imposibilidad de extraer el globo ocular significó la pérdida de la vista también del otro ojo. Repentinamente, este joven rápido y bien coordinado se movía con dificultad, y su atlética novia dio por terminada su relación. En el transcurso de un año, cambió con éxito su ambición por los deportes al ámbito intelectual y encontró una nueva novia, que siempre lo había querido, pero que antes él había rechazado. Con su apoyo, pues ella le leía lo necesario y le escribía los trabajos que él le dictaba, Arturo ganó una beca para una universidad en Estados Unidos. Parecía haber convertido el trauma en algo generativo; pero lo que el mundo que lo admiraba no vio fue el efecto de la dependencia esclavizante que había impuesto a su novia, quien había asistido a la universidad con él como su esposa. El trauma había dado la oportunidad para que ellos se unieran. Roxana, agradecida, se sometió a una estrella de los deportes porque no tenía confianza en sus propias capacidades. Ahora que el asombroso Arturo la necesitaba tan desesperadamente, ella no necesitaba hacer frente a su propia dependencia y a su falta de autoestima. El mundo no veía los estados de ánimo y la conducta verbalmente abusiva que con frecuencia Arturo le propinaba a Roxana en casa a causa de su frustración. Solo Arturo conocía la agresividad con la que su devota Roxana se defendía. Los dos habían perdido su yo ideal y para sustituirlo habían puesto un yo ideal nuevo en él y encapsulado un yo dañado en ella, en lugar de elaborar el duelo y recuperarse del trauma juntos.

TRAUMA FÍSICO DE LOS ADULTOS

El abuso físico no se reduce a los niños. El abuso de los cónyuges no se debe necesariamente al desarrollo del trauma en la familia de origen durante la infancia, como se ve en el segundo ejemplo que ofrecemos a continuación.

Janet, quien acudió a tratamiento con su segundo esposo, habló de un primer matrimonio breve con un hombre que se volvió violento cuando ella estaba embarazada. Los celos que le producía la llegada del bebé y la presión por sus estudios de posgrado se combinaron para desencadenar su agresión, y en varias ocasiones golpeó a su esposa severamente. Ella empezó a fantasear con el uso de un arma cargada que guardaba en el cajón junto a su cama y con dispararle la próxima vez que tratara de lastimarla, y se dio cuenta de que podría llegar a hacerlo si permanecía en ese lugar. Empacó sus pertenencias y abordó un autobús para ir a la casa de sus padres. Obtuvo el divorcio sin volver a verlo. Cuando, unos años después, se casó nuevamente, escogió a un hombre obsesivo que no solo nunca la golpeaba, sino que nunca se enfadaba.

En la historia temprana de Janet hubo un abuso. Su padre era médico; un hombre muy ansioso, pero de carácter fuerte e imprudente, que se obstinaba en hacerse cargo del cuidado médico de su familia, incluyendo que las mujeres se hicieran exámenes ginecológicos anualmente. Amenazaba emocionalmente a su esposa e hijos, pero nunca les pegaba. Janet se sentía intimidada por su padre. La relación había sido emocional y físicamente abusiva so pretexto del cuidado médico. Aunque esta relación había creado el escenario para la elección de su primer matrimonio, esto no la condicionó a permanecer con él y tampoco repitió el objeto de su elección en el segundo matrimonio.

Hanna, una mujer de 30 años, formó un matrimonio abusivo sin tener una historia traumática durante la infancia. Acudió a tratamiento cuando estaba casada con un alcohólico que le había roto el brazo dos años antes y que seguía amenazándola físicamente cuando ella no tenía ganas de tener sexo o de complacerle muchos de sus caprichos. Había sido incapaz de romper con él. Cuando cambió de dormitorio, él, en estado de embriaguez, abrió la puerta de su recámara a golpes a mitad de la noche y se quedó mirándola amenazante. El terapeuta anterior de la mujer no le había sugerido que lo dejara después de que le había roto el brazo debido a que inmediatamente se sintió arrepentido y le pidió perdón. Es justo recordar que los conocimientos de la comunidad profesional se han ampliado en años recientes, por lo que actualmente resulta difícil imaginar a un terapeuta que no plantee preguntas fundamentales en una situación de ese tipo y que no reconozca el incidente del cónyuge como abuso.

En una psicoterapia intensiva que produjo buenos resultados, Hanna pudo reconstruir la historia de su depresión y de su soledad infantiles de una forma que le daba sentido al vínculo que había formado con este hombre alcohólico y que durante mucho tiempo había sido incapaz de romper; pero no existía ninguna sugerencia de que ella hubiera sido traumatizada física o sexualmente durante su infancia. En cambio, ambos padres habían sufrido el trauma del Holocausto durante su vida. Ninguno de los dos había estado en un campo de concentración, pero ambos se salvaron de milagro escapando de Europa con grandes peligros. En su camino tortuoso hacia los Estados Unidos en la década de 1930, se vieron sometidos a numerosos riesgos y, una vez que se conocieron, se aferraron el uno al otro como salvación. El caso de Hanna corresponde al grupo de niños cuyos padres tuvieron historias traumáticas y quienes, a pesar de sus mejores intenciones, no pudieron evitar transmitir elementos de su propio trauma a las relaciones objetales internas de sus hijos.

LA MITIGACIÓN DEL TRAUMA

Existen numerosos niños expuestos a traumas cuyas familias logran mitigarlos de modo que se convierten en un estrés relativamente leve. Tal fue el caso de un niño a quien su cuidador obligó a practicarle felación. Cuando se lo contó a sus padres, ellos no culparon a su hijo y trabajaron activamente con el terapeuta para ayudar al niño a superar el trauma, entre otras medidas, a través de una psicoterapia poco después del suceso. El factor primario para la mitigación fue que el ambiente imperante en la familia permitió que el niño dijera a sus padres lo que había pasado. Hacer frente a este grado del trauma requiere una capacidad de sostén por parte de los padres mayor para proteger a sus hijos y respaldar su recuperación cuando la protección falla o se ve invadida en forma agresiva.

En otro caso, un niño de 12 años preguntó a su padre qué significaba "masturbación". El padre respondió: "Déjame mostrártelo," y empezó a frotar el pene del niño. Cuando el niño le dijo: "Me duele, papi," el padre dejo de hacerlo y se deshizo en disculpas. Posteriormente el niño lo contó a su madre, quien buscó tratamiento para la familia. Durante el tratamiento se supo que el padre había estado bajo enorme estrés en el trabajo y durante un tiempo se había sentido sin apoyo dentro del matrimonio. Cuando se situó en contexto el momento del abuso, el niño pudo terminar un tratamiento breve sin que quedara huella de un trauma profundo, y la pareja procedió a trabajar en la tensión marital que había provocado la vulnerabilidad del padre.

Junie, de 8 años de edad, se encontraba en el parque del barrio con otra niña cuando un hombre les mostró sus genitales. Junie relató este incidente a su madre con cierto miedo, pero también con cierta curiosidad. A pesar de que la madre de Junie, Freda, había sufrido abuso sexual por parte de sus padres en su niñez, pudo calmarla, contestar sus preguntas y aconsejarle que se fuera del lugar inmediatamente si esto volvía a suceder. No hubo ningún indicio de que el episodio traumatizara a Junie (véase el Capítulo 12).

El proceso mediante el cual las familias mitigan el trauma en situaciones ordinarias es del mayor interés porque proporciona un modelo para la creación de módulos de un funcionamiento positivo en los enfoques terapéuticos del trauma. Estos géneros psíquicos se describen en el Capítulo 2 (Bollas, 1992). En las familias que no pueden mitigar el trauma, sus funciones de sostén y contención han sido insuficientes. En terapia, la función de sostén y contención es esencial para suplir inmediatamente la deficiencia en la familia, así como para ofrecer una experiencia que puede ser internalizada por la familia, de modo que dicha función y su capacidad de eliminar los efectos tóxicos ayuden a superar el trauma.

LOS HIJOS DE PADRES QUE SUFRIERON ABUSO

Hemos encontrado numerosos casos de niños como Albert, Patricia y Hanna que no fueron traumatizados, pero cuyo desarrollo de las relaciones objetales internas está marcado por el trauma de sus padres. Este fenómeno está bien documentado actualmente en el caso de los hijos de víctimas del Holocausto y de otras personas que experimentaron pérdidas traumáticas tempranas, pero también en el caso de muchos niños cuyos padres sufrieron abuso sexual o físico. Algunos de estos padres se vuelven perpetradores de abuso culpables o en ocasiones son santurrones, pero muchos de ellos se dedican a tratar de asegurar que sus hijos se encuentren protegidos de los abusos que ellos sufrieron. La identificación proyectiva y la transmisión de las relaciones objetales, sin embargo, son de tal envergadura, que resulta casi imposible proteger a los hijos de un conocimiento inconsciente de las luchas internas de sus padres (D. Scharff, 1982; Scharff y Scharff, 1991)

Chloe Johnson, a la que describimos anteriormente en este capítulo, llevó a terapia a su hija Debbie, de 4 años de edad cuyos síntomas de ansiedad incluían la masturbación frecuente y compulsiva, incluso frente a sus padres. Era incapaz de dejar de hacerlo por sí misma y aun si sus padres se lo pedían, excepto si la sentaban en sus regazos. Aunque Chloe tuvo una historia de negligencia y de abuso sexual, no abusó de Debbie, su única hija, y tampoco lo había hecho su esposo. No obstante, hubo tensiones familiares. A causa de su propio abuso, Chloe era cada vez más incapaz de responder sexualmente a su marido Mike, quien se había vuelto irritable y se deprimía. En esta situación de tensión familiar, los dos recurrían a Debbie inquietantemente en busca de solaz; Chloe cuando se sentía amenazada por el sexo y Mike cuando se sentía que no era amado. El hecho de que los padres recurrieran a Debbie la hizo tornarse ansiosa por las necesidades de sus padres. Además, la niña se sentía ansiosa sexualmente debido a la gran atención del padre hacia ella, aunque no hubiera contacto sexual directo. Otros factores contribuyeron a la sexualización de la sintomatología de Debbie. A ella la cuidaba una amorosa niñera mientras los dos padres trabajaban durante los primeros dos años y medio de su vida, y repentinamente la niña perdió a su cuidadora cuando los padres se mudaron. La pérdida, durante un período en que el autoerotismo normalmente aumenta, dio como resultado que Debbie estableciera el uso de la masturbación para su propio confort cuando estaba sola o ansiosa. Por ese tiempo, Chloe también tuvo una breve aventura amorosa en un intento de escindir un aspecto del sexo gozoso y emocionante cuando se sentía amenazada por la demanda de la entrega física y emocional total en su matrimonio insatisfactorio. A pesar de su análisis durante la infancia, Debbie continuó, aun en sus años de adolescencia recurriendo a la sexualización para resolver problemas de soledad y depresión; reflejo de la vulnerabilidad más dramática de Chloe hacia el abuso sexual durante su propia infancia.

Los hijos de Lars y Velia, que habían sufrido de abuso sexual, ejemplifican el alcance de los efectos de la transmisión de los mecanismos de adaptación al abuso en la generación anterior.

Esta familia, también descrita detalladamente en publicaciones previas (D. Scharff, 1989; Scharff y Scharff, 1991), tuvieron tres hijos. El mayor, Eric, en general, se desarrolló normalmente, pero al principio de la terapia familiar se pudo advertir que había incorporado una cantidad desmesurada de relaciones objetales agresivas. En el juego con su hermano y con su hermana, en momentos de estrés, tomaba la figura de Superman, que derrumbaba sus construcciones. Llegamos a entender esta acción como su reacción de frustración frente a la presión que ejercían los padres sobre él para que fuera el objeto bueno, invulnerable e idealizado para la familia; un súper héroe y un antídoto de los padres abusivos de Lars y Velia. El segundo hijo, Alex, era un niño vulnerable y desorganizado con hiperactividad y con déficit de atención. De manera muy semejante a Lars, sufría un severo trastorno de aprendizaje. Además, era encopétrico y enurético, ensuciándose y mojándose día y noche ante cualquier signo de estrés. Alex no se consideraba a sí mismo un varón competente. Asociada a su vulnerabilidad constitucional, el impacto de los traumas de sus padres buscaba un desahogo en sus evacuaciones fecales y urinarias y en el desorden de aprendizaje. Su cuerpo había incorporado su temor a los hombres, a los niños y a la sodomía que su padre había padecido. Por último, Jeanette, la menor e intensamente adorada, tenía una sexualización de su personalidad porque respondía a la forma ambivalente y de excesivo físico de los padres para relacionarse con ella. Le ponían vestidos demasiado cortos y a continuación le aconsejaban que no levantara las faldas. Jeanette acarreaba la excitación que sus padres habían escindido de su relación para mantenerse a salvo de su internalización de los efectos del abuso sexual, pero que ellos mantenían vivos al encontrar dicho abuso en ella a través de la identificación proyectiva. A medida que sus propias vidas sexuales se volvieron más satisfactorias, tomaron en cuenta la sexualización en el desarrollo de Jeanett, eliminaron los errores de utilizarla con el fin de compensar excesivamente sus propias vulnerabilidades y ayudarla más efectivamente a dominar la excitación y la provocación durante el desarrollo de su personalidad.

Esta introducción al continuum traumático puede ser suficiente para llegar a la Sección II del presente libro, donde describimos estos y otros casos con bastante más detalle. Por ahora podemos afirmar que los padres y otros adultos que perpetran abuso fueron a menudo traumatizados en la infancia. Los sobrevivientes de traumas de la infancia que no perpetran abusos, no obstante, transmiten su dolor y sus defensas contra tales traumas en el trato hacia sus hijos, quienes los incorporan en su estructura psíquica en forma de relaciones objetales internas. De esta manera, el trauma pasa de una generación a la siguiente.

2. Postrauma, multiplicidad y estudios de la memoria infantil

En este libro nos limitamos al estudio del trauma físico personal. No tratamos los horrores de la guerra y sus efectos en el combatiente, el veterano o los familiares de los militares (Faibairn, 1943b; Kardiner, 1941; Lifton, 1967; Sonnenberg *et al.,* 1985; Van der Kolk, 1987), tampoco el estudio del genocidio racial ni religioso (Laub y Auerhan, 1985). Aunque reconocemos que la pérdida de un padre por enfermedad, por suicidio o por depresión extrema es profundamente traumática (Hopper, 1991) y que la muerte (Furman, 1974), el divorcio (Wallerstein y Kelly, 1980), el secuestro (Terr, 1983), la separación forzada de los miembros de la familia y la pérdida forzada de un país, de un idioma, de una religión y de una cultura pueden producir efectos de proporciones catastróficas (Krystal, 1968a, b; Pines, 1993), en nuestro estudio no incluimos todos estos tipos de experiencias traumáticas, aunque en nuestra experiencia clínica hemos aprendido de todos ellos.

Antes bien, nos centramos en el impacto directo sobre el cuerpo en la vida de la familia. Observamos los efectos de la violencia personal doméstica sobre los hijos, con atención especial en la violencia del abuso sexual infantil. También observamos la violencia impersonal hacia el cuerpo del recién nacido, del niño, del adolescente y del adulto en la forma de destrucción repentina o masiva de alguna parte del cuerpo sobre la que el niño o el adulto no tiene control.

Definimos la violencia física como una violación al cuerpo y como el uso coercitivo de la fuerza en la medida en que sean tangibles los resultados de los daños físicos y las amenazas a la vida. Al escoger los ejemplos de violencia física, no incluimos a familias con una preferencia por el castigo físico que se encuentren dentro de sus normas culturales.

Definimos el abuso sexual como una interacción sexual entre cualquier adulto o niño mayor, más fuerte, y otro niño. Cuando el adulto se encuentra en una posición de autoridad, el abuso es esencialmente de explotación. Una forma del abuso sexual de los niños consiste en la estimulación de los genitales del niño por parte de un adulto o de un niño mayor, más fuerte, con el fin de que el perpetrador obtenga estimulación sexual. También incluimos la administración de enemas de forma compulsiva y con excitación y la masturbación sin penetración como formas del abuso sexual.

Definimos el incesto como una interacción sexual entre un pariente adulto o un niño mayor o más fuerte y cualquier niño menor de 18 años y que lo considera como abusivo, aunque no siempre traumático, ya que el trauma depende de la severidad y de la duración del abuso y la reacción depende de la constitución del niño. No obstante, podríamos esperar que el incesto causara una interferencia grave en el desarrollo. El incesto no abusivo entre parientes adultos puede o no, ser traumático. El incesto entre hermanos que lo consienten, que son compañeros, no tiende a durar tanto como sucede con los adultos perpetradores, y se ha dicho que causa menos daño, hallazgo que actualmente ha sido cuestionado. Courtois (1988) concuerda en que no todas las relaciones abusivas técnicamente son traumáticas y en que no todas las relaciones traumáticas son técnicamente abusivas, pero advierte que el daño producido por ambos tipos de incesto ha recibido poca atención a causa de que las víctimas han sido incapaces de reconocer todo su impacto. Agrega que las hijas que han experimentado un incesto con su madre no suelen declarar su abuso con el fin de ocultar la ruptura de dos tabúes: el incesto y la homosexualidad.

Las formas personales e impersonales de violencia hacia el cuerpo son similares en el sentido de que el niño no tiene control sobre lo que sucede. Ya sea que el niño resulte víctima de violencia personal o de violencia impersonal, experimenta sentimientos similares de impotencia. En ambos casos la disociación y el encapsulamiento son las defensas probables y, cuando hay daño al cuerpo, el niño puede suponer que él es culpable del hecho y que esto representa un castigo por su maldad. En cualquiera de los dos casos, el niño puede sentir enojo hacia el otro padre que no puede evitar que sucedan cosas malas. En ambos casos se involucra el cuerpo en procesos que están fuera de su control, que son parte de la identidad de la persona y cuyos efectos se extienden y afectan toda la vida. Sin embargo, aunque el niño dañado físicamente por violencia impersonal puede sentirse atrapado en un cuerpo inferior, este sentimiento es cualitativamente diferente al sentimiento de haber caído en una trampa, de la culpa y del temor del niño que sufrió abuso. La diferencia obvia es que el menor que padece un trauma psicológico experimenta algo terrible que sucede sin la connivencia de la familia, sin la satisfacción que representa la necesidad de dependencia y la sexualización de una relación de atención y cuidado. El trauma del abuso sexual durante la niñez es bastante diferente debido a la traición de la confianza, a la secrecía, a los sobornos y amenazas, a la sexualización de la agresión y del cariño de la familia real, así como un grado de abuso físico que acompaña a esta situación (Kempe y Helfer, 1968; Mrazek y Kempe, 1981). El niño cuyo trauma físico viene del abuso sexual e incestuoso cae repetitivamente en una trampa de agresión, de encubrimiento, de falta de empatía o de protección y de hipocresía por parte de las personas queridas de la familia (Goodwin, 1985).

También estudiamos el trauma que produce en el cuerpo un solo *shock*, sin intención de profundizar en él, así como el trauma acumulativo (Khan, 1963, 1964) del abuso sexual y del abuso sufrido por los procedimientos médicos, así como su impacto en la vida familiar.

Nos proponemos desarrollar una teoría psicoanalítica sobre la reacción hacia el trauma corporal que está enraizado en el yo corporal y sobre su elaboración en el ciclo de vida de las familias de origen y en la procreación. La publicación de dos volúmenes sobre el incesto, que han interesado a los psicoanalistas, nos animó en nuestro proyecto (Kramer y Akhtar, 1991; Levine, 1990c). Levine (1990c) presenta un conjunto ecléctico que incluye perspectivas freudianas, kleinianas y lacanianas. En su texto publicado (Kramer y Akhtar, 1991),

Kramer basa la comprensión del impacto del abuso sexual en la infancia en las etapas de desarrollo de Mahler y en el punto de vista sobre la adolescencia de Blos, en tanto que Akhtar combina los enfoques de Freud, Jacobson y Kernberg. Todos ellos se valen de aspectos del cuerpo teórico del enfoque estadounidense de las relaciones objetales. Nosotros, sin embargo, nos basamos en un enfoque británico de la teoría de las relaciones objetales, el cual está fundamentado en el esquema conceptual de Ronald Fairbairn y cuya obra ha descrito Grotstein (1992) como "el modelo más apto y amplio hasta ahora para la comprensión del abuso y de la agresión sexual hacia el niño" (p. 66). En lo referente al esquema de las relaciones objetales que ofrece el punto de vista de Fairbairn sobre la situación endopsíquica, sus estudios acerca de los efectos del trauma y sus conceptos en torno a la escisión del objeto y del self, integramos conceptos de Freud, Klein, Winnicott, Bollas, J. Mitchell y de otros psicoanalistas teóricos. Además, intercalamos conceptos compatibles y enriquecedores sobre el desarrollo humano procedentes de la investigación clínica familiar, de la investigación infantil, de la teoría del trauma y de estudios sobre personalidad múltiple. Asimismo, tomamos en cuenta contribuciones de la literatura sobre el abuso sexual del niño, la nueva investigación sobre la memoria, los recuerdos y estudios sobre feminismo.

TEORÍA DEL TRAUMA

Ya en 1859, Briquet mostró que el trauma afectaba la capacidad del cerebro para manejar las emociones. Freud (1919), Kardiner (1941) y Fairbairn (1943b) estudiaron el impacto de la guerra desde el punto de vista psicoanalítico. Al trabajar con combatientes veteranos, Fingley (1985), Van der Kolk (1987) y Horowitz (1986) encontraron que el trauma de guerra producía un estrés que requería intervención en crisis, recondicionamiento, resocialización y terapia de más largo plazo. Kolb (1987, 1993) estudió y trató pacientes que habían estado expuestos a traumas de guerra. Utilizó el término *trauma emocional extremo* para distinguir este tipo de traumas de las amplias gamas de experiencias traumáticas, como la interpersonal, la social, la física y la ambiental, que generalmente se subsumen bajo el término *trauma psíquico extremo.*

Trastorno de estrés postraumático en la guerra, en el genocidio, en los desastres naturales y en el abuso sexual en la infancia

En las personas con factores que los predisponen por una vulnerabilidad genética del sistema nervioso central o que han sufrido un trauma en la primera infancia, los síntomas del estrés postraumático pueden hacerse evidentes y, en ocasiones, crónicos. Tras la guerra de Vietnam, algunos investigadores encontraron que la personalidad y la patología premórbidas eran menos importantes que la naturaleza del trauma, que la experiencia de tal trauma y que el significado adscrito a dicho trauma (Sonnenberg *et al.*, 1985). Según el *Diagnostic and Statistical Manual* (DSM-IV, 1994) de la American Psychiatric Association, Kolb (1993) define a la persona con trastorno de estrés postraumático como alguien que ha experimentado, presenciado o ha sido confrontado con un acontecimiento o acontecimientos traumáticos que involucran la muerte, o las amenazas de muerte o heridas graves, o una amenaza a la integridad física de la persona misma o de otros y que ha respondido con pavor, impotencia u horror y que en la infancia puede tomar la forma de una conducta desordenada y agitada. En el combate, en forma opuesta al genocidio y a los desastres naturales, existe el factor adicional que desempeña el estrés de no poder proteger a los colegas que están siendo asesinados mientras la persona está autorizada a provocar el mismo daño o uno mayor a la parte contraria. En Vietnam, además existía el estrés del formato de la guerrilla, por lo que no había zonas establecidas de seguridad frente al enemigo.

Los síntomas de los veteranos de guerra incluyen pesadillas y pensamientos repetitivos durante el día: recrean el trauma, escenas retrospectivas disociativas, hipervigilancia, reacciones de sobresalto y frente a estímulos que recuerdan el trauma (Figley, 1985; Van der Kolk, 1987). En general, sus síntomas son el resultado de la destrucción traumática de su capacidad de filtrar y procesar los estímulos periféricos, de modo que el self se encuentra constantemente bajo un aluvión de estímulos que se interpretan erróneamente como amenazas y a las que se responde con reacciones primitivas de temor. Estímulos auditivos, visuales, olfativos y táctiles alarmantes producen recuerdos vívidos del trauma, dado que la experiencia no fue procesada de una manera simbólica o lingüística, sino que se codificó en un ámbito sensoriomotor o icónico (Greenberg y Van der Kolk, 1987). Kolb hace hincapié en que el proceso de sobresalto-recuerdo también puede ser ocasionado por una fantasía interna. Las reacciones primitivas de temor de lucha o huida y a la inmovilización o congelamiento ocasionalmente conducen a sentimientos de desesperación y de impotencia. Desde el punto de vista de Kolbes es en este momento cuando tiene lugar la disociación.

Nosotros observamos una reacción similar en el adulto que padeció abuso físico o sexual, o daño físico durante su desarrollo. Con base en su estudio de 26 mujeres víctimas de incesto, Donaldson y Gardner (1982, 1985) dieron a conocer que, excepto una, todas satisfacían los criterios del diagnóstico de trastorno de estrés postraumático. Aunque rara vez los niños que padecieron abuso son testigos de la muerte, sí atestiguan la violencia y a menudo son amenazados de muerte o con el asesinato de un ser querido si se atreven a hablar del abuso. El niño que sufrió abuso y daño experimenta una amenaza a la integridad de su self y responde con temor, impotencia y diversos grados de disociación, dependiendo de su edad, de la cronicidad de los sucesos traumáticos, del grado de sufrimiento, de la intensidad del miedo generado y de su vulnerabilidad constitucional.

Krystal (1968a) realizó una revisión del trauma psíquico extremo provocado por diversos desastres producidos por el ser humano con la esperanza de llegar a comprender y a tratar las secuelas del trauma en el medio en donde se encuentran más frecuentemente: el hogar. En su estudio de los sobrevivientes de los campos de concentración y de exterminio, Krystal y Neiderland (1968) encontraron que había poca correlación entre la severidad o la duración de la persecución y la patología resultante, porque cada persona interpreta el trauma a la luz de su propia realidad psíquica. Encontraron que la sintomatología postraumática de la depresión, de la rendición masoquista, de la inhibición de la agresión, o del vigor sexual, y de la somatización era una evidencia de los rasgos adaptativos al papel del sobreviviente, lo que a menudo dependía del deseo de la persona de aceptar el papel de un esclavo derrotado. También observaron perturbaciones cognitivas y de memoria. Encontraron que la hipermnesia (un recuerdo excesivamente claro para los recuerdos de persecución con una fuerte carga afectiva) eran tan vívidos que parecían reales y tan persistentes que eran virtualmente indelebles; pero esto sucedía junto con una amnesia total o parcial (olvido), un recuerdo vago y confusión. Conceptualizaron el mecanismo mental subyacente como un fracaso de la represión; idea que desarrollamos más ampliamente en el Capítulo 6.

Krystal (1985) hizo hincapié en que el trauma no se experimentaba simplemente porque el carácter extremo del estímulo penetraba la "barrera del estímulo" –el escudo protector contra la multitud de estímulos vulnerando al yo–, sino porque los procesos activos afectivos, perceptivos y cognitivos lo definían como trauma. Estos procesos registraban los sucesos en términos de la realidad subjetiva personal del individuo en la situación de desamparo, a la que se adscribía un significado a la luz de la experiencia y de las actitudes pasadas hacia el self. A causa de este hallazgo, Krystal no podía seguir sosteniendo el punto de vista de Freud acerca de una barrera pasiva del estímulo como un proceso activo para el procesamiento de la información y el almacenamiento de la memoria selectiva. A diferencia de la situación de un niño, en la cual el trauma que se anuncia es preludiado por un afecto intenso pero con la incapacidad de los padres para proteger al niño, en el caso del trauma de los adultos se comprende cognitivamente, y a la conciencia personal de su inevitabilidad le sigue un afecto intenso, la parálisis de la intencionalidad, la restricción del afecto, el adormecimiento del dolor y la constricción cognitiva; un estado de claudicación que, en algunos casos, precede a la muerte psíquica. En los sobrevivientes postraumáticos que mostraron alexitimia –definida como la incapacidad de reconocer y utilizar las reacciones emocionales– Krystal (1985) describió una dificultad cognitiva concomitante que obstaculizaba los intentos de un tratamiento psicoanalítico.

El pensamiento se vuelve "sobreajustado a la realidad" a costa de la fantasía de gratificación pulsional. Se da un empobrecimiento de la imaginación y una preocupación por los detalles mundanos de los acontecimientos cotidianos. Como de M'Uzan lo plantea: "El lenguaje del paciente es pobre, apagado y banal, asido al presente, o el paciente solo habla de hechos en forma cronológica" (p. 462). Una forma de entender este tipo de funcionamiento desde el punto de vista de la "barrera del estímulo" es que protege al individuo del regreso del trauma psíquico experimentado previamente (tipo adulto) mediante el bloqueo de los derivados de las pulsiones (Krystal 1978a, b). En forma similar, la capacidad de la persona para el placer, la alegría y la felicidad puede sacrificarse, lo cual desemboca en anhedonia. Este es el precio de bloquear en forma simultánea (pero con menos éxito) la intensidad excesiva del dolor y de la angustia (Krystal 1978a). Una secuela incidental de la "hipertrofia" de estos aspectos de la "barrera del estímulo" consiste en que la capacidad de estos individuos para utilizar y beneficiarse del psicoanálisis se ve impedida en diferentes grados de severidad (Krystal, 1978b; 1982b: 153-154).

En otras palabras, hay excesiva reacción hacia la realidad y no suficiente fantasía para interpretarla. Esta descripción coincide con los fenómenos descritos por Bollas (1989) y es ilustrado en los tratamientos analíticos del sobreviviente del abuso sexual infantil que se relatan en el Capítulo 11. Sin embargo, a diferencia del instinto expuesto por Freud o de su teoría estructural, la perspectiva de las relaciones objetales, que no desarrolló Krystal, ofrece una forma analítica para trabajar con estos casos (1) al experimentar de la realidad del trauma y del fracaso del ambiente que sostiene al niño y dentro de la relación analítica (2) la interpretación de las elaboraciones fantasiosas y el significado adscrito al trauma sin negar su realidad o reconfigurándolo inútilmente en términos de una fantasía edípica.

Tras tomar conciencia de un silencio conspicuo sobre el tema del abuso sexual durante el internamiento en hospitales psiquiátricos, Krystal y Neiderland reiniciaron sus investigaciones y encontraron casos de violación no reportados en mujeres a las que se habían identificado como las más enfermas en su grupo. La experiencia de Krystal y Neiderland (1968) ilumina nuestro estudio con casos de sobrevivientes de abusos físicos y sexuales. Nosotros también encontramos una conspiración del silencio. Los sobrevivientes adultos de abuso sexual durante la infancia muestran los mismos aspectos de recuerdos hipermnésicos y vagos que se observaron en los sobrevivientes del Holocausto. Al igual que los sobrevivientes estudiados por Krystal y Neiderland, se adaptan para mantener su cordura y sus vidas.

Los sobrevivientes adultos de abuso físico o sexual durante la infancia son humillados en forma especial, y la sociedad los identifica en forma proyectiva como traidores, prostitutos, de coexistencia con el enemigo y, en última instancia, como imágenes de los perpetradores. Por tanto, no sorprende de que sean reacios a hablar de su historia. Sin embargo, las personas traumatizadas sí se recuperan, y llegan a ser capaces de recordar el trauma cuando desean hacerlo o cuando necesitan hacerlo, pueden hablar sobre ello cuando les resulta útil a ellos o a otras personas, y seguir pensando sobre otros aspectos (Horowitz, 1986).

ESTUDIOS SOBRE LA PERSONALIDAD MÚLTIPLE

La personalidad múltiple es una condición psiconeurótica del tipo disociativo histérico. Dicha condición se ha conocido y se ha descrito claramente desde principios de siglo (Franz, 1933; Prince, 1906; Thigpen y Cleckley, 1957) y en ocasiones se ha tratado psicoanalíticamente (Lasky, 1978; Silvio, 1993). Thigpen y Cleckley (1957) rastrearon, en su famosa paciente "Eva," el origen de la multiplicidad hasta llegar al trauma ocurrido a la edad de 5 años cuando a Eva se le obliga a tocar el rostro de su abuela muerta. Ellos ofrecieron material de sueños y de dibujos que para nosotros sugieren un trauma sexual o una sobreestimulación de deseos edípicos; pero ellos estaban tan convencidos –con el furor de la interpretación dinámica– que no descubrieron trauma alguno que antecediera al trauma evidente y los deseos edípicos hacia los abuelos o hacia los padres no se elaboraron.

Estudios recientes basados en muestras amplias han relacionado la multiplicidad con una historia de abuso en la infancia (Kluft, 1985). No todos los casos de abuso de niños desembocan en una personalidad múltiple, pero la mayor parte de las personas con trastorno de personalidad múltiple han sido maltratadas físicamente, agredidas psicológicamente, violadas y abrumadas emocionalmente (Kluft, 1985; Wilbur, 1984). En las familias en que hay abuso sexual, Kluft y sus colegas (1984) hallaron que la relación marital de los padres generalmente era una de tres tipos: O los padres preservan una falsa apariencia normal, o se encuentran en un conflicto abierto de proporciones enormes, o uno de ellos es sobreprotector y el otro es negligente. En numerosos casos, los autores encontraron muchos paralelos entre la estructura psíquica interior del paciente con personalidad múltiple y su familia de origen. Al crecer en familias caracterizadas por la secrecía, el aislamiento y la apariencia de falsa normalidad, con fronteras demasiado rígidas para la intimidad y demasiado obstructivas para la autonomía, el niño que padeció abuso desarrolla una personalidad en que partes del self permanecen ocultas de otras partes y aisladas de la integración central. Las subpersonalidades son incompletas, una sin la otra y, nuevamente, al igual que sucede en las familias de origen, recurren a connivencias, coaliciones y búsquedas internas de otras personalidades alternativas. El estudio de la personalidad múltiple nos abre una ventana sin igual hacia los procesos de disociación en la formación de la personalidad y brinda una descripción gráfica de la disociación como una defensa contra el trauma.

En la situación de laboratorio, los pacientes con trastornos disociativos son considerablemente más hipnotizables que la población general, mientras que aquellos con una multiplicidad que no se ha tratado muestran una mayor incidencia del fenómeno del observador escondido (Hilgard, 1977, 1984) que los pacientes que caen en otras categorías de diagnóstico (Kluft, 1986). El fenómeno del *observador escondido* se refiere a la experiencia de sujetos que responden de una forma característica a series particulares de estímulos en un experimento con hipnosis. Estos sujetos que muestran el fenómeno del observador escondido normalmente sienten en respuesta a un estímulo doloroso en la primera situación. Después de una sugestión hipnótica de analgesia, no sienten dolor en respuesta a un estímulo idéntico, en la segunda situación. Por último, en la tercera situación, tras la sugestión de que una parte escondida de ellos todavía es consciente del dolor –que la parte hipnotizada no puede sentir– informan grados de dolor similares a los experimentados antes de la hipnosis. Basándose en estos hallazgos, Hilgard (1977) llegó a la conclusión de que la información podía ser procesada en diferentes grados de conciencia en forma simultánea. Esta conclusión apoya dos hallazgos clínicos: (1) que las personalidades alternas en la multiplicidad pueden tener bancos de memoria separados sin que exista transferencia entre ellos posiblemente en forma selectiva, en dos direcciones, pero más comúnmente en una sola dirección, y (2) que una persona puede operar en diferentes grados de conciencia del yo.

En una situación de la vida real, mediante el cambio a un estado de autohipnosis, el niño, y posteriormente el adulto, pueden separarse del trauma (Frischolz, 1985; Silber, 1979). La relajación, la calma, el adormecimiento y un sentimiento de desaparición reemplazan el horror del terror; pero deja a la persona en un estado reducido de movimiento y desamparo. El grado de pasividad y de conformidad que se produce como resultado de esta actitud al parecer sirve para adaptarse y sobrevivir, siempre y cuando no conduzca a una muerte psíquica. El estudio de la personalidad múltiple y los fenómenos disociativos relacionados revela una de las reacciones más extremas al trauma en relación a las cuales podemos elaborar una teoría de un continuum de respuestas adaptativas.

Putman y Cole (1992) han estudiado los fenómenos disociativos en varios niveles de desarrollo y han dado a conocer un continuum de respuestas disociativas que van desde el nivel normal y adaptativo hasta el extremadamente patológico, del que surgen las personalidades múltiples. Basándose en su experiencia con cien casos de trastorno de personalidad múltiple, Putnam (Putnam *et al.,* 1986) llegó a la conclusión de que, después de la violencia física en la familia y el abuso sexual por parte de miembros externos a esta, el incesto es el tipo más común del trauma infantil dado a conocer retrospectivamente en estos casos. Putnam y Cole (1992) describen el incesto como un trastorno en una relación primaria que muestra focos de alerta de contacto sexual inapropiados. El incesto produce un sentido de violación del self, temor, sentimiento de culpa y, sobre todo, una pérdida del sentimiento de seguridad personal como una condición del ambiente con el cual debería contar un niño. Interfiere con el desarrollo autónomo, compromete la integridad física y psicológica y altera la regulación del afecto y el control de impulso (Putnam, 1990; 1993).

Putnam (1994) describe la disociación como una respuesta específica, adaptativa y dinámica al trauma. Encuentra que es más probable que disocien los niños que los adultos porque la capacidad de disociar tiende a desaparecer en la latencia. El acceso a la disociación como una defensa es igualmente accesible para los niños que para las niñas, aunque en etapas posteriores de la vida, se encuentran menos hombres que mujeres con personalidad múltiple; hallazgo que sugiere que las mujeres, como grupo, son más propensas que los hombres a experimentar respuesta disociativas extremas con fragmentación espacial global. La fragmentación espacial global como un patrón defensivo aparece después del abuso en una edad más temprana (D. Spiegel, 1984). La tendencia a multiplicar la personalidad (el grupo más desarrollado de defensas espaciales) forma una ventana hacia el desarrollo, resultado de un abuso sexual durante la infancia que ocurre antes de los 8 años, generalmente entre los 3 y los 8 (Putnam, 1991), aunque la personalidad múltiple no se manifiesta hasta la etapa tardía de la adolescencia. Kluft (1984a), sin embargo, da a conocer que hay más casos de multiplicidad en la infancia de lo que se pensaba previamente. Herman (1981) hace hincapié en que la mayor parte de los supervivientes de abuso sexual infantil, aunque no todos, utilizan defensas disociativas. Esta investigadora encontró que mientras la mayor parte de los supervivientes se volvían competentes en el uso del trance, "algunos desarrollaban una especie de 'virtuosidad disociativa'" (Herman, 1992: 102). Del informe gráfico, y científico, de Putnam sobre resultados extremos de las experiencias incestuosas severas, podemos aprender sobre la disociación como es medular para adquirir una comprensión psicoanalítica de las respuestas al trauma corporal que afecta a los genitales, a otras partes del cuerpo, e inevitablemente, al self.

LOS PROPÓSITOS DEFENSIVOS Y LAS CONSECUENCIAS DE LA DISOCIACIÓN

Putnam (1991) describe la manera en que la disociación aísla la experiencia catastrófica y permite que el yo central escape del dolor y de la realidad. Existe una alteración en el self y una separación del self del aspecto doloroso de la relación objetal a la que necesita. Los conflictos irreconciliables entre el amor y el odio y entre la necesidad y el temor del objeto importante, pero abusivo, se arrinconan en un lugar que se separa de la conciencia y se mantiene lejos de otras partes reprimidas del self. En lugar de una resolución, hay una negación del conflicto dentro de las partes del self a fin de continuar existiendo. La disociación como una reacción defensiva condicionada tiene varias consecuencias. Putnam advierte en especial la interferencia con un sentimiento de unidad del self, alteraciones de la memoria y de la identidad. La regulación del humor y de la impulsividad es inconsistente. Las percepciones son dudosas, la memoria es discontinua y el recuerdo de otros acontecimientos puede ser poco fiable a causa de la propagación de respuestas disociativas a todo el proceso de almacenamiento de información.

HALLAZGOS EN LA INVESTIGACIÓN DE LA MEMORIA

La amnesia en la infancia, relacionada con los acontecimientos previos a los 3 o 4 años de edad, es un fenómeno normal. Schachtel (1947) pensaba que no podíamos recordar la primera infancia porque nuestras estructuras de pensamiento –también denominadas esquemas o estructuras de interpretación de la experiencia– en el momento del recuerdo no correspondían a las que predominaban en el tiempo en el que el incidente se experimentaba o se codificaba. La localización de la memoria involuntaria no se encuentra en la conciencia, sino en el soma, dando lugar a una "memoria del cuerpo" (Schachtel, 1947: 22). En la adultez, la función simbólica o lingüística del pensamiento operativo es dominante y no está preparada para decodificar los recuerdos que fueron almacenados en la función activa, icónica y sensomotora de la etapa preoperacional de aprendizaje que describió Piaget (1936). Además, la memoria es más vulnerable que la percepción los efectos de la socialización, y da como resultado una convencionalización de la memoria. Greenberg y Van der Kolk (1987) están de acuerdo en que los recuerdos que no cuadran con el patrón cultural esperado generalmente se disocian.

Basándose en la obra de Piaget e Inhelder (Piaget, 1936) y ampliada por el auge de las investigaciones basadas en un modelo de procesamiento de la información, en la década de 1970 se describió la memoria *como una computadora* que desempeñaba las tareas de adquisición, codificación, almacenamiento y recuperación mediante el reconocimiento, la reconstrucción o el recuerdo (Fivush, 1993b; Perry, 1992). Respecto a la adquisición, la tarea consiste en percibir, prestar atención, percibir nuevamente, interpretar lo que se ve y ordenarlo en relación con las percepciones anteriores. A continuación, el recuerdo se codifica y se almacena en el lugar adecuado para un acceso futuro. En las investigaciones de la década de 1970 se daban listas de tareas de aprendizaje que eran fáciles de controlar en el laboratorio. Los niños de párvulos que no recuerdan mediante palabras, sino mediante imágenes, y que no pueden recordar secuencias, se desempeñaban mal en la tarea de un recuerdo voluntario. Sin embargo, la conclusión de que su memoria era mala fue resultado de un error del test.

Posteriormente, en la década de 1980, la investigación que se enfocó en tareas adecuadas a los intereses y al estilo cognitivo de los niños pequeños mostró que dichos niños podían dar relatos precisos y detallados de su pasado, pero tenían dificultades para distinguir un suceso de otros en una secuencia de cuentos porque el acontecimiento tendía a ser generalizado de acuerdo con el guión de experiencias previas. Así, la *memoria autobiográfica* se aprende en la interacción social y se desarrolla mejor cuando los padres hablan a sus hijos sobre el pasado y elaboran narrativas sobre la historia de estos en la familia, en un proceso dialéctico de construcción conjunta (Fivush, 1993a; Nelson, 1993b). El niño necesita la representación verbal de la experiencia, las palabras, por parte de otra persona para desarrollar un recuento de los recuerdos, que tiene el propósito de restablecer la experiencia original (Nelson, 1993a). La memoria autobiográfica resultante también se recuerda mejor en un contexto interpersonal similar.

Los niños pequeños usan la recuperación mediante el reconocimiento y de este modo necesitan preguntas para estimular los recuerdos. Por sí solos no pueden producir un relato coherente y completo (Fivush, 1993a). No es probable que recuerden acontecimientos que no tuvieron lugar como si hubieran pasado y sus errores reflejan principalmente una tendencia a omitir información, no a inventarla (Steward, 1993). Si los niños tomaron parte en los acontecimientos que tratan de recordar, los recuerdan mejor (Faller, 1992). Incluso en los niños de preescolar, el recuerdo espontáneo de los detalles de la vida diaria es excelente, pero no pueden recordar las secuencias con precisión. No pueden expresar con palabras los recuerdos de los sucesos que experimentaron en su primer año de vida. El estrés puede no afectar la formación de la memoria, a menos que el niño realmente sea intimidado. Sin embargo, los recuerdos de los niños mayores son tan buenos como los de los adultos (Perry, 1992).

Estos hallazgos tienen implicaciones en la obtención de un testimonio de los niños y para evaluar su veracidad en los tribunales de justicia. Los niños pueden dar excelentes testimonios que siguen siendo precisos durante numerosas entrevistas. Aunque Loftus (1992) cree que los recuerdos de los niños se complementan y se confunden fácilmente con nueva información, Fivush (1993a) considera que las investigaciones no muestran que este sea el caso. La investigación actual continúa ofreciendo modelos más complejos del funcionamiento de la memoria en la infancia (D. Siegel, 1993).

Modelo de Rummelhart y McClelland de los
sistemas de procesamiento distribuido en paralelo

Los investigadores actualmente no creen que la memoria humana trabaje como una computadora que opera con base en una lógica digital binaria ni que responda a los comandos "guardar" y "encontrar". Antes bien, el aprendizaje y la memoria humanas al parecer operan como una red de *sistemas de procesamiento distribuido en paralelo* que permite un funcionamiento autónomo y, en ocasiones, disociado de diferentes elementos (McClelland y Rummelhart 1985; Rummelhart y McClelland, 1986; D. Spiegel, 1990). Los grupos relacionados de información son almacenados en forma independiente entre sí, de modo que los recuerdos incompatibles pueden mantenerse simultáneamente a través de unidades que no se comunican después de haber sido procesados. A diferencia de la computadora, la memoria del ser humano se ve afectada por estados del desarrollo, por el contexto, por la emoción y por la capacidad cognitiva para reflexionar sobre lo que se aprende y para cotejar la narrativa almacenada sobre los recuerdos como un sentimiento del self (D. Siegel, 1993).

Tras el trauma, podemos imaginar que un grupo de procesadores de la red, abrumado por el peso, por la proporción y por el volumen del dolor, del terror y de la humillación podrían dejar de registrar información dolorosa específica, mientras que otros grupos continúan con las tareas relacionadas con el procedimiento. Esta teoría de la memoria explica la disociación entre los recuerdos mantenidos por diferentes partes del self y da cuenta de la importancia de la información parcial que no se integra a un conocimiento global general (D. Spiegel, 1990).

Procesos de la memoria en el modelo de Levine

En el modelo de M.D. Levine (1992) existen cuatro procesos de memoria: el registro, la memoria que trabaja activamente, la consolidación y la recuperación. Los problemas en el área de registro aparecen como síntomas de falta de atención a los sucesos y hechos y de una memoria inconsistente de corto plazo relacionada con ellos.

Cuando la memoria que actúa activamente se ve alterada, el niño en la escuela tiene problemas para recordar mientras lee o calcula una serie de números. Las dificultades para la consolidación da como resultado recuerdos inconsistentes de largo plazo y una desorganización general. El bloqueo de los procesos de recuperación produce la desaceleración del recuerdo de la información, que desemboca en problemas al escribir y al hacer cálculos de matemáticas. Un proceso de la memoria que sí funciona puede operar bien, en tanto que otro se ve afectado. Por ejemplo, un niño puede recordar bien información verbal, pero recuerda mal el material visoespacial; otro puede no registrar este material; y otro más puede grabar la información, pero no tener acceso a ella, lo cual puede suceder poco tiempo después (Krener, 1993).

El niño que sufrió abuso sexual puede registrar la situación en la forma visoespacial, de modo que lo puede recordar en imágenes, pero no en palabras. En ocasiones, el niño prefiere ignorar el trauma e inhibir activamente el proceso de registro. Para las tareas de aprendizaje del niño, la inhibición puede ser selectiva, cambiando su proceso de registro por uno eficaz, de otra información importante. Sin embargo, es más común que se extienda a una inhibición general de registro, de modo que el niño tendrá problemas para aprender en la escuela. Algunos niños registran los hechos de su abuso, pero algunos problemas en la memoria activa impiden que tengan acceso a la información poco después. Otros niños que registran las experiencias en forma separada y no pueden consolidar el material, de modo que no se ven abrumados por la naturaleza acumulativa del trauma. También algunos otros niños pueden contar con un registro preciso, con memoria activa y con consolidación, pero las funciones defensivas inhiben el recuerdo, hasta que el yo esté suficientemente fuerte para tolerar el conocimiento que ha permanecido fuera de la conciencia.

La dicotomía entre lo más cognitivo y lo menos cognitivo

Krener (1996) resumió la división de la memoria en procesos de retención más y menos cognitiva, tal como lo plantea la hipótesis de Tulving (1972), Schacter (1989), Cohen y Squire (1980) y Pillemer y White (1989). De acuerdo con estos investigadores, los procesos más cognitivos conforman una memoria semántica-explícita-declarativa basada en el lenguaje. Esta forma de memoria es consciente, está basada en el lenguaje y es destruida por daño al sistema límbico-cortical y al hipocampo. La forma menos cognitiva ha sido denominada una memoria episódica-implícita-procesal basada en la experiencia, que se verbaliza con dificultad y se revela en un conocimiento manifestado en conductas de destreza.

Memoria modular de entrada múltiple

La *memoria modular de entrada múltiple* es un modelo que considera la memoria como un proceso, pero también como una organización subsistémica (Johnson y Hirst, 1992). La percepción y la reflexión del niño sobre la percepción se ven influidas por el contexto y por la emoción, y ambos son elementos de la memoria que se codifica. El estado de la mente en el momento de la codificación afecta la probabilidad de una recuperación posterior.

Sistemas de primera y de segunda memoria

Pillemer y White (1989) propusieron una teoría de los *sistemas de primera y de segunda memoria.* La primera memoria opera en el nacimiento como respuesta a la gente, a los lugares y a los sentimientos. Los recuerdos almacenados ahí son icónicos y se accede a ellos a través de imágenes y experiencias que recuerdan los primeros tiempos. El segundo sistema de la memoria se desarrolla después de la adquisición del lenguaje y almacena experiencias en formas narrativas y se puede acceder a ella a través de las palabras. Un trauma abrumador puede ser almacenado en el sistema de la primera memoria, incluso en los niños más grandes que cuentan con un lenguaje complejo o en los adultos que en forma general usan básicamente el segundo sistema (Steward, 1992).

Memoria implícita y explícita

Los recuerdos de hechos y de sucesos son recuerdos explícitos fácilmente accesibles a la conciencia. Los recuerdos implícitos no pueden reconocerse o recordarse conscientemente. Más bien se infieren a través de la conducta que muestra que la información relevante ha sido aprendida y almacenada. Por ejemplo, los amnésicos con problemas neurológicos no pueden aprender y memorizar nuevos hechos o sucesos, aunque pueden aprender nuevas habilidades (Squire, 1986; 1987; 1992). En otras palabras, tienen una memoria explícita dañada, pero una memoria implícita buena, en ocasiones también denominada conocimiento procedimental (Cohen y Squire, 1980). Aunque no pueden recordar explícitamente haber aprendido algo o recordar lo que aprendieron, la memoria implícita funciona para mejorar su desempeño con base en la información procesada. Algunos aspectos de la memoria implícita son igualmente confiables en los niños de preescolar que en los adultos (Clyman, 1993). De acuerdo con Emde y sus colegas (1991), gran parte de las experiencias de carácter emocional de los niños se almacenan como conocimiento procedimental que no es accesible a la conciencia bajo condiciones ordinarias.

TRAUMA Y RECUERDO

Actualmente pensamos al niño que padeció abuso como alguien que tiene un self explícito –basado verbalmente en la narrativa– y un self implícito, icónico, competente procedimentalmente. El análisis realizado en el ámbito verbal, narrativo, no puede llegar a los recuerdos almacenados en el sistema implícito. Dicho análisis no puede recobrar recuerdos mediante la anulación de la represión que no sucedió. El conflicto instintivo que pudo haber sido experimentado como resultado de la lealtad a los objetos y que puede haber conducido a la represión se ve completamente superado por el peligro real que significa la inseguridad que produce la traición familiar. El terapeuta del paciente traumatizado se enfrenta a la ausencia de recuerdos explícitos y no puede confiar en el self narrativo del paciente o en la interpretación psicoanalítica de la represión del conflicto pulsional para recuperarlos. Por tanto, el terapeuta tiene que inferir los recuerdos y la experiencia a partir del silencio, de la ausencia y de los gestos, así como de la conducta procedimental observada en la transferencia y en la contratransferencia. Con el concepto *conocimiento procedimental*, podemos justificar el favorecimiento de la transferencia como un instrumento excelente para recopilar información del sistema de la memoria implícita.

Los estudios retrospectivos han mostrado que el abuso sexual infantil era más común de lo que se suponía; sin embargo, es probable que su incidencia siga estando registrada insuficiente e inadecuadamente. Briere (1992b) admitió que, en algunos casos donde el abuso se disfrutaba o conducía a un privilegio anhelado, el recuerdo podía reprimirse a fin de evitar un conflicto pulsional, la culpa y la vergüenza; pero que en otros casos, la disociación era la defensa necesaria para evitar volver a experimentar la ansiedad desencadenada por el recuerdo del abuso real. Briere está de acuerdo con Herman y Schatzow (1987) en que, cuando el abuso se experimenta de forma violenta y dolorosa, lo más probable es que produzca disociación. En esos casos, el recuerdo del abuso puede estar incompleto o ausente con el fin de evitar seguir experimentando la angustia real. En un estudio prospectivo de doscientas mujeres que, de acuerdo con los registros del hospital, declararon haber padecido abuso sexual cuando eran niñas en la década de 1970, Williams (1992) dio a conocer que 38% de ellas no recordaban o no estaban dispuestas a admitir el abuso sexual durante la infancia cuando fueron entrevistadas años después.

Numerosos terapeutas han abordado el tema de los recuerdos falsos. Loftus (1992) argumentó que no hay suficiente evidencia clínica para apoyar la hipótesis de que los recuerdos fueran reprimidos por ser desagradables, y que si se podían recuperar años después, serían veraces. Holmes (1990) llega a la conclusión de que sesenta años de investigación no han podido documentar el mecanismo de la represión. La disociación parece ser la explicación más factible para los recuerdos ausentes que no se han formado, que se han perdido o que permanecen en un estado del yo al cual no tiene acceso el resto del self. Krener (1996) argumenta que, bajo la fuerza de la sugestión y de la presión ejercida por el contexto cultural adulto, la disociación también puede operar adecuadamente para elaborar recuerdos falsos que se derivan de la sugestión y que no pueden corroborarse. Esta investigadora nos recuerda que, a pesar de las revisiones posteriores de las integraciones y de la construcción narrativa de los recuerdos de un cerebro en desarrollo y en proceso de adaptación, estas permitan la reconstrucción de la experiencia que se percibió, pero que no se almacenó como información comprensible en el momento del trauma y producen una confusión, una reelaboración y una falsificación del recuerdo (Steward, 1993).

Cuando ocurre una situación peligrosa única, denominada trauma Tipo I (Terr, 1991), los niños experimentan una reducción de los procesos perceptuales y de memoria comunes, al menos hasta que se acostumbran al peligro o aprenden que sus acciones pueden marcar la diferencia en lo que les pasa (Krener, 1996). No hay un adormecimiento psíquico, escenas retrospectivas ni amnesia. Por el contrario, los niños recuerdan todo el suceso con extraordinaria claridad (Terr, 1991) y repiten la narrativa a sí mismos y a otros, pero tienen una perspectiva limitada sobre el futuro. En cambio, un trauma recurrente, denominado trauma Tipo II (Terr, 1991), se recuerda de forma irregular, sin una imagen clara de la totalidad. El adormecimiento, la autohipnosis, la negación, la disociación, los ataques de indefensión y el silencio representan intentos característicos en el niño de autodefensa. No hay lugar para la repetición, para la elaboración conjunta de una narrativa ni para la capacidad de desarrollar un recuerdo específico. No es sorprendente que el sobreviviente de abuso pueda tener un recuerdo vago, o recuerdos que emergen años después en respuesta a una imagen que está relacionada con otras imágenes difusas anteriores y permite su recuperación en forma narrativa (Terr, 1988; 1994).

En este capítulo, hemos revisado la investigación atesorada sobre la memoria infantil a fin de encontrar un modelo de trabajo para la recuperación de la experiencia de abuso en la terapia. Dicha información amplía nuestra comprensión de la vulnerabilidad del niño y su necesidad de distorsionar y separar las experiencias tempranas mediante la exageración de los mecanismos disociativos normales y aferrándose al sistema de la memoria implícita. Los sucesos traumáticos acumulativos se almacenan en el sistema de memoria implícita, adonde no se puede acceder mediante palabras, las cuales constituyen la herramienta del paciente adulto y del terapeuta. El acceso a través de la transferencia y la contratransferencia puede proporcionar imágenes que se conectan con otras en el formato icónico del primer sistema de memoria para las personas y para el lugar. Mientras el terapeuta y el paciente exploran imágenes y sensaciones corporales, la narrativa misma proporciona las palabras para la tarea. Así, se conceptualiza en palabras una reconstrucción visoespacial de lo que debe de haber pasado. A medida que la capacidad de la formación simbólica comienza a desarrollarse, los sueños y las fantasías se vuelven posibles y permiten un mayor acceso al material inconsciente. Este proceso se ilustra en el caso de Wendy Sheldon en el Capítulo 13 y en el de la señora Feinstein en el Capítulo 11.

3. Perspectivas freudiana y de relaciones objetales

LOS PRIMEROS ENFOQUES SOBRE LA HISTERIA: FREUD

Freud encontró que el trauma psíquico era la base de los síntomas histéricos y neuróticos. Llegó a tal conclusión basándose en su investigación de los fenómenos de la histeria valiéndose inicialmente de la inducción del trance hipnótico para suprimir la represión del material inconsciente bloqueado y manifestado en la sintomatología física. Más tarde cambió a la técnica de la asociación forzada. Ponía su mano en la frente del paciente y sugería que la presión daría lugar a un flujo de pensamientos que surgirían en el habla consciente. Se dio cuenta de que los síntomas histéricos constituían expresiones corporales que sucedían cuando los sentimientos de angustia se habían desconectado de los pensamientos que los acompañaban durante un momento traumático de naturaleza sexual. Un momento traumático de este tipo generalmente ocurría durante la pubertad, cuando el deseo sexual se encontraba estimulado al máximo y su expresión natural estaba inhibida por lo inapropiado de las circunstancias. Lo inapropiado que se recordaba con mayor frecuencia bajo hipnosis y asociación forzada era la seducción por parte de un miembro de la familia o por un cuidador adulto. Freud afirmaba que la catarsis terapéutica del afecto reprimido congruente con el trauma bastaba para eliminar la sintomatología física.

Posteriormente Freud encontró que pidiendo simplemente al paciente que expresara cualquier cosa que le llegara a la mente producía un flujo con la misma información, por lo que se dedicó exclusivamente a este nuevo método, que denominó asociación libre. En ese momento descubrió que el recuerdo traumático que se remontaba a

la pubertad no se vinculaba solamente a otros recuerdos relacionados con ese momento, sino que la cadena de asociaciones también
llevaba a recuerdos de abuso sexual que se remontaban hasta la edad
de 2 años.

Al mismo tiempo, Freud analizaba los sueños y descubría una vía
directa hacia el inconsciente (Freud, 1900). Al analizar sus propios
sueños y sus síntomas histéricos leves, llegó a la conclusión de que
sus ideas originales sobre el perpetrador en su familia eran erróneas.
El prototipo personal de Freud sobre el recuerdo falso no sustentado,
le llevó a su brillante deducción de la ubiquidad de las añoranzas sexuales perversas y polimorfas y del poder de la fantasía edípica como
influencias distorsionantes sobre el recuerdo de la experiencia infantil. Cuando Freud se apartó de la seducción sexual como una fuente
inevitable del trauma, dejó de investigarla como la fuente principal de
la patología, a pesar de que continuó sintiendo que "la seducción conserva un cierto significado etiológico" (nota al pie de página 1924 en
Freud 1896b). Al seguir su ejemplo, el campo del psicoanálisis puso su
atención en las vicisitudes de la pulsión sexual en la formación del síntoma neurótico y se alejó de la realidad del abuso sexual, en un tiempo
en que socialmente era un tema tabú y podría haber obstaculizado la
aceptación de las teorías de Freud que eran más universalmente apli-
cables sobre el desarrollo psicosexual, la fantasía de la escena primaria
y el romance familiar de la etapa edípica.

Actualmente, cuando tales teorías se han integrado a la cultura,
resulta útil que exploremos la relevancia de lo que Freud escribió
sobre el trauma, sobre la experiencia sexual infantil y sobre cómo
defender nuestra creencia en la veracidad de los recuerdos de nuestros pacientes. A partir del trabajo del famoso neurólogo francés
Charcot sobre la parálisis traumática, Freud elaboró el argumento
de la siguiente manera (1893c, d): Cuando un trauma físico afecta a
una persona que está predispuesta constitucionalmente por heren-
cia a desarrollar una reacción histérica, tal persona puede desarrollar posteriormente una parálisis que representa el temor a un daño
en el cuerpo que está fuera de proporción en relación al daño real
sufrido. Una sugestión hipnótica puede inducir en forma similar la

parálisis o eliminarla en el mismo sujeto. A partir de esto, Charcot concluyó que si el trauma era producido de manera física también podía ser producido verbalmente; la parálisis original se debía a una idea producida en el momento del trauma, siempre que el individuo tuviera una tendencia, por razones hereditarias, a desarrollar una reacción histérica y que entrara en un estado hipnótico de la mente en respuesta al trauma.

Basándose en su trabajo experimental con Breuer con terapia hipnótica en las pacientes histéricas, Freud siguió adelante para formular la tesis de que *"existe una completa analogía entre la parálisis traumática y la histeria común, no traumática"* (1893c: 30-31. Cursivas en el original). Por histeria no traumática, Freud se refería a aquellos casos en que no había un trauma físico, sino un trauma emocional o, más comúnmente, una serie de experiencias afectivas traumáticas. Cuando no existía reacción alguna a un ultraje físico o verbal, la memoria retenía la afección original que pertenecía al tiempo del trauma. A partir de este hecho, sostuvo que lo que producía la parálisis tras un trauma físico era el "sentimiento de miedo, el trauma *psíquico*" (p. 31). Encontró que el síntoma corporal expresaba una simbolización del estado mental en el tiempo del trauma. En pocas palabras, se pensó que los pacientes histéricos sufrían de traumas psíquicos que sufrieron de una abreacción incompleta generalmente por una de tres razones: fueron tan severos, que quebrantaban el aparato mental y obliteraban las defensas más comunes; tenían lugar en circunstancias en las que era imposible reaccionar por razones sociales, como por ejemplo en la vida marital; o sucedían en el transcurso de otras afectaciones intensas.

Con considerable valor armado con informes de relaciones sexuales de niños en la literatura pediátrica (Stekel, 1895) y fortalecido por la confirmación de historias de abuso procedentes de perpetradores o de compañeras de las víctimas, Freud aseveró que *"ningún síntoma histérico puede surgir de una sola vivencia real, sino que en todos los casos con recuerdo de vivencias anteriores. Despertadas por vía asociativa en relación con esta experiencia, desempeñan un papel en la causación del síntoma... sin excepción"* (Freud, 1896b: 197. Las cursivas están en el original). *"Al final invariablemente llegamos al campo de la experiencia sexual"* (p.199), y "en el fondo de todos los casos de histeria encontramos *una o más ocurrencias de experiencias sexuales prematuras"* (p. 203). Freud incluso puso en duda el concepto de Charcot sobre la base hereditaria de la vulnerabilidad constitucional en relación con la histeria; concepto que él había promovido en 1893 como una condición necesaria para el desarrollo de la histeria. Freud más bien nos hace ver que no existe más que una *"pseudoherencia,"* pues "en realidad lo que ha sucedido es una afección transmitida en la infancia" (p. 209) entre la generación más joven de una familia con fronteras sexuales débiles. Amplía su argumento para concluir que "el papel etiológico de la vivencia sexual infantil no está confinado a la histeria, sino que se aplica de igual forma a la neurosis obsesiva, y tal vez también a las diversas formas de paranoia y otras psicosis funcionales" (p. 219).

Una razón para retornar a las formulaciones de Freud, actualmente a más de cien años, es la de resucitar la integración psicoanalítica con las respuestas neurofisiológicas al trauma real, con factores constitucionales, dinámicas familiares y mantenimiento de fronteras sexuales anteriores al trauma y el uso de un estado hipnoide como una defensa necesaria en circunstancias excepcionales. Su yuxtaposición del trauma físico y psicológico con el propósito de utilizar cada uno para ampliar la comprensión del otro apoya nuestra idea de estudiar casos de abuso sexual o físico acumulativos junto a casos de trauma físico producido por un solo evento, mientras trabajamos enfocados a una teoría de relaciones objetales del trauma. Freud, al darse cuenta de que la obligación de la vida marital puede imponer una restricción sobre la abreacción de sentimientos en los momentos del trauma nos recuerda que era consciente de la inducción y mantenimiento del trauma por las relaciones objetales actuales; una percepción que nosotros ampliamos para aplicarla a una represión aún más general que un niño siente a causa de su dependencia al sustento de sus padres, por más abusivos que puedan ser.

Es difícil que un niño que sufrió abuso hable contra su cuidador. No sabe qué venganza podría suscitar. El abuso puede ser la única expresión de contacto físico que recibe el niño. Se puede sostener que algunos niños que solo conocen un entorno abusivo pueden no saber que el abuso sexual no es correcto (Gardner, 1992). Sin embargo, al menos en la población clínica que hemos tratado, el niño que no ha disociado lo que está sucediendo se da cuenta mediante las amenazas, los sentimientos de culpabilidad y repugnancia natural de que la situación no es correcta. En el caso del niño que sí disocia –por la severidad del trauma, la predisposición a las vivencias afectivas y la inclinación constitucional a disociar–, es como si no estuviera sufriendo abuso en absoluto.

Finkelhor y Brown (1985) esbozan cuatro factores causantes de trauma en el abuso sexual infantil: sexualización traumática de las conductas dependientes, traición del otro significativo que cubre las necesidades de dependencia, indefensión para actuar de acuerdo con su voluntad y estigmatización experimentada indirectamente debido a la atmósfera de secrecía. Más traumático que el dolor físico (que puede no suceder, especialmente si no hay penetración) y el temor de una posible agresión es el hecho de la excitación sexual prematura cuando existe un amor infantil profundo hacia los padres. El consiguiente sentimiento de culpa, de vergüenza, de falta de control sobre los sucesos y las reacciones del niño hacia estos hechos dañan las funciones ejecutivas del yo y de la autoestima. Lo más doloroso de todo, como señala Anna Freud (1981), es la traición de la confianza familiar.

LA REALIDAD DEL INCESTO: ANNA FREUD

Aunque aprendió de su padre y estaba completamente de acuerdo con sus puntos de vista sobre el complejo de Edipo, la fantasía edípica y la escena primaria, Anna Freud no compartía la ambivalencia de su padre sobre la realidad del incesto. Probablemente porque trabajaba con niños y supervisaba a psicoterapeutas infantiles que trabajaban en diversas clínicas y entornos escolares, Anna Freud (1967) dedicó la debida atención a la realidad traumática del incesto y lo consideró más dañino que la negligencia, el abandono y el abuso físico. Simon (1992) ha sugerido que tenía una sensibilidad especial hacia esto por haber experimentado una vivencia análoga al haber sido analizada por su padre. Si la aseveración de Simon es correcta, los comentarios de Anna Freud (A. Freud, 1981) referentes al impacto de la traición en la familia parecen de lo más conmovedor.

LA BASE TRAUMÁTICA HISTÉRICA DE LA NEUROSIS: FERENCZI

Ferenczi (1929a, b) no estaba de acuerdo con el rechazo de Freud a la hipótesis de la seducción. Pensaba que el psicoanálisis había ido demasiado lejos hacia un enfoque psicológico del yo y había olvidado la base orgánica-histérica de la sintomatología. Sostenía que este lamentable hecho se debía a que se había sobreestimado el papel de la fantasía y se había subestimado el papel de la realidad traumática en la patogénesis. Tales afirmaciones parecen una corrección útil que podría haber sido aceptada por Freud. Sin embargo, Ferenczi afirmó categóricamente que en todos los casos había una base traumática-histérica para la neurosis y que los resultados con sus pacientes anteriores, quienes buscaron un trabajo exploratorio posterior, lo demostraron. Además de volver a plantear una posición que Freud había abandonado años atrás, Ferenczi experimentaba con la introducción del contacto físico, con una discusión entre el paciente y el analista y con un cambio general de la regla de la neutralidad analítica a fin de corregir el fuerte desequilibrio entre el paciente y el analista, cuyo silencio, al ser demasiado similar al silencio original del perpetrador, podría inhibir el recuerdo del abuso. Las innovaciones técnicas de Ferenczi, contaminadas por sus problemas de las fronteras entre él y los pacientes, como con la hija de su amante, y su certeza sobre la ubicuidad del incesto, pueden haber constituido elementos cruciales que impidieron la asimilación de su punto de vista.

No obstante, pudo permitir que sus pacientes expresaran cierto material que otros no sacaban a la luz en una época en que el tema no era aceptable. Simon (1992) considera que los hallazgos de Ferenczi aún son relevantes para los analistas contemporáneos que trabajan con los efectos del abuso sexual infantil. Este analista considera que existen confirmaciones de sus descripciones clínicas en ejemplos actuales de análisis de sobrevivientes de incesto (Levine, 1990c). Nos interesa particularmente la observación de Simon (1992) sobre Ferenczi:

> Sus hallazgos clínicos incluyen numerosas observaciones e inferencias sobre las partes escindidas de la persona, sobre los estados alterados de la conciencia, sobre las repeticiones hondamente afectivas de las vivencias de diversos traumas y sobre las manifestaciones somáticas de recuerdos traumáticos reprimidos. Insiste en la necesidad de que el analista crea en la realidad de estos efectos psicológicos a fin de persistir en el intento de reconstruir y recuperar estos recuerdos [p. 974].

En su ensayo, que contiene numerosas notas (1933b), Ferenczi lleva el planteamiento de la seducción un paso más adelante para incluir las distorsiones del afecto físico entre los padres y los hijos. Incluso en casos que no se pueden calificar técnicamente como abusos, el niño puede expresar y buscar afecto de uno de sus padres, pero si el tocamiento u observación del cuerpo del niño se acompañan de pasión sexual adulta, tiene lugar una sexualización de la experiencia y se estimula una fantasía sexual. Sus planteamientos de casos (1933a) junto con su ensayo (1933b) van más allá de la teoría de la pulsión para desarrollar una comprensión interpersonal sobre cómo una conducta con una pulsión excesiva es el resultado, no de un exceso de energía, sino de la conducta parental. Desgraciadamente, la obra de Ferenczi se vio contaminada por su compulsión a proyectar al niño que sufrió abuso y careció de amor que existía dentro de él mismo en sus pacientes y a caer en una contratransferencia de rescate idealizada. No obstante, su profunda necesidad de reparar el daño que creía que le había hecho a su madre, lo condujo a percepciones y exploraciones extraordinarias de las trampas en la contratransferencia con los sobrevivientes de abuso. Consideramos que Ferenczi trataba de desarrollar un campo no jerárquico, de relación e interacción, para que fuera examinado por él y por sus pacientes, y al hacer esto se encaminaba hacia una perspectiva relacional de objeto.

CRISIS DE REABASTECIMIENTO NO
RESUELTO EN EL INCESTO: MAHLER

Diversos teóricos han aplicado la teoría de Mahler sobre la etapa de desarrollo de separación-individuación para comprender el daño causado por el incesto. Los más destacados entre ellos, Kramer y Akhtar (1991), aplicaron los conceptos de Mahler a la psicoterapia de pacientes adultos femeninos y masculinos que habían sufrido abuso durante la infancia. Fisher (1991) investigó los problemas a los que se enfrentaban los adultos que padecieron abuso sexual remontándose hasta una subfase específica de la etapa de separación-individuación del desarrollo en el esquema de Mahler, esto es, el reabastecimiento. Cuando la madre abusiva o testigo del abuso no estuvo disponible libidinalmente para darle al niño confort, alimento y amor, no puede ser internalizada como una figura tranquilizadora. La imagen interna de la madre no está completa, por lo que tampoco no está allí para ser dejada. El impulso destructivo del niño convierte la imagen de la madre en una madre mala, y la imagen de la madre buena queda separada. Esto preserva un sentimiento separado de bondad y seguridad que permite al niño seguir existiendo, pero el niño permanece atado a la representación interna de una madre mala. La crisis de la subfase de reabastecimiento no puede resolverse y el niño no puede individualizarse. Tiene que negar la ambivalencia y la cólera para preservar el indicio de una madre interna buena. Fisher creía que esta era la razón para la necesidad de secrecía, de ausencia de recuerdos, de una memoria que es solo somática, y de la falta de afecto en las víctimas del incesto. Kramer (1985) observó una falta de diferenciación del self objeto en mujeres que padecieron abuso sexual por parte de sus madres. A diferencia de las mujeres obsesivas que simplemente dudan de su experiencia y claudican ante dos opiniones, estas mujeres dudaban de sus propias percepciones e intentaban coaccionar al terapeuta para que se alineara a un lado del conflicto y afirmara que este era un hecho. Kramer denominó esto como *duda coercitiva objetal*; fenómeno que esta analista solo había visto en mujeres que padecieron abuso por parte de sus madres. Nosotros encontramos el mismo fenómeno en el caso de la señora Feinstein, que se presenta en el Capítulo 11.

ENFOQUES PSICOSOMÁTICOS

La investigación clínica sobre el psicosoma se basa en nuestra comprensión del impacto psicológico de sensaciones físicas abrumadoras en el niño que está en desarrollo.

EL YO-PIEL: ANZIEU

Anzieu (1989) describió diversas funciones de la piel. Es una envoltura que cubre el cuerpo que tiene el propósito físico de protegerlo contra las agresiones de las fuerzas exteriores. Su elaborado sistema de señalizaciones advierte de los peligros del calor, del frío, de la presión, de la vibración y del dolor; comunica el placer, el dolor y la angustia a los otros mediante el sonrojo, la palidez, la piloerección (bellos que se ponen de punta, como *carne de gallina*), la inflamación y la enfermedad. En términos psicológicos, la envoltura mantiene el interior dentro y el exterior afuera; establece barreras, contiene la bondad, y es una superficie a través de la cual se experimenta el contacto con otros y sobre la cual se inscriben las relaciones interpersonales. "Sustenta la posibilidad misma del pensamiento" (Anzieu, 1989: 41). Su reparación la lleva a cabo la función del sueño. Siguiendo a Freud, quien subraya que "el yo es antes que nada un yo corporal" (Freud 1923: 26), Anzieu desarrolló la idea de un yo-piel que desempeñaba nueve funciones para la psique, ocho de ellas constructivas y la novena destructiva para el self. Las funciones del yo-piel de Anzieu (1989) pueden parafrasearse de la siguiente manera:

1. Mantenimiento de la psique como una extensión de la función de sostén de la madre al bebé
2. Contención, como una extensión de los aspectos pasivos y activos del manejo maternal
3. Protección de la psique
4. Individualización del yo (por el color, la textura, el valor, la raza, etc.)

5. Registro de intersensorialidad (cuando diferentes sensaciones se conectan con el sentido general del tacto)
6. Apoyo de la excitación sexual (tras haber sido investido de placer por parte de la madre)
7. Recarga de la libido (procedente de la estimulación externa sensomotora)
8. Registro de información sobre el mundo (recibida como estímulos sensoriales)
9. Ataque a la psique por quemaduras, ardores y desintegración

En la vida temprana, el bebé aprende la forma de su self mediante la apreciación de las sensaciones sobre su piel. Tales sensaciones permiten a los bebés aprender sus fronteras antes de que comprendan completamente la alteridad de sus cuidadores (Bick, 1968; 1986; Ogden, 1989; Tustin, 1984). A partir de los patrones repetitivos de la estimulación sensorial de la piel, el bebé aprende a apreciar el ritmo de la seguridad (Tustin, 1984; 1986). Nosotros ampliamos la idea de Anzieu sobre la piel para incluir la mucosa; esas superficies húmedas que cubren la boca y el tracto gastrointestinal, así como la nariz, las vías respiratorias, la vagina y la uretra. El bebé en realidad puede ser más consciente de las sensaciones internas de la mucosa, sobre el calor, la dulzura, la fluidez el hambre y la satisfacción, que emanan del consumo de leche que por la sensación externa de la piel en los primeros meses cuando aún opera la barrera del dolor. Ogden (1989) ha denominado la organización psíquica de esta etapa de la vida como la *posición de contigüidad autista*, "un modo dominado sensorialmente, en donde el sentido más incipiente del self se construye en base con el ritmo de la sensación" (p.31). La ansiedad de esta etapa de la vida involucra la desintegración de la superficie sensorial, "dando como resultado temores de tener agujeros, disolverse, desaparecer o de caer en el espacio sin fronteras" (Ogden, 1989: 68). El hecho de contar con una madre confiable transforma esta ansiedad.

Las personas que han sido víctimas de abuso a menudo experimentan a la madre como un espacio vacío, sin fronteras y sin protección, como una madre aterradora de la infancia que no puede proteger contra la ansiedad de la desintegración. El niño, varón o hembra, experimenta su propio cuerpo como un espacio sin límites, cuya piel no está intacta. El niño al que se le toca o que es penetrado erótica y agresivamente, por uno de los padres o un miembro de la familia, experimenta una violación de la piel y de las superficies de la mucosa. Tal ruptura no puede ser reparada por la función del sueño, o por el pensamiento, porque el sueño y el pensamiento simbólico también han sido invadidos. Incluso si el cuidado materno en la infancia fue bueno, sus derivaciones en la función de la piel de mantener y contener la psique quedan arruinadas y tiene lugar un efecto retrospectivo de vacío de la experiencia maternal buena. Las superficies externas e internas estimuladas inapropiadamente reverberan con dolor y en ocasiones con un placer horrible que oblitera la discriminación entre los tipos de sensaciones. Los estímulos táctiles que se registran proporcionan un punto de vista estrecho del mundo y de las fronteras que proporcionan seguridad. La individualidad que proporciona la superficie al self está limitada por las impresiones sensoriales que el niño recibe del perpetrador.

No cabe sorprenderse de que los niños cuyo self total no está protegido por la integridad de la piel y su mucosa y que son capaces de disociar deciden protegerse mediante la creación de múltiples pieles dentro de ellos con el fin de aislar y proteger las partes separadas de su personalidad. Pueden proyectar la psique fuera de la piel, de modo que ellos "no están allí" cuando el trauma se vuelve a presentar, o se pueden dividir en su interior en una parte que es victimizada y en una parte que sobrevive y que es capaz de seguir existiendo, como si la vida fuera suficientemente segura y la piel una barrera efectiva. A menudo excluyen la experiencia física de la ansiedad desintegradora, ubicándola en la experiencia psíquica cuando no hay palabras disponibles para contener el trauma y para modificar el afecto. La enfermedad psicosomática se utiliza para lograr la sobrevivencia de la psique, a pesar de que la forma de la enfermedad pueda tomar, paradójicamente resulte en una amenaza para la vida, porque al menos un cuerpo que sufre aún está vivo (McDougall, 1989).

En el paciente que padeció abuso, las fantasías de una piel dañada pueden hacer reconocer el daño fundamental a la psique y defenderse de este reconocimiento. Las fantasías compensatorias de una piel especial son similares a la gratificación del niño que padeció abuso por haber sido singularizado y para defenderse del sentimiento de una completa desvalorización. En las mujeres que padecieron abuso por parte de sus madres se desarrollan fantasías de una piel compartida. La culpa tras el incesto puede expresarse como un odio hacia la superficie de la piel de la cual deben purgarse las impurezas mediante un lavado excesivo o exprimiendo los granos de acné en un ritual incesante y vano.

Nosotros consideramos la piel como una parte visible del cuerpo que comunica emociones y en la cual se inscriben las historias de las relaciones. Como terapeutas de relaciones objetales, agregamos que la piel, al igual que cualquier otro órgano, puede utilizarse como una pantalla de proyección, en la que pueden proyectarse las relaciones objetales internas del self y de los otros.

Puede considerarse que la terapia proporciona una segunda piel para proteger a la psique de la ansiedad de desintegración mientras se aborda el trauma.

EL SISTEMA CERRADO: FAIRBAIRN

Fairbairn, que formuló una teoría de relaciones objetales de la personalidad, había trabajado anteriormente con niños que sufrieron agresiones sexuales. Sus primeros escritos sobre este tema son menos conocidos porque no los incluyó en su compendio de ensayos (Fairbairn, 1952). La revisión de estos ensayos y de su tesis de doctorado en medicina en la Universidad de Edimburgo, que se publicaron recientemente por primera vez (Scharff y Birtles, 1994b), ofrece algunas de las primeras percepciones psicoanalíticas sobre los efectos del abuso sexual infantil y sobre el proceso de disociación. Actualmente sabemos que el desarrollo posterior de la teoría de Fairbairn sobre las relaciones objetales, que derivó de la concienciación de la importancia de las primeras vivencias confiables, suficientemente buenas con la madre y con el padre, debe más de lo que se creía a su experiencia clínica con el abuso sexual infantil.

La teoría de las relaciones objetales inconscientes y dinámicas que elaboró Fairbairn es particularmente útil para la comprensión del efecto del trauma en la personalidad en desarrollo. Su idea medular, que asienta la necesidad más fundamental del niño de tener una relación con sus padres, es claramente relevante para entender la sumisión del niño que sufrió abuso. Su idea de que la estructura psíquica se conforma por la internalización de la experiencia suficientemente buena del niño respecto a la relación y por la escisión y la represión de sus aspectos frustrantes o excitantes, junto con las partes correspondientes de su self y los afectos asociados, es fundamental para nuestra comprensión de las escisiones del self encontradas en el sobreviviente de abuso. La necesidad de establecer una relación es un factor organizativo mucho más importante en la motivación humana y en la estructuración psíquica que la fuerza de las pulsiones sexuales y agresivas que Freud utilizó para explicar la tensión pulsional y la necesidad de su descarga; Freud, a su vez, ubicó la responsabilidad de la fantasía sexual y la agresividad en el niño y no en los padres abusivos y negligentes.

La teoría de Fairbairn (1994) postuló una estructura de la personalidad normal compuesta por seis partes (Figura 3-1), que consistía en subunidades del self y del objeto, y los afectos relevantes organizados en tres sistemas por los mecanismos de la escisión y represión. Exponemos ampliamente estos mecanismos en el Capítulo 6.

El *yo central* tiene al objeto ideal o suficientemente bueno como el objeto de sus intereses y de sus interacciones, en relación con el cual experimenta sentimientos de satisfacción, confianza, placer y expectativas positivas. Cuando la experiencia con los padres es mejor, el objeto es más ideal y requiere menos represión. En este sistema del self-objeto-afecto, la relación del yo central-objeto, permanece en gran medida en la conciencia. En este caso, una personalidad sana cuenta con gran parte de su self disponible para las relaciones personales, para amar y para aprender a través de la experiencia. Al ampliar la terminología de Fairbairn, denominamos este sistema del self-obje-to-afecto *el self central.*

El *yo libidinal* tiene como su objeto al *objeto excitante,* un aspecto de los padres que crea experiencias que excitan la necesidad y crean una situación de anhelo o incluso de ansias tan dolorosas, que tienen que escindirse de otros aspectos más gratificantes y ser reprimidos en el inconsciente. Los sentimientos de anhelo de una intensidad tolerable que producen excitación y dan color y vida al objeto se escinden del yo central, el cual termina inhibido, restringido e incapacitado para generar gozo. A esta relación objetal libidinal la llamamos *self libidinal,* o en ocasiones el self ansioso que busca al objeto tentador (Ogden, 1986).

El *yo antilibidinal* (originalmente con el nombre más evocativo de "*saboteador interno*" tiene como su objeto al *objeto antilibidinal o rechazante,* que corresponde a la experiencia que tiene el niño cuando los padres frustan sus necesidades. Aunque alguna frustración y el establecimiento de límites son elementos positivos para la personalidad en desarrollo y fortalece el principio de la realidad del self central y su capacidad para posponer, demasiada frustración conduce a un estado de rabia. El objeto se percibe de una forma agresiva que es inmanejable y tiene que ser reprimido junto con toda la agresión y la parte del yo que siente esto. Fairbairn denominó este sistema antilibidinal yo-objeto-afecto "la relación objetal antilibidinal," y nosotros tendemos a llamarlo el *self antilibidinal.* Dicho yo elimina la agresión sana del self central y la deja empobrecida. Este sistema antilibidinal aúna esfuerzos con el self central a fin de reprimir el yo libidinal, porque el self necesitado es aún más vulnerable que el self resentido, y requiere esconderse más profundamente.

Cualquiera de estos dos sistemas reprimidos, el libidinal o el antilibidinal, pueden operar en forma independiente de la acción de monitoreo del self central, de modo que la persona puede parecer demasiado furiosa para beneficiarse de una relación actual o demasiado excitada sexualmente para desarrollar relaciones de confianza y compromiso afectivo con sus iguales o con sus cónyuges.

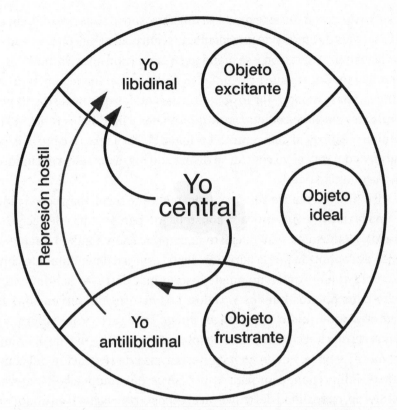

Figura 3-1. La situación endopsíquica. Reimpresión de *La relación sexual: Una visión desde las Relaciones objetales del sexo y la Familia,* cortesía de Routledge y Kegan Paul. Copywright @David E. Scharff, 1982

Todos los niños consideran de forma natural a sus padres como frustrantes o rechazantes de sus necesidades en ciertos momentos y pueden verlos como ogros, pero cuando el padre o la madre u otro adulto importante para el niño es abusivo, la magnitud y la influencia del objeto interno "malo" son correspondientemente mayores. Así, el lado persecutorio y rechazantes de las relaciones objetales domina la personalidad, reprime la tendencia de la búsqueda del objeto bueno, e impulsa a buscar a los adultos que él necesita en forma agresiva. Cuando el self libidinal es incitado por una estimulación sexual para expandirse, el niño desesperanzado se relaciona de maneras excitantes y provocativas con el fin de atraer la atención y adquirir un sentimiento positivo de su self. De este modo, el niño que sufrió abuso sexual, cuyas necesidades de amor y de un vínculo de seguridad se vieron frustrados por la fusión de agresión y sexualidad en la relación abusiva, puede desarrollar conductas que provoquen el abuso con el fin de alimentar al self y sentirse amado por los objetos parentales que necesita. El poder de las relaciones objetales antilibidinales y libidinales reprimidas domina y eclipsa al self central. En lugar de ser la parte central e integrativa del self, el yo central se disocia de los otros selfs reprimidos para seguir existiendo.

El padre o la madre abusivos físicamente se relacionan con el niño de una forma que magnifica la constelación persecutoria de rechazo. Cuando el abuso es sexual, existe la complicación añadida de que el deseo es capturado por la agresión. Esto resulta tremendamente confuso para el niño, quien no puede discriminar entre los sentimientos o entre los objetos buenos y malos. Los errores de percepción, de memoria y de juicio integran el apego inseguro, y la esperanza de una resolución creativa se ve desplazada por el objetivo de una simple sobrevivencia. Puede no haber esperanza de resolución del complejo de Edipo cuando los padres intrusivos, que rompen las fronteras del cuerpo, en realidad destruyeron el espacio transicional en donde se podría explorar la fantasía y la realidad y, como consecuencia, se podría renunciar a la posesión fantaseada del objeto parental. En el espacio transicional que se derrumbó, las capacidades para simbolizar, postergar la gratificación, sublimar la fantasía erótica en la forma de trabajo creativo y buscar objetos fuera de la familia están fuertemente comprometidos.

Formación de la personalidad después del trauma

El vínculo con el objeto malo

Fairbairn observó que la identificación del niño con los objetos externos es tal, que la asociación con un objeto malo hace que el niño sienta que *es* malo. Además, la necesidad fundamental del ser humano de un objeto significa que el niño más bien tenderá a tener un objeto malo en vez de no tener objeto alguno. De este modo, el niño con un padre abusivo hará cualquier cosa para aferrarse a ese padre/madre como objeto, incluyendo el ser condescendiente al recibir un abuso. Entre más pequeño sea el niño, más poderosa será la lucha por mantener el vínculo con el objeto parental.

Otra de las contribuciones de Fairbairn que nos ayuda a entender cómo tratan los niños a sus objetos abusivos es su formulación de la "maldad condicional e incondicional" (1943b: 66-67). Él observó que una vez que el niño que internaliza los objetos malos, soportaba una carga interna de maldad con la que había que acordar. Exactamente igual que un niño, la niña tiene una opción: definir que ella es mala o que el objeto interno es malo. Si el objeto interno es malo, debido a un padre abusivo, no hay esperanza de que la situación mejore, dado que el padre es visto como malo o enojado. Si, por otro lado, la niña puede convencerse a sí misma de que el padre solamente la está tratando mal porque ella ha sido mala por haber hecho algo malo, entonces la niña tiene la esperanza de que si ella cambia, el objeto se volverá bueno y empezará a tratarla bien. En las palabras de Fairbairn (1943b):

> Formulada en tales términos, la respuesta es que es mejor ser un pecador en un mundo gobernado por Dios, que vivir en un mundo gobernado por el Diablo. Un pecador en un mundo gobernado por Dios puede ser malo; pero siempre hay un cierto sentimiento de seguridad que se deriva del hecho de que el mundo que lo rodea es bueno: "Dios está en el cielo y todo marcha bien aquí en el mundo" y, en todo caso, siempre existe la esperanza de redención. En un mundo gobernado por el Diablo, el individuo puede evitar ser pecador, pero es malo porque el mundo a su alrededor es malo. Además, puede no tener sentimientos de seguridad y ninguna esperanza de redención. La única perspectiva es la muerte y la destrucción [pp. 66-67].

Además, el modelo de Fairbairn tiene el potencial de abarcar las dificultades de la integración del yo que poseen muchos de los pacientes más severamente traumatizados. El trauma más severo –esto es, el primero, el que se repite con más frecuencia, el trauma más humillante– perjudica, subvierte u oblitera el papel del self central, que consiste en mantener la integración de la personalidad. El resultado es un estado disociativo o un trastorno de personalidad múltiple. En un ensayo temprano sobre el superyó, Fairbairn (1929a) mostró que había entendido este concepto, en el ensayo de Freud de 1923, *El yo y el ello*, en el que había escrito:

> No podemos eludir un momento más fijar nuestra atención en las iden-
> tificaciones objetales del yo. Cuando tales identificaciones llegan a ser
> muy numerosas, intensas e incompatibles entre sí, se produce fácilmente
> un resultado patológico. Puede surgir, en efecto, una disociación del yo
> excluyéndose las identificaciones unas a otras por medio de resistencias.
> El secreto de los casos llamados de personalidad múltiple reside, quizá,
> en que cada una de tales identificaciones atrae a sí alternativamente la
> conciencia. Pero aún sin llegar a este extremo surgen entre las diversas
> identificaciones, en las que el yo queda disociado, conflictos que no pue-
> den ser siempre calificados patológicos. [pp. 38-39].

En resumen, el modelo de la personalidad de Fairbairn es ciber-nético, en el que el yo central, el aparato organizador, mantiene bajo control a los componentes separados de la personalidad. Creemos que llegó a darse cuenta de la represión del self central en referencia a los aspectos demasiado dolorosos de las relaciones libidinales y antilibidinales de las relaciones objetales internas, era una función de integración, aunque, específicamente, no sostuvo que el propósito del self central fuera la integración.

La personalidad del sistema cerrado y el cuadro congelado

Cerca del final de la vida profesional de Fairbairn, la función integra-dora del self central en su exposición implicaba acción de la perso-nalidad del paciente para mantener su mundo interno intacto frente a los esfuerzos del psicoterapeuta. El paciente mantiene su mundo interior como un sistema cerrado, que no es susceptible a la influencia del terapeuta y que no está abierto al cambio ni a la pérdida; congelado en un estado indispuesto al cambio (Fairbairn 1958). La idea de Fairbairn coincide con la descripción de Winnicott (1958) sobre la forma en que un niño que se ve sujeto a un trauma intenta mantener su situación traumática congelada con el fin de controlarla. Casement (1985) también abordó el congelamiento original de la situación traumática y la organización de la personalidad tras el trauma con el objeto de mantener la situación congelada y preservar un área libre para funcionamiento del self. Hizo la observación, clínicamente útil, en el sentido de que, si el trauma está vinculado inconscientemente al sentimiento de seguridad que lo precedió, a continuación, cuando la seguridad se recrea en la relación terapéutica, paradójicamente el paciente no podrá recuperarse porque espera la catástrofe después del sentimiento de seguridad, tal como sucedió antes.

Los intentos del niño de controlar la fractura traumática del yo y de mantener la relación traumática estática tienen origen en el intento de preservar partes del self que pueden seguir existiendo a pesar de la agresión. Este mecanismo puede considerarse como una elaboración posterior del *sistema cerrado* hasta el punto en que se convierte en un *cuadro congelado*. Fairbairn (1954b) utilizó esta expresión para referirse al sistema cerrado en la personalidad histérica, que se forma cuando el niño se ve sometido a una combinación confusa de conductas excesivamente eróticas y excesivamente rechazantes, que exigen una represión excesiva por parte del self central, lo que resulta en que este se vea devastado y empobrecido. Por extensión, podemos afirmar que la personalidad múltiple surge cuando el niño se ve sometido a una combinación similar; pero en lugar de ser "excesivamente erótica y rechazante," el objeto es abrumadoramente excitante y rechazante" hasta un grado confuso, desorientador, aterrador y destructivo a gran escala.

El concepto del *cuadro congelado* de Fairbairn concuerda con la observación de Davies y Frawley (1992) en el sentido de que el niño sobreviviente de un incesto, junto con el que abusa y su compleja interacción, se "congelan en el tiempo" (p. 21), aislados del resto de la personalidad e indispuestos a crecer y a aprender junto con la maduración parcial de otros aspectos de la personalidad. Estas ideas también se expresan con el uso coloquial de la expresión "frígida" para describir a la mujer que experimenta el ámbito sexual como un congelador. La mala relación objetal traumática se localiza fantasiosamente en los genitales y, en consecuencia, se congelan en detrimento de la expresividad sexual de la mujer y de la relación íntima con su pareja. Este es un tipo de memoria del cuerpo, una memoria sensomotora o icónica, o una fantasía basada en un recuerdo, que genera una conducta en el ámbito interpersonal. La fantasía es una expresión del mecanismo mental de la identificación proyectiva que en este caso sucede en la forma de la escisión corporal con el fin de preservar la integridad del yo. Otro resultado que coexiste con la frigidez –en ocasiones en la misma mujer– es la promiscuidad compulsiva como una forma de obtener nutrimento del pene, ejerciendo control sobre el poder fálico, excitando y abandonando el pene erecto para vengarse de su dueño, y probando que una parte del self puede tener sentimientos sexuales incluso cuando el resto del self no puede sentirse seguro en el sexo.

ENCAPSULAMIENTO

Otra respuesta al trauma es el encapsulamiento. Glover (1943) había identificado el concepto *enucleación,* un mecanismo operativo de defensa que tiene lugar cuando el yo nuclear se encuentra bajo un estrés agudo o crónico. Describió la expresión patológica de los núcleos del yo que no pueden permanecer en un estado de síntesis bajo condiciones de estrés. Posteriormente Glover rechazó su concepto de enucleación y optó por resucitar el término más viejo de disociación. No obstante, su primer término tiene peso porque hace hincapié en la función sintética, en lugar de la connotación de fragmentación del término *disociación.*

Hemos encontrado un enfoque contemporáneo que consideramos útil para este aspecto de la defensa, actualmente denominado encapsulamiento. Hopper (1991) considera el encapsulamiento como una defensa contra la ansiedad ante la aniquilación experimentada en un estado de indefensión absoluta y de necesidades de dependencia tras una pérdida catastrófica. Hopper describe de qué manera el yo es incapaz de retener una ruta completa del recuerdo de las sensaciones, de los afectos y de las ideas sobre sí mismo, sobre sus objetos y sobre su trauma, de modo que elabora un resumen de todos ellos, los aísla de la otra codificación que sucede en la memoria, y los coloca dentro de su propia cápsula. Esta síntesis es similar a una cápsula del tiempo que, cuando se abre posteriormente, revelará el contenido de la ansiedad persecutoria y de la depresión primaria en forma idéntica a como era años atrás.

Tales contenidos pueden ser fragmentos vívidos, que son penetrantes, agudos, difíciles, explosivos, o herméticos, o pueden contenerse, más que en una forma, en un espacio más oscuro, dependiendo de la época en que tuvo lugar el trauma. Cohen describió la existencia de espacios oscuros en el yo como "agujeros" en la mente que ha estado sometida a una represión primaria no modificada (Cohen y Kinston, 1984). Dada la ausencia de estructura y de funcionamiento simbólico de estos agujeros, solo existe un proceso primario sin modificación con el temor potencial de un caos y de la muerte porque la persona se ha convertido en el trauma desorganizador (Cohen, 1984). En ocasiones, se encapsula la bondad del yo con el objetivo de mantener viva la esperanza frente al trauma. Ambos casos pueden darse en el mismo individuo. Hopper conceptualiza estos ejemplos de encapsulamiento como el resultado de la defensa contra la fisión y fragmentación del yo y de sus objetos sometidos al impacto del trauma: esta defensa consiste en la fusión y confusión del self y sus objetos. El encapsulamiento puede ocurrir con el fin de proteger al niño que es traumatizado, como sucede en los hijos de las víctimas del Holocausto. Desde su nacimiento, sus personalidades se forman en torno al encapsulamiento del trauma de sus padres (véase el caso de Albert en el Capítulo 5).

El encapsulamiento es un intento de hacer que lo abrumadoramente grande parezca pequeño, envuelto en plástico y guardado en un lugar frío. Esto hace que el resto de la personalidad también se disminuya. Los pacientes que se valen de esta defensa y que no son tratados pueden proporcionar un material interesante, pero sus sesiones se sienten apagadas, sin vida y aburridas. El terror del terapeuta de verse atrapado en una hora aburrida refleja el terror del yo de verse atrapado y controlado por la cápsula y por el contenido dentro de ella.

Para Hopper, el encapsulamiento responde a una pérdida severa. Da ejemplos de los efectos de la pérdida de la madre, incluso en forma temporal durante algunos meses a causa de enfermedad cuando el niño es tan pequeño equipara la pérdida de la madre con la pérdida del self. Describe el encapsulamiento que sucede posteriormente en la vida cuando una persona experimenta un accidente colectivo, un desastre natural, una migración, un encarcelamiento o una guerra. Sin embargo, consideramos más relevante al encapsulamiento en las situaciones en que hay pérdida de la seguridad y de la existencia de relaciones cuando también hubo intromisión, estimulación, dolor e interferencia físicas con los ritmos del cuerpo y con los mecanismos que producen calma a uno mismo. En dichos casos, la envidia que siente el self del poder y de la destructividad abrumadora del objeto intrusivo y odiado, del objeto encapsulado, amenaza con destruir y desencadenar el objeto, y presiona al self a romperse (fisión y fragmentación), de lo que estaba tratando de defenderse a través del encapsulamiento. Si la envidia hacia el terapeuta se interpreta adecuadamente, conforma un camino para romper el encapsulamiento.

EL CONTINUUM TRAUMÁTICO: DEL CONGELAMIENTO Y ENCAPSULACIÓN A LA ESCISIÓN DEL YO

En casos de traumas leves, o cuando el niño es constitucionalmente fuerte y tiene otros objetos buenos que lo cuidan, o es mayor, o tiene una familia en donde hay algunas defensas obsesivas contra la fisión y la fragmentación, el niño trata de congelar y encapsular el trauma. En respuesta a un trauma más severo y completamente terrible que sucede en una edad temprana, en una familia que se adapta pasivamente a la fisión y a la fragmentación por disociación, en donde el yo del niño es constitucionalmente débil, el yo se hace añicos y produce una personalidad múltiple; una situación en la que las subunidades de la personalidad no responden a los esfuerzos integradores de la personalidad central, la cual se encuentra severamente fracturada y diezmada. El consecuente encapsulamiento congelado y la fragmentación difusa de la personalidad se encuentran en polos opuestos de la respuesta traumática en un continuum, aunque ambos son resultado del proceso de disociación.

TRAUMA Y GENERATIVIDAD PSÍQUICA: BOLLAS

Bollas describe al individuo como un ser único con un sentido del self y una forma personal de ver el mundo: este es su *idioma personal* (1989). Escribe: "Este self esencial es la única presencia del ser que cada uno de nosotros somos; el idioma de nuestra personalidad" (1989: 9). Dicho idioma es un potencial inherente que se manifiesta en relación con la madre y el padre, quienes son intuitivamente conscientes de la individualidad de su hijo. Bollas concuerda con el punto de vista de Klein en el sentido de que la personalidad potencial inherente (lo que Fairbairn denominó el self prístino) está sometida a la fuerza de los instintos de vida y muerte, con la excepción de que él considera que su efecto surge no únicamente de la facultad constitucional de la energía pulsional, sino que más bien está relacionado con la cualidad de las experiencias objetales.

La expresión generativa del idioma

El carácter optimista y amoroso del instinto de vida se fortalece cuando los padres son suficientemente buenos y afectuosos. Cuando, en general, los padres son amables, empáticos y comprensivos del estado de ánimo, de las ansiedades, de las necesidades de sueño y estimulación del niño; cuando se presentan a sí mismos y a sus amigos y familiares como objetos valiosos para que el niño se relacione con ellos; y cuando ellos mantienen un punto de vista positivo de su hijo, el niño se ve alentado a elaborar un idioma personal en su interacción. Este niño confía en los beneficios de expandir su self a través de diversas posibilidades de relacionarse y encuentra placer al experimentar diferentes puntos de vista sobre el mundo y del self; y en este proceso construye una manera flexible de ser. Bollas (1992) denomina este hecho la expresión generativa del idioma. Él escribe que una persona cuyo

> [...] compromiso con la realidad es generativo y tratará de trabajar inconscientemente en aspectos específicos que le permitan replantearse su realidad y, a su vez, apoyar nuevas formas de vida y de pensamiento [...] En esencia, la generatividad es la protoenucleación de cualquier idioma del niño, de modo que si es libre para desarrollarse, la vida estará marcada por momentos inspirados de autorrealización, derivado del instinto de elaborar el self, que he calificado como fuerzas de destino [p.70].

En resumen, los géneros psíquicos son áreas de elaboración psíquica que reformulan los contenidos de la vida mental y crean una nueva visión del self y del objeto. En parte, se derivan de la constitución del niño y en parte de su respuesta a los padres buenos y empáticos. A diferencia de los núcleos traumáticos que se desarrollan en respuesta a los padres abusivos, diseminan bondad, en lugar de aumentar la maldad. A diferencia de los núcleos traumáticos, se reciben en el inconsciente y no se reprimen. Clínicamente consideramos útil este concepto, como un recordatorio para buscar y apoyar los aspectos que del self que sobreviven cuando trabajamos sobre el trauma y la patología.

La expresión traumatizada del idioma

En vez de tener núcleos del yo que se difuminan a través de la personalidad; en vez de ser libres para escoger el objeto, para divertirse y para enfrentar la realidad; y en vez de incorporar en su estructura la sensibilidad que reafirma la vida a partir de la buena experiencia que atraen, el niño que sufrió abuso o fue traumatizado tiene un núcleo encapsulado que inevitablemente se agranda al agregársele malas experiencias, sea porque son comunes o porque desgraciadamente son el resultado de los intentos de reprimir esa parte indeseada del yo que fue oprimida en la relación con sus objetos abusivos. Paradójicamente, el núcleo encapsulado se vuelve más fuerte a causa de la opresión. En las palabras de Bollas (1992):

> Los niños cuyos padres actúan negativamente o los traumatizan en forma grave recolectan este trauma en un área psíquica interna que tiene el propósito de guardar y limitar el daño producido al self, aunque este se convertirá en un núcleo interno cada vez más complejo, al tiempo que un trauma similar se relaciona inconscientemente a un área afín con el propósito de contenerlo [p. 69].

Esta formulación concuerda con la observación de Greenberg y Van der Kolk (1987) en el sentido de que, en situaciones de terror, los esquemas cognitivos organizados que son encapsulados en fronteras rígidas y que son características de la etapa del pensamiento preoperacional se congelan, de modo que no puede tener lugar el cambio dinámico y el pensamiento progresa fácilmente hacia formas operacionales. Por este congelamiento, la persona traumatizada permanece inflexible, sin curiosidad, incapaz de imaginar libremente y demasiado asustada para explorar. Bollas describe un perfil similar de personalidad en pacientes que han sobrevivido al incesto (1989). En los siguientes capítulos ilustramos problemas cognitivos en sobrevivientes de incesto: el pensamiento imaginativo restringido en el Capítulo 11, la incapacidad en el aprendizaje que da como resultado el analfabetismo en el Capítulo 13, mala memoria para los hechos en el Capítulo 1 y la inhibición de la verbalización en el Capítulo 12.

Bollas ve en el trauma como un aliado del instinto de muerte. En el punto de vista clásico de Klein sobre la pulsión de muerte, el bebé agobiado por su fuerza agresiva se ve obligado a deshacerse de los efectos de esa urgencia pulsional a través de la proyección. En la concepción de Bollas, el bebé se ve impelido a deshacerse de la excitación que experimenta y que no proviene directamente de la fuerza de la pulsión de muerte, sino de la experiencia con el objeto externo que excita este sentimiento. Bajo la fuerza de la pulsión de muerte, el bebé trata de deshacerse de estados de agresividad, de necesidad, de excitación sexual abrumadores o solo desagradables con el fin de recuperar un estado de tranquilidad. En este caso, Bollas se acerca al punto de vista freudiano sobre la necesidad que tiene el organismo de la homeostasis como una elección temporal para operar más cerca del estado muerto que del vivo. Siguiendo a Freud, que sostenía que bajo la influencia de la pulsión de muerte, la persona se veía impelida a repetir, en vez de recordar las experiencias dolorosas y conflictivas, Bollas aplica este principio a la repetición al trauma. Bollas (1992) escribe:

> Un trauma es solo eso, un trauma, y el sujeto que posee tales complejos angustiantes no tratará, de elaborarlos simbólicamente, no hará que generen, por así decirlo, nuevas perspectivas, más radicales sobre la vida; sino que un trauma se representa en exteriorizaciones, en obras creativas, en relaciones humanas. Es importante aclarar que el efecto del trauma es el de apoyar la repetición simbólica, no la creación simbólica [p. 70].

La obra de Bollas que relaciona el trauma con la pulsión de muerte nos recuerda el concepto de *narcisismo* de Freud (1914a) como resultado de la necesidad de homeostasis con el fin de regresar a la condición de no tener conciencia. Desde el punto de vista de las relaciones objetales, sostenemos que el narcisismo, al igual que las tendencias suicidas, constituye una defensa contra el trauma de enfrentarse con el objeto traumatizante. Symington (1993) describe la forma en que el trauma deja a una persona desorientada y en *shock*. A fin de distanciarse de lo que ha estado pasando, la persona se enfoca hacia un patrón del agente traumatizante, lo que aparta al yo infantil traumatizado y lo hace actuar cruelmente hacia los otros. Anna Freud (1936) designó este proceso defensivo como *identificación con el agresor*, una defensa temprana del ámbito edípico. Symington hace hincapié en el aspecto de grandiosidad de esta defensa y la denomina la *opción narcisista,* aunque posteriormente reconoce que existe poca conciencia sobre este proceso. En cambio, el self se ve abrumado por el estrés excesivo y escoge la opción narcisista, en lugar de ceder a la catástrofe de un yo destrozado. Entre más pequeño sea el niño cuando tiene lugar o se inicia el trauma, es más probable que requiera una defensa narcisista y que no encuentre formas de diversificar y modificar la experiencia. Entre más severo sea el trauma en la edad temprana, es más probable que la defensa narcisista no pueda encapsular el trauma y se someta a un self destrozado y no encuentre maneras de diversificar y modificar la experiencia. Mientras mejor sea la constitución del niño, esté bien regulado y sea creativo frente al trauma extremo, puede ser más capaz de tolerar el sentimiento de que su self se ha destrozado, mientras que otros niños pueden volverse psicóticos o defenderse de la psicosis mediante mecanismos que conducen a estados disociativos, a síntomas histéricos o a la personalidad múltiple.

Symington (1993) también se refiere al concepto de Winnicott sobre el desarrollo psicológico como una serie de separaciones graduales de los objetos importantes, cuyo ritmo se ve perturbado por el *shock* de un trauma. El ritmo de la separación está determinado por los diversos logros del desarrollo que se van dando de acuerdo con un programa interno que está modulado por el cuidado y la empatía de los padres. El trauma hace que el niño repentinamente se sienta indefenso y más dependiente de los objetos de lo que debería ser. El trauma sexual hace que el programa se desequilibre por completo. Por ejemplo, la niña pequeña puede estar menstruando mientras otras niñas de su edad aún están en la latencia. El espacio creativo bueno entre el self y el objeto externo se ve obliterado por intrusiones físicas inapropiadas. Se confunden por completo el bien y el mal, el amor y el odio, el sexo y la agresión. El trauma fundamental es que el niño no puede contar con seguridad y respeto hacia su cuerpo, su mente, sus emociones y su esencia.

EL ESPACIO TRANSICIONAL PARA LA
CONTINUIDAD DEL SER: WINNICOTT

La relación psicosomática

La relación psicosomática entre la madre y el bebé se crea en el momento del nacimiento tras el período prenatal de la simbiosis física y de la especulación psicológica sobre el feto. A medida que el bebé madura, la relación se conforma cada vez más por los elementos psicológicos, de los que se forma la estructura psíquica. La relación tiene lugar en un *espacio potencial* (Winnicott, 1951a), un espacio externo entre la madre y el bebé, que es considerado como un espacio interno en expansión dentro del cual el bebé crece, juega, crea y piensa como una persona separada. Hemos preferido denominar este concepto como *espacio transicional* para reflejar el movimiento entre el padre o la madre y el objeto, el objeto y el self, el exterior y el interior y la experiencia de las relaciones con el objeto externo y el objeto interno.

Sostén contextual y enfocado

Los padres sanos proporcionan un contexto discreto, empático y bien organizado para que sus hijos crezcan en él, además de ofrecer una presencia fuerte para mantener y manejar a sus hijos y para relacionarse directamente con ellos. Frente a este contexto estable y de abrazo del *sostén contextual*, los bebés se encuentran a sí mismos. Dentro del contexto, el bebé forma una relación directa con cada uno de sus padres como el objeto del deseo y de la agresión. Hemos denominado esta reciprocidad como la relación enfocada, ojo a ojo, yo a yo o el *sostén enfocado*. Dicha relación proporciona la experiencia de los objetos que rodean al bebé con los que este edifica su mundo.

La madre objeto y la madre ambiente constituyen dos aspectos del maternaje que el bebé experimenta y conserva en la mente como imágenes de la madre (Winnicott, 1945, 1963a, 1963b). El sostén contextual es una función de la madre ambiente, que proporciona el espacio de vida regulado y la vida familiar. El sostén enfocado es una función de la madre como objeto que se relaciona íntimamente con el bebé a través de interacciones vocales y visuales y en fantasías conscientes e inconscientes sobre su hijo. Estos dos aspectos de la maternidad constituyen un ambiente de sostén (Figura 3-2, Winnicott 1960a).

En el nacimiento, el espacio potencial es solo eso. El yo no formado todavía empieza a relacionarse a través de interacciones cortas que son intensamente físicas. El bebé necesita estar cerca de un cuidado con borde bien definidos para definir los contornos y las fronteras del self físico y psicológico (Ogden, 1989, después de Bick, 1968; 1986 y Tustin, 1984; 1986). Gradualmente, el espacio potencial se abre a medida que el bebé ya definido física y psicológicamente se vuelve más despierto y más consciente de la alteridad de la madre con la cual se vincula a través de ciclos de intervalos variables de vigilia y sueño. El desarrollo sano requiere que este intervalo sea un espacio transitorio entre el yo y el otro, entre lo real y lo no real.

En el abuso físico y sexual la relación ojo a ojo, yo, a yo se intensifica en forma alarmante al tiempo que la relación de sostén se vuelve deficiente en forma preocupante. En este caso, el niño no puede experimentar el objeto del deseo y de la agresión en forma segura en sus fantasías porque es muy probable que el objeto de su fantasía se vuelva real. La capacidad para la fantasía y para la simbolización se ve severamente restringida. En ocasiones se ve totalmente distorsionada a causa de un papel inverso entre padre e hijo, en el cual, en lugar de que el padre sea el objeto edípico de los anhelos y frustraciones del niño, el niño es el objeto del deseo y de la agresión del padre. En última instancia, el hijo desgraciadamente se ve más identificado como el objeto del padre que como su propio y amable (en el sentido del amor) self y, cuya vida es más valorada que la del propio padre.

En el abuso sexual, una relación de genital a genital sustituye a la relación esencial de ojo a ojo, en la que el niño generalmente encuentra el self. El self que se encuentra en un estado de excitación sexual prematura está sometido al engrandecimiento y a la denigración.

Grotstein (1992) afirma que el abuso sexual de un niño no es necesariamente motivado por el deseo sexual. El abuso sexual puede ser la expresión de la envidia que los padres sienten hacia la inocencia del niño y hacia su derecho a recibir cuidado y protección especiales que los padres posiblemente no tuvieron. Como consecuencia, los sobrevivientes que se encuentran en tratamiento pueden rehusarse a hacer progresos por el temor de perder su derecho a mantener su inocencia y a obtener un juicio justo y a ser abandonados por un analista como un objeto malo. Las pulsiones hacia las relaciones objetales, a un apego y a una crianza seguras se ven frustrados y, como consecuencia, son

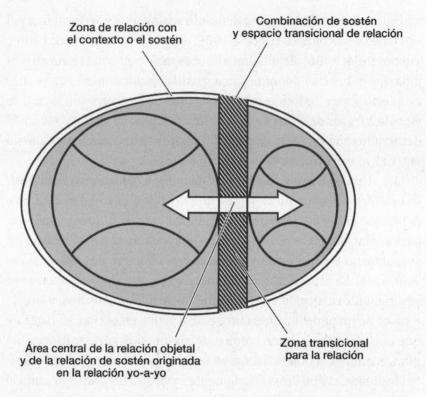

Figura 3-2. Organización de la relación madre-bebé de acuerdo con Winnicott. Reproducción proveniente de *Redifinding the Object and Reclaiming the Self,* cortesía de Jason Aronson Inc. Copyright David E. Scharff, 1992.

La relación psicosomática comienza con una relación física de sostén y manejo entre la madre y el bebé. La envoltura oval dibujada alrededor de la madre y del bebé significa la función ambiental que proporciona la madre mediante el sostén, la relación *en el abrazo*. Dentro de esta envoltura, la madre y el bebé tienen una relación objetal directa, la intensa relación yo a yo, comunicada a través de las palabras, los gestos, la mirada y el intercambio físico; relación para la cual el bebé construye sus objetos internos.

reconfigurados por el niño como pulsiones sexuales que proceden del niño victimizado. A diferencia de la teoría freudiana en la cual las pulsiones buscan descargar las tensiones sexuales y agresivas, la teoría de las relaciones objetales mantiene que la persona busca fundamentalmente un objeto y que las pulsiones sexuales y agresivas cobran sentido únicamente en el contexto de la relación interpersonal. Estamos de acuerdo con Fairbairn en que, cuando los impulsos parecen ser descargas sexuales o agresivas, no es un estado normal, sino que representa una ruptura en la relación padre-hijo, y una de estas formas es el incesto. Incluso cuando el perpetrador es el padre, la ira del niño puede ser más intensa hacia la madre por haber fallado en su función protectora.

En las familias disfuncionales donde ocurre el abuso, la cruel realidad física oblitera la fantasía y el romance edípico. Se destruye el espacio transicional que esta fantasía y este romance deberían ocupar, dado que es el espacio para jugar e imaginar, para inventar ideas, y para explorar las fronteras entre el "yo" y el "no-yo" (Figura 3-3). Su obliteración pone en tensión la envoltura del sostén contextual para el self ya que el espacio transicional y la envoltura contextual se comunican entre sí dentro del self. El espacio transicional a través del cual tiene lugar la relación ojo a ojo se desintegra porque el objeto parental abusivo física y psicológicamente, sexual y agresivamente, penetra y usurpa el espacio corporal del niño como si lo reclamara como un objeto para uso de alguno de los padres. El espacio transicional interno se reduce junto con la desintegración de la integridad corporal del niño y la obliteración del espacio transicional dentro de la familia (Winer, 1989).

TERAPIA DE LAS RELACIONES OBJETALES DEL TRAUMA EN LA PRÁCTICA

Sostén contextual y enfocado

La relación terapéutica proporciona los dos elementos que son cruciales para la construcción de la estructura psíquica, así como para su reparación: los equivalentes simbólicos del sostén del abrazo y de la mirada ojo a ojo; esto es, el sostén contextual y enfocado. Nosotros no utilizamos el contacto físico para expresar nuestras intenciones, sino que, mediante nuestra actitud de dedicación a la labor terapéutica, transmitimos que tenemos al paciente en nuestra mente. Proporcionamos un contexto seguro en el cual trabajar el *sostén del abra-*

zo, y nos ofrecemos a nosotros mismos como objetos para la identificación proyectiva e introyectiva, *sostén enfocado*, experiencia que nos
permite estar disponibles para el análisis.

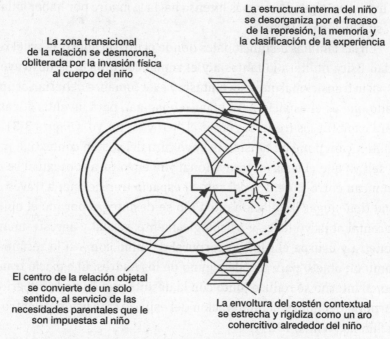

Figura 3.3 Distorsión de la relación y de la estructura
psíquica en el abuso físico y sexual.

En las relaciones físicamente abusivas entre el padre o la madre y el hijo, la envoltura
común del sostén parental, firme pero flexible, se reduce hasta convertirse en un
cerco firme y coercitivo que coloca al niño asustado en una posición para que cum-
pla las necesidades parentales. El espacio transicional se fractura y se oblitera por la
brutal inmediatez del contacto físico inapropiado entre el niño y el padre o la madre.
Como consecuencia, la organización interna del niño se ve invadida y severamente
perturbada, mientras la relación objetal directa con el padre o madre se convierte en
una relación de excitación, de persecución y de rechazo de forma agobiante. En casos
severos y en el abuso sexual, la invasión del cuerpo del niño produce perturbación
del sentido del niño de la integridad física y emocional. El diagrama muestra la fractura y perturbación resultantes en la estructura interna del niño, lo cual está asociado a perturbaciones en la capacidad de represión, de memoria y organización de la
experiencia intrapsíquica compleja del niño. El niño se puede sentir menospreciado
y destrozado frente al poder que ejercen los padres, o se puede identificar con el
padre o la madre y sentirse engrandecido y omnipotente.

Continuidad del ser en el espacio potencial

Winnicott (1956) describió de qué forma la *preocupación maternal primaria* de la madre crea un estado mental en relación al cual su bebé puede lograr un estado de *continuidad en su existencia,* que es la condición necesaria para crecer y desarrollarse. Escribió: "[...] la base para el establecimiento del yo es la suficiente 'continuidad del ser,' sin que se interrumpa" (p. 303). En forma similar, al tratar al sobreviviente de abuso, necesitamos crear un contexto seguro, libre de una interpretación demasiado entusiasta de la resistencia basada en las teorías consideradas útiles en los análisis de los pacientes que no sufrieron abuso físico o sexual. Nosotros respetamos el verdadero self (Winnicott, 1960b) del paciente traumatizado.

En el análisis o en la terapia del sobreviviente, necesitamos apoyar su necesidad de continuar existiendo a fin de tener un espacio seguro a partir del cual pueda abordarse el material traumático. El área de la continuidad del ser puede sentirse como mundana, concreta y desprovista de juego y de símbolos, pero es el espacio potencial en el que el espacio transicional derruido se reencuentra, se expande o se crea. Dentro de la matriz de la continuidad de ser, trabajamos con material traumático específico al que podemos acceder a través de nuestros propios sentimientos, más que de los sueños y las fantasías del paciente.

Reconstrucción del espacio transicional

Como terapeutas, intentamos reconstruir el espacio transicional que describió Winnicott. Deseamos evitar sugerencias prematuras e intrusivas sobre la sospecha de una historia de abuso porque ofrecemos una terapia que es muy distinto a la experiencia del paciente que tuvo que tolerar la imposición de la realidad de otra persona. Más bien, dejamos suficiente margen al paciente para saber y no saber, para trabajar y jugar, para reexperimentar el trauma y continuar existiendo. Trabajamos juntos con el fin de crear un espacio psicológico para el descubrimiento del self en el contexto de una relación generativa. En este tipo de espacio, el paciente descubre los beneficios creativos de la *capacidad negativa*, la capacidad "para existir en las incertidumbres, los misterios y las dudas sin que haya un efecto de irritación después del hecho y el razonamiento" (Murray, 1955: 261). La "paradoja de saber y no saber, la forma y la carencia de forma están en el centro de la terapia" (Scharff y Scharff, 1992: 98), como debió de haber sido en los años del niño transcurridos en la familia y pudiera haber disfrutado las fantasía y los sueños sin que estos se volvieran reales y, por tanto, destructivos y fijados en su desarrollo.

El uso de la contratransferencia para llegar al trauma

Nuestro sentimiento contratransferencial de estar padeciendo abuso y la confusión sobre la forma en que los pacientes que sufrieron abuso se relacionan con nosotros constituye la clave más importante para los estados interiores y el terror de los pacientes. Se comunican con nosotros inconscientemente a través de una identificación proyectiva e invocan en nosotros sentimientos de estar atrapados e indefensos, congelados en el tiempo, disociados de la realidad, aburridos, indiferentes o muertos; sentimientos de contratransferencias que reflejan la parálisis del sistema relacional del self y el objeto del paciente. También podemos responder directamente al temor y al terror del abuso y podemos tener que trabajar intensamente para conservar nuestra valentía para confrontar los hechos. De lo contrario, podemos sentirnos invadidos por el temor de infringir más violencia al paciente. O podemos ir avanzando a la vez que nos sintonizamos con la necesidad del paciente de continuar siendo de una forma ordinaria a fin de asegurar el yo traumatizado que domina un yo que ha sobrevivido. Analizamos nuestro temor de relacionarnos con el objeto abusivo que hizo que el paciente necesite mantener el mundo interior congelado como un sistema estático, cerrado, a fin de defenderse del temor de la fragmentación y de la desintegración.

Proporcionando una relación analítica generativa

Como terapeutas nos ofrecemos como objetos no abusivos, consistentes, que presencian el trauma. No permanecemos en silencio como testigos del trauma sin confrontarlo. Proporcionamos una relación confiable, en la cual las necesidades del paciente son primordiales, el trauma puede volver a experimentarse simbólicamente y es posible recuperarse de este. No ofrecemos una experiencia emocional correctiva, sino que creamos un contexto de sostén que ofrece aceptación, validación y respeto, en el cual el paciente puede continuar existiendo hasta que pueda jugar nuevamente. El espacio transicional se amplía gradualmente a través de la experiencia hasta que sirve de apoyo al crecimiento de un mundo interno de relaciones integradas, diferenciadas, entre el yo y el objeto, lo cual se logra mediante la internalización de la función de sostén y contención y mediante la resolución de la transferencia. Donde había trauma, habrá generatividad psíquica.

4. De las escisiones traumáticas en el Self a la personalidad múltiple

La literatura analítica no ha hecho justicia a la complejidad de las escisiones del yo que tienen lugar bajo el impacto del trauma. Berman (1981) observó que existía una ausencia de contribuciones psicoanalíticas a la literatura sobre la personalidad múltiple, en la cual han predominado la teoría del rol, la teoría de los sistemas familiares y la teoría del estado del yo a partir de la hipnosis (Braun, 1984; 1985). Encontró que la literatura utilizaba indebidamente las contribuciones de Freud e ignoraba las de Fairbairn (Davies y Frawley, 1992; Grotstein, 1992). Es una omisión que nos gustaría corregir, no solo para que se preste la debida atención al síndrome relativamente raro del trastorno de la personalidad múltiple, sino también para usar este ejemplo extremo para ilustrar las escisiones del yo menos obvias que tienen lugar por el impacto de un trauma.

Juliet Mitchell (1984) considera que la personalidad múltiple es una variedad de la histeria, una condición que expresa "la aceptación y el rechazo simultáneos que sufre una mujer por la organización de la sexualidad bajo el capitalismo patriarcal" (pp. 289-290). El origen histérico de los síntomas se muestra por la presencia de la identificación primaria con un objeto completo que no se diferencia propiamente como "otro". Mitchell (1994) utiliza una metáfora llamativa para describir el desarrollo de la personalidad histérica. Esta investigadora considera la personalidad del niño como un papel calca y la personalidad de los padres como un mapa al cual se le aplica el papel calca. Una vez que el mapa se retira, el niño siempre busca otro mapa para completar el trazado. Como adulto, el histérico opera como si solo hubiera una calca del self y rápidamente busca y descarta los objetos para completar los contornos del self (Mitchell, 1994). La persona con personalidad múltiple busca los objetos completos para identificarse con ellos y los encuentra dentro del yo en la forma de otras personalidades alternativas que parecen ser otros y no el self. En las categorías de diagnóstico de personalidad múltiple generalmente no se encuentran hombres. En cambio, Mitchell encuentra que la histeria del hombre tiende a presentarse como el carácter de un Don Juan, cuyo entusiasmo y rechazo de una serie de mujeres representa una búsqueda de un objeto temporal a fin de completar el self a través de la aproximación física.

Fairbairn consideraba la personalidad múltiple como otro ejemplo de la diferenciación de la personalidad en unidades que funcionaban en forma independiente, tal como se encuentra, en diversos grados, en estados normales, esquizoides e histéricos. En la adaptación normal a las primeras relaciones, el bebé desarrolla una personalidad que consiste en un sistema de partes que se encuentran en un equilibrio dinámico (Fairbairn, 1952). En circunstancias menos favorables, partes de la estructura psíquica son reprimidas en forma más profusa y, como consecuencia, se comunican menos entre ellas en la conciencia, pero son excesivamente turbulentas en el inconsciente (Fairbairn, 1954). En el trauma, segmentos de la experiencia y de la conducta se distribuyen entre diversos estados del yo y se mantienen separados por disociación (Watkins y Watkins, 1984). Watkins y Watkins (1984) señalan que el organismo humano se adapta, se defiende, crece y se mantiene normalmente mediante la integración, lo que permite hacer generalizaciones y la formación de conceptos, y mediante la diferenciación permite distinguir y separar los conceptos a fin de elaborar respuestas más precisas al entorno. Los procesos de identificación proyectiva e introyectiva contribuyen a la integración y a la diferenciación (J. Scharff, 1992). El resultado normal es un self central que crece y se modifica al comunicarse en cierta forma con aspectos menos conscientes del self.

En el trauma, en donde la congelación de la situación no es suficiente, el self central escinde los aspectos traumatizados y trata de mantener acceso a la realidad exterior. En un trauma menos severo, dichos aspectos tienden a atraerse y a unirse en un área. A medida que el trauma se acumula, tiene lugar una escisión de las unidades fusionadas del self y el objeto, y actúan independientemente fuera de la conciencia. Se propagan para convertirse en un ejército de subselfs, demasiado numerosos para ser destruidos, manteniendo sus existencias escindidas en detrimento de la persona total.

En el caso extremo, estos sistemas self-objeto actúan como personalidades alternativas que al parecer sustituyen al yo central y se convierten en los objetos de intentar interactuar con los otros en el mundo real. Tales partes escindidas del self (denominadas *personalidades alternativas* en la literatura sobre la personalidad múltiple) pueden constituirse predominantemente en organizaciones objetales desprovistas del componente del yo, o en organizaciones del yo desprovistas del componente del objeto de las relaciones self-objeto que se reprime normalmente que describió Fairbairn. Además, el puente normal de afecto entre las suborganizaciones del yo y el objeto se pierde en el proceso de fragmentación. En el trauma severo, estos subyoes internos traumáticos que se encuentran fragmentados asumen la realidad como organizaciones del yo a través de la identificación con un objeto parcial, pero en vez de permanecer en el inconsciente como subyoes reprimidos, se convierten en unidades escindidas del self sin contacto con otras partes. Tales unidades disociadas pueden interactuar con libertad como si cada una de ellas fuera realmente el self central en el consciente que se relaciona con el objeto ideal.

Se destruye la estructura dinámica normal de la personalidad, cuando es afectada por la escisión y por la represión de las partes del yo que permanecen en comunicación con sus objetos, entre ellas y con el yo central. En su lugar, encontramos un sistema congelado de partes mal articuladas de yoes empobrecidas sin objetos y de objetos sin relación con el yo. Cada una de estas partes está desconectada de los afectos relevantes de los que la relación con el objeto original deriva su significado de la relación del objeto original y alterna con aspectos del yo más flexibles y que funcionan mejor. Sin embargo, todas estas partes no influyen en un yo coherente y seguro. En la persona traumatizada, una parte del yo no se relaciona con el yo central o en su propio beneficio, sino que sustituye al todo. La violencia constante hacia el self persiste cuando esta parte del yo se experimenta más como el objeto de otra persona que como una parte del self.

La función de integración ordinaria del yo central en la personalidad normal, derivada de una experiencia confiable y de la internalización de los procesos de sostén y de integración de la madre, que por lo general no se ve una función del entorno. Con la ruptura de la capacidad del yo central para la represión, la integración y el cuidado de sí mismo, surgen subunidades de personalidad secreta, de las cenizas de una personalidad destruida para suplantar la función de integración faltante. El yo central, por ende, puede convertirse en una subunidad de personalidad equivalente a otros subyoes, en lugar de una verdadera relación entre el yo central y el objeto que es capaz de orquestar la vida y el aprendizaje en las relaciones sociales. En su lugar existe un "como si" yo central, que no es el director, sino un anfitrión para las personalidades alternas no integradas. Kluft (1984b) utiliza el término *personalidad anfitriona* para referirse "a la parte que tiene control ejecutivo del cuerpo la mayor parte del tiempo durante un período determinado" (p. 23).

Cada una de las personalidades alternativas es una fragmentación y cada una de ellas es un sistema cerrado incompleto y una prueba viviente del severo daño a las capacidades integrativas del yo: la capacidad defensiva normal para escindirse y para reprimir las relaciones self-objeto rechazantes se encuentra sobrepasada. En lugar de la escisión y de la represión como las defensas más adecuadas, encontramos el predominio de la *fragmentación disociativa*, la cual, a causa de que se expresa en forma concreta a través de su localización en el cuerpo en forma de síntomas histéricos, es diferente a la fragmentación en objetos mentales bizarros que Bion (1967). La sustitución de una red interior y rica de personalidades que fue secuestrada en una relación de un sistema cerrado entre ellas no puede compensar el empobrecimiento del yo central y del objeto ideal que se producen a causa del trauma.

En la terapia, Berman (1981) advierte que es necesario relacionarse con cada alter sin confrontar la escisión o negación de otros aspectos del yo, respetando el "sentido de la realidad experiencial del paciente, como un paso en la formación de una alianza terapéutica y permita el crecimiento e integración" (p. 297). Recomienda que el empeño no debe enfocarse en la demostración de todas las personalidades, sino en plantear la siguiente pregunta: "¿Bajo qué condiciones una persona se experimenta a sí misma en forma cohesiva y unificada y cuándo se experimenta como múltiple?" (p. 296).

El paciente puede desarrollar un alter principal que se convierte en el intérprete y reemplaza al yo central ausente. Este constituye un paso a la integración. Este alter gradualmente une fuerzas con la personalidad anfitriona que ha autorizado la función interpretativa. En ocasiones los diversos yoes parecen fusionarse pronto, pero Kluft (1984b) advierte que esto generalmente es un intento de resguardo de la salud, en el cual se simula la integración con el fin de liberarse del terapeuta, cuyos esfuerzos para corregir la multiplicidad deben destruirse. Nosotros deseamos minimizar los peligros para el paciente y para el terapeuta (Watkins y Watkins, 1984).

Nosotros planteamos que durante la terapia pueden descubrirse más subyoes, no solamente porque estuvieran esperando para surgir, sino porque proliferan en respuesta a la amenaza de intimidad con el terapeuta, quien desafía el *status quo* del yo central. La intimidad con el terapeuta vuelve a invocar el temor al abuso y estimula el anhelo por el contacto físico que abarcaba el vacío emocional del pasado. La respuesta del yo al desafío de la amenaza de la repetición, la esperanza de seguridad y la expectativa de cambio es la de dividir y multiplicar. La multiplicidad de capas de aislamiento entre los subyoes protegen a estos otros yoes fragmentados de la interacción con los objetos rechazantes y excitantes que fueron y son experimentados como traumáticos y ser redescubiertos en la transferencia. De este modo, cuando el tratamiento entra por completo a su fase media, observamos en acción la fragmentación disociativa. Interpretamos la fragmentación como una defensa contra el temor a la transferencia del terapeuta y la vinculamos con una interpretación reconstructiva.

Cuando los subyoes son trabajados por un terapeuta bien integrado, con una atención profesional, que es confiable y establece límites, que puede relacionarse entera y respetuosamente con cada alter sin perder de vista a los otros, que puede comprender las diferentes partes y sentimientos y recuerdos, y que puede tener una visión integral de la persona, estos subyoes pueden desaparecer, o coexistir, o unirse a su debido tiempo. Y no simplemente estar reunidos por una personalidad "como si" anfitriona débil. Pueden ser activamente dirigidos y contenidos y, en el mejor de los resultados, reprimidos en forma activa por un yo central integrativo. Las funciones del anfitrión y del intérprete permeadas con la experiencia integrativa y autoafirmativa del terapeuta crean un yo central capaz de mantener la cohesión propia a través de procesos más normales de escisión y de represión. Este nuevo grado se alcanza a través de procesos de identificación proyectiva e introyectiva. El paciente con personalidad múltiple proyecta su personalidad anfitriona en el terapeuta y es ahí donde experimenta un sostén más integrativo de lo que había logrado en su mente traumatizada. El paciente se identifica introyectivamente con sus propias partes proyectadas cuando ya han sido desintoxicadas por la función de contención e integración del terapeuta y, siendo así menos nocivas, pueden ser contenidas e integradas con mayor facilidad. A continuación, el paciente se identifica con la función de contención, de metabolización y de integración del terapeuta, y también internaliza todo esto de modo que lo convierte en una capacidad autónoma que funciona de forma confiable a través del tiempo.

SISTEMAS RELACIONALES DEL SELF OBJETO VICTIMIZADO Y SOBREVIVIENTE

En el trauma que no es el más severo o que tiene lugar después de la edad en que la tendencia a disociar se pierde, la personalidad no necesita escindirse en dos o más personalidades alternativas. Se puede escindir verticalmente en experiencias separadas del self, que se cristalizan en torno al punto de vista del yo como victimizado o sobreviviente. Esto es lo que hemos visto más comúnmente en pacientes traumatizados. El objeto abusivo se escinde en partes gratificantes y amenazantes a fin de preservar cierta bondad y de disminuir su capacidad de mantener al niño en su cautiverio. En ocasiones, estos dos aspectos del objeto abusivo están asociados con uno u otro de los padres para convertir a uno en malo y al otro en bueno, en lugar de aceptar el hecho de que ambos padres se confabularon para perpetrar el abuso, sea por comisión o por omisión.

La señora Feinstein (Capítulo 11) consideraba a su padre como cariñoso mientras que su madre era quien la golpeaba por su mala conducta, la amenazaba, le administraba enemas humillantes frente a sus amigos y la estimulaba sexualmente. Su madre le aterrorizaba y concordaba con el punto de vista de ella de que era una cobarde terrible, mientras que, simultáneamente, consideraba a su padre maravilloso y pensaba que ella era su preciosa niñita. Tras años de terapia, la señora Feinstein se dio cuenta de que su padre solía informar a su madre de su mala conducta, de modo que ella podía golpearla cuando regresaba a casa. Lo que ella consideraba afectuoso en realidad era extrema pasividad y cobardía. Conservó su afecto hacia el padre, pero adquirió un punto de vista más realista sobre él y un punto de vista más integrado sobre los atributos y capacidades de sí misma.

En el caso de un daño corporal provocado por una enfermedad repentina, por un defecto genético o por un accidente, la misma escisión tiene lugar en el self y entre los padres.

John era aparentemente un niño sano que tenía unos padres amorosos y una vida familiar sana y segura. Repentinamente le apareció una enfermedad inesperada, por lo cual fue hospitalizado durante dos semanas para el tratamiento y la investigación del mal. Contaba con la ayuda de una enfermera del hospital especializada en niños, instruida en el desarrollo de los niños y de excelente preparación para todos los procedimientos. Además, uno de los padres pasaba la noche con él. El niño demostró ser un paciente estoico, que permanecía alegre y que recuperó con facilidad a su rendimiento en la escuela y con sus amigos. Pero en el hogar se volvió tan difícil con su madre que en ocasiones parecía otra persona. Habiendo sido un niño fácil de tratar, en ocasiones todavía era dulce y amoroso, pero en otros momentos decía a su madre que la odiaba, hacía rabietas, se negaba a bañarse a diario e irritaba a su madre con interminables preguntas y acusaciones por lo que le había pasado. Al parecer no había quedado traumatizado por la hospitalización, de modo que sus padres no podían entender por qué culpaba a su madre. John conservaba el punto de vista sobre sí mismo según el cual se identificaba con la pericia de su padre y se sentía furioso con el fracaso de su madre por no haber podido asegurar la integridad de su cuerpo. Esta fue su reacción al trauma, incluso en una situación de adaptación previa excelente y de relaciones familiares propicias. Un trauma de grado similar es más perturbador en situaciones de adaptación pretraumática menos favorable o cuando la necesidad de la terapia no la valoran padres menos sensibles. Con una terapia para el niño y su familia, la escisión en proceso en la personalidad de este niño pudo sanarse.

La escisión de la pareja de padres en bueno y malo contiene un buen objeto del cual depender y permite que el niño niegue la terrible pérdida de la pareja parental confiable que proporciona seguridad y cariño a su hijo y un modelo de sexualidad adulta apropiada y gratificante. Las partes correspondientes del yo que se relacionan con estos aspectos del objeto se escinden en fragmentos en forma correspondiente, uno de los cuales se asocia con la vergüenza y la culpa, y el otro con sentimientos de omnipotencia. Estos son los precursores de los selfs victimizados y sobrevivientes.

5. Debate sobre el recuerdo falso y el recuerdo recuperado

¿Se trata de un recuerdo recuperado o del síndrome de un recuerdo falso? Esta es la pregunta que se plantean los terapeutas al enfrentarse a una reacción negativa frente a la credibilidad de los sobrevivientes de abuso. La reacción negativa duele, pero esto es de esperarse. Apoyados por feministas, por grupos de apoyo y por la psicoterapia, los sobrevivientes alzan la voz (J.C. Reich, 1993; Hocking and Company, 1992). Tales sobrevivientes reciben una respuesta enfática de parte de una sociedad que ya no considera la victimización como vergonzosa (Reich, 1994). Los adultos prefieren pensar que el abuso no tiene lugar debido a dos identificaciones simultáneas: identificados con el niño, no quieren sentirse heridos; identificados con el perpetrador, no quieren sentirse acusados, alterados y culpables (Faller, 1992). Herman (1992) nos recuerda:

> La respuesta común a las atrocidades es la de desterrarlas de la conciencia. Ciertas violaciones del orden social son muy terribles como para proferirlas en voz alta... No obstante, las atrocidades se rehúsan a ser enterradas... La dialéctica esencial del trauma psicológico consiste en el conflicto entre el deseo de negar sucesos horribles y el deseo de revelarlos en voz alta [p. 1].

¿La reacción negativa está dirigida a eliminar los derechos de las víctimas agraviadas, que recientemente han sido reconocidas, porque no podemos tolerar que exista tal cantidad de ella (o de nosotros como víctimas)? ¿O se debe al creciente número de acusaciones falsas de abuso basadas en recuerdos recopilados en forma engañosa, elaboradas consciente y maliciosamente, o inconscientemente por contagio a partir de la histeria masiva acerca del abuso sexual? Como terapeutas de adultos, nos encontramos involucrados en esta cuestión cuando las personas recuperan recuerdos de abuso o incesto en el transcurso de la terapia y nos enfrentamos al doloroso asunto de saber si sus recuerdos son reales o solo son fantasías, si deben confrontar a su perpetrador y si deben entablar una demanda. Los terapeutas infantiles se ven envueltos en este tema cuando evalúan el supuesto abuso de un niño, recomiendan y proporcionan terapia para niños que sufrieron abuso en forma privada o en programas. El valor y la base de la psicoterapia son vulnerables al ataque social cuando se considera que la terapia revela un problema social terrible, indeseable e inmenso y que ventila irresponsablemente acusaciones falsas por una credulidad poco aguda o, peor aún, por la creación de recuerdos falsos valiéndose de la sugestión utilizada involuntariamente por el terapeuta poco cuidadoso o conscientemente por un terapeuta ingenuo o centrado en sí mismo.

Como terapeutas, advertimos nuestra actitud defensiva y que está por encima del carácter cultural, de modo que podemos enfrentar la ansiedad a la que le da la espalda nuestra sociedad. Como escritores, tratamos de revelar los efectos del abuso sexual en el desarrollo del individuo y de la familia, y también alentamos a otras personas a enfrentar el problema. Corremos el riesgo de hablar en forma demasiado contundente de modo que se supriman nuestras ideas, o de hablar con demasiada suavidad, de tal modo que la gran importancia de lo que hemos observado y escuchado no sea advertida por los otros. Asimismo, corremos el riesgo de producir una oleada de sensibilidad que atrae el dolor de otros que no tienen una explicación tan obvia y tan horrenda para los estados de la mente igualmente dañados y que preferirían culpar a alguien. Los terapeutas que han reconocido los hechos de abuso sexual necesitan verlos cuando lo encuentran, pero no deben tratar de buscarlos intencionalmente, y menos tratar de crearlos. Queremos saber y contar lo que se conoce, pero no queremos crear una falsa certeza o una aplicación universal de las premisas individuales.

El psicoanálisis surgió, tal como sabemos actualmente, a partir del descubrimiento de que los recuerdos de abuso de pacientes neuróticos estaban basados en la distorsión de la memoria de la experiencia de la primera infancia bajo la influencia de los deseos y de las fantasías edípicas. El hallazgo llevó a Freud a revisar su creencia inicial en la veracidad de los relatos de sus primeros pacientes sobre incesto obtenidos bajo condiciones de sugestión hipnótica. A este respecto, Freud fue el primero en señalar la posibilidad de un recuerdo falso. Sin embargo, se considera que la técnica analítica posterior de Freud, consistente en la asociación libre –que también Crews (1993) describió de diversas maneras, como intimidación, orientación, derribo de la resistencia e insistencia en el recuerdo de la escena primaria–, produzca igualmente un recuerdo tan falso como con la técnica anterior de sugestión hipnótica tan desacreditada por Freud mismo. Crews sostiene que los terapeutas irresponsables que sugieren a sus pacientes la presencia de recuerdos, manipulan estos, e ingenuamente creen que fueron hechos, o incluso los utilizan como una evidencia. Dichos métodos son rechazados por los freudianos instruidos en forma clásica, quienes siguen la tendencia de Freud de disminuir la influencia de la capacidad de sugestión del paciente bajo estrés. Por todas estas razones, sostiene que "Freud es el verdadero auspiciador del 'síndrome del recuerdo falso'" (Crews, 1993: 66). Nosotros refutamos la conclusión de Crews. Freud decidió explorar los conflictos de los pacientes en lugar del trauma como la base de su sintomatología precisamente porque dudaba de la validez fáctica de los recuerdos.

Por toda su elegancia retórica y por su poder de persuasión, nos parece que Freud estaba genuinamente interesado en dar respuesta al discurso y a los sueños de sus pacientes, encontrando el sentido de las cosas y revisando la teoría para que correspondiera a los hechos cuando estos surgían, en vez de, en forma egoísta, presionar para que los recuerdos "reforzaran sus dudosas premisas", como sugiere Crews (1993: 63). Freud decidió explorar el aspecto de los conflictos de los pacientes como la base para su sintomatología, al darse cuenta de que el trauma no era la base *universal* de la neurosis. Su elección se debió a su escepticismo sobre los recuerdos falsos y no por un deseo de crearlos.

CUANDO SE ANHELA UN RECUERDO

Albert era un perpetrador de abuso sexual de niños varones de 10 a 12 años. Tras haber dejado de practicar esta actividad, continuó teniendo fantasías de acosar a niños varones. Una de sus fantasías consistía en considerar que el acoso sexual sería aceptable en su cultura y por su terapeuta (D.E.S.) porque había oído que eso era aceptable en la antigüedad. Como no podía concebir que alguien sintiera deseos por él, el acoso parecía ser la única posibilidad para relacionarse sexualmente. Hasta donde él podía recordar, nunca había sido acosado, pero le hubiera gustado haberlo sido. Tenía la impresión de que su conducta y su fantasía se debían a un trauma sexual, el cual buscaba en sus sueños y en sus recuerdos. En la terapia yo no señalé o confirmé lo acertado de su manera de actuar. Escuché atentamente la historia de un abuso, pero también busqué otros factores, esperando encontrar la clave en la transferencia.

Para Albert era difícil relacionarse conmigo, excepto cuando contaba relatos del pasado. En ocasiones había largos silencios, ausencias e interrupciones en el proceso de la terapia, los cuales constituían aspectos de la necesidad de Albert de mantenerme fuera de su espacio íntimo.

¿El terapeuta representaba un objeto intrusivo, abusivo? Albert no lo pensaba y mantuvo su compromiso conmigo durante varios años. Trabajó sobre sus figuras parentales internas y trató de hacer frente a cuestiones relativas a sus padres en el presente, incluso me relataba sus sueños. Albert expuso que su madre y su padre eran personas decentes que trabajaban concienzudamente, que proporcionaban un ambiente sano y que trataban bien a sus hijos, de modo que seguía siendo una incógnita por qué él era tan esquizoide y disfuncional sexualmente. Frustrado por la falta de resultados, escudriñó más concienzudamente su material en busca de un trauma que explicara su situación.

Finalmente perdió las esperanzas de cambiar. Me dijo que se acababa de dar cuenta de que su intención de utilizar la terapia para ser diferente era una pérdida de tiempo porque durante todos estos años realmente esperaba que yo cambiara a sus padres. A menos que ellos pudieran cambiar, él no podría ser otro. Dije que Albert se sentía decepcionado porque yo no había apreciado esta fantasía subyacente mientras continuaba con la búsqueda de un padre o madre abusivos que necesitaran tratamiento. Albert respondió relatando las pérdidas traumáticas de sus padres.

El padre de Albert había perdido a su propio padre cuando su esposa se divorció de él y se regresó a vivir a Canadá. El primer invierno en que la abuela de Albert ya divorciada y sus hijos se encontraban allí, ella solo podía pagar un pequeño departamento y el padre de Albert, siendo todavía un niño pequeño, tenía que dormir en el porche exterior. No obstante, más significativo que la pérdida, el desplazamiento y la pobreza causada por el divorcio, fueron la negligencia y el aislamiento sufridos por el padre de Albert antes del divorcio, cuando su madre lo encerraba con llave en su dormitorio mientras ella celebraba fiestas en la planta baja de su gran casa. Le contó a Albert que en una ocasión estaba tan enojado, que arrojó sus juguetes por la ventana a una construcción que había junto a su casa, y ahí se hundieron en el concreto que estaba fraguando, y desaparecieron para siempre. La imagen de los queridos juguetes que se petrificaban correspondía a mi impresión de Albert encerrado en un caparazón esquizoide. Su padre tenía unos 10 o 12 años cuando se sentía solo y furioso; Albert encontraba a los niños varones de esta edad sexualmente estimulantes.

La madre de Albert perdió a su madre cuando tenía 4 años. Enfurecida porque la casa había sido decomisada por el banco, la abuela de Albert tomó un hacha para destruirla. Fue ingresada en un hospital mental, donde pasó el resto de su vida.

A diferencia de sus abuelos, los padres de Albert permanecieron casados y dedicados a sus hijos. Pero se trataba de una devoción ansiosa, en la cual se encontraban constantemente en guardia contra las amenazas a la familia. También enseñaron a Albert a estar muy atento de los comportamientos incorrectos. Lo mantenían a la expectativa de un trauma que nunca sucedió. La ausencia de tal trauma lo hizo sentirse vacío y con un cierto anhelo de que le pasara algo malo, por ejemplo que lo acosaran sexualmente.

A fin de encontrar la desgracia faltante para dar significado al punto de vista de sus padres sobre el mundo, Albert tuvo acceso a traumas infringidos en otros niños de la edad en la que su padre había sufrido su trauma. Pensé que anhelaba que le pasara algo traumático con el fin de sentirse vivo, a diferencia de los juguetes perdidos. Al no conseguirlo, pensé que quería transmitir a un niño pequeño, en el que podía verse a él en la actualidad y a su padre siendo niño pequeño, una experiencia de trauma. Al crear la diada de un hombre mayor vigilante y un niño pequeño unidos por el trauma de acoso sexual, tenía la esperanza de sentirse cerca de su lejano padre. Al valerse de la representación de la fantasía de un trauma con un niño, creaba una pareja sexual reunida en el trauma, al imitar el de sus propios padres, que como pareja compartieron pérdidas traumáticas tempranas, de modo que él podía sentirse más cerca de ellos y, así, contribuir a mejorarlos.

En el caso de Albert, no se recobró recuerdo alguno, de modo que tampoco existió la posibilidad de saber si era real o falso. Su caso muestra que algunos perpetradores reaccionan a la transmisión intergeneracional del trauma, a pesar de que ellos mismos no hayan padecido abuso sexual. Asimismo, queda claro que se podría haber creado fácilmente un recuerdo falso si el terapeuta de Albert no hubiera sido riguroso al tolerar el estado de no saber.

LA NECESIDAD DE EVITAR LA SUGESTIÓN

A Yapko (1993; 1994) le preocupan sobremanera los recuerdos de abuso que se descubren o se recuerdan a causa de las directivas de un terapeuta. Como consecuencia, Yapko (1993) desaconseja el uso de imágenes guiadas y de la hipnosis para eliminar la represión. Alerta contra el efecto cautelar menos evidente de hacer divulgación de nuestro interés en el abuso porque, de acuerdo con su experiencia, bajo estas condiciones, los recuerdos de abuso aparente encajan sospechosamente bien con las expectativas del terapeuta y llegan a convencer de su validez al cliente. Este fenómeno ha llegado a conocerse como el *síndrome del recuerdo falso:*

> [...] una condición en la que la identidad y las relaciones interpersonales de una persona se centran en torno al recuerdo de una experiencia traumática, que objetivamente es falso, pero en el cual la persona cree erróneamente [...] El síndrome del recuerdo falso es particularmente destructivo porque la persona evita constantemente la confrontación con cualquier evidencia que pueda poner en duda el recuerdo. Así, tal recuerdo cobra vida propia, encapsulado y resistente a cualquier rectificación (Kihlstrom, 1994: 6).

Al haber expuesto al lector su profunda y genuina preocupación por los sobrevivientes del incesto y del abuso sexual (Yapko, 1993), con la experiencia profundamente conmovedora de compartir la angustia de los sobrevivientes y de la lenta reconstrucción de sus vidas, previene de lo dañino que resulta refutar el recuerdo recobrado de un sobreviviente de haber padecido abuso y recomienda ser cauteloso al rechazar de forma escéptica tales afirmaciones. Sin embargo, también señala que, con la oleada de la opinión pública que se solidariza con las personas que padecieron abuso, nosotros, los terapeutas, podemos llegar a ser demasiado crédulos. Así, podría abusarse de nuestra credibilidad y podríamos vernos coludidos con el supuesto abuso de personas falsamente acusadas. El recuerdo recuperado no debe creerse con facilidad cuando surgió después de que el terapeuta introdujera el abuso como una explicación probable de los síntomas o llevó a cabo una intervención hipnótica, porque los recuerdos recuperados de estas maneras no pueden recobrarse sin que sean alterados por los efectos de la ampliación de la sugestión (Spiegel, 1980). Afirma que este enfoque de la recuperación de la memoria no solo elimina la represión; es inductivo y sugestivo. Por tanto, no se puede confiar en los recuerdos. Loftus (1992) incorpora más dudas en la veracidad de los recuerdos. Durante el proceso de recuperación o antes de tal proceso, se puede incorporar nueva información al recuerdo original, el cual opera como un suplemento, "una alteración, una transformación, una contaminación o una distorsión de la memoria" (Loftus, 1992: 8). Por último, Yapko advierte sobre el daño que se hace al sugerir un abuso sexual al paciente, quien entonces acepta la idea y cree que sucedió. La consecuencia de esto es que el acto del terapeuta redefine la identidad del paciente y rige su destino.

Kline (1958) encontró otra razón por la que los recuerdos no pueden ser confiables: la contratransferencia. Algunos hipnotizadores eran mucho más capaces que otros para producir una relación hipnótica y un estado hipnótico profundo, en el cual la experiencia conductual alcanzaba un grado significativo de validez. Los hipnotizadores que usaban el mismo procedimiento, pero que eran menos capaces de participar en un ámbito inconsciente en la relación hipnótica no podían lograr los mismos resultados y, en cambio, "provocaban una respuesta conductual *simulada* en lugar de una *genuina*," que incluían la regresión hipnótica de edad, la recolección de recuerdos y la evocación de material de fantasías (p.66).

RECUERDOS FALSOS

Yapko, experto en psicología y en hipnotismo, ofrece a los terapeutas algunas precauciones prácticas a fin de evitar recuerdos falsos cuando no existen recuerdos a partir de los cuales poder empezar. La siguiente lista de precauciones para evitar los recuerdos falsos se tomó de uno de sus cuadros (1993: 229), y se reimprime con su autorización.

- No formule preguntas importantes.
- No suponga la existencia de acoso sexual simplemente porque pudo haber sucedido.
- No sugiera que el acoso ocurrió directa o indirectamente.
- No se valga de la intervención hipnótica para establecer la verdad.
- No suponga la presencia de represión en lugar de disociación y viceversa.
- Escuche, prosiga, experimente y explore.

Todas estas sugerencias son bastante compatibles con un enfoque analítico. Nosotros consideramos que es menos probable que el método analítico, al no ser directivo ni sugestivo, produzca recuerdos falsos. Seguimos la advertencia de Yapko en el sentido de estar conscientes de los elementos inductivos que podrían inmiscuirse en nuestra neutralidad analítica. Coincidimos con Yapko en que la premisa de abuso sexual solo puede considerarse tras conocer bien al paciente y haber evaluado cuidadosamente nuestros impulsos enfocados a validar o invalidar lo que se nos ha contado. Nos sentimos alentados con los hallazgos de Herman y Schatzow (1987) en el sentido de que los informes de adultos sobrevivientes de abuso sexual infantil –incluso en el caso de que solo lo recuerden después de algún tiempo en la terapia– puede corroborarse por completo en 75% de los casos y en forma considerable en otro 9 por ciento.

EL DEBATE PÚBLICO

En el clima actual de opinión, en el cual los sobrevivientes de abuso hablan sin tapujos, puede existir curiosidad, interés y simpatía, todo lo cual puede otorgar gran validez y empoderamiento al sobreviviente. Sin embargo, Courtois (1988) observa que

> [...] la forma generalizada en que los medios cubren el abuso sexual en años recientes resulta muy perjudicial para algunos sobrevivientes [...] El reconocimiento puede eliminar la protección de la represión y de la disociación. Como consecuencia, puede darse un desbordamiento de recuerdos, emociones y síntomas [...] Por último, algunos relatos de los medios sobre acusaciones falsas y la respuesta inapropiada por parte de los servicios que protegen a los niños suscitan reacciones de ira y de indefensión, además de reforzar en los sobrevivientes los sentimientos de culpa y el cuestionamiento de la realidad de su propia experiencia y de la de otros niños [p.139].

Algunos críticos de la terapia de la recuperación de la memoria dirían que la implosión o inundación no se debe a la supresión de la represión, sino al contagio que tiene lugar entre las personas muy sugestionables. Reconocemos que puede existir el "seguir la corriente," pero el fenómeno principal tiene que ver con una conciencia social mayor y con una capacidad de admitir y tolerar el dolor del abuso sexual infantil.

Sin embargo, al poco tiempo generaría una protesta generalizada contra los ataques de los medios, las exposiciones en los programas de discusión y los casos judiciales de perpetradores. Los pacientes se presentaron para documentar la presión que habían ejercido sobre ellos terapeutas entusiastas y mal preparados que los habían ayudado a recuperar sus recuerdos de abuso y que los habían alentado a acusar a sus padres de ser los perpetradores. Posteriormente, al llegar a la conclusión de que no habían padecido abuso, tales pacientes se rebelaron contra los terapeutas cuyas sugerencias constituían una forma diferente de abuso contra ellos. En pronta respuesta, se creó la False Memory Syndrome Foundation en el verano de 1992. La FMSF, una coalición de familias acusadas y prominentes profesionales de la salud mental, afirmó contar con "un terrible problema que estaba documentado, y que continuaban avanzando con el fin de llamar la atención de la comunidad dedicada a la salud mental sobre esto" (Freyd, 1993: 1). Al igual que numerosos terapeutas comprensivos con la opinión de sus pacientes, la doctora Prager (1993) respondió con sincera molestia a lo que ella consideraba un ataque reactivo a su integridad y a la credulidad de sus pacientes. En efecto, puede haber elementos reactivos, familias que nieguen deliberadamente su mala conducta y otras que sean tan disfuncionales y estén tan disociadas de la realidad que no puedan recordar, pero hay otras familias que se encuentran desconcertadas y heridas por las acusaciones que no concuerdan con la imagen que tienen de los años de la crianza de su hijo. Necesitamos tener en mente el cuadro general del recuerdo de la familia, los diversos grados de responsabilidad de sus miembros y la naturaleza del recuerdo familiar como un punto de vista consensuado o como una serie de perspectivas que en parte pueden ser válidas e inválidas, y que son sostenidas por uno u otro miembro de la familia. Este aspecto extremadamente complejo coloca al terapeuta en la difícil posición de tomar partido, en ocasiones en el propio tribunal, y de enfrentar los cargos que hicieron en su contra el paciente y la familia. En este caso, el terapeuta se enfrenta a la acusación de haber mentido o de haber tratado de disolver a la familia del sobreviviente que promueve la acusación. Al terapeuta se le acusa de negar la evidencia, tal como si fuera un miembro de la familia que tratara de probar su inocencia.

No cabe sorprenderse de que los casos judiciales en que un hijo ya mayor presenta una demanda contra un padre o una madre abusivos acaparen las páginas de los periódicos locales o nacionales u ocupen un espacio cuando haya más audiencia en los programas de debate, los cuales estimulan la curiosidad, despiertan simpatía o mitigan la culpa (Bikel, 1993; Crews, 1993; Gardner, 1993; Ofshe y Watters, 1993; Yapko, 1993). Además del atractivo que representa el escándalo, la discusión sobre la aceptación del recuerdo recobrado como testimonio da lugar a un interesante reportaje. Pero además el debate sobre la credibilidad del recuerdo recobrado se ha ampliado hasta cuestionar la validez de la represión como concepto y el valor de la psicoterapia misma (Gray, 1993). El debate entre los profesionales es tan intenso, y el consecuente cisma resulta tan amenazante para el futuro de la psicoterapia, que se ha convertido en un asunto de los medios (Crews, 1993; Jaroff, 1993).

Jaroff (1993) nos presenta ambos lados del debate, citando a Loftus, Ofshe y Singer en contra, y a Alpert y Courtois a favor de la validez del recuerdo recobrado. Como ejemplos de falta de fiabilidad del recuerdo recobrado, cita casos judiciales de acusaciones basadas en recuerdos recobrados, acusaciones que posteriormente fueron retiradas por haberse retractado el acusador. Además cita los casos que presenta Singer (1990) de abuso satánico que posteriormente fueron negados. A continuación toma el argumento de la validez de lo que se ha llamado terapia de la recuperación de la memoria. En este caso, Jaroff cita detractores críticos de la memoria recobrada, como Ganaway y McHugh. Ganaway lamenta que los hospitales psiquiátricos se hayan convertido en "fábricas de memoria" y le preocupa que los relatos acerca del falso recuerdo recobrado puedan arruinar la credibilidad ganada con gran esfuerzo del movimiento del sobreviviente de abuso. McHugh cree que los terapeutas se han valido del recuerdo recobrado para facilitar la terapia. Jaroff también cita a Courtois, quien objeta la crítica como una reacción violenta contra los terapeutas por confrontar a la sociedad con datos abrumadores sobre el abuso sexual infantil.

UNA ACUSACIÓN INFUNDADA

La señora B. ha estado en psicoterapia durante tres años a fin de que le ayude a ser menos compulsiva. Su esposo la apoyó para que se sometiera a la psicoterapia. Él era en general un hombre gentil, respetuoso y cariñoso, que alentaba su crecimiento y su desarrollo como mujer y como profesional. La señora B. estaba muy dedicada a dos hijas adolescentes que su esposo había tenido en un matrimonio anterior, y disfrutaba cocinando y arreglando cosas para las visitas quincenales de las hijas. En la terapia, la señora B. logró otorgar menos importancia a su trabajo, de modo que ella y el señor B. pudieran iniciar una familia propia. Con sus dos hijos, un niño y una niña, el señor B. era un padre cordial y cariñoso. La señora B. encontró que disfrutaba combinando los papeles de esposa y madre, y satisfecha con su progreso, decidió dar por terminada la terapia. Unos años después, la señora B. me llamó bastante afectada y pidió que se celebrara una reunión con ella y con su esposo con el fin de hablar de una terrible acusación que había hecho su hijastra menor.

Vania, que en ese tiempo ya tenía 22 años y trabajaba como asistente de investigación en California, habló por teléfono a la señora B. para decirle que había estado asistiendo a un grupo de codependientes dos o tres veces por semana y quería ver a un terapeuta dos veces al mes. Pidió a la señora B. que no dijera nada de esto a su padre. La señora B. se sintió contenta de que su hijastra tratara de trabajar en sus problemas relacionados con el abuso de drogas, ofreció pagarle las consultas y respetó su deseo. La siguiente vez que Vania llamó, la señora B. le preguntó cómo iba su terapia. Vania le contestó que estaban trabajando en problemas de abuso físico, sexual y mental, y que la señora B. no debería dejar a sus hijos solos con su padre. La señora se sintió tan afectada por tal afirmación como para no decírselo al señor B., así que se lo contó inmediatamente. Él se sintió impactado, herido y desconcertado. Dijo que pudo haber abuso mental a causa del divorcio, pero no abuso físico ni sexual. Él y la señora B. llamaron a la otra hija del primer matrimonio de él y le preguntaron si alguna vez pensó que de algún modo había sido abusivo o desatinado como padre. Ella respondió que la acusación era descabellada y supuso que Vania podría estar queriendo captar la atención. La señora B. estaba segura de que creía en su esposo y se sintió apoyada por su otra hijastra.

Dos meses antes, el señor B. recibió una carta de Vania en la que le pedía dinero y le comentaba que estaba en un programa semanal que incluía reuniones basadas en el modelo de 12 pasos ocho veces por semana y una terapia de masaje una vez por semana. Él me enseñó la carta y observó que la palabra "masaje" había sido escrita en lugar de "mensaje" (en inglés *massage* y *message*), y pensaba que su mensaje era que los padres le habían hecho algo y deberían pagar por ello. Él estaba dispuesto a contribuir a su terapia y le había mandado más de 1 000 dólares. Cuando se enteró del tratamiento que estaba siguiendo, se sintió preocupado. Todavía estaba dispuesto a cooperar con la terapia siempre y cuando esta estuviera en manos de un terapeuta calificado y Vania pagara una parte de acuerdo con sus posibilidades dado que ella trabajaba. Pensó en volar a la Costa Oeste para ver al terapeuta de la joven y enterarse de lo sucedido. Se sentía destrozado por el giro que habían tomado las cosas, y constantemente pensaba en el pasado.

Posteriormente me dijo que durante el divorcio, la madre de Vania no podía ocuparse de ella y el trabajo del señor B. le exigía viajar, de modo que enviaron a Vania a un internado. Vania tenía 14 años cuando el señor y la señora B. se casaron, y se habían mantenido en estrecho contacto con ella, especialmente después de que el grupo de apoyo de codependientes de su madre biológica la llevó a decidir que ya no debería interactuar con sus hijas. La hija mayor estaba en la universidad, Vania estaba en un internado, y ambas pasaban las vacaciones con su padre y su madrastra. Vania era la bebé, y el divorció la hirió más. La hija mayor era más segura, pero Vania siempre tenía una gran necesidad de amor y de atención. Quería que la trataran como a una niña pequeña. Quería que le frotaran los pies y la espalda. Le gustaba que la mimaran, y de hecho lo hacían.

Cuando el señor B. llamó para hablar directamente con Vania, encontró que solo tenía un sentimiento vago de que él había abusado de ella. Los miembros del grupo la habían animado para que confirmara lo que ellos pensaban que debió de haber pasado, pero en realidad ella no recordaba nada en específico. El señor B. dijo que ningún terapeuta reputado aceptaría eso como una explicación para sus dificultades o para la forma de afrontarlas, pero creía que un grupo de ayuda sí podría hacerlo. Él sabía la verdad sobre sí mismo y quería que ella también la supiera. Pensaba que Vania no recibía una buena terapia y se preguntaba qué podría hacer al respecto. Él sabía que la relación terapéutica era importante y no quería romperla o interrumpir los intentos de Vania. Me dijo que estaba orgulloso de ella por tratar de resolver sus problemas antes de casarse, a diferencia de su madre, a quien había dejado finalmente por el uso continuo de drogas. Él repetía que su conclusión era que Vania parecía decir con insistencia que él era responsable y que debería pagar por ello.

La respuesta del señor B. fue de dolor, de desconcierto y de enojo. No existía en él sentimiento de narcisismo ni de ultraje moral. Siguió estando profundamente preocupado por su hija. No imponía una dinámica de familia patriarcal en su familia actual, y sus pequeños hijos parecían seguros y extrovertidos. En su matrimonio vigente no había un desequilibrio de poder. No hacía uso de amenazas y no era un seductor. No tenía ni había tenido problema alguno con el abuso de drogas. Rechazó la acusación, pero no parecía negarla. Llegué a la conclusión de que no cuadraba con el perfil de un perpetrador y le aconsejé que pidiera una consulta con el terapeuta de Vania y evaluara su capacidad para trabajar estos temas.

Gardner (1992) lamenta la actual ola de acusaciones que describe como una histeria sobre el abuso sexual (p. 189). Agradece la reacción violenta contra las acusaciones falsas, que considera que se han visto fomentadas por el sistema legal actual. Bajo las previsiones del Acta de Prevención y Tratamiento del Abuso Infantil de 1974, los profesionales a quienes se les mencione un abuso sexual pueden ser procesados si no reportan el caso a los Servicios de Protección de Menores, a pesar de que en su opinión profesional no haya habido abuso sexual. A cualquier individuo que denuncie abuso sexual infantil se le garantiza inmunidad, de modo que cualquiera se siente libre de formular una acusación, aunque no sea genuina o sea mal intencionada. Evidentemente, esto tiene el efecto de llamar la atención sobre los casos que necesitan ayuda, y, desde que se fundó el programa, ofrece a la víctima tratamiento gratis; pero, al mismo tiempo, fomenta una oleada de acusaciones irresponsables por parte de personas que guardan algún agravio contra un padre o un cónyuge. Tras haber revisado 3 000 horas de las técnicas de entrevistas de los examinadores, así como sus informes, Gardner llegó a la conclusión de que generalmente los investigadores no están bien entrenados, y algunos de ellos carecen de acreditación alguna. A fin de lograr que el niño les diga lo que esperan y desean oír –afirma Gardner– formulan preguntas tendenciosas como "mazazos," utilizan gestos apasionados, dan fuertes abrazos como reforzamiento, no llegan a comprender lo que entiende un niño por mentira, cometen el error de entrevistar al niño solamente en la presencia del padre que apoya la acusación, coaccionan al niño que se retracta de una acusación para que "diga la verdad," contaminan la neutralidad del proceso al utilizar cuadros "correctos anatómicamente" y muñecas que estimulan la ideación sexual, pasan por alto la ausencia total de evidencia médica para justificar su creencia con aseveraciones poco creíbles y descabelladas, patologizan la conducta normal, entre ellas la masturbación, como señales de abuso sexual. Generalmente tienden a equivocarse y a ponerse del lado de la parte acusadora a fin de no meterse en problemas y para asegurar múltiples recomendaciones para el servicio de tratamiento, de modo que no se corte la financiación. Por el contrario, no existe financiamiento para ayudar a los niños que han sido utilizados para presentar acusaciones falsas o para ayudar a personas acusadas falsamente, a quienes también se les niega el debido proceso.

Las palabras de Gardner conllevan un sentimiento de turbación y de urgencia, al mismo tiempo que son claras y confrontan la crisis de las acusaciones falsas de abuso sexual que se han desatado. Presenta una exposición valiosa y clara de la posición de los falsos recuerdos que están en debate. Sin embargo, su desprecio hacia los terapeutas crédulos y su disposición a rechazar como descabelladas algunas experiencias que informan los pacientes nos lleva a cuestionar la parcialidad de su punto de vista, a pesar de que él acepta la existencia del abuso sexual infantil. No cree en la posibilidad de las imágenes retrospectivas tardías, en los recuerdos del cuerpo y en la recuperación de recuerdos en los adultos que no recordaban abuso sexual en la infancia hasta que surge en la terapia. Su punto de vista de que muchos encuentros sexuales entre niños y adultos no deben considerarse como nocivos para el bienestar tiene el propósito de servir como antídoto a la histeria de las acusaciones malintencionadas que se dan en los tribunales; pero desgraciadamente da lugar a la posibilidad de no estar suficientemente preocupado por la prevalencia del abuso sexual de niños.

No obstante, la intención de Gardner de permanecer imparcial en la forma en que recaba testimonios representa un modelo importante. Tiene sumo cuidado al configurar su propio testimonio ante el tribunal, como si fuera un evaluador imparcial, no un abogado, y esboza las técnicas de preguntas abiertas para la evaluación de los niños que cree que un investigador de abuso sexual bien entrenado debería utilizar. Alienta al niño a hablar durante un tiempo, sigue con pruebas verbales proyectivas y, a continuación, con el dibujo libre y a la narración de cuentos; posteriormente proporciona grupos de muñecos o familias de animales, a los cuales el niño puede recurrir para representar un juego traumático. Debemos evitar hacer preguntas importantes (Loftus, 1975). En un entorno neutral, el terapeuta o evaluador del niño tiene más oportunidad de diferenciar los recuerdos verdaderos de los falsos (White y Quinn, 1988).

INDICADORES PARA IDENTIFICAR CASOS
EN LOS QUE SÍ OCURRIÓ EL ABUSO

Cuando se sospecha un incesto o el niño sostiene haberlo sufrido

Schetky proporciona una lista de factores que debemos observar cuando valoremos el recuerdo de un niño sobre un abuso sexual en la infancia en el contexto legal (1993). La autora recomienda ir de lo general a lo específico, elogiando el esfuerzo del niño, pero no el contenido del recuerdo, evitando preguntas decisivas y alentando los recuerdos libres. Pero la investigación de la memoria muestra que los niños más pequeños no tienen capacidad de recordar en forma libre y necesitan que se les hagan preguntas para estimular la recuperación de sus recuerdos. Gardner (1992) describe detalladamente los criterios que tienden a indicar que tuvo lugar un abuso. Ninguno por separado es patognomónico de abuso sexual, pero entre más criterios se satisfagan, es más probable que el niño haya sufrido un abuso. Estamos de acuerdo con su conclusión de que la calidad de los hallazgos y el lenguaje en el que se expresan puede ser más revelador que solamente la cantidad de los criterios que hayan sido satisfechos. Ponderar el material clínico requiere de un buen juicio, de imparcialidad y de un entrenamiento profundo.

Hemos elaborado las Tablas de la 5-1 a la 5-4 basadas en los capítulos de Gardner (1992), no solamente para el terapeuta infantil que evalúa o trata a niños que sufrieron abuso, sino también para el terapeuta de adultos. Estos hallazgos arrojan luz para evaluar la validez de los recuerdos recobrados e intentan explicar la experiencia del sobreviviente de incesto en la psicoterapia de adultos.

Estas características podrían aplicarse al caso individual en cualquiera de estos grupos, de modo que es la visión total la que ofrece la mejor valoración de lo que realmente sucedió. La confiabilidad del evaluador mejora mucho cuando es el primero que ve al niño y oye su relato.

Igualmente importante es una evaluación del padre que acusa. Generalmente, la persona que acusa es la madre y el acusado, el padre.

Gardner (1992) proporciona una lista igualmente larga de las características de ella y hace hincapié en la importancia de dar seguimiento a la evolución de la acusación mediante la obtención de la historia temprana de ella, los patrones familiares, las actitudes hacia los hombres, las razones para vengarse y las circunstancias actuales (Tablas 5-3 y 5-4). Gardner encuentra que la mayor parte de los casos de acusación falsa ocurre en el contexto de disputas por la custodia del hijo.

Gardner (1992) encuentra que el padre o la madre que hace una acusación falsa –que generalmente es la madre– se debe, en el caso de esta, a la ira de ser despreciada por el marido que pidió el divorcio. Castiga al marido quitándole a sus hijos. El estrés del divorcio y las preocupaciones acerca del apoyo económico provoca una regresión. En las mujeres que se proyectan, el divorcio agrava las ansiedades paranoides, las cuales se expresan en una confabulación, haciendo apuntes e ideando estrategias paranoides, como alegar que hubo abuso sexual hacia el hijo. La mujer con trastorno límite de personalidad (*borderline*) puede descompensarse, actuar en forma delirante, presentar síntomas extraños. La mujer sexualmente inhibida proyecta sus anhelos sexuales y a continuación los distorsiona y los coloca en el marido odiado.

Tabla 5-1 Características positivas para
validar la acusación de incesto del niño

- Vacilación al revelar el abuso y tendencia a evitar el tema
- Temor al investigador
- Temor de que el acusado descubra al niño o a la niña y le haga daño
- Sentimiento de culpa en el niño mayor que sabe de las consecuencias para el acusado
- Sentimiento de culpa por creerse responsable del abuso ocurrido
- Abundantes detalles que muestran una imagen interna del entorno del abuso
- Generalmente un relato creíble sin elaboraciones fantasiosas

- Consistencia interna del relato
- Afecto congruente con el contenido
- Sentimiento espontáneo hacia el relato
- Un relato que no cambia por lo menos en el transcurso de dos entrevistas
- Utilización natural de terminología sexual coloquial
- Signos de excitación sexual, tales como frotarse los genitales, hablar del sexo inapropiadamente u obsesión con las zonas erógenas
- Evidencia médica de trauma en los genitales
- Preocupaciones por un daño a los genitales que en realidad no existe
- Excesiva vacilación para desvestirse enfrente de compañeros
- Jugar a representaciones traumáticas con muñecos o familias de animales, siempre y cuando una terapia anterior no haya alentado hacer esto
- Depresión y tendencias suicidas
- Acobardamiento e incomodidad ante la presencia del acusado
- Aspecto lánguido, cansado, triste, pálido, lastimoso, retraído o tímido
- Mantener una fachada de alegría, ser complaciente y no quejarse
- Presencia de síntomas psicosomáticos, tales como dolores de estómago, náuseas y dolores de cabeza
- Síntomas regresivos, como enuresis y encopresis
- Sentimientos de que el padre observador lo traicionó
- Miedo de irse a la cama y tener pesadillas (un indicador menos confiable a menos que el contenido sea específico)
- Progresión gradual e intensificación del abuso
- En las niñas, una pseudomadurez
- Actitud seductora de las niñas hacia el padre acusado
- Utilización de la escuela como refugio, a menos que existan problemas de aprendizaje
- Expresión antisocial del enojo
- Tensión e hipervigilancia

- Conducta incontrolada
- Acusación que no se amplía a otros perpetradores

La carga de su abuso sexual puede constituir una extensión de otros sentimientos y delirios de celos de otras mujeres. La mujer histérica se vuelve más histriónica, errática, propensa a la exageración y con probabilidades de que interprete erróneamente los signos que toma como evidencia. También es más vulnerable a dejarse llevar por una histeria colectiva.

Tabla 5-2 Características del niño que
Acusa falsamente de Incesto

- Deseo voluntario de relatar la historia
- No presenta miedo frente al investigador, repite la historia a cualquier persona
- Enojo hacia, pero no temor hacia quien acusa
- No hay sentimiento de culpa acerca por las posibles consecuencias hacia el acusado
- No existe sentimiento de culpa de causar abuso, ya que no ha ocurrido ninguno
- No proporciona detalles, solo describe el evento de abuso
- No existe memoria visual, ya que no sucedió nada
- La historia que relata es increíble y existe en elaboración fantasiosa
- No existe consistencia interna de la historia
- Sentimiento de enojo más que tristeza o apatía
- Ensaya la historia y la repite como letanía
- La historia cambia en dos entrevistas diferentes
- Uso apropiado de lenguaje sexual adulto
- No hay signos de excitación sexual ni obsesión
- No existe evidencia médica
- No presenta ansiedad acerca de que los genitales hayan quedado lastimados

- No presenta dificultades para estar en un cuarto cerrado
- No se presenta una re-actuación del abuso en el juego a menos que sea inducido a ello
- No presenta depresión ni ideación suicida
- Probablemente se manifieste enojo pero no se atemoriza o incomoda frente al acusado
- Conducta agresiva y quejumbrosa
- No existen síntomas psicosomáticos porque hacer una acusación falsa es similar a externalizar el conflicto
- No existen síntomas regresivos dado que no existe un trauma
- Sentimientos positivos hace el padre que es acusado
- No se presentan pesadillas específicas
- Solo en una o dos ocasiones se describen episodios de abuso severo
- Las niñas no presentan pseudo-madurez
- No existe una conducta seductora
- No se utiliza la escuela de manera excesiva como un refugio
- Pudiera presentarse conducta antisocial aunque es poco probable
- No es necesario permanecer extremadamente tenso e hipervigilante
- No escapa
- La acusación falsa también puede ser hecha por niños psicóticos o psicopáticos

Tabla 5-3. Características positivas
para validar el incesto de la madre

- Ella misma padeció abuso sexual, a menos que sea proyectiva y vengativa
- No especialmente impulsiva
- Pasiva o inadecuada, subyugada a un marido dominante
- Socialmente aislada
- No moralista
- No paranoide

- No busca el divorcio o la custodia
- Siente pena por la posible necesidad de que el padre sea expulsado de la casa
- No exhorta al hijo a decir la verdad
- Reacia a comunicar
- Recibe bien al examinador imparcial
- Se preocupa por las pérdidas económicas
- No exagera los hallazgos médicos
- Trata de limitar el número de interrogatorios a los que se debe someter al hijo
- No incluye una multitud de personas que la apoyen
- No tiene una fe ciega en los expertos y en el sistema legal
- Receptiva a la prueba del detector de mentiras (más útil que el resultado real)
- Inhibida social y sexualmente
- Deja que el hijo cuente el relato
- No incita o manda al hijo a hacer algo
- Puede aceptar comprensión y ayuda de los padres del padre acusado
- Trato franco con el evaluador y disposición a pagar los honorarios

---

Por último, Gardner nos recuerda que debemos hacer todo lo posible para ver al niño que padeció abuso, al padre o a la madre acusadores y al acusado en forma separada y también en conjunto, de modo que obtengamos el panorama más amplio posible. Schetky (1993) aconseja reducir el número de entrevistas a fin de mitigar el trauma al niño. Se deben evitar las evaluaciones forenses, a menos que contemos con el tiempo, la capacitación y la supervisión para llevar a cabo una evaluación completa. White y Quinn (1988) recomiendan evaluar la independencia de la investigación de los evaluadores previos y comprobar la propia investigación. Se refieren a la investigación externa, que no esté coaligada con algún participante en la investigación, y a la investigación interna, que tenga un resultado imparcial, que no introduzca hechos que se den por supuestos y que no exista el interés de un plan personal. Incluso si no estamos involucrados en la valoración legal de las acusaciones, podemos aprender mucho de la experiencia forense, para aclarar la situación clínica. La independencia de un programa personal siempre representa un precepto de la neutralidad terapéutica.

Tabla 5-4. Características positivas para detectar acusaciones falsas de incesto de la madre

---

- No tiene una historia de abuso sexual (especialmente válido si la mujer se proyecta)
- Se comunica impulsivamente con los expertos
- Enérgica, agresiva, ejerce presión, actúa independientemente de su marido
- Extrovertida, espontánea, discutidora, apoya a la autoridad
- Enseña material de abuso sexual a los niños
- Excesivamente moralista hacia la sexualidad, puede mostrar religiosidad
- Utiliza tácticas excluyentes paulatinas contra su esposo antes de una denuncia
- Involucrada en una disputa de custodia de un hijo
- Graba audio del hijo contándole el abuso
- Incita y recuerda al niño que diga la verdad
- Quiere reprobar y humillar al padre
- Disfruta la idea de aniquilar y encarcelar al acusado
- Exagera el abuso a voces
- No pregunta al padre sobre la posibilidad del abuso, prefiere a los expertos
- Rehúye a los evaluadores imparciales
- Busca a un licenciado agresivo como abogado
- No se fija en el costo
- Consigue apoyo de las autoridades de la comunidad

- Valora indiscriminadamente a cualquier experto que concuerde con ella
- No siente vergüenza de revelar el abuso en la familia
- No quiere someterse a una prueba de detección de mentiras
- Desea poner fin para siempre a la relación del niño con el acusado, especialmente cuando se trata de una repetición de un patrón familiar
- Utiliza el término "la verdad"
- Es teatral y exhibicionista
- Exagera y atribuye significado sexual a actividades no sexuales
- Paranoide, imprecisa, circunstancial y evasiva
- Dedicada obsesivamente a recolectar pruebas
- Cree en cosas absurdas
- Amplía el peligro del abuso sexual a la familia del acusado y los excluye de la terapia
- Es engañosa al tratar con el evaluador las tarifas y las citas para las reuniones

---

Cuando un adulto recuerda posteriormente un incesto que tuvo lugar durante la infancia

En la psicoterapia abierta, no orientada, un hombre o una mujer pueden recobrar recuerdos enterrados profundamente que se disociaron con el fin de evitar la angustia durante el tiempo en que sucedieron en la infancia o que se reprimieron para evitar el conflicto. Este tipo de pacientes tienden a dudar de la validez de los recuerdos y pueden desear que solo hayan sido fantasías. El conocimiento sobre la forma adecuada de tratar a los niños que declaran haber padecido abuso nos ayuda a trabajar con pacientes adultos que pueden ser sobrevivientes de abuso. La comprensión de los diferentes tipos de recuerdos y de las estrategias para recuperarlos de forma apropiada para las diferentes etapas de desarrollo nos ayuda a entender los recuerdos brumosos que salen a la superficie. Al igual que los niños necesitan que se les planteen ciertas preguntas para estimular sus recuerdos, los pacientes adultos también lo necesitan, pero no preguntas que induzcan las respuestas. Al igual que los niños, recuerdan mejor sucesos olvidados cuando, en su imaginación, regresan a la escena del trauma; el paciente adulto gradualmente se arma de valor para hacer lo mismo. Al igual que los niños recuerdan mejor en un contexto interpersonal, los pacientes adultos se valen de la alianza para construir con la ayuda del terapeuta la narrativa del abuso.

Al contar con el tiempo para explorar los recuerdos en el contexto de una terapia orientada hacia la percepción, o *insight*, que abarque todos los aspectos de la vida interior y exterior del paciente, y del pasado y del presente, paulatinamente el paciente y el terapeuta llegan a un punto de vista compartido acerca de lo que indican los recuerdos sobre la experiencia vivida. Los psicoanalistas que están dispuestos a mantener una actitud abierta no plantean la cuestión de terminar a causa de una validación o de una desestimación prematuras. En el momento en que exista cierto grado de consistencia del relato del desarrollo de la vida familiar, de la corroboración de los hermanos, de los paralelos encontrados en las relaciones de la familia actual y de las manifestaciones en la transferencia, el terapeuta siente que el paciente realmente tiene una historia de abuso. Los terapeutas que con prontitud recurren a intervenciones hipnóticas y a métodos de corto plazo, o que tienen la tendencia a buscar un abuso, pueden apresurarse a tomar en cuenta simples impresiones de situaciones de falsas certezas, en lugar de confiar en la realidad que surge del punto de vista del paciente sobre el pasado. Tal grado de confianza se establece cuidadosamente con el tiempo en una terapia de amplia base psicoanalítica que aborde la represión, al igual que la disociación y que opera mediante la resistencia. Nosotros estamos abiertos a la posibilidad de que este grado de confianza se pueda alcanzar en casos en que el terapeuta cualificado se valga de las técnicas hipnóticas en forma juiciosa, pero nosotros no utilizamos la hipnosis (Olsen, 1993). En el Capítulo 13 describimos e ilustramos diversas formas para que resurjan los recuerdos en el psicoanálisis individual y en la psicoterapia individual, familiar, sexual y marital. En algunos casos, se recobraron y se validaron recuerdos de abuso, y en otros, la sospecha del abuso se desvaneció cuando la vivencia interna del paciente se clarificó.

Cuando el abuso sexual perpetrado durante la infancia se recuerda posteriormente de una manera falsa

Los pacientes englobados en esta categoría se alegran del descubrimiento de una historia de abuso porque, de ese modo, cuentan con una respuesta simple y con alguien a quien culpar de sus problemas. Proyectan en el acusado sus propios impulsos sexuales repudiados y se los atribuyen al acusado con tanta saña como los rechazan en sí mismos, lo que proporciona cierto alivio a su yo agredido, pero, al mismo tiempo, reduce su autoestima. Pueden creer que todos sus problemas psicológicos provienen de un abuso y no de sus propias acciones, como una cólera edípica asesina y anhelos frustrados, o de la negligencia de los padres, cuyas deficiencias son confusas. Estos pacientes no sienten la vergüenza ni la inseguridad que tienen que superar como sobrevivientes adultos, y se sienten felices de contar a cualquier persona acerca del abuso y lo convierten en un escaparate de su situación en los medios con el fin de herir y exponer en particular a sus padres y al sexo opuesto en general. Generalmente se encuentran tendencias histéricas y paranoides, y la acusación puede ser más delirante que deliberada. Dicha acusación puede estar seguida de una difusión paranoica destinada a acabar con todo contacto con los parientes que apoyan al acusado o del intento de protestar y de ir aún más allá interviniendo en el proceso legal acusatorio (Gardner, 1992). Algunos de estos pacientes, que posteriormente se dieron cuenta de que habían elaborado recuerdos de abuso falsos como respuesta a las sugerencias de sus terapeutas, se unieron con profesionales de apoyo de salud mental y erigieron la Fundación para el Síndrome del Recuerdo Falso.

Nuestra impresión es que este tipo de pacientes que descubren recuerdos erróneos han sido fácilmente influenciados por los terapeutas, por los medios y por las sugerencias culturales porque tienen una personalidad difusa que está directamente relacionada, no con el abuso, sino con una experiencia difícil temprana en una familia cuya desorganización y vulnerabilidad se debían a los traumas no resueltos de los padres y a pérdidas tempranas. Los niños experimentan un vacío interior que se traduce en dolor, duda y en gritos para llenar este vacío. Un terapeuta o un programa terapéutico apto pueden ofrecer una forma simple e inicialmente satisfactoria para llenar ese vacío interior y ofrecer una identidad.

Tal como ilustramos en los Capítulos 1 y 4, algunos pacientes adultos se han formado la convicción errónea de haber sido traumatizados; convicción que se deriva del encapsulamiento de la experiencia de trauma de sus padres. Ya sea que estén traumatizados o no, los padres de estos pacientes también hacen daño. A pesar de que no ha habido abuso en estas familias, a menudo ha habido mucho sufrimiento o desorganización familiar. La imposición de una solución simple que deriva de la certeza del terapeuta de que hubo un abuso "resuelve" temporalmente los daños de los pacientes a costa de un aumento de la escisión y de la proyección de un daño provocado por los padres. Así, se culpa de maldad a los padres, en lugar de entender que habían sido incapaces de manejar la pérdida, el daño y la deficiencia emocional. En vez de unirse a los pacientes adultos para culpar a los padres, quienes comparten las vulnerabilidades de sus hijos adultos, debemos alentar a estos pacientes a entablar un diálogo con sus padres, apoyados por una terapia familiar coadyuvante cuando sea necesaria a fin de disminuir la escisión y aumentar las áreas de comprensión y compasión compartidas, siempre que esto sea posible.

EL RETO DEL PSICOTERAPEUTA ANALÍTICO

El debate sobre la veracidad o la falsedad de los recuerdos recuperados sigue existiendo en las reuniones profesionales, en los medios y en la mente del terapeuta responsable. En la situación clínica, cada uno de los recuerdos recuperados se escudriña y se debate su validez. Por último, el terapeuta llega formarse una opinión sobre algún caso o acepta que es incapaz de hacerlo. En términos del debate público, la mayor parte de los terapeutas no quisieran que se les clasificara como personas que están a favor o en contra de la validez de los recuerdos recuperados, tal como los medios tienden a retratarlos, dado que cada caso es diferente y se llega a diversas conclusiones en diferentes situaciones terapéuticas.

Para el psicoterapeuta con orientación analítica, las preguntas cruciales son las siguientes. Primera, ¿los problemas relativos a la validez se derivaron de la utilización de la sugestión y de la hipnosis aplicadas por terapeutas mal instruidos e ingenuos o por inescrupulosos fabricantes de recuerdos? Si es así, ¿es justificable que nos distanciemos de las acusaciones y que concluyamos que la crítica no se aplica a nuestra manera de trabajar sobre la represión y la disociación en forma analítica? Nosotros creemos que la crítica se aplica adecuadamente a las terapias irresponsablemente sugestivas, y no aceptamos que se afirme que estos terapeutas estén aplicando principios psicoanalíticos. Creemos que la formación, la supervisión constante, las consultas y la terapia personal nos permiten aceptar el no saber y prepararnos para trabajar con pacientes durante todo el tiempo que sea necesario para recuperar recuerdos profundamente reprimidos y explorarlos a fondo, y para evaluar la significación que tienen para el paciente. No obstante, tomamos en cuenta la advertencia de Yapko (1993) en el sentido de estar atentos a preguntas sugerentes y a pronunciamientos inductivos.

Segunda, ante la desacreditación de nuestros propósitos y métodos terapéuticos por la reacción social contra los hallazgos de un abuso sexual en la infancia, ¿debemos mantener la integridad de nuestro enfoque no dirigido e imparcial, el cual nos lleva adonde nos conduce el paciente? ¿Debemos continuar siendo defensores de los niños y alzar la voz contra el abuso que compromete su desarrollo, y en algunos casos lo arruina? Al mismo tiempo, ¿podemos conservar nuestra compasión por el perpetrador, quien, a su vez, a menudo también sufrió abuso en su infancia? ¿Debemos apoyar al abusador acusado falsamente sin sentir que hemos socavado la posición del sobreviviente adulto? ¿Podemos mantener nuestro sentido de equilibrio cuando la psicoterapia se encuentra bajo escrutinio público al mismo tiempo que se encuentra bajo la amenaza de la reorganización de la atención a la salud, que está dispuesta a marginar a las enfermedades emocionales restringiendo su reembolso?

Por último, ¿podemos defender el concepto de *represión* –un principio fundamental del psicoanálisis– frente al ataque contra él generado por quienes proponen el síndrome del falso recuerdo? Algunos críticos sostienen que no existe tal cosa como la represión. Tal vez también deberían decir que no existe tal cosa como el inconsciente. Otros críticos afirman que existe represión de incidentes únicos, pero no del trauma acumulativo, que ellos creen que, en cambio, conduce a un fracaso de la represión. Estamos de acuerdo en que el trauma produce un fracaso de la represión. El yo sin protección no puede reprimir –empujar al inconsciente lo que es desagradable– porque este mecanismo común de defensa se encuentra bloqueado, y el yo recurre a la disociación (Fairbairn, 1954; Janet, 1889; Pickle, 1994). Hay críticos que aceptan la definición de represión como el expulsión de las vivencias desagradables de la conciencia, que, de otra forma, podrían regresar para atormentarnos, pero se burlan de la probabilidad de que la represión justifique que no tengamos conciencia de nuestros traumas repetidos durante años hasta que algo activa un recuerdo. Lo que no aceptan es el concepto relacionado de disociación. Abogar por uno o por el otro significa ignorar la compleja interacción de la realidad, de la fantasía y del proceso defensivo. Tanto la disociación como la represión están implicados, en forma separada o conjunta, en diversos tipos y grados de traumas. En el Capítulo 6 procedemos a examinar y a comparar los dos conceptos, represión y disociación.

6. Represión y disociación revisadas

Estamos convencidos de la diferencia entre la represión y la disociación y de la necesidad que el yo tiene de estas dos defensas en el desarrollo normal y anormal. La conducta, la motivación, el pensamiento y el sentimiento humanos son afectados por los procesos inconscientes de disociación y de represión, que se derivan de la experiencia temprana e influyen en ella en relaciones importantes con las personas significativas en un proceso mutuo y cuyos resultados los acoge la personalidad y le proporciona sus características.

Los términos *represión* y *disociación* se utilizan en forma laxa y en ocasiones intercambiables en la literatura profesional. Erdelyi (1992), quien documentó la conceptualización freudiana de disociación y represión, prefiere no distinguir entre ambas, aunque sí diferencia la amnesia (el efecto) de la represión (la causa). Por el contrario, Vaillant (1990) cree, al igual que nosotros, que los términos disociación y represión tienen significados específicos y debe hacerse una distinción entre ambos. En vez de basarse en Sigmund Freud, Vaillant utiliza la definición de Ana Freud de 1937 sobre el propósito de la represión: "para olvidar la idea, pero retener el afecto en la conciencia" (Vaillant, 1990: 260). Elabora las siguientes definiciones de la represión y de la disociación:

> *La represión sirve para alterar el contenido ideativo al tiempo que preserva el estado afectivo* se olvida el contenido ideativo, para evitar la identificación del material conflictivo y para renunciar a metas anheladas.
>
> *La disociación sirve para alterar el estado afectivo* y para evitar la angustia emocional mediante la alteración de nuestro sentido de identidad y rechazar la responsabilidad personal de nuestra propia situación [p. 260].

143

REPRESIÓN

La represión fue el término que Freud otorgó al mecanismo mental a través del cual el yo consciente rechazaba los pensamientos y los recuerdos indeseables y los mantenía en el reino de lo inconsciente, junto con los impulsos del ello que emitía, donde se producía material inaceptable (1915a, b). A causa de que equiparaba el inconsciente con el ello, y a causa de que en su teoría el ello operaba independientemente del yo, Freud creía que la represión de estos impulsos del ello era bastante compatible con el mantenimiento de un yo intacto, y, como consecuencia, no era preocupante la escisión. Freud utilizó el término represión tanto en forma laxa (1906) para significar cualquier defensa del yo, como en forma específica (1894) para referirse a la defensa en que manda la idea al inconsciente y es olvidada; pero el afecto asociado permanece en la conciencia y a menudo la idea regresa de una forma disfrazada, simbólica (Vailliant, 1990). Posteriormente, Freud (1923) postuló el superyó como un agente adicional para asegurar la represión del material del ello por parte del yo y para ejercer una fuerza inhibitoria contra una parte del yo (el ello) por otra parte (el superyó).

Hasta aquí hemos descrito la *represión propiamente dicha* como una respuesta mental al *conflicto interno.* En su ensayo sobre "La represión" (1915a), Freud también describió un precursor de la represión propiamente dicha; esto es, la *represión primaria*, una respuesta mental a una *deficiencia.* La represión primaria ocurría a causa de un retraso del desarrollo para alcanzar la represión propiamente dicha, o a causa de una incapacidad de hacer frente, en un proceso secundario, a un ataque aplastante a la barrera de estímulos, de modo que el proceso primario se convierte en el método primario del organismo para hacerse cargo de la experiencia y comunicarla (Frank, 1969).

Freud había ideado el término represión para explicar la resistencia del paciente a mejorar (1917b). Acertadamente comprendió la tremenda fuerza de la resistencia del paciente histérico a que él lo ayudara, y se convenció de esto como resultado de un mecanismo que era igualmente poderoso y activo en la conciencia con el fin de mantener las ideas inaceptables escondidas. Podían ocurrir filtraciones directas cuando el material reprimido presionaba para resurgir con el fin de gratificar las pulsiones sexuales o agresivas, pero se mantenía en un estado de tensión por el yo opuesto, de modo que la energía contenida finalmente emergía mediante una descarga. Las filtraciones indirectas también podían ocurrir en la forma de síntomas histéricos en los que una parte del cuerpo afectada sustituía el reconocimiento de un deseo doloroso que fue negado, o podían presentarse síntomas neuróticos que representaban un compromiso entre la expresión sexual directa o agresiva de las pulsiones y la demanda del yo para aceptar las necesidades de la realidad y del control social.

Unos cuantos años después, Freud nuevamente se refirió al trauma como la causa de una organización mental que él denominó *compulsión a la repetición* (1920). Observó la necesidad de repetir y de representar el trauma en secuencias de sueños; un hallazgo que ponía en duda su teoría anterior sobre el cumplimiento del deseo en los sueños y del principio del placer como la base para la motivación humana (Cohen, 1984). Las fuerzas agresivas y autodestructivas podían no estar justificadas, excepto en el caso de que se invocara otra pulsión que contrabalanceaba la libido; la pulsión de muerte. Cohen y Kinston (1984) resaltaron lo inadecuado de la teoría de Freud, marcadamente intrapsíquica, sobre la represión, basada en el conflicto y en la deficiencia. Cohen (1985) señaló la necesidad de integrar el punto de vista de Kardiner (1941) sobre la neurosis traumática como una respuesta psicofisiológica, que es una adaptación al trauma del mundo real y una ausencia de la capacidad adaptativa normal que se vale de la formación simbólica y de la representación psíquica. Cohen también invocó la ampliación de las relaciones objetales de Klein (1946) relativas a las veleidades de la pulsión de muerte con el fin de explicar la alteración drástica o la destrucción de la estructura psíquica formada previamente que resulta de un trauma severo. El trauma no puede entenderse sin la premisa de que la estructura psíquica depende del apoyo del entorno para su formación y mantenimiento.

La teoría de Klein (1946) nos ofrece el concepto de una organización del trauma inducido y de una retraumatización psíquica denominada *posición esquizoparanoide*, en la cual la ansiedad provocada por el efecto traumatizante de la pulsión de muerte tiene que ser desviada y proyectada en la madre para ser desintoxicada. Sin embargo, esta ansiedad posteriormente vuelve a acosar al bebé, que identifica a la madre con la agresión que emana del self y la proyecta hacia ella, de modo que la madre se convierte en un objeto persecutorio, a menos que, como describió Bion (1967), funcione como un buen "continente," un metabolizador de estos elementos de ansiedad. Cuando el bebé se identifica con la función de contención de la madre, puede alejarse paulatinamente de la posición esquizoparanoide hacia una posición más integrada. En este estado más maduro, que Klein (1946) llamó *posición depresiva*, el bebé se vuelve capaz de considerar a su madre como un objeto total hacia quien tiene tanto sentimientos ambivalentes como preocupación. A pesar del contexto relacional al que Klein llega en su teoría, resulta sorprendente que esta analista preste poca atención al efecto del trauma ambiental real y siga a Freud al hacer hincapié en la pulsión interna de muerte como la fuente de la organización psíquica basada en el trauma. No obstante, Cohen (1985) mantiene que la teoría de Klein representa un avance al especificar los mecanismos mentales de la escisión, de la proyección y de la identificación proyectiva cuando existe una disrupción traumática del funcionamiento organizado. Cohen y Kinston (1984) sugieren que la represión propiamente dicha tiene el propósito de internalizar el terror interpersonal y tener dominio sobre él mediante la transformación en símbolos de los deseos y las fantasías inaceptables que surgieron en el momento del trauma y para representar dicho trauma que de otra forma sería desconocido. De este modo, las conductas autoprotectoras desencadenadas por el trauma y debidas a la represión primaria –conductas como la negación, la escisión y la identificación proyectiva– pueden ser modificadas. No obstante, la represión primaria no puede ser modificada porque, estando desprovista de representación, no puede defenderse internamente, sino que solo puede defenderse en relación a un objeto que media su necesidad.

La revisión de Cohen y Kinston de los efectos del trauma en los términos de las teorías de la pulsión y del psicoanálisis estructural nos muestra solo parte del camino, por lo que debemos buscar las formas de aumentar su comprensión. El trauma confronta al psicoanálisis con la necesidad de encontrar una teoría de relación con el objeto, además de los modelos clásicos.

REPRESIÓN Y DISOCIACIÓN COMPARADAS

Fairbairn se sentía fascinado con las diferencias y las similitudes entre la represión y la disociación. Al igual que Freud, Fairbairn trató a pacientes que padecían histeria (1927). También tuvo experiencias con casos de abuso sexual infantil (1935) y neurosis de guerra (1943b). Estos casos lo pusieron clínicamente en contacto con los fenómenos de estados disociativos que lo conducirían finalmente al concepto de escisiones del yo, que incluía a los casos severos, como los citados antes, hasta los normales, que ocurren durante el proceso de creación de la personalidad humana como un sistema dinámico de partes bajo el control del yo.

A principios de su carrera profesional, Fairbairn (1929b) revisó la literatura sobre la disociación y la represión y describió inicialmente a la disociación como la categoría más general, de la que se desprende la represión como un aspecto especial. A la literatura existente añadió una categorización original que resumimos en la Tabla 6-1.

Tabla 6-1. Tipos de disociación

- Disociación de contenido mental que es *irrelevante* a la atención del sujeto
- Disociación de contenido mental que es *incompatible* con otro contenido
- Disociación de lo que es percibido como *displacentero*, que pueden ser *1)* contenidos mentales displacenteros o *2)* tendencias displacenteras en el self hacia esos contenidos mentales

---

La represión, escribió en ese tiempo, es una forma especial de disociación que se encuadra en esta última categoría, lo displacentero. Debe diferenciarse de otras formas de disociación de lo displacentero en las que la represión de los elementos disociados consiste esencialmente en la represión de tendencias que derivan de la estructura mental misma, mientras que en las formas menos sorprendentes de disociación de lo displacentero, los elementos disociados consisten solo en el contenido mental.

> En la disociación simple de lo displacentero, lo que es disociado es parte del contenido mental que se siente como incómodo a causa de su relación con la tendencia prevaleciente. En la represión, lo que se disocia es parte de la estructura mental que se siente como displacentero a causa de su relación con el self organizado [Fairbairn, 1929b: 74].

DISTINCIÓN ENTRE LA REPRESIÓN Y LA DISOCIACIÓN: REPRESIÓN DE LA ESTRUCTURA MENTAL CONTRA DISOCIACIÓN DEL CONTENIDO MENTAL

Fairbairn sostenía (1929b) que la represión era una fuerza activa ejercida por la parte principal de la personalidad –que él tuvo la previsión de llamar "el self organizado"– contra otra parte del self. La mayor parte de las disociaciones tiene lugar para hacer inconscientes los *contenidos* mentales. La represión no está dirigida a los contenidos, sino a su *efecto sobre el self*. La represión ocurre para mantener una parte del self inconsciente con el fin de evitar el dolor que un conflicto podría producir si se volviera o permaneciera consciente. Una buena distinción que nosotros ampliamos y a la cual volveremos posteriormente.

Para la década de 1940, Fairbairn había abandonado su análisis de la diferencia entre la represión y la disociación. Su concepción sobre la disociación se había transformado de manera que no era fácil reconocerla en los procesos contenidos generales sobre la "escisión del yo". En sus formulaciones posteriores, la escisión se equiparaba inevitablemente a la represión con el fin de rechazar el contenido doloroso y de construir una estructura inconsciente, en compartimientos, lejos de la conciencia. Estas estructuras internas –afirmó– están entre ellas en una relación dinámica y, simultáneamente, son capaces de iniciar o de potenciar la represión de otras estructuras internas del self-objeto. La formulación plantea la interacción del contenido reprimido con la estructura en evolución de la mente que debe contenerlo. Él consideró esta clase de interacción tan relevante para las organizaciones patológicas de personalidad neurótica así como para el trastorno de personalidad múltiple.

Ya cerca del final de su carrera profesional, Fairbairn (1954) se dio cuenta de que el concepto de *disociación* había sido superado en gran medida por el concepto de *represión*, que se había convertido en el pilar fundamental de la teoría psicoanalítica. Sin embargo, él creía que este cambio ocasionaba una pérdida de entendimiento directo de los estados del yo más severamente escindidos, como los que se encontraban en la personalidad múltiple. Su comprensión de la represión había cambiado con el paso de los años, hasta que llegó a la postura de que la *represión siempre era equivalente a la escisión* de la personalidad; fenómeno que consideramos como una forma modificada más aguda, integral y normativa de la disociación. Para entonces, Fairbairn se había apartado de los problemas del trauma de los primeros años de vida y de la guerra; problemas que habían formado parte de su primera experiencia. Estas situaciones severas constituyen situaciones en las que la capacidad del yo central para reprimir se ve superada, y, como consecuencia, las escisiones del yo se vuelven tan severas, que las subpersonalidades o estados del ser evaden las capacidades de integración de un yo central organizado. Parece probable que su trabajo inicial con niños que sufrieron abuso y con las neurosis por traumas de guerra –tal vez junto con su propia experiencia como oficial de combate en la Primera Guerra Mundial– haya ejercido una profunda influencia en él y constituido una de las razones por la que sus formulaciones teóricas finales siguen siendo tan útiles para estudiar las formas de la psicopatología severa en los síndromes de la personalidad múltiple, así como en los síndromes disociativos e histéricos.

CONCEPTOS MADUROS DE FAIRBAIRN
DE DISOCIACIÓN Y ESCISIÓN DEL YO

Janet (1889) introdujo el término *disociación* para explicar el concepto de *histeria*. Fairbairn (1954) parafrasea el punto de vista de Janet sobre el estado histérico de la siguiente manera:

> En términos de este concepto, el estado histérico se debe esencialmente a la incapacidad del yo para mantener todas las funciones de la personalidad unidas, con el resultado de que algunas de estas funciones se disocian de otras en la personalidad y se disipan del resto de esta y, habiendo salido de la conciencia y del control del yo, operan en forma independiente. Janet describió que el alcance de los elementos disociados era variable dentro de ciertos límites, de modo que en ocasiones lo que se disociaba era una función aislada, como el uso de una extremidad, y en ocasiones un área grande o áreas grandes de la psique, como en los casos de personalidad doble o múltiple. La presencia de tales disociaciones se atribuyó a la existencia de cierta debilidad del yo; debilidad en parte inherente y en parte inducida por las circunstancias, como la enfermedad, el trauma o situaciones que provocan tensión en la capacidad del individuo para adaptarse.
>
> La disociación, tal como la describe Janet, es, sin duda, un proceso esencialmente pasivo; un proceso de desintegración debido a un fracaso de parte de la función cohesiva que normalmente ejerce el yo [p. 8].

Prince (1919) no estuvo de acuerdo con la formulación de Janet de considerar al yo débil. Este analista puntualizó que la disociación estaba acompañada de la síntesis inteligente de ciertas ideas, de ciertos sentimientos y de ciertas percepciones a fin de crear sistemas de personalidad separados. Nosotros coincidimos con este punto de vista, pero también consideramos la disociación como el resultado de la debilidad de un yo por razones genéticas, transmitida transgeneracionalmente y condicionada ambientalmente, y al fracaso en la integración del self (Braun y Sachs, 1985).

Los puntos de vista actuales coinciden con el pensamiento posterior de Fairbairn en el sentido de que la disociación involucra una discontinuidad de partes de la mente y del funcionamiento mental, y no solamente una escisión de contenidos. Actualmente, la represión debe ser vista como el mecanismo menos patologizado, en tanto que la disociación se ha asociado más estrechamente a escisiones severas de la personalidad y a conceptos tales como los estados hipnagógicos y las personalidades múltiples. No obstante, los teóricos contemporáneos (Putman, 1989) consideran la disociación de partes de la personalidad, tal como lo hizo Fairbairn, como un proceso normal a lo largo de la vida, pero cuya prominencia en ciertos períodos de la infancia temprana predispone a una patología severa y a escisiones severas del self o el yo si las condiciones traumáticas superan su capacidad. Así, la represión aún podría ser considerada como una subcategoría de la disociación, pero actualmente se considera como un proceso más normal relacionado con la escisión ordinaria y que también abarca las partes conflictivas de la personalidad que se encuentran en guerra con el self central organizado. La disociación implica escisiones de la conciencia y de los estados del self de la personalidad, con la pérdida de la capacidad integradora del self.

Concluimos que la represión tiene lugar con el fin de mantener la cohesión del self. La disociación ocurre con el fin de fragmentar las partes del self y de sacrificar algunas de estas partes con el propósito de salvar otras y de evitar que el sentido general del self sea aniquilado.

Tanto la disociación como la represión pueden considerarse que existen en un continuo que va de lo normal, de los ejemplos no patológicos, hasta los extremos patológicos; la represión que abarca desde el arreglo normal del material en las relaciones objetales internas inconscientes hasta el agotamiento de la personalidad en estados esquizoides. La disociación puede abarcar desde la capacidad de fantasear, tener alucinaciones hipnagógicas, cuando estamos quedándonos dormidos, aislarse del dolor y sustituir un dolor físico por un conflicto en las relaciones emocionales o someterse a una severa falta de integración, tal como se encuentra en el trastorno de personalidad múltiple.

LA REPRESIÓN Y SU RELACIÓN CON LA ESCISIÓN

La conclusión de Fairbairn (1954) sugiere que Janet pensaba que la disociación no necesariamente tenía que suceder. Sucedía en forma involuntaria, como un error de omisión provocado por un yo debilitado, en contraste con la represión, que era un acto intencional de ejecución por parte de un yo fuerte. A partir de estas aseveraciones, hemos llegado a la conclusión de que *la disociación se da por omisión y es una adaptación inherente a una respuesta fallida.* ¿Cómo se ejerce normalmente la función cohesiva del yo? Fairbairn especifica diversas formas de represión (ver más abajo) que aseguran el equilibrio dinámico del yo sano y del yo expuesto. Nosotros sugerimos que *los fenómenos disociativos son el resultado de un fracaso de la represión, y no de un tipo especial de represión.*

Fairbairn también utilizó el término represión para referirse a la actividad de enviar material de la conciencia al inconsciente y de mantener tal material ahí. Al igual que Freud, creía que era un proceso activo. Sin embargo, el impulso que él consideraba fundamental era el del apego, no las pulsiones sexuales y agresivas. No obstante, no pensaba en términos de represión de la pulsión de apego. En su teoría de las relaciones objetales, Fairbairn prescindió de la idea de Freud de un ello separado del yo. En cambio, concibió la personalidad como integrada por un yo unitario desde el nacimiento, preparado para y con la necesidad de relacionarse. Cuando la experiencia con el objeto es intolerablemente frustrante, el yo reprime su experiencia con el objeto en el inconsciente. Sin embargo, rescata la parte buena escindiendo lo malo a través de un proceso disociativo que se acompaña de la represión. Tomó el término *escisión* de Bleuler (1950), quien lo introdujo para describir la fragmentación del yo que se observa en la esquizofrenia. Fairbairn pensaba que no había una diferencia fundamental entre esa clase de escisión y la que aparecía en la histeria, en donde encontró, al igual que Janet (1889), que la disociación estaba acompañada de una escisión en el yo. La escisión del objeto necesariamente implicaba la escisión del yo, porque el yo y el objeto se encontraban en una relación intrapsíquica dentro de una estructura dinámica de la personalidad.

Desde el punto de vista de Fairbairn, la escisión y la represión siempre ocurren juntas. El propósito de la escisión es el de cercenar y deshacerse de lo malo dentro del yo, de modo que se mantenga una relación consciente con un objeto bueno. Sin embargo, la relación con el objeto malo también se mantiene en el inconsciente porque una parte del yo que se relaciona con la parte mala del objeto se escinde y se reprime con esta parte mala junto con los afectos que los conectan. Al igual que el modelo de Freud, su modelo depende de una escisión horizontal entre la conciencia y el inconsciente. Sin embargo, a diferencia de Freud, quien consideraba el inconsciente como un agitado crisol de pulsiones, Fairbairn lo concebía como un sistema organizado de relaciones entre partes del yo y el objeto en una conexión íntima con diversos grados de escisión y represión, todas ellas en una relación dinámica. Cuando la calidad del objeto malo es excesivamente excitante o rechazante, el alcance de la escisión de un objeto bueno es extrema y deja un objeto empobrecido en la conciencia, relacionado con un yo desfavorecido del cual también los yoes excesivamente libidinales y antilibidinales se escinden. Esta circunstancia requiere que la represión se mantenga en forma más severa a fin de mantener el dolor de la excitación y del rechazo excesivos lejos del objeto ideal del yo central y a fin de proteger el yo disminuido de algún ataque. Esto explica la intensidad de la sexualidad reprimida de las histéricas y el sacrificio compulsivo de dicha sexualidad (Fairbairn, 1954).

La combinación de Fairbairn de los procesos de represión y escisión ha sido considerada como confusa por los que desean separar ambos procesos (Rinsley, 1979). Kernberg (1975) apreció las ideas de Fairbairn, las cuales incorporó en su pensamiento psicoanalítico, pero en lo referente a la escisión y a la represión ambos difieren. De acuerdo con la teoría de Fairbairn, la escisión y la represión ocurren simultáneamente, en tanto que Kernberg considera la represión como una defensa de un grado más elevado que la escisión. Kernberg define la escisión como una disociación primitiva, que él encuentra en psicóticos, en personas con trastornos límites de personalidad (*borderline*) y en algunas formas de patologías sumamente neuróticas. En cambio, mantiene que la represión predomina en condiciones normales y neuróticas.

Fairbairn estaría de acuerdo en que la represión es un proceso activo que requiere la fuerza del yo, en tanto que la disociación es un proceso pasivo que emana de la debilidad del yo (Janet, 1889). Suponía que esa diferencia explicaba la supremacía de la represión en el pensamiento psicoanalítico. Lamentaba que Freud, a pesar de que en un tiempo había escrito que la disociación y la escisión de la conciencia eran manifestaciones fundamentales de la histeria, hubiera perdido interés en el concepto al interesarse más en la represión, que había encontrado al analizar casos resistentes de neurosis obsesiva y de patología del carácter. Grotstein (1992) comenta sobre el alejamiento de Freud de la escisión vertical de la conciencia y el inconsciente de la personalidad hacia la orientación horizontal. Para nosotros, la explicación de los conceptos de escisión y de represión que ofrece Fairbairn refleja la complejidad de los esquemas defensivos horizontales y verticales, y ofrece un punto de vista de la personalidad complejo, dinámico y tridimensional.

Para Fairbairn, la represión era un proceso multifacético que sucedía en diferentes ámbitos del yo dinámico. El yo original introyecta el objeto inevitablemente, insatisfactorio, como una primera línea de defensa. Fairbairn no explicó detalladamente este proceso, pero suponemos que se refería a que la introyección era una defensa contra la catástrofe de la falta de apego. La segunda línea de defensa consiste en escindir el objeto insatisfactorio en su aspecto rechazante y excitante, dejando atrás un objeto ideal. Fairbairn denominó este proceso *represión directa y primaria* por parte del yo central. A continuación sigue una escisión del yo en partes correspondientes a la excitación y al rechazo que catectizan los elementos del objeto excitante y rechazante, dejando detrás el resto del yo, ahora llamado yo central. Fairbairn denominó este proceso *represión directa y secundaria* por parte de lo que queda del yo central. La estructura endopsíquica de la personalidad consiste en un yo central que catectiza un objeto aceptable llamado el objeto ideal, y dos estructuras de yoes escindidos y reprimidos, cada uno de los cuales catectiza un objeto interno reprimido. El denominado yo libidinal, catectiza el objeto excitante. El otro, llamado el yo antilibidinal, catectiza el objeto rechazante. Además, el yo antilibidinal es hostil a los propósitos del yo libidinal y apoya su represión mediante el yo central a través de un ataque persecutorio sostenido. Fairbairn denominó a esto *represión indirecta*. Esto completa el panorama de Fairbairn sobre el papel de la represión en la formación de la personalidad como una estructura dinámica en la situación normal. Al mismo tiempo, Fairbairn encontró, en esta situación dinámica endopsíquica, el potencial para todos los desarrollos psicopatológicos posteriores, cuya forma exacta estaría determinada por dos posibilidades: que los objetos libidinales y antilibidinales fueran internalizados dentro del self, o que se externalizaran en las relaciones interpersonales (Fairbairn, 1954).

DICKES

Dickes (1965) dio a conocer la existencia de estados hipnoides durante las sesiones analíticas cuando los pacientes eran incapaces de enfrentar afectos sexuales y agresivas intensos y recuerdos de abusos incestuosos. Describió una variedad de fenómenos hipnoides que iban desde un ligero estado de falta de atención crónico y fatiga, pasando por una especie de letargia, aburrimiento, dejando de prestar atención y dormitar, hasta un profundo estado de sueño. Dickes hizo un gran avance al establecer que el estado hipnoide no era un estado de somnolencia o sueño. Más bien, es un estado de conciencia alterada, pero a diferencia del estado hipnótico, se produce de forma espontánea. El niño aprende a experimentar un estado hipnótico mientras experimenta el trasfondo hipnótico del canturreo de las nanas y de la succión rítmica de la leche del pecho, y a una edad más avanzada invoca un estado similar a manera de defensa. Desde el punto de vista de Dickes, el estado hipnoide es instigado por los padres internalizados, quienes están presentes en el yo y en el superyó para contrarrestar los impulsos inaceptables y para mantener el grado de represión del yo del material inaceptable. Escribió: "El yo, supeditado al superyó y al órgano ejecutivo de la psique, establece la defensa hipnótica al servicio de la represión" (Dickes, 1965: 396-397). Describió el estado hipnoide como una defensa que es necesaria para defenderse del surgimiento de afectos sexuales y agresivos abrumadores suscitados por un trauma sexual infantil; estado que mostró que operaba como una resistencia en la terapia y sostuvo que su función era la de mantener la represión. Él no utilizó ni se refirió al concepto de disociación.

DAVIES Y FRAWLEY, GROTSTEIN Y GABBARD

Davies y Frawley (1992) revisaron los orígenes del concepto de disociación y trataron de poner al día su definición tomando en cuenta la investigación contemporánea sobre los trastornos traumáticos y postraumáticos. Su formulación, al adoptar una perspectiva de relación objetal, difiere de la idea clásica sobre la disociación como una defensa regresiva de las descargas de pulsiones sexuales y agresivas abrumadoras; descargas que son estimuladas por un ataque. Escriben (Davies y Frawley, 1992):

> Utilizamos el concepto de disociación para referirnos a una organización de la mente, no diferente de la escisión, en la cual los recuerdos traumáticos se escinden de la accesibilidad asociativa del resto del pensamiento consciente, pero en lugar de ser reprimidos y olvidados, como en el caso de un modelo topográfico o estructural, alternan en un patrón mutuamente excluyente con estados del yo conscientes [...] A diferencia de la escisión, en la cual el objetivo es proteger el objeto bueno de los impulsos asesinos de un yo enojado y frustrado, la disociación pretende proteger a la persona de un recuerdo abrumador de sucesos traumáticos y de las fantasías regresivas que desencadenan estos recuerdos [...] No consideramos la disociación simplemente como una defensa contra el impulso, sino, más bien, como un proceso que preserva y protege, en

la forma de escisión, el mundo objetal interno completo en el niño que padeció abuso [p. 8].

Señalan que, antes de que Freud desarrollara su concepto de la represión de los recuerdos y de las pulsiones que eran inaceptables para la conciencia, como un continuum de capas cada vez más lejos del alcance de la conciencia, como las capas de una cebolla, escribía sobre la alternancia de experiencias diferentes de conciencia en el paciente histérico. Breuer y Freud (1893-1895) ya habían descrito algo bastante diferente a la teoría posterior de Freud sobre las capas de la represión de los recuerdos o de los impulsos. Habían postulado estados del yo que coexistían, que eran mutuamente excluyentes y que no podían conectarse en el tiempo. Los sentimientos intolerables de sobreestimulación pueden prevenirse y controlarse mediante la disociación, que induce a un estado autohipnoide (Fleiss, 1953; Shengold, 1989) y también permite la descarga de las pulsiones como recreaciones traumáticas en forma natural durante la infancia y en la transferencia cuando tiene lugar durante la terapia. Así, Davies y Frawley no consideran la disociación como una defensa ni como una resistencia a la aparición del material relativo al abuso, sino como un proceso que contribuye a la experiencia disociativa entre el paciente y el analista en la transferencia-contratransferencia. A través de este proceso, los analistas pueden entender, a partir de su propio conocimiento, cuál fue la experiencia del niño sobre del self y el objeto, y el sobreviviente puede volver a trabajar sobre su adaptación a una realidad traumática en un ambiente seguro. En el tratamiento, los analistas no interpretan los estados disociativos simplemente para poder introducirse en ellos con el fin de llegar a los recuerdos inaccesibles. Desde nuestro punto de vista, necesitamos hacer ambas cosas; esto es, interpretar la función defensiva de la disociación y recibirla con gusto como una ruta para trabajar. Nos unimos a Davies y a Frawley para recomendar que el analista contenga, comprenda y solo entonces interprete los procesos introyectivos y proyectivos que ocurran en la transferencia-contratransferencia.

Consideramos la disociación como un término genérico que se aplica a una diversidad de estados del yo resultantes, y coexistentes, que se alternan rápida o lentamente con grados mayores o menores de fragmentación. Consideramos estos estados del yo como relaciones objetales internas parcialmente desarrolladas que se reprimen inadecuadamente y que, por tanto, necesitan escindirse entre ellas para dar a otras relaciones objetales una oportunidad. Davies y Frawley encuentran que estos estados del yo conllevan a una identidad adulta o infantil, sin mucho contacto entre ellas, y que el niño interior posteriormente se divide en niños buenos, malos, traviesos, enojados, etcétera. Aunque lamentamos que muchos estadounidenses que no requieren terapia viven en contacto con sus niños interiores como resultado de la popularización de este concepto, y aunque nos sentimos incómodos cosificando estos fragmentos como si realmente fueran personas (Yapko, 1993), estamos de acuerdo con Grotstein (1992) en que una proporción sustancial de sobrevivientes adultos de incesto se sienten de este modo. Algunos han aprendido a conceptualizarse a sí mismos, como lo han hecho otros sobrevivientes sobre los que han leído en la literatura popular o han conocido en sus grupos de apoyo, pero solamente los que tienen trastorno de personalidad múltiple requieren que su personalidad alternativa sea identificada como selfs separados. El ejemplo clínico del Capítulo 11 ilustra la aparición y desaparición de los niños interiores.

Grotstein (1992), al hablar de Davies y Frawley (1992), observó que los autores distinguían entre la disociación que tenía como resultado un estado de disociación del yo, y la escisión, que se refería a la división entre el objeto malo y el objeto bueno. Grotstein mismo (1981) sugiere que la disociación y la escisión no son tan discontinuas y que la disociación es una forma extrema de la escisión del yo y del objeto que describió Fairbairn.

Fairbairn también concibió la escisión como una función ubicua y proteica, que va desde la organización emocional sana de la experiencia hasta la disociación patológica del yo y del objeto. Creía que la escisión operaba no solo para dominar los estragos de la agresión, sino también para excluir las relaciones objetales internas intolerablemente dolorosas procedentes de la conciencia, incluso en la personalidad normal. Así, la escisión surge no solo para evitar que el objeto bueno y el yo central sean contaminados o destruidos por el objeto malo, como afirmaba Fairbairn, sino también por la necesidad de apartar y clasificar diferentes aspectos de los objetos en categorías que corresponden a la forma en que el yo percibió la experiencia, como pensaba Bion. Cuando estos aspectos de los objetos son completamente incompatibles, o cuando lo bueno y lo malo se confunden totalmente en una estimulación sexual inapropiada pero grata, las relaciones escindidas del yo y del objeto no pueden ser bien catalogadas y reprimidas. En lugar de ello, se forman en paralelo, divididas por escisiones verticales en el yo, y coexisten como entidades mutuamente excluyentes. Nosotros encontramos que en estados más severos de disociación, el yo y su objeto no permanecen conectados por sus afectos relevantes, sino que se separan y operan como fuego de artillería indeciso hacia arriba y hacia abajo en líneas verticales. Esta escisión impele a la persona a actuar en forma confusa, alternando su identificación con fragmentos del yo y del objeto, lo que conduce a una ausencia de relaciones intrapsíquicas, que se expresa en la interacción personal como un sentimiento fundamental de no existir, aunque puede haber numerosas actividades sadomasoquistas por parte de los objetos parciales y los yoes parciales provenientes esencialmente de la transferencia paterna. Lo que al parecer es una profusión en la personalidad múltiple realmente es la ausencia de un self único, integrador.

Gabbard (1992) también se ha referido a este sentimiento de no existir, quien observa que el terapeuta puede llegar a este nivel luego de interpretar los actos sadomasoquistas del paciente como una defensa frente a la deprivación materna. Una clave para detectar el sentimiento de no existir se les revela a los terapeutas cuando se dan cuenta de que experimentan un sentimiento de indiferencia. El paciente también se puede precipitar hacia este estado después de haber revelado su secreto celosamente guardado, porque guardar este secreto le ha funcionado como un sostén interno que sustituye al sostén materno que se encuentra ausente (Goodwin, 1990). Bigras y Biggs (1990) describieron un vacío melancólico o de muerte que se derivaba de experimentar a la madre indiferente, que no intervenía, como un objeto ausente. Gabbard encuentra que la madre ineficaz y remota puede ser reactivada en la transferencia-contratransferencia; por ejemplo, cuando el paciente permanece distante o el analista se siente incrédulo, sin energía interpretativa o completamente muerto (Lisman-Pieczanski, 1990). En ocasiones el analista siente el deseo de deshacerse del paciente, como un reflejo del problema que evadió la madre. Gabbard nos recuerda la creencia de Bernstein (1990) en el sentido de que una identificación introyectiva satisfactoria con el analista, hombre o mujer, como una figura materna afectuosa, facilita la recuperación de los recuerdos traumáticos.

Un terapeuta experimentado en la transferencia de diversas formas negativas, pero capaz de contener estas identificaciones proyectivas y modificarlas gradualmente, puede entender la carencia materna. En este caso, el paciente introyecta un objeto frustrante que es, sin embargo, un objeto confiable, de contención empático, y puede lograr la internalización de un objeto total. Dicho objeto total internalizado puede unir las partes escindidas del self y ser lo suficientemente fuerte para reprimir adecuadamente esas partes y permitir su integración.

CONCEPTOS SOBRE LA MEMORIA

Codificación: procesamiento de la percepción y registro de la memoria

La investigación clínica psicoanalítica ha mostrado que la memoria es un proceso asociativo. La memoria no consiste en imprimir una imagen que se archiva por tema y fecha. La memoria no es como una computadora con su rígida lógica interna (Christianson, 1992; Gardner, 1992; Palombo, 1978; Yapko, 1993). En el cerebro humano, no todos los datos tienen la misma importancia, no se organizan enteramente por la lógica de un sistema operativo y no puede accederse a ellos de la misma manera, valiéndose del comando "buscar" porque, a diferencia de una computadora, el ser humano posee emociones, deseos e inteligencia que alteran el campo de la percepción, y este cambia con el proceso de aprendizaje. El cerebro humano tal vez sea semejante a una red de sistemas de procesamiento, distribuidos en paralelo, que no se encuentran por completo bajo el control central, sino que operan en forma autónoma y en ocasiones con objetivos contrapuestos (Spiegel, 1990). Sin embargo, con esto termina la analogía, porque la codificación de la memoria en el ser humano está influida por la condición afectiva del yo en el momento de la experiencia, por el grado de excitación sexual, por la motivación, por la similitud de la experiencia con una experiencia previa y por la relación de las personas implicadas en la experiencia que genera la percepción, la idea o la fantasía que se van a recordar. El recuerdo nuevo se guarda en relación con los recuerdos ya establecidos en etapas anteriores de desarrollo. A medida que se modifican estos nuevos recuerdos que se derivan de una capacidad perceptual que ha madurado, tales recuerdos modifican el recuerdo original al que se encuentran vinculados, y, sin embargo, llevan consigo las versiones anteriores de recuerdos similares. En otras palabras, los recuerdos son contextuales. Los recuerdos se completan entre sí para crear un sentido de continuidad de las experiencias pasadas. Están sujetos a la influencia de las fuentes externas, y también reciben la influencia de los padres cuando estos refutan y modifican las percepciones de los hijos, tanto en forma provechosa como inútil.

Una vez que algunos recuerdos conforman una constelación confiable, se establece un sentido del self con una creencia de lo que será la experiencia futura. Otras experiencias subsecuentes que no son similares a las anteriores generan percepciones que no concuerdan con el cúmulo de recuerdos existente. Tales experiencias pueden ser filtradas mediante una desatención selectiva en el proceso temprano de codificación, pueden ser codificadas, pero no repetidas suficientemente como para imprimirlas, o pueden almacenarse en un compartimento vinculado al estado en el que se percibió la vivencia, pero no conectado a otros compartimentos de almacenamiento. O pueden ser filtrados a través de una disonancia cognitiva (Aronson, 1969), de modo que no amenazan la constelación de recuerdos prevalecientes.

Todas estas posibilidades parecen ser aspectos de un proceso disociativo (Terr, 1993). Estos procesos afectan la capacidad de aprender
de la experiencia y de aceptar e integrar nuevas ideas en los ámbitos
intelectuales, emocionales, intrapsíquicos, interpersonales y sociales.

Una relación objetal interna es el rastro del recuerdo de una relación (Bollas, 1987). Está sometida a los mismos principios a que se ven
sometidos otros ejemplos de la memoria. Existe una tendencia a
relacionar la experiencia futura de manera que confirme las percepciones que ya están en la memoria. El ambiente de aprendizaje
del niño lo proporciona la madre, cuya capacidad para metabolizar
su propia ansiedad y la del hijo con el fin de proporcionar un grado confortable de excitación, un estado de satisfacción adecuada
y la confianza de la función de sostén de la madre, todo ello sienta
las bases en las que ella introduce una experiencia nueva y, en interacción con la capacidad del bebé, determina la forma en que este percibe y recuerda. La relación entre la madre y el hijo constituye
la matriz original en la que el bebé aprende a modificar la percepción
y los recuerdos a la luz de la experiencia y desarrolla un estilo de
aprendizaje.

Recuerdo y reconocimiento

La recuperación de los recuerdos está gobernada por los mismos factores psicológicos que afectan la percepción y el almacenamiento de la
información. Al igual que la codificación, la recuperación es un proceso
asociativo. Normalmente se da de una de dos maneras: mediante un
esfuerzo consciente y espontáneo para recordar la información par-
tiendo de nada, y mediante el reconocimiento en el cual una clave –generalmente una palabra– se presenta y atrae hacia sí las ideas que están
asociadas con ella en la memoria. Un recuerdo de sucesos interpersonales con un matiz emocional, y no de información cognitiva, se recupera asociativamente a partir de palabras, pero también de miradas,
sonidos, tactos, olores, sensaciones de vibraciones y de la propiocep-
ción (el sentido de la posición de las articulaciones y los músculos). Estos dos últimos sentidos se refieren a la experiencia del cuerpo mismo

y su posición en movimiento en el espacio. En terapia se aplican todas estas formas de estimulación para la recuperación de recuerdos. Además, alentamos el acceso a las claves proporcionadas por el material de los sueños, en el cual las asociaciones se encuentran disponibles y en donde los estímulos de la imagen y la palabra están vinculados sin relación con la conciencia y con la progresión lógica de la vida consciente, sino que se valen de la lógica de la memoria del sueño del proceso primario. La técnica de asociación libre procede de la base natural ofrecida por el sueño para dar acceso a versiones anteriores de la vivencia recordada.

En los casos comunes, los recuerdos de la vida temprana se reprimen, se modifican y se reconstruyen casi sin dificultad, excepto cuando existen conflictos no resueltos que interfieren con la represión normal. La regresión controlada de la terapia analítica permite un acceso gradual a la parte más profunda de los bancos de almacenamiento a través de un proceso lento y cuidadoso, consistente en la creación de vínculos asociativos. Yapko (1993) sostiene que no es posible ahondar en la recuperación de un recuerdo profundo y reprimido aplicando repentinamente una técnica hipnótica sin alterar el recuerdo en el proceso (Spiegel, 1980). La sugestión requerida para inducir el trance también afecta el proceso de recuperación, de modo que es menos preciso que cuando se recupera el recuerdo de forma natural. Paradójicamente, la persona hipnotizada siente que, después del proceso de sugestión, es más preciso un recuerdo recobrado a posteriori (Loftus *et al.,* 1989). La hipnosis es una técnica notablemente eficaz para obtener acceso a diversos estados del yo, dándoles voz, y cambiando las percepciones y su impacto afectivo en los estados alternantes de conciencia (Watkins y Watkins, 1982) en los pacientes que pueden hipnotizarse. Sin embargo, no es válido como un mecanismo de recuperación ni como un detector de mentiras para medir la exactitud de los recuerdos tempranos recuperados.

En algunas situaciones de trauma y de predisposición constitucional a disociar, los recuerdos se reprimen inadecuadamente. En lugar de ello, se encapsulan o se disocian. Es posible acceder a estos recuerdos rápidamente a manera de escenas retrospectivas tardías que se estimulan asociativamente a través de un nuevo trauma, de una vivencia interpersonal intensa que requiere estados de excitación sexual como la interacción sexual, enfermedades potencialmente mortales o la muerte de uno mismo o de un miembro de la familia, y con la supresión de las defensas en psicoterapia. También accedemos a estos recuerdos mediante nuestra comprensión del uso de las partes del cuerpo para contener recuerdos de la experiencia temprana de las relaciones objetales. Gardner (1992) rechaza este concepto relativo a la memoria del cuerpo a causa de que no existen células de memoria excepto en el cerebro. En efecto, no hay células de memoria en los órganos, pero estos responden reflexivamente a señales procedentes del cerebro que cambian o se intensifican de acuerdo a la memoria codificada en el mapa del cerebro de los órganos. La estimulación refleja resultante de estos órganos, que son más vulnerables en la etapa de desarrollo actual, puede provocar que se repitan de forma física los patrones para enfrentar el estrés. Además, la fantasía inconsciente, influenciada por el recuerdo de la experiencia pasada del self y de otro, puede proyectarse no solo en el otro, sino también en el propio cuerpo. Un órgano puede convertirse en el contenedor de una relación objetal interna que representa una amenaza para la integridad del self. En las mujeres histéricas, no traumatizadas, puede producirse una proyección de un anhelo oral hacia la vagina, donde los deseos de chupar, de morder y de masticar tienen que ser vividos en la fantasía antes de dañar el pene, que es considerado inconscientemente como el órgano de alimentación cuando el pecho fue frustrante de formas excesivamente excitantes o rechazantes. De este modo, el pánico sexual o la frigidez se convierten en el signo del conflicto del cuerpo.

En el paciente traumatizado se puede encontrar un mecanismo similar. No significa que el cuerpo realmente haya recordado sucesos, sino que el cuerpo, a través de su respuesta a la estimulación correspondiente al mapa del cerebro, constituye el vehículo para expresar la acumulación de recuerdos de una relación objetal particular. El paciente traumatizado también puede relatar una *memoria corporal típica*. La señora Feinstein (Capítulo 11) relató un incidente bizarro mientras conducía. En el trayecto experimentó una sensación vívida de ser una niña pequeña desnuda que estaba siendo levantada y frotada contra el cuerpo desnudo de su madre. La actividad automática de conducir produce un estado autohipnótico en personas no traumatizadas, y que no padecen disociación, quienes describen episodios ocasionales de "hipnosis de la carretera". En el caso de la señora Feinstein, una adulta sobreviviente de incesto, el estado autohipnótico generó una imagen específica que era tan angustiosa para ella, que tuvo que salirse del camino y tranquilizarse. La señora Feinstein encuentra difícil de creer que pueda recordar algo que sucedió en una edad tan temprana, y sin embargo le parece que concuerda con recuerdos posteriores de su experiencia durante la infancia y adolescencia. A pesar de que al final de su tratamiento seguía poco convencida de la validez de este recuerdo, obró de acuerdo con la información contenida en esa escena y advirtió a su hermano que no dejara que su madre cuidara a su hijo de un año de edad. Además de la condición autohipnótica al conducir, la señora Feinstein accedió a la experiencia de la memoria de su cuerpo al recobrar otros recuerdos vívidos, sensorialmente complejos durante su análisis y, hasta cierto punto, en la transferencia.

Es probable que la persona traumatizada físicamente necesite vías físicas de expresión. Tal persona llega a acceder a sus relaciones objetales internas a través de sensaciones físicas, de escenas retrospectivas, de recuerdos corporales y de recuerdos recobrados y reconstruidos en el curso de la terapia, especialmente en la transferencia, hasta que logre un sentimiento de lo que pudo haber pasado y debe haber pasado. Nosotros podemos acceder al conflicto intrapsíquico e interpersonal, expresado en el lenguaje corporal, mediante nuestra capacidad de traducirlo en palabras, al mismo tiempo que nos relacionamos con la persona de una forma preverbal; esto es, manteniendo imágenes en la mente de forma silenciosa, experimentando y siendo experimentado, procesando y finalmente comentando el uso que el paciente hace de su madre en la transferencia como una recreación de la relación entre la madre y el bebé.

En la *disociación*, una barrera amnésica vertical entre los estados de conciencia que coexisten evita el intercambio de recuerdos, no todos los cuales tienen significación afectiva, en tanto que en la *represión,* una barrera horizontal de represión entre la conciencia y el inconsciente opera contra los impulsos inaceptables que permanecen enterrados profundamente en el mismo (Hilgard, 1976; 1986). Hilgard (1986) identificó dos tipos de represión. La primera clase de represión es una forma de disociación. Cuando el material reprimido es sometido a la recuperación como un recuerdo, cumple los requisitos como un tipo de recuerdo disociado que ahora está disponible a la conciencia. En la segunda clase de represión, el material reprimido se recupera solamente de manera indirecta en formas muy simbólicas y su significado se infiere y se interpreta con la recuperación de los recuerdos reales. El acceso a la conciencia disociada es directo, en tanto que el acceso al inconsciente es por inferencia.

W. McDougall (1938) pensaba que la disociación era el resultado del conflicto que conducía a cierto grado de represión antes de que tuviera lugar la asociación. Esto ocurría entre series separadas de disposiciones temperamentales que normalmente gozaban de una diferenciación sana, de una fusión sintética y de una asociación, que conducía a una estructura lógica y a un sentido de la historia personal en la personalidad en desarrollo. Normalmente hay una influencia recíproca entre las partes, con la subordinación y el dominio de algunas de ellas en relación con las otras. Esto promueve una estructura de comunicación lógica y jerárquica de las partes integradas. En la disociación, como respuesta a un conflicto, existe una ausencia del mecanismo asociativo, de tal modo que las partes dejan de comunicarse a fin de disminuir el sentimiento de conflicto interno y por una tensión por una represión continua. Cuando la represión fracasa, tiene lugar una pérdida de la jerarquía entre series separadas de la personalidad, la cuales, como consecuencia, no pueden estar en una relación recíproca, de acuerdo con McDougall, tal como se demuestra en una personalidad múltiple. McDougall ofreció un punto de vista más complejo del proceso de disociación que la simple separación de los átomos de la conciencia que había leído en Janet. Desde que hizo hincapié en la reciprocidad de las partes del yo, los puntos de vista de McDougall podrían considerarse como precursores del punto de vista de las relaciones objetales de la situación endopsíquica, pero él no fue más allá de un punto de vista unidireccional de la disociación de las partes de la estructura lógica y llegar a una descripción dinámica completa de la función y de la estructura de la personalidad.

De acuerdo con H. Spiegel (1956), este punto de vista de la disociación como un proceso unidireccional era falsa, creía que el error se debía a haber incluido la disociación en el concepto de *represión* en los escritos psicoanalíticos contemporáneos. A diferencia de Mc-Dougall, H. Spiegel (1963) sostenía que en la disociación la "fragmentación puede ocurrir *desde* la concienciación central hacia el inconsciente, o puede surgir intempestivamente desde el inconsciente *hacia* la concienciación central" (p. 152). También hizo hincapié en que, junto con la fragmentación, había integración y, de este modo, la disociación podía conducir a la patología o a la restructuración creativa de la personalidad. Conceptualizó la disociación como dinámica, multidireccional, no lineal, y un concepto de tres dimensiones. Consideraba la concienciación como un estado dinámico de niveles en constante cambio y de dimensiones de acción y de cambio en los que la concienciación máxima era una experiencia transitoria. Este concepto concuerda con el punto de vista de Fairbairn (1954) referente a la situación endopsíquica que consiste de relaciones objetales internas en una relación dinámica. Al igual que Fairbairn, Spiegel separó la disociación del grupo genérico de la represión y, en cambio, subsumió la represión como una categoría de la disociación. El continuo de disociación-asociación de Spiegel toma en cuenta la disociación tanto como mecanismo patológico como un mecanismo saludable, que favorece la falta de inatención selectiva para facilitar la concentración y la reintegración.

Podemos observar el continuo disociación-asociación en el caso del sobreviviente de incesto que, en un estado de terror y de debilidad del yo, necesita la disociación como analgesia del dolor, de la humillación y del terror, con lo que facilita el funcionamiento sano del self, del objeto y del afecto en la parte de la personalidad que se mantuvo separada del trauma.

7. El destino de la hipótesis de la seducción de Freud

La teoría de Freud sobre el origen de la psicopatología en la sexualidad reprimida (1893c) permeó nuestra cultura y dio lugar a una revolución en las actitudes sexuales. Como consecuencia, se podía reconocer y discutir la conducta sexual normal de los niños. Los cambios posteriores debidos al movimiento de los derechos de las mujeres y a la educación sexual progresista durante los últimos 20 años han creado un ambiente en el cual la sociedad también puede tolerar y responder a la revelación del abuso sexual de niños. Hasta hace poco tiempo el abuso infantil se daba a conocer con menos frecuencia y producía menos preocupación que la crueldad hacia los animales u otras formas de maltrato a los niños, aunque ambos (el maltrato y el abuso) a menudo coexisten, especialmente en los primeros años de la vida del niño (Steele, 1980). Para Briere y Runtz (1990), la coexistencia del abuso físico agrava los efectos del abuso sexual. Gabbard (1989) da a conocer estimaciones de la tasa de prevalencia de incesto en las historias de pacientes externos que es de entre 30 y 33 porciento (Rosenfeld, 1979; Spencer, 1978). Briere (1992a) integra otros estudios y ofrece una cifra de la tasa de victimización que es de entre 20 y 30 por ciento en mujeres y de entre 10 y 15% en hombres. Gelinas (1983) documenta los efectos negativos persistentes del incesto.

Durante años hubo poco interés psicoanalítico en el incesto (Simon, 1992) posiblemente porque la realidad del trauma amenazaba la viabilidad del concepto del *complejo de Edipo* (Greenacre, 1971). Al revisar los estudios más avanzados en las décadas de 1950 y 1960, Simon cita solo algunos artículos analíticos aislados sobre el tema, como el de Rascovsky y Rascovsky (1950) sobre el incesto consumado, un estudio muy leído sobre niñas adolescentes (Kaufman *et al.*, 1954) y un importante estudio sobre el incesto y la dinámica familiar con un extenso examen del trauma parental (Johnson, 1953). Un libro (Furst, 1967) minimizó la confusión y la angustia de los sobrevivientes del incesto y sugirió que la reacción psíquica era traumática, no así el suceso mismo. Un capítulo de un libro (Lorand y Schneer, 1967) hace hincapié en la rareza del incesto y atribuye su ocurrencia a la irrupción del impulso incestuoso de la víctima y a los anhelos edípicos. La sociedad no estaba preparada para escuchar a los sobrevivientes, y las estructuras de su personalidad no se consideraban aptas para el psicoanálisis.

A continuación, Margolis (1977, 1984), Shengold (1963, 1967, 1974, 1980) y Steele (1970, 1981) comenzaron una corriente en la que los analistas enfrentaban los hechos del incesto. Sin embargo, aun ahora que Apprey (1991), Dewald (1989), Kluft (1990a), Margolis (1991), Steele (1990) y otros (Kramer y Akhtar, 1991; Levine; 1990c) han tratado a los sobrevivientes y contribuido a la literatura sobre el tema, hay, desde el punto de vista de Kramer (1991), "una ausencia total de datos psicoanalíticos sobre el incesto" (p. 173). Los datos están aumentado rápidamente (Gabbard y Temlow, 1994) y están siendo sometidos a escrutinio (Good, 1994; Raphling, 1994). Ahora que los analistas están más dispuestos a discutir tales casos en talleres como los de la American Psychoanalytic Association (Asociación Psicoanalítica de los Estados Unidos, Greer, 1992), consideramos que es necesario reunir los datos que están surgiendo. En este libro integramos hallazgos provenientes de psicoanálisis individuales con los que provienen de terapias individuales, de pareja, familiares y sexuales con el fin de elaborar una teoría analítica amplia de las causas y de los efectos del abuso sexual en función de las teorías del estrés traumático, del feminismo y de los sistemas familiares. La teoría de las relaciones objetales nos ofrece un enfoque analítico que es aplicable tanto a los aspectos interpersonales como a los intrapsíquicos y que nos conduce del ámbito individual al social (Davies y Frawley, 1994; Scharff y Scharff, 1987; 1992; J. Scharff, 1992).

En el ámbito social, el abuso sexual, que afecta más a las niñas que a los niños, es un síntoma de la prevalencia de la familia patriarcal, en la que existe desequilibrio de poder entre el hombre, que está al mando, que es físicamente más fuerte y que generalmente gana más dinero, y la mujer, que es la encargada de criar a los hijos pero no manda (Herman, 1981). Algo de lo que se habla menos, pero que ocurre más frecuentemente de lo que creemos, es del hecho de que los niños varones también padecen abuso sexual (Lew, 1990), y que las mujeres pueden abusar de niños o de niñas. En el ámbito individual, el abuso sexual, frecuentemente estimulado por el abuso del alcohol o de las drogas, es un síntoma de la patología narcisista, de trastorno límite de personalidad (*borderline*) o psicótica del perpetrador. En el ámbito familiar, el abuso sexual significa una disfunción seria a menudo transmitida a la siguiente generación por los padres, quienes, a su vez, habían sufrido abuso físico o sexual (Goodwin, 1989). Esta identificación agresiva otorga un sentido de justificación, e incluso una aprobación moral a los actos que son considerados perversos en la subcultura de la familia: la sexualización del equilibrio de poder está aprobada. Los padres que abusan sexualmente, al igual que los que abusan físicamente, "padecen la misma ausencia severa de autoestima, tienen un débil sentido de integración de la identidad, tienden a ser emocionalmente algo aislados y tienen una historia de carencias emocionales, de abuso físico y a menudo de vidas familiares muy caóticas en sus primeros años de vida" (Steele, 1980; 73). El padre no abusivo tiende a pasar por alto o a consentir la conducta de su cónyuge, y esta negligencia por parte del testigo puede herir tanto como la crueldad del perpetrador. Desde nuestro punto de vista, el daño se inflige en forma separada por cada uno de los padres, tanto como abusador como testigo, y también por los dos juntos como una pareja parental precaria que ponen sus necesidades de estimulación, de satisfacción, de rechazo y de control en su hijo antes que las necesidades de desarrollo de este.

A causa de la representación del incesto, el amor edípico común que se deriva de los anhelos eróticos normales de la infancia no puede darse en la fantasía y ser resuelto tras la renuncia. El espacio transicional para relacionarse, en el cual los padres pueden responder afectuosamente a los deseos del niño, con fantasías sobre este como una persona potencialmente deseable sexualmente, se destruye (Winer, 1989). Cuando se rompe la frontera generacional de la familia, la frontera del yo del niño se ve amenazada. El niño que padeció de abuso y descuido por parte de los que le deberían dar seguridad y confort corporal sin erotización no puede disfrutar de un desarrollo normal y sufre efectos de largo plazo (Herman *et al.*,1986).

Los síntomas y las estructuras de carácter de los adultos que padecieron abuso sexual siendo niños constituyen un grupo heterogéneo (Schetky, 1990). Algunos sobrevivientes no pueden prosperar, algunos no pueden aprender, otros desarrollan fobias o convulsiones (Breuer y Freud, 1893; Goodwin *et al.*, 1979). Comúnmente se informa de síntomas somatoformes (Loewenstein, 1990). Algunos padecen estados de disociación, entre ellos la personalidad múltiple (Kluft, 1990a; Putnam, 1989), y muchos desarrollan una escisión defensiva del yo que se origina en la necesidad de preservar un vínculo con el objeto bueno, al tiempo que reniegan del objeto odiado (Burland y Raskin 1990). Desgraciadamente el objeto bueno puede ser un proxeneta o un hombre abusivo que rescata a la mujer del incesto solo para revictimizarla (Kluft, 1990b). El incesto puede conducir a algunas mujeres a una orientación homosexual (Meiselman, 1978). La confusión entre sexo y afecto y sobre el papel del incesto en la elección del objeto hacen que algunas mujeres tengan dudas sobre sus preferencias sexuales (Westerlund, 1992). Algunas sobrevivientes del incesto tienen disfunciones sexuales –vaginismo (un espasmo reflejo del músculo vaginal que impide la penetración) y frigidez (un estado permanente de aversión a la penetración y a todo tocamiento sexual)– a fin de evitar la sexualidad. Por otro lado, puede ocurrir una promiscuidad compulsiva, como una forma de buscar atención y dominar el trauma sexual. En general, en la juventud pueden alternar períodos de promiscuidad con períodos de celibato cuando el impacto de la experiencia incestuosa es muy acusado (Finkelhor, 1980), pero en la adultez más avanzada el escenario más común es el de inhibición sexual, y no el de aversión o compulsión (Westerlund, 1992).

Si el abuso tiene lugar antes de la edad de 3 años, es probable que la patología sea severa con fronteras indiferenciadas entre el yo y el otro, y con una perversión sexual (Burland y Raskin, 1990). Con enormes déficits en el desarrollo de sus impulsos, del yo, del superyó y de las relaciones objetales, los sobrevivientes del incesto tienen severamente afectada la capacidad de crear una intimidad, de regular la autoestima y de modular el afecto (Etezady, 1991). Muchos de ellos son suicidas en activo con la compulsión de repetir el abuso y de matar al padre odiado, ahora en la forma de un objeto interno con el que se identifica el yo. Todos tienen problemas con la confianza y la ambivalencia en sus relaciones presentes y futuras íntimas y familiares, las cuales deben abordarse en todas las etapas de la relación transferencial (Huizinga, 1990; Levine, 1990a b; Raphling, 1990).

LA HIPÓTESIS DE LA SEDUCCIÓN

Freud contribuyó tanto a la posibilidad de la revelación del abuso sexual infantil como, posteriormente, a su supresión en el trabajo de terapeutas y, en última instancia, con la ayuda de la sociedad. Freud (1892-1899) habló del abuso sexual de niños en las escenas que aparecían en su primera correspondencia con Fliess. Contó a Fliess en la carta 60 (1897) sobre una mujer cuyo insomnio comenzó el día que su hermano fue llevado al hospital psiquiátrico. Posteriormente, ella reveló que la verdadera razón de la pérdida de sueño era el trauma de su infancia, cuando su padre eyaculaba sobre ella sin penetrarla desde que tenía 8 años hasta que tenía 12 años. Otra mujer se volvió paranoica por el cotilleo y la desaprobación hacia ella de su vecino a causa de que imaginaba un deseo de esta mujer por un inquilino anterior (1895). Ella había sido traumatizada por el recuerdo de que él le ponía su pene en su mano, de modo que desarrolló una defensa paranoide para mantener un enjuiciamiento lejos del yo. Freud (1896b) tendía a pensar que el trauma estaba contenido en la memoria, no en el suceso real. Advirtió que la vivencia sexual prematura podía conducir a la perversión o a la neurosis y notó que los pacientes a los que se les había hecho algo sexual de noche a menudo se quedaban dormidos (1896a). Creía que la psicosis, y no la neurosis, se producía por un abuso sexual antes de los 15 a 18 meses, y que estos abusos se escondían tras recuerdos posteriores de abuso. Encontró esta constelación en casos que se presentaban con epilepsia. También descubrió que la actividad sexual prematura disminuía la capacidad de educación de un niño (1950b).

En el caso de relatos de histeria aparecen más ejemplos de abuso sexual de personas jóvenes. El tío de la señorita Elisabeth se desnudó ante ella (Freud, 1893a). Katharina, cuyo síntoma histérico era la visión de la cara de un hombre enojado, describió en frecuentes ocasiones cómo se defendía de las insinuaciones sexuales de su tío sin reconocerlas como tales hasta que se encontraba en la consulta cuando recordó el espectáculo traumático de su tío teniendo relaciones con la criada y volvió a experimentar su culpa al tener conocimiento relevante para el divorcio de sus padres (Freud 1893b). Veinte años después, Freud (1893d) admitió que el que había denominado "tío" en realidad era el padre de Katharina y lamentó su falsificación (p. 134, n2). Crews (1993), influido por la crítica de Esterson (1993) sobre las tendencias de Freud a falsear las evidencias para apoyar sus conclusiones teóricas y de sus equivocaciones sobre sus principios y prácticas, ofrece la explicación de que Freud manipulaba la identidad de los seductores y "retroactivamente convertía a la mayor parte de ellos en los *padres* con el fin de dar un giro propiamente edípico al material reciclado" (p. 62). Nosotros consideramos la explicación más factible de que Freud debió de haber sentido la necesidad de ser discreto y que él, al igual que sus pacientes, pudieron haberse sentido abrumados por la posibilidad de que un padre fuera un seductor y decidió esconder este hecho. A pesar de cualquier malestar con los hechos de estos casos, Freud (1896b) elaboró una teoría sobre la histeria y la disfunción sexual basada en la aceptación de la realidad de lo que sus pacientes comunicaban o reconstruían sobre la seducción infantil.

EL RECHAZO DE LA HIPÓTESIS DE LA SEDUCCIÓN

En cuanto Freud aplicó la teoría de la seducción a su propio material en su autoanálisis se iniciaron las dudas sobre esta teoría. Aparecieron teorías alternativas, por lo que perdió confianza en la teoría de la seducción (1906). Resulta informativo rastrear la evolución de sus dudas a partir de lo que conocemos de su correspondencia (1897) con su confidente y mentor, Fliess. Freud mencionó su propia "histeria leve" (carta 67 p. 259). Poco después, Freud escribió que, en todos los casos de histeria, el padre, "sin excluir a mi propio padre," tenía que ser culpado como perverso (carta 69 p. 259). Inmediatamente después dudó de la validez de su teoría al parecer porque "una perversidad tan amplia hacia los hijos no es muy probable" (p. 259), y empezó a pensar en términos de la fantasía de la seducción, y no en términos de hechos. En la siguiente carta, Freud afirmó "*der Alte* [mi padre] no desempeñó un papel activo en mi caso" (carta 70 p. 261). Continuó confiando que en su caso "el 'originador principal' [de mis problemas] fue una mujer, fea, vieja, pero lista," quien le infundió el temor de Dios y le transmitió una idea exagerada de sus capacidades. A partir del análisis de sus sueños, Freud descubrió que pensaba que ella era una instructora crítica y regañona respecto a asuntos sexuales, por lo que él tenía que darle su dinero, y por lo que se encontraba insatisfecho. Posteriormente llegó a un período de resistencia en su autoanálisis y se concentró en versiones externas de la realidad. Al hacer preguntas a su madre, descubrió que esta cuidadora había sido echada por robar, y Freud llegó a la conclusión de que él había dispuesto una seducción sexual y una fantasía de abuso con el fin de explicar la desaparición de esta mujer (carta 71).

¿Freud llegó a esta brillante concepción de la sexualidad infantil y de la fuerza organizativa poderosa del complejo de Edipo a partir de su análisis acertado de las distorsiones infantiles, entre ellas la suya propia (1906), o de su incapacidad de tolerar la depresión y la culpa de mancillar a su padre o de experimentar su ambivalencia sobre su excitación y rechazo hacia su cuidadora, quien finalmente lo había abandonado? Finalmente abandonó la teoría de la seducción cuando se dio cuenta de que *1)* el primer grupo de sus pacientes había incluido un número desproporcionado de casos en que la seducción había desempeñado una parte importante, *2)* que había sido incapaz de discriminar entre la fantasía y los recuerdos, y *3)* que la gente normal también relataba historias de seducción (Freud, 1906). Explicó las fantasías de seducción como defensas frente a los recuerdos de la actividad sexual del propio sujeto referentes a la masturbación infantil. Freud no repudió la hipótesis de la seducción por completo, pero rechazó su universalidad y su importancia. Cuando abandonó la universalidad de la hipótesis de la seducción y descubrió la fructífera fantasía edípica y la masturbación infantil, amplió el psicoanálisis hacia la población neurótica. Al hacer esto, se alejó de los afligidos con histeria y recomendó, inútilmente, a los terapeutas que dudaran del reconocimiento de los hechos de victimización sexual, excepto en los casos más obvios.

Al regresar al tema en su sumario de psicoanálisis en las conferencias pronunciadas en la Universidad Clark en 1917, Freud (1917a) estuvo de acuerdo en que las fantasías de abuso sexual en ocasiones se basaban en recuerdos reales, pero no tan frecuentemente como había supuesto originalmente. Si una niña afirma que su padre es el abusador, dijo, "no puede haber duda de la naturaleza imaginativa de la acusación o del motivo que provocó tal acusación" (Freud, 1917a: 370). Admitió la existencia de abusos por parte de parientes varones, con el condicionante de que tales episodios correspondían a la infancia tardía y se trasladaban en forma falsa a épocas más tempranas. La forma en que hace y deshace teorías en su sumario resulta asombrosa para nosotros.

Posteriormente Freud aseveró que las escenas de seducción no habían sucedido, o, si habían sucedido, los seductores habían sido niños mayores, no padres (Freud, 1925). Los recuerdos de la seducción y los síntomas neuróticos no estaban basados en sucesos reales, sino en fantasías anheladas. Freud consideró su credulidad inicial sobre la teoría de la seducción con cierto humor y observó que su confianza en sus teorías y sus resultados se había desvanecido. Escribió: "Por lo menos, estaba obligado a reconocer que estas escenas de seducción nunca habían sucedido, y que solo eran fantasías que habían ideado mis pacientes, o que, tal vez, yo mismo los había impelido a elaborarlas" (Freud, 1925: 34). Sin embargo, más abajo en el mismo párrafo escribió: "Incluso ahora no creo que haya forzado la creación de las fantasías de seducción en mis paciente, que las haya sugerido" (1925: 34). No abordó la posibilidad de que él hubiera sugerido a sus pacientes que el material relativo a la seducción podía ser transmitido como una fantasía, y no como un recuerdo de sucesos reales.

Simon (1992), tras haber estudiado ampliamente documentos originales, sostiene que Freud no rechazó la hipótesis de la seducción por temor al rechazo de la sociedad vienesa. Pero admite, sin embargo, que Freud, al igual que numerosos genios creativos, ignoró ciertos hechos a fin de contar con un tema coherente con el cual elaborar una buena teoría. Simon añade que Freud no dejó de creer en la realidad de los incestos que se le habían relatado. Lo que rechazó como inverosímil era la propia reconstrucción que él mismo hizo de los fragmentos de los recuerdos como recuerdos auténticos de seducción. Esto lo llevó a sustituir el incesto real por el trauma de presenciar la escena primaria o de invocar la imagen de dicha escena durante la masturbación. "'La escena primaria,' así, servía para una distracción de la concienciación más completa del trauma del abuso sexual de los niños por parte de sus padres, así como de defensa contra tal concienciación" (Simon, 1992: 971).

LA INFLUENCIA DEL CÓDIGO DE ÉTICA DEL ANALISTA

En su descripción de los ambiciosos intentos de Freud y de su círculo secreto, un comité internacional de colegas especialmente elegidos, quienes se comprometían a asegurar la difusión internacional del psicoanálisis, Gosskurth (1991) documentó la percepción y la inconformidad de Freud respecto de la victimización sexual de los pacientes por parte de sus colegas más prominentes.

De acuerdo con Grosskurth, en 1909 Jung rechazó que hubiera estado involucrado con su paciente Sabina Spielrein. Finalmente admitió haber participado en juegos sexuales [*sexuelle Speilerei*] con ella. Jung se disculpó por haber metido a Freud en el embrollo, y Freud respondió asegurándole: "no fue tu iniciativa, sino la de ella" (McGuire, 1974: 238). Kerr (1993) también documenta el conflicto entre Freud y Jung sobre el involucramiento de Jung con Spielrein y muestra la forma en que las políticas sexuales dieron lugar a divisiones teóricas en el psicoanálisis. De acuerdo con Rutter (1989), este no fue el único desliz de Jung. Sostiene que hay evidencia de que Jung tuvo relaciones sexuales con dos de sus pacientes, un patrón de repetición que se encuentra comúnmente entre los terapeutas que tienen sexo con un paciente. También se encuentra que los terapeutas que abusan de sus pacientes sufrieron abuso ellos mismos. Por tanto, no cabe sorprenderse al leer que a Jung (Jaffe, 1965), quien padeció abuso sexual en su infancia (Grosskurth, 1991), le resultara difícil encarar su transferencia con Freud (McGuire, 1974).

> Mi veneración hacia usted tiene cierto carácter de atracción "religiosa" –escribió Jung a Freud–. Aunque esto realmente no me molesta, lo considero abominable y ridículo a causa de su innegable matiz erótico. Este sentimiento abominable proviene de que, siendo niño, fui víctima de un acoso sexual por parte de un hombre que entonces adoraba [p. 95].

Según Grosskurth, "Freud no podía permitirse reconocer la perfidia de Jung, ni su conducta poco profesional [...] El analista siempre tenía razón, el paciente inevitablemente estaba equivocado" (1991: 40). En vez de confrontar a Jung, Freud guardó silencio, por lo que no le dio la oportunidad de que interrumpiera el ciclo de abuso, por el cual él sufría una compulsión de repetirlo con los pacientes. En una nota sombría, Kerr considera infundada, aunque no refutada, la aseveración de Masson (1984) de que Freud estuvo involucrado, tal como Jung sugirió a algunas personas de su confianza, en una aventura extramarital con su cuñada. Él se pregunta si Freud guardó silencio a causa de su propia complicidad en esta relación comprometedora que Jung pudo haber conocido y habérselo guardado. Por otro lado, es igualmente plausible que Jung encontrara en la vida de Freud su propia conducta que se extralimitaba

El otro colega cercano a Freud y miembro de su círculo, Ferenczi, se había involucrado sexualmente durante años con una mujer casada mayor llamada Gisella Palos, a quien él pudo haber analizado durante un tiempo. En 1911 Ferenczi comenzó a analizar a su pequeña hija Elma y comenzó a enamorarse de ella. Ferenczi la envió a Freud para consulta, este se hizo cargo del análisis de Elma y recomendó a Ferenczi que se casara con la madre de la niña. Ferenczi tomó en cuenta el consejo de Freud de regresar con su siempre fiel, tolerante y complaciente Gisella, pero solo ocho años después. La seducción y la traición de Ferenczi hacia ambas mujeres constituyen ejemplos asombrosos de representaciones traumatizantes, oclusivas de temores y fantasías edípicas. La situación personal de Ferenczi y su relación con Freud, quien lo apoyaba, pero lo desaprobaba, representa para nosotros en forma vívida el debate filosófico sobre el involucramiento sexual real o fantasioso con miembros de la familia en un romance edípico. Este debate polarizó posteriormente a Freud y a Ferenczi.

El otro miembro prominente del comité era Ernst Jones, cuya reputación ya estaba empañada con escándalos sexuales. Cuando una antigua paciente lo acusó en 1912 de haberle hecho insinuaciones sexuales, Jones le pagó dinero para silenciarla. En el mismo año, Freud, que analizaba a la amante de Jones, Loe Kahn, descubrió que Jones había tenido aventuras sexuales con la compañera de Loe, Lila. Freud recomendó a Jones que no diera a conocer a nadie más su desliz. Posteriormente, Freud, al analizar a Joan Riviere, se enteró de que ella también pudo haber tenido una aventura con Jones cuando él la analizaba, aseveración que Jones negó. Este sostenía que eran fantasías de Riviere; pero Freud se inclinaba a creer su relato. A pesar de su conocimiento de la victimización sexual de las pacientes mujeres de Jones, Freud no rompió con él. Sin embargo, consideraba la costumbre de Ferenczi de besar a sus pacientes lamentable porque era probable que *condujera* a una victimización sexual. Perdió su confianza en Ferenczi como un sucesor de él, pero mantuvo su creencia en la eficacia de Jones, a pesar de sus faltas.

Debido a que Ferenczi sí creía en los relatos de sus pacientes sobre sus experiencias de abuso sexual temprano, en general sus colegas lo consideraban paranoide (Grosskurth, 1991). Con bochorno, Freud sintió temor por la presentación propuesta de Ferenczi para el congreso psicoanalítico de Weisbaden, en la cual este intentaba afirmar públicamente su creencia en la veracidad del abuso sexual de sus pacientes en la niñez temprana. En su ensayo (1933a), Ferenczi criticó la actitud desdeñosa de los analistas hacia el paciente y a su desdén de oír lo que el paciente realmente quería decir, especialmente en casos referentes a abuso real. Alentaba a los analistas a permitir que sus pacientes hablaran con completa libertad. Freud criticó el ensayo porque Ferenczi rechazaba el inconsciente, y Jones, que había aceptado su publicación, aprovechó la oportunidad de la muerte de Ferenczi para eliminar el ensayo indeseable durante años.

Freud mismo nunca ha sido acusado de victimización sexual de pacientes. Hasta donde sabemos, Freud nunca traicionó la confianza de sus pacientes mujeres involucrándose en actividades sexuales ilícitas con ellas. Aunque hubiera sido culpable de la duplicidad de su vida marital, tal como Masson sugirió (1984), Freud trató a sus pacientes femeninas con respeto e intentó salvar a las que estaban en peligro de sus transferencias eróticas hacia sus colegas. No obstante, no se desligó de sus colegas que victimizaban sexualmente a sus pacientes ni de los padres que permitían que sus propios hijos fueran victimizados. Como mostramos en el Capítulo 8, nunca denunció la intimidación de Dora, por parte de sus padres, como una potencial víctima sexual del marido de la amante de su padre. Al parecer puso por delante la divulgación del psicoanálisis, incluso por parte de sus colegas poco éticos, frente a su preocupación sobre el abuso de mujeres en el psicoanálisis o en la infancia.

Nos quedamos con la impresión de Freud como un hombre honesto e íntegro intelectualmente que confrontó los hechos de la seducción y llegó brillantemente a la conclusión de la existencia de fantasías subyacentes a un deseo de seducción. Mantuvo en mente las posibilidades de una mera fantasía y de la realidad. Sin embargo, a causa de su propia experiencia de abuso en la infancia, fuera real o imaginario, fuera perpetrado por su padre o por su cuidadora, o de quien dependiera en aquella época, y de su confrontación con terapeutas que abusaban de sus pacientes, fueran quejas recibidas directamente para pedir ayuda por el desempeño de los analistas o fueran recibidas indirectamente a través de los informes de pacientes de sus colegas analistas que dependían de él como adulto,

Freud tendía a negar la existencia de la seducción al desplazarla del padre a un tío, a otro pariente masculino, a un niño mayor o a una cuidadora, y de su colega analista a su paciente femenina. Nunca abordó la posibilidad de un abuso sexual real por parte del analista, de la madre o de una analista mujer. Le desagradaba el carácter seductor y el afán coercitivo de los analistas, quienes deseaban convencer a sus pacientes de sus teorías, y, no obstante, ignoró el aspecto incestuoso que implicaba analizar a su propia hija (Simon, 1992). Al igual que cualquier otro teórico, su teoría psicoanalítica se vio obstaculizada por su orientación cultural, por su historia, por su narcisismo y por su involucramiento personal en la elaboración de la teoría. Educado en el siglo XIX, Freud tendía a un enfoque dualista, homeostático. Tenía una teoría de la pulsión dualista y un modelo del trauma, y, a pesar de sus constantes intentos, no pudo integrarlos en su hipótesis sobre la etiología (Grubrich-Simitis, 1988). Nosotros consideramos que la teoría de la relaciones objetales ofrece el enlace que hubiera necesitado para completar la tarea.

Esta historia del pensamiento y de la práctica psicoanalíticas revela dos aspectos importantes. En primer lugar, si hemos de llegar a un entendimiento analítico útil de los pacientes para quienes el incesto fue una realidad, tenemos que reconocer que hay terapeutas analistas quienes fueron, ellos mismos, víctimas de abuso sexual y que han sido traumatizados en los análisis clásicos por una insistencia interpretativa relativa a la base fantasiosa de sus síntomas. Algunos de ellos se convertirán en perpetradores de abuso sexual de pacientes. Un estudio (De Young, 1983) reveló que 30% de los sobrevivientes adultos de incesto habían sufrido abuso sexual por un terapeuta. Muchos de nosotros, desde Freud hasta el presente, nos hemos sentido muy molestos al tener que enfrentar abuso sexual de pacientes perpetrado por nuestros colegas. Esperar que los organismos de acreditación profesional o las asociaciones profesionales vigilen a sus miembros es como ofrecer terapia a los sobrevivientes sin educar a sus hijos y a sus familias sobre la conducta familiar apropiada. Necesitamos más artículos y libros informativos como los de Barnhouse (1978), Gabbard (1989), Pope

(1989), Peterson (1992) y Rutter (1989). Necesitamos programas de estudio sobre ética que permeen todos los cursos profesionales, como el programa implementado en el Washington Psychoanalytic Institute (Winer 1993), y es necesario que los terapeutas terminen su terapia personal antes de trabajar sin supervisión. El análisis y la supervisión por parte de colegas dan un apoyo importante a los terapeutas con fronteras débiles.

El segundo aspecto se refiere al hecho de que el incesto infantil puede ser una realidad y, cuando así sucede, debe enfrentarse, y el trauma producido debe ser validado, no interpretado como una distorsión, o evitado a causa de que es desagradable. No pretendemos disputar la validez del descubrimiento de Freud sobre la fantasía incestuosa que normalmente se encuentra en la fase edípica y que provoca una sintomatología neurótica. Sin embargo, sostenemos que, al relegar su anterior teoría de la seducción a un papel explicativo ocasional, marginó las necesidades de una población de la que él había aprendido tanto. A generaciones de pacientes que habían sufrido abuso sexual infantil se les alentaba a aceptar sus deseos edípicos y sus recuerdos traumáticos como fantasías y distorsiones, sin confrontar la realidad del abuso. Al hacer esto, se agravaba su culpa inconsciente y sus sentimientos de culpa por lo que habían pasado o por imaginar cosas que seguramente no habían ocurrido. Generaciones de analistas sobrevaluaron la fantasía y descuidaron el desarrollo de la metodología técnica para tratar, en forma analítica, los sucesos reales del trauma y de sus efectos en el desarrollo de un niño, en el adulto y en la siguiente generación.

Los analistas han progresado hasta abrir la discusión de los problemas encontrados en los análisis de pacientes que padecieron abuso sexualmente siendo niños. Actualmente, descubrimos que todos nosotros tenemos más casos de los que reconocíamos en los que el abuso constituye un factor.

En el momento en que los terapeutas están dispuestos a tener la mente abierta a lo que pueda descubrirse, se enfrentan a una reacción de acusaciones contra ellos por alentar "recuerdos falsos". Los padres que han sido acusados erróneamente y otras personas que han alegado lo mismo, se han unido contra sus acusadores y han aportado relatos que aparecen en los titulares de los periódicos, además de formar una asociación que tiene su sede en Filadelfia, llamada la False Memory Syndrome Foundation (Fundación para el Síndrome del Falso Recuerdo, Freyd, 1993), todo ello con un cierto frenesí que Crews (1993) describe como una falsa ilusión del sistema de justicia. En efecto, hay hijos que han sido inducidos a creer que padecieron abuso por su lealtad a un padre fraudulento, en forma consciente o ilusoria, y desean desacreditar al otro padre, o cuyo relato de abuso queda confirmado en una evaluación realizada por evaluadores poco preparados que utilizan muñecos anatómicos y preguntas inductivas (Gardner, 1922). Sin duda, actualmente los hijos que no padecieron abuso en absoluto, pero que consideran que fueron tan mal tratados que desean herir a sus padres, u obtener un beneficio financiero de ellos, fuerzan el concepto de *abuso*.

Necesitamos trabajar mucho más en los problemas que plantea la discriminación entre los recuerdos recuperados y las fantasías (Gardner, 1992), de manera que no estemos influidos por el énfasis actual que se otorga al abuso, pero tampoco por la adherencia estricta a la interpretación clásica de los recuerdos como derivados de anhelos edípicos. No queremos actuar en connivencia con la necesidad del paciente de una duda coercitiva objetal de la validez de los recuerdos (Kramer, 1985), pero tampoco queremos llegar prematuramente a una explicación concreta de fenómenos psicológicos complejos. En este caso, nuestro entrenamiento para tolerar la ambigüedad y la ausencia de conocimientos nos ayuda a esperar hasta que el material del paciente se establezca con la reconstrucción final de su experiencia temprana como una experiencia del trauma real o como una relación objetal relativamente frustrante o sobreestimulante. La utilización madura de *no saber*, de estar en una situación de *misterio y duda* (Keats en Murray, 1955), y de estar libre de la influencia confusa de los *recuerdos o el deseo* (Bion, 1970) permite al terapeuta llegar a la claridad, solamente cuando esta no se prolonga ni se perpetúa, para evitar el reconocimiento de las instancias en que el trauma real es la base de la neurosis.

8. Un nuevo análisis de las relaciones del objeto de Dora

Freud escribió el *Fragmento de un análisis de un caso de histeria* en 1901 con el fin de ilustrar la utilización de los sueños en un tratamiento psicoanalítico (Freud, 1905a). En sus historias de casos previamente publicadas en *Estudios sobre la histeria* (Breuer y Freud, 1893-1895) estableció que las ideas y recuerdos dolorosos producían enfermedades. Ilustró la teoría de un inconsciente dinámico con los principios de represión, formación de síntomas, conversión y resistencia. Describió la función de síntesis del yo y la forma en que funcionaba el tratamiento al instigar la situación original del trauma y ofrecer al yo una posibilidad para restaurar su función. Reemplazó la hipnosis con la asociación libre y elaboró un tratamiento basado en la abreacción y la catarsis. Describió la transferencia como una conexión falsa con situaciones anteriores e impuesta sobre la persona del médico que realizaba el tratamiento. En *La interpretación de los sueños* (1900) describió el método de trabajo con los sueños, postuló la teoría topográfica de la mente consciente e inconsciente, desarrolló los esbozos del principio del placer y, en el proceso, esbozó el complejo de Edipo.

Aunque no se publicó hasta 1905, el mismo año que *Tres ensayos sobre una teoría sexual* de Freud (1905b), el caso de Dora, escrito en 1901, es la primera obra maestra del descubrimiento psicoanalítico. No solo fue el primer caso en ilustrar el análisis de los sueños, sino que fue el primer caso en que Freud colocó la sexualidad en el centro de sus explicaciones e interpretaciones de la neurosis. Expuso la teoría de la bisexualidad y de su papel en el desarrollo temprano de Dora y en sus sentimientos conflictivos posteriores hacia los hombres y las mujeres. Describió el papel de la sexualidad infantil y de los deseos

185

incestuosos en el desarrollo de la condición neurótica, y acuñó su famoso aforismo que reza que la neurosis es el negativo de la perversión. Con esto, se refería a que en la neurosis la persona mantenía el conflicto como un fenómeno mental, en tanto que en el desarrollo perverso no se experimentaba el conflicto sino que se vivía como una sintomatología y un carácter perversos. Por último, y posiblemente lo más importante, este fue el primer caso en que Freud describió la transferencia no solo como un escollo del trabajo analítico, sino también como un instrumento terapéutico.

En "Dora" se dieron a conocer otros descubrimientos. Freud describió sus síntomas como la manera en que ella hacía realidad los acontecimientos de su infancia mediante actos sintomáticos, en vez de solo recordarlos; algo que posteriormente Freud describiría detalladamente en su famoso ensayo técnico, "Recuerdo, repetición y elaboración" (1914b). Describió los conceptos de ganancia primaria y secundaria: sostenía que los síntomas o las conductas autodestructivas se mantenían porque permitían que una persona lograra atención, protección o placer, lo cual no era el propósito primario, consciente, de la conducta o el síntoma. También afirmaba que los síntomas y las constelaciones neuróticas casi siempre estaban determinadas, no por una única fuente, sino por múltiples patrones que convergían en un punto o patrón; el principio de la determinación múltiple. Describió la regresión como una defensa contra el conflicto interno y se explayó en los conceptos de represión y resistencia, de los que ya había hablado en los *Estudios sobre la histeria* más de cinco años antes (Breuer y Freud, 1893-1895). En 1900, cuando trató a Dora, era un terapeuta más sofisticado de lo que había sido a principios de 1890, cuando él y Breuer trataban a sus pacientes, y había desarrollado su técnica aún más que en el tiempo en que publicó el estudio del caso de Dora, que fue casi simultáneo al de los *Tres ensayos sobre una teoría sexual*, en 1905.

UN TRAUMA CLÁSICO

El caso de Dora se convirtió en un texto habitual de la formación psicoanalítica. Hermosamente escrito, argumentado en forma lógica y persuasiva, se ha considerado como la obra de un genio, "el análisis clásico de la estructura y la génesis de la histeria" (Erikson, 1962: 455). Sin embargo, los textos revisionistas a partir de entonces han llevado a Crews (1993) a concluir que "actualmente el caso de Dora a menudo se considera como una gran indiscreción por parte de Freud" (p. 59) "[...] uno de los peores ejemplos de los que tenemos constancia de intimidación sexista por parte de un sanador reputado" (p. 60). Al igual que otras personas que escriben desde una perspectiva feminista, Lakoff y Coyne (1993) deploran el punto de vista de Freud sobre las mujeres como seres inferiores que carecen de moralidad y de percepción precisa, por lo que describen su método analítico como fomentador de la dominación masculina sobre la mujer, por el desequilibrio de poder en el contexto del tratamiento, en el cual, al igual que el padre, el analista sabe más. Nuestra pretensión no es tanto disputar la actitud de Freud hacia los hombres y las mujeres, la cual consideramos de carácter cultural, sino aprovechar sus percepciones analíticas sobre Dora desde una perspectiva actual, que incluye una comprensión de la adolescencia, de la dinámica familiar, de la teoría de las relaciones objetales y de la teoría del trauma. Al ser un ensayo clásico sobre la teoría y técnica psicoanalítica, el caso de Dora también es un clásico del trauma.

LA FAMILIA, LOS SÍNTOMAS DE DORA Y SU DESARROLLO

Dora tenía 18 años cuando Freud la trató en un análisis de tres meses. La información sobre su situación y su familia nos da la oportunidad de ir más allá de las conclusiones de Freud para poder elaborar un punto de vista de las relaciones objetales del desarrollo, su sintomatología y carácter de Dora al poder observar su situación, la que consideramos fue de un abuso físico y emocional prolongado. Freud era más empático hacia las mujeres y hacia Dora de lo que el clima de la época propiciaba. No era crítico respecto a su erotismo infantil; aspecto de su desarrollo que él había descubierto. Sabía que el padre y el pretendiente de Dora eran deshonestos, pero no mostró ninguna compasión por su victimización e insistió en que ella debería responsabilizarse de su propio trauma. No comprendió el papel de la madre de Dora, a quien consideraba depresiva y mezquina, más que abusiva, cuando ella sacrificó inconscientemente a Dora en medio de su desavenencia marital y su depresión.

Dora nació en 1882. Cuando tenía 6 años, su padre enfermó de tuberculosis y su familia se mudó a una población que Freud llamaba B__ en un ambiente rural de las montañas. La niña desarrolló síntomas neuróticos desde una edad temprana. A los 7 años era enurética y a los 8, tras una excursión breve a las montañas, se volvió disneica (dificultad respiratoria), después de lo cual requirió seis meses de reposo. Posteriormente se refería a esta condición como su "asma". Padeció las enfermedades comunes de la infancia, que ella atribuía a contagio de su hermano. Posteriormente, a la edad de 12 años, empezó a padecer migraña unilateral y una tos nerviosa tras un "catarro común," y un escurrimiento nasal crónico. En pocas palabras, era una niña que padecía numerosos síntomas con recurrente frecuencia. Cuando Dora tenía 10 años, su padre sufrió un desprendimiento de retina, y cuando tenía 12, él tuvo un ataque de confusión por el cual consultó a Freud por primera vez. Freud trató a la niña a los 16 años por una tos con ronquera. Él recomendó un tratamiento psicológico; pero este ataque, al igual que los otros, posteriormente desaparecieron y no se hizo nada.

Hubo dos incidentes traumáticos con un amigo de la familia, *Herr* K. (el señor K.), durante la adolescencia de Dora: un beso cuando ella tenía 14 años y una proposición a la orilla de un lago cuando tenía 16. Para entonces Dora ya padecía síntomas neuróticos: migraña y una tos con ronquera. Nueve meses después de la escena junto al lago, cuando Dora tenía 17 años, tuvo un ataque de apendicitis, el cual Freud posteriormente interpretó como un embarazo histérico. Finalmente, en 1900, cuando Dora tenía 18 años, la familia se trasladó a Viena. Para entonces, solía perder la voz por completo tras una tos nerviosa que le daba de vez en cuando. Su relación con su padre y madre era hostil, y estaba aislada, cansada y deprimida. "La falta de ánimo y una alteración de su carácter se habían convertido en los principales aspectos de su enfermedad" (p. 23). Cuando dejó una nota suicida en la que decía que no podía tolerar más su vida y subsecuentemente tuvo su primer ataque de pérdida de conciencia después de una discusión con su padre, este la llevó a tratamiento. Su análisis con Freud ocurrió entre octubre y diciembre de 1900. Freud redactó la historia del caso en enero de 1901, un mes después de que ella dejara el tratamiento, pero la vio nuevamente una sola vez en 1902. Él aplazó la publicación del caso durante casi cinco años, hasta noviembre de 1905.

El padre de Dora dominaba a la familia. Freud lo consideró imaginativo, lleno de energía y productivo, aunque capaz de falsear el juicio sobre sí mismo y engañarse pensando que era un hombre íntegro. El padre se preocupaba por Dora, aunque inconscientemente la explotaba, y denigraba a su esposa. Cuando se elaboró el historial clínico del padre a raíz de los síntomas de confusión mental y del desprendimiento de la retina, no se sabía con certeza que eran efectos secundarios de sífilis, Freud había hecho el diagnóstico correcto y había curado al padre con un tratamiento para la neurosífilis. Freud también conoció a la hermana del padre, que había muerto de marasmo, que actualmente diagnosticaríamos como anorexia, y a un hermano mayor, a quien Freud consideraba un soltero hipocondriaco.

Freud nunca conoció a la madre de Dora. A pesar de su juicio negativo sobre la integridad del padre, Freud parecía aceptar la descripción que el padre de Dora hacía de ella y aceptaba sin refutar el punto de vista derogatorio de los dos, de Dora y del padre, sobre la madre. Llegó a considerarla una mujer poco cultivada, necia, que ponía todo su esfuerzo en los asuntos domésticos, especialmente después de la enfermedad de su esposo y su consecuente distanciamiento marital. Ella no entendía a los niños y los limpiaba tan obsesivamente, que no podían disfrutar su estancia en la casa. Dora, que había tenido malas relaciones con su madre durante años, se distanció de la influencia de ella y la criticaba implacablemente. Freud aplicó a la madre de Dora el diagnóstico coloquial de "psicosis de las amas de casa". Sin haberla tratado, no contaba con una evaluación independiente de su personalidad ni de su papel en el desarrollo de Dora. Su punto de vista de la madre en realidad es una imagen combinada de la madre-objeto de Dora y de su padre, no de la madre misma.

Freud comenzó el análisis buscando un trauma psíquico que con seguridad involucrara la sexualidad de Dora, según su pronóstico. La información apareció rápidamente cuando Dora le contó que dos años antes el señor K. le había hecho proposiciones amorosas, cuya esposa, *Frau* K. (la señora K.), había cuidado a su padre durante su larga enfermedad. El señor K. le había hecho proposiciones amorosas durante un paseo a solas por un lago, y cuando, dos semanas después, contó a sus padres el incidente, él rechazó la acusación de Dora y dijo a sus padres que la joven tenía una vívida imaginación, lo que confirmaba lo dicho por su esposa en el sentido de que Dora leía libros sobre sexo. Su padre dijo a Freud que no dudaba de que el punto de vista de Dora sobre este incidente se debiera a su depresión y a sus ideas suicidas, pero que él y su familia creían que su relato era una mera fantasía. El padre de Dora dijo a Freud:

> Yo creo que el relato de Dora sobre las sugerencias inmorales de este hombre es una fantasía que penetró en su mente, y además, estoy vinculado a la señora K. por lazos de una sincera amistad y no deseo causarle pena alguna. La pobre mujer es de lo más desdichada con su marido, de quien, por cierto, no tengo una muy buena opinión. Ella misma ha sufrido mucho a causa de sus nervios, y yo soy su único apoyo. Al tener en cuenta mi estado de salud, no necesito asegurarle que no hay nada malo en nuestras relaciones. Somos solo dos pobres miserables que nos damos el consuelo que podemos a través de un intercambio de empatía amistosa. Usted ya sabe que no encuentro nada en mi propia esposa. Pero Dora, que heredó mi obstinación, no puede dejar de odiar a los K. Su último ataque sobrevino después de una conversación en la que nuevamente me presionó para que rompiera con ellos. Por favor, intente hacerla entrar en razón [p. 26].

El relato del padre de Dora no persuadió a Freud. Creyó a Dora que la proposición amorosa hecha junto al lago en efecto había sucedido. Creyó que constituía un trauma psíquico, fundamental para la comprensión de los síntomas de Dora. Dora también le contó un suceso anterior, cuando tenía 14 años, y que predisponía al trauma. El señor K. había convenido encontrarse con Dora a solas en su negocio, donde la sorprendió al estrecharla entre sus brazos y besarla en la boca. Freud creía que una niña pequeña podría haberse sentido excitada sexualmente por una situación como esta, pero Dora relató que sintió una violenta repugnancia, se liberó y huyó, y en adelante evitó a los K.

Freud consideró que este relato era señal de histeria. "No vacilaré en considerar histérica a una persona que en una ocasión que suele provocar una excitación sexual provoque sentimientos predominantemente o exclusivamente desagradables" (p. 28). Creyó que la niña había convertido la excitación genital en disgusto mediante la inversión del afecto y su desplazamiento a su boca, que se expresaba en forma de repugnancia, y en su boca este síntoma se unía con su otro problema oral consistente en comer mal. Además, Freud pensó que el recuerdo vívido de la sensación de Dora en su pecho cuando el señor K. la abrazó representaba el desplazamiento hacia arriba del recuerdo de la erección de K. El hecho de evitar a los hombres y, en general, a la sociedad podría también remontarse a este episodio.

Al tocar el tema de la señora K. y de su padre Dora era despiadada. Estaba convencida de que sostenían "una aventura amorosa". La señora K. lo había cuidado durante su severa enfermedad cuando Dora tenía 12 años, y a partir de entonces convinieron en tomar habitaciones contiguas en el hotel al que fueron tras su recuperación. Hubo un relato según el cual la señora K. había salvado la vida de su padre al seguirlo al bosque cuando intentaba suicidarse movido por la desesperación, a pesar de la credulidad de su madre, Dora pensaba que se trataba de una invención para ocultar que los dos habían sido vistos solos en el bosque. Tras su convalecencia, el padre de Dora visitaba regularmente a la señora K. y le llevaba bellos presentes cuando su esposo se encontraba fuera. También la veía en otras ciudades a las que ella ya podía viajar debido a que en el transcurso de la relación de ambos, la señora K. se recuperó de su incapacidad neurótica de caminar y se convirtió en una persona sana y vivaz.

Freud no puso en duda la versión de Dora. Consideró que uno de sus reproches estaba especialmente justificado y que era utilizada como "soborno". A pesar del afecto que sentía por su padre, le enfurecía que la entregara al señor K. como pago por su tolerancia a las relaciones entre su padre y la señora K. Aunque no existía un arreglo explícito sobre el acuerdo, Freud describía a su padre como

> [...] uno de esos individuos que saben evadir un dilema falseando su juicio sobre una de las partes en conflicto. Si se le hubiera advertido que podría haber peligro en las constantes relaciones sin supervisión entre una joven adolescente y un hombre que no recibía satisfacción de su propia mujer, seguramente hubiera contestado que confiaba en su hija, que un hombre como K. no representaba un peligro para ella y que además era incapaz de tales intenciones, o que Dora era aún una niña y K. la trataba como tal [...] Cada uno de los dos hombres evitaba deducir alguna conclusión de la conducta del otro, lo cual hubiera resultado inconveniente para sus propios planes. Al señor K. le era posible enviar flores a Dora todos los días durante un año mientras él se encontraba en el vecindario, aprovechar todas las oportunidades para mandarle regalos valiosos y pasar todo su tiempo libre en su compañía sin que los padres de ella notaran en su conducta un carácter de galanteo [pp. 34-35].

Tras las recriminaciones que Dora dirigía hacia su padre había fuertes reproches a sí misma. Durante muchos años, Dora toleró la aventura amorosa de su padre con la señora K. Ella había cuidado a los hijos de los K. a causa de un amor secreto hacia el señor K., en la misma forma en que la propia gobernanta de Dora la había cuidado por amor a su padre sin que a la niña le importara en absoluto. Cuando Freud dijo a Dora que podría estar enamorada del señor K., "ella admitió que podría haber estado enamorada de él en B___, pero que desde la escena junto al lago todo había terminado". A continuación Freud declaró que todas las acusaciones contra su padre eran verdad referentes a Dora, muchos de cuyos síntomas podrían explicarse como declaraciones simbólicas de amor hacia el señor K. Agregó una nota al pie de página:

En este caso se plantea una pregunta: si Dora amaba al señor K., ¿por qué lo rechazó en la escena del lago? O, en todo caso, ¿por qué su rechazo fue tan brutal, como si denotara hostilidad hacia él? ¿Y cuál es la razón de que una joven enamorada se sintiera insultada por una propuesta amorosa que no fue torpe ni ofensiva? [p. 38]

Como veremos más adelante, este aspecto es crucial para la conceptualización de Freud sobre el caso, que representa un malentendido fundamental del trauma y de las relaciones objetales de Dora.

Freud argumentó que la enfermedad y la sintomatología de Dora tenían el propósito de persuadir a su padre para que le prestara atención y a que abandonara a la señora K. La joven se sentía profundamente herida porque su padre no creyó su relato de la escena junto al lago, pero Freud estaba convencido de que era verdadera. A continuación interpretó la tos nerviosa de la joven en relación con la situación sexual. Valiéndose de la acusación de la joven contra la señora K. por solo estar interesada en su padre como un "hombre con recursos económicos," Freud señaló que Dora sabía que su padre era "un hombre sin recursos"; esto es, impotente. Sin embargo, acusó a la pareja de mantener una aventura amorosa. Dora dijo que sabía que existían otras formas de obtener gratificación sexual, con lo que se refería al sexo oral. A continuación Freud le dijo que su tos espasmódica constituía una materialización de su fantasía, una escena de gratificación sexual oral con el señor K., tras lo cual su tos pronto desapareció.

Posteriormente, Freud explicó que el amor de Dora por el señor K. había sido una transferencia de su ardiente amor edípico por su padre, que estaba celosa de la señora K. y que, siendo su rival, deseaba vengarse de ella. Antes de que el señor K. fijara su atención en Dora y ella generara sentimientos edípicos hacia él, Dora se había identificado con la señora K. como la rival que había triunfado frente a su madre; rival de la que antes había sido Dora. Ella siguió negando su amor por el señor K., a pesar de que inclusive sus amigos tenían sospechas de ello porque se quedaba atónita al verlo en forma inesperada. Después de negarlo, Dora se vinculó con sucesos relativos al señor K. de tal modo que convenció a Freud de que su depresión recurrente se debía a que añoraba su afecto.

Por último, Freud describió un sentimiento compensatorio según el cual la señora K. era el objeto del afecto intenso de Dora. Durante muchos años, había mantenido una relación cercana con ella e incluso llegaron a compartir un dormitorio mientras el señor K. dormía en otra parte. Dora había sido su confidente y su consejera, y en un tiempo hablaban de todo, incluso de sexo. Dora hablaba de la señora K. íntima y amorosamente describiendo "su adorable cuerpo blanco" con el tono de una enamorada. Sin embargo, la señora K. formó parte de la traición a Dora, uniéndose al señor K. al poner en duda el relato del beso junto al lago y proporcionando evidencia de que Dora había leído materiales sexuales; evidencia con la que contaba por su conocimiento íntimo de la joven. Esto permitió al señor K. desacreditar a la joven frente a todo el mundo. Al parecer la señora K. se preocupaba por Dora solamente por la relación con su padre y la sacrificó sin dilación y fríamente. Tanto su padre como la señora K., a los que Dora amaba individualmente, habían traicionado a Dora para asegurar su relación de pareja. La traición de la señora K. era aún más devastadora para Dora porque el amor de la joven hacia ella –pensaba Freud– era más profundamente inconsciente. No solo se trataba de que Dora estuviera celosa de la señora K. por el amor que su padre profesaba hacia ella. De acuerdo con los principios de bisexualidad, el espectro amoroso de Dora incluía a la señora K. y se sentía más celosa de su padre al contar con el amor de la señora K. El complejo de Edipo de Dora involucraba anhelos incestuosos hacia su padre (el Edipo positivo) y hacia su madre que eran desplazados hacia la señora K. (el Edipo negativo).

Hasta este punto, Freud ofrece el relato de una joven hipocondríaca, histérica y anhelante de amor. Considera que está herida por haber sido estimulada por los objetos de su deseo: su padre, la amante de su padre y, en forma circular, por un amante potencial. Tal amante potencial era un hombre viejo que le hizo proposiciones amorosas de forma directa no solamente en al menos dos ocasiones dramáticas, sino aparentemente de muchas otras maneras, como el enviarle flores todos los días durante un año; una demostración de un interés constante que la mayor parte de las jóvenes normales hubiera agradecido. Esta reconstrucción preliminar surgió en el análisis antes de que Dora contara a Freud el primero de dos sueños que serían fundamentales para desentrañar posteriormente la historia y que daría lugar a la piedra angular del análisis de Freud.

LOS SUEÑOS DE DORA

El primer sueño era uno recurrente que contenía gran cantidad de información sobre el trauma.

> Una casa estaba ardiendo. Mi padre se encontraba de pie junto a mi cama y me despertó. Me vestí a toda prisa. Mi madre quería poner a salvo su joyero, pero mi padre dijo: "me rehúso a que yo y mis dos hijos muramos quemados por tu joyero". Bajamos precipitadamente, y en cuanto salí, me desperté [p. 64].

Freud determinó que la causa que suscitaba el sueño era la escena junto al lago con el señor K. El sueño tuvo lugar la primera vez tres noches después del incidente, antes de que Dora lo hubiera comunicado a sus padres. En el análisis, la primera asociación de Dora con el sueño fue el recuerdo de una disputa reciente entre sus padres. La madre quería cerrar con llave la puerta del comedor, al mismo tiempo que encerraba bajo llave a su hermano en su habitación, a la cual solo se podía acceder a través del comedor. Su padre protestó porque su hermano podría tener necesidad de salir de su habitación. El miedo a un incendio que Dora relacionó en esta conexión y la llevó nuevamente a pensar en la población de L__, lugar donde su padre había dicho que tenía miedo de que sucediera un incendio.

A continuación dijo que durante los cuatro días posteriores a la escena junto al lago, se mantenía en guardia frente al señor K. Cuando se recostó para tomar una siesta la tarde posterior a la escena junto al lago, se despertó y lo vio de pie junto a ella. Él dijo que no le podían impedir que entrara a su propia habitación. Temiendo que regresara, pidió una llave a la señora K., y la siguiente mañana cerró con llave la puerta mientras se vestía, pero cuando posteriormente fue a cerrar la puerta con llave, esta había desaparecido. Dado que no podía cerrar con llave la habitación –pensó Freud– decidió vestirse apresuradamente en la mañana para minimizar el riesgo de que el señor K. la importunara y que se repitiera su intención del sueño recurrente. El recuerdo de estos sucesos está vinculado al tema relativo de cerrar o no con llave la puerta expresado en la primera asociación del sueño. La decisión de Dora de alejarse de los K. lo antes posible estaba representada en el sueño por sus palabras: "En cuanto salí, me desperté".

Encontramos que el trauma de Dora también está representado en el sueño. Dora es amenazada en una situación por algo más que el fuego, y por más de cuatro días. El peligro es recurrente y ella se sentía completamente desprotegida por parte de sus padres. Así, se encuentra en peligro de ser quemada, y este peligro general se cristalizó en una aguda situación amenazante a causa de las proposiciones del señor K. A medida que Dora y Freud siguieron trabajando, la intensidad de la amenaza se aclaró. Un año antes de que tuvieran lugar estos incidentes, el padre de Dora había regalado a su madre algunas joyas caras que no le habían gustado. Con ira, Dora le había dicho que se las regalara a alguien más. Exactamente antes del incidente del lago, el señor K. había regalado a Dora un joyero. Cuando Freud preguntó a Dora si sabía que un joyero representaba los genitales femeninos, ella contestó: "Sabía que usted diría eso;" respuesta que Freud consideró como equivalente al reconocimiento del conocimiento inconsciente. Ella no protestó cuando le dijo que debería haberse sentido presionada para retribuir al señor K. A continuación Freud afirmó:

> Ahora el significado del sueño se vuelve todavía más claro. Usted se dijo: "Este hombre me persigue; quiere entrar a la fuerza en mi habitación. Mi joyero está en peligro, y si algo llega a suceder, será culpa de mi padre". Por esta razón, usted escogió en el sueño una situación que expresa lo contrario; un peligro del que su padre la *salva* [p. 69].

Al continuar con el tema de la amenaza edípica y con el anhelo de Dora de expresar sus impulsos incestuosos, Freud observó que el sueño expresaba todo en forma opuesta. Regresando al tema del escape del sueño, afirmó: "Esto significa que usted estaba dispuesta a dar a su padre lo que su madre le negaba y que se trataba de algo relacionado con las joyas" (p. 70).

Podemos observar que, una vez más, en este sueño, el padre de Dora eligió su seguridad en lugar del amor de su madre. Así, de acuerdo con este criterio de pensamientos inconscientes –afirmó Freud– el señor K. había reemplazado a su padre, y la señora K., a su madre.

> Por tanto, usted está dispuesta a dar al señor K. lo que su esposa le niega [...] Este sueño confirma una vez más lo que le había dicho antes de que lo soñara, que usted evoca su viejo amor por su padre con el fin de protegerse de su amor por el señor K [...] Estos intentos muestran [...] que usted siente más miedo de usted misma y de la tentación de ceder a él. En pocas palabras, tales intentos prueban nuevamente su gran amor hacia él [p. 70].

Freud no relata la reacción de Dora a esta amplia interpretación. Al tomar en cuenta que abandonó el análisis unas semanas después de haber tenido otro sueño, podemos imaginarnos que se sintió agredida. Lo que afirmó Freud parece auténtico a los terapeutas modernos, pero solamente en un aspecto. Esto se debe a que, en el sueño, colocó los deseos libidinosos sobre todas las cosas, sobre la defensa y, sin lugar a dudas, sobre el sentido de amenaza y temor en el sueño. Preocupado por la excitación erótica de Dora, Freud ignoró el tema constante de su deseo de un sostén seguro y de un rescate de su padre. Cuando Freud insistía en su interpretación de los acontecimientos, algo más sucedía en la relación terapéutica: el ataque al sostén se repetía simbólicamente. Mientras Freud intentaba averiguar en forma incesante los deseos inconscientes de Dora, invalidó su resistencia y sus temores, traumatizándola nuevamente en el espacio analítico.

Para nosotros, resulta fácil afirmar esto en retrospectiva, dado que no fue sino al final del informe de este caso cuando Freud mismo descubrió el lugar de la transferencia en el análisis. Mientras su padre permanecía al lado de su cama en lugar del señor K., asimismo

Freud se sentaba detrás de su diván, una figura ambigua de ayuda y de amenaza a la vez. Cuando ocurre este sueño, Dora tiene sentimientos ambivalentes hacia Freud, como una figura que representa la amenaza pero también la ayuda. Además, mientras él trabaja, arroja más luz sobre la descomposición existente en la familia. Desde el punto de vista de Dora, él retrasa su tratamiento al acusarla de desear una relación sexual con el señor K. Esto pudo haberla amenazado por lo que temía y anhelaba de los K como respresentantes de sus padres. Cuando Freud presentó su versión de la realidad a la joven, el tratamiento mismo se había convertido en una amenaza a su seguridad y a su integridad.

Freud no dejó de analizar inmediatamente todos los aspectos del sueño que le interesaron desde el primer día, especialmente las palabras ambiguas *"podría pasar algo en la noche por lo que sería necesario salir de la habitación"* (p. 65); palabras que él le repitió exactamente y las interpretó como la intención de la joven de huir de la atención del señor K. Cuando, al día siguiente, Dora regresó, Freud le mostró que mientras en su sueño la madre temía que su joyero se quemara, Dora temía lo contrario; esto es, que el joyero (genitales) de ella se humedeciera a causa del sexo. Afirmó que Dora subsumía la intensidad de sus anhelos edípicos hacia su padre y defenderla de tentación de corresponder sexualmente al señor K. Posteriormente Freud retomó la frase ambigua, que ahora se recuerda como *"sería necesario salir de la habitación porque podría pasar un accidente durante la noche"* (p. 71). Dijo que había llegado a la conclusión de que tales palabras, "podría pasar un accidente," se refería al tiempo en que el padre permanecía junto a su cama porque de niña debía haberla mojado. Ella aceptó que había mojado la cama de niña, pero solo hasta que tenía 7 u 8 años de edad y terminó poco antes de que surgiera su asma nerviosa. Tal vez Dora utilizó la palabra "accidente" y Freud olvidó escribirla en el informe, pero es posible que Freud haya confundido sus palabras para vincular el sueño con un problema de la uretra en la infancia, en lugar de sostener la posibilidad sexual más inquietante de un nebuloso "algo" que podría pasar.

En el análisis del caso, solo después de informar del trabajo del sueño, Freud dio a conocer una reconstrucción que había hecho *antes* de que Dora le relatara el sueño. Había supuesto que la joven se había masturbado siendo niña porque observó que ella metía y sacaba el dedo de un medallón que llevaba en la cintura. Había interpretado que representaba el sentimiento de culpa por identificación con las actividades sexuales del padre y su enfermedad transmitida sexualmente. Pensaba que la dificultad para respirar de Dora representaba una identificación con el coito de sus padres, que ella pudo haber oído desde una habitación contigua, y que culpaba a la enfermedad de su padre de haberla contagiado, al igual que había enfermado a su madre. Freud parafraseó los pensamientos de Dora haciendo hincapié en que su padre le había transmitido las malas pasiones, las cuales se expiaban mediante la enfermedad. Y ella había sido entregada al señor K. gracias a su padre. El sueño, que tuvo lugar poco después de estas interpretaciones, al parecer es una respuesta por sentirse ofendida por estas especulaciones de manera similar a la combinación de excitación y confusión que sintió frente a señor K. junto al lago.

De este modo, el sueño vinculaba los elementos perceptivos que Dora experimentaba del peligro que para ella representaba el señor K. y su padre, quien la había entregado a este señor con la esperanza de ser rescatada por su padre, quien, la había rescatado de orinarse en la cama, además de ser el objeto de las fantasías que acompañaban la masturbación de su infancia. Vale la pena notar que actualmente consideramos que la masturbación infantil excesiva es un intento del niño de buscar consuelo y refugio en momentos de abandono y ansiedad. Desde el punto de vista de la relación objetal, la masturbación de Dora durante la infancia y su incontinencia nocturna no solo constituyen derivaciones pulsionales de anhelos edípicos reprimidos, sino que en parte también son expresiones sintomáticas de angustia sobre los padres poco amorosos. La imagen del fuego, que representaba el peligro de ser quemada en una situación familiar que era demasiado fogosa para poder ser manejada, también abría la oportunidad de establecer asociaciones con la humedad; esto es, los accidentes de mojar la cama en la infancia, la estimulación sexual que producía gotas húmedas en la vagina, el "catarro" o goteo posnasal crónico que ella asociaba a la descarga vaginal de su madre y el uso compulsivo que su madre hacía de los líquidos de limpieza; compulsión que, pensaba Freud, Dora consideraba una reacción contra la sexualidad sucia y la sífilis, que creía que su padre había transmitido a su madre. Esta postura se centraba en los celos hacia su madre, su anhelo de tener relaciones sexuales gratificantes con su padre, que su madre podría tener, y al mismo tiempo el temor de su madre de una posible gonorrea y su consecuente necesidad de una limpieza obsesiva. Todo esto contribuía a su ambivalencia sobre la relación con el señor K., quien al parecer le ofrecía la promesa de que ella podría tener lo que su madre había obtenido del padre, pero que la amenazaba con las consecuencias de sufrir denigración, depresión, trivialización, actitud obsesiva y enfermedad, todo lo que ella había visto en la madre.

EL PELIGRO EN LA TRANSFERENCIA

Después de que Freud interpretó la masturbación infantil de Dora y su relación con su incontinencia nocturna, Dora proporcionó un nuevo aspecto al sueño: siempre que se despertaba olía a humo. Freud supuso que el temor a quemarse se relacionaba al olor a humo de la respiración y de la ropa del señor K. durante el beso y estimulaba la fantasía de un coito oral. Freud reconoció la referencia a él en el sueño como alguien que a menudo había confrontado la resistencia de la joven a su interpretación con el aforismo: "No hay humo sin fuego". Él detectó el deseo de la joven de que la besara. Dora insistió en que el humo se refería al señor K. y a su padre, porque ambos eran fumadores empedernidos, ¡cómo si Freud no lo fuera! Freud reconoció la transferencia, pero no se vio como el fumador o el que la quemaba, a pesar de que nos dice que también era un fumador empedernido como el señor K. y el padre de Dora.

En su comentario final, Freud observó que en el sueño recurrente de Dora había referencias de los sentimientos de la joven hacia el tratamiento. "Tras los pensamientos oníricos había una referencia a mi tratamiento que correspondía a una renovación de la vieja intención de escapar de un peligro" (p. 93). La percepción de Freud hacia el anhelo erótico reprimido de Dora, junto con la sobrevaloración que hizo de la atracción de la joven hacia los hombres mayores y ricos, le impidió ver los sentimientos negativos de la joven hacia él. Aunque reconoció la transferencia, no exploró este aspecto del sueño directamente en relación con él con la tenacidad y la perspicacia con la que examinó los otros determinantes del sueño proporcionados por las relaciones de la familia de la joven y por el curso del proceso.

EL SEGUNDO SUEÑO

Unas semanas después del primer sueño y tres días antes de interrumpir su tratamiento, Dora expuso un segundo sueño. En él, Dora caminaba en una población que no conocía. En la casa que habitaba, encontró una carta de su madre que le decía que puesto que Dora se había ido de la casa sin que sus padres lo supieran, no había querido escribirle para avisarle que su padre estaba enfermo. "Ahora ya está muerto, y, si quieres, puedes venir". Dora se dirigió a la estación, pero no pudo encontrarla, a pesar de haber preguntado en repetidas ocasiones dónde se encontraba. Vio un bosque espeso y penetró en él. Allí preguntó a un hombre, quien le respondió: "Faltan dos horas y media más". Por último llegó a casa, donde le dijeron que su madre y los demás se encontraban en el cementerio.

El análisis complejo del sueño tomó los últimos tres días del tratamiento. El último día, Dora, quien dos semanas antes había tomado la decisión de terminar el tratamiento, dijo a Freud por primera vez que ese era su último día en análisis. Freud y Dora coincidieron en que el repentino anuncio de la partida inminente era la repetición de una experiencia dolorosa que Dora había padecido con una gobernanta anterior a los K. Unos días antes de la escena junto al lago, esta joven había concertado una cita a solas con Dora y le había dicho que el señor K. la había seducido y la había traicionado. La gobernanta había escrito a sus padres contándoles lo sucedido, quienes le habían respondido que volviera a casa inmediatamente. La joven había tratado de avisar dos semanas antes –lo cual Dora imitaba en su conducta con Freud–, pero se quedó para ver si el señor K. cambiaba en su actitud hacia ella. Pero no lo hizo. Cuando contó a Dora acerca de los cortejos del señor K.

hacia ella, dijo que le había dicho que "no encontraba nada en su mujer"; las mismas palabras que el señor K. utilizó al hacerle proposiciones amorosas a Dora junto al lago. A partir de esto y de otros análisis sobre el sueño, Freud concluyó que Dora había abofeteado al señor K. *no* porque se sintiera ofendida por sus requerimientos, sino porque utilizó el mismo lenguaje con ella, que ya sabía que había usado recientemente para seducir a la gobernanta. Aun así, Dora no lo contó a sus padres (una referencia al escrito de la gobernanta a sus padres) durante dos semanas porque esperaba que el señor K. persistiera y le hiciera una propuesta, y no solo proposiciones amorosas. Cuando finalmente contó a sus padres el episodio, lo hizo con la esperanza de que el señor K. se presentara y admitiera su amor por la joven. Freud prosiguió. Dijo que Dora había dicho que los K. a menudo habían hablado sobre su divorcio y Dora esperaba que el señor K. dejara a la señora K. y se casara con ella; un anhelo que no era imposible a causa de que la joven se identificaba con el matrimonio de su madre al haberse casado siendo muy joven. Esto encajaba coherente e imprevistamente con otra parte del relato de Dora; esto es, con su ataque de apendicitis que tuvo lugar nueve meses después de la escena junto al lago y que tanto Freud como Dora coincidían en simbolizar como el parto de un embarazo histérico que era la fantasía resultante del coito que Dora anhelaba.

La primera apreciación importante respecto a este sueño describe el anhelo de Dora por la señora K. y su identificación con ella, e ilustra los anhelos edípicos negativos de Dora. Las asociaciones llevaron a Dora a recordar un viaje a Dresden, donde observó durante dos horas (una referencia a las dos horas y media en el sueño; en otras ocasiones había hablado de dos horas) la *Madonna* de la Sixtina. Solo podía explicar su fascinación con las palabras "La Madonna". Freud pensó que esta imagen se refería a sí misma, la cuidadora maternal de los hijos de los K., la joven que anhelaba ser madre, la joven que se identificaba con la pureza de la *Madonna* inmaculada, la joven que se identificaba con la señora K. como su amada cuidadora. Freud especula que, en el grado más profundo, el amor de Dora por la señora K., con quien se identificaba, fue lo que provocó el sueño e impulsó los anhelos de Dora.

La segunda postura respecto al sueño se refiere a la fuerza de la agresión de Dora, tal como se reveló en la venganza sádica señalada en el sueño: el hecho de que Dora abandone la casa y su decisión de dejar a Freud, le permitió vengarse del padre, de la madre y de Freud, además de vengarse de sí misma al separarse por completo de una cura analítica.

La interrupción de su tratamiento de forma tan inesperada, cuando mis esperanzas de terminarlo de manera feliz se encontraban en su mayor posibilidad, y cuando ella las anulaba por completo, constituye un innegable acto de venganza de su parte. Su propósito de dañarse a sí misma también se beneficiaba por esta acción. Nadie que como yo conjure a los más perversos demonios poco domados que habitan en un humano y que trate de luchar con ellos puede esperar salir ileso de esta lucha. [p. 109]

De este modo, Dora huyó del hombre mayor, tal como lo hacía en casa, en las vacaciones y en sus sueños. Esta terminación traumática y definitiva constituye una representación del trauma.

En su trabajo con Dora, descubrió más sobre los sueños en la situación clínica de lo que sabía cuando escribió *La interpretación de los sueños* (Freud, 1900) el año anterior. En el ensayo sobre Dora, Freud no trata de presentar su corpus teórico, sino que demuestra la técnica del análisis de los sueños, al cual nosotros agregamos nuestra perspectiva de las relaciones objetales. El primer sueño refleja la situación por la que atraviesa la paciente, sus relaciones objetales internas y el significado que para ella tiene su relación con el terapeuta. Sus objetos excitantes y rechazantes, su self en peligro y la transferencia hacia el análisis se representan en su primer sueño, en tanto que el segundo sueño explica la muerte de sus objetos internos y el papel de la agresión en su realidad interna. En la transferencia expresada en su sueño, Dora elimina a Freud como una defensa frente a su sentimiento de peligro. Al mismo tiempo, el segundo sueño mantiene la esperanza en el futuro al vincular a Dora con un pretendiente; un objeto no incestuoso, impoluto, sobre el cual ella tiene fantasías apropiadas a su edad y relacionadas con la evasión de su mundo interior peligrosamente cerrado.

En un epílogo escrito antes de la publicación del caso, Freud reconoció la recreación de la transferencia de la terminación del tratamiento y describió otro aspecto nuevo del análisis: repetir en vez de recordar. Dora había actuado parte de sus recuerdos y fantasías en vez de recordarlos en palabras. Comprendió que pudo haber protegido el tratamiento si hubiera vinculado los sentimientos de la joven hacia él en el análisis con las primeras versiones relativas al señor K. y a su padre.

No deseamos criticar a Freud injustamente por no haber entendido los sentimientos de Dora hacia él, dado que solo al escribir sobre este caso llegó a entender el potencial de la transferencia y nos llamó la atención sobre este aspecto. Sin embargo, contando con sus trabajos posteriores sobre la transferencia como el instrumento principal de análisis y con las depuraciones modernas, actualmente podemos considerar que los dos sueños indicaban el temor de Dora a ser traumatizada en la relación con Freud. El episodio al que se refiere el primer sueño fue la transferencia del peligro que representaba Freud como un sustituto del padre, quien permanecía de pie en forma amenazante y seductora junto al diván con olor a humo al igual que había sucedido con el señor K. cuando la besó junto al lago. El tratamiento suscitó los anhelos de la joven, por una lado, y, por otro, le ofrecía liberarla de ellos. Esta combinación la sintió como una situación traumática una vez más, y decidió liberarse de ella. La incapacidad de Freud de entender que su tratamiento hacía que Dora sintiera que se recreaba la situación traumática, sin lugar a dudas, contribuyó a la suspensión de su análisis.

A pesar de que Freud reconoció la transferencia como una estimulación erótica *durante* el tratamiento, y antes de publicar el caso mostrara las advertencias contenidas en los mensajes de los sueños, no llegó a entender su participación en la recreación inconsciente del trauma. Al vincular la ira de Dora a la amenaza que representaban su padre, el señor K. y Freud, podemos agregar que su padre había entregado a Dora a Freud, tal como lo había hecho al entregarla al señor K. Este arreglo del tratamiento recapitulaba la situación traumática. El trauma continuó cuando el tratamiento se inició como una manera de hacer que Dora dejara a su padre en paz con su triángulo amoroso. La evidencia del caso sugiere de forma sustancial que ella inconscientemente sentía que su padre y Freud se habían aliado para traicionarla, tal como lo habían hecho su padre y el señor K. previamente. Desde este punto de vista, nada podría haber sido más doloroso para Dora que cuando Freud, sin haber entendido el meollo de la cuestión, afirmó que ella quería tener una relación sexual con el señor K. y que estaba enojada por no haberlo conseguido. Por tanto, no es sorprendente que la joven lo dejara abruptamente como si le diera un bofetón, en forma similar al bofetón físico que le asentó al señor K. junto al lago. La forma de Dora de dar por terminado su tratamiento dejó a su terapeuta defraudado y traumatizado. El de Dora es el primer caso reportado de inversión y repetición del trauma en la fase final. A causa de que nosotros experimentamos este fenómeno como la regla, más que como la excepción en el trabajo con sobrevivientes de un trauma, a manera de comparación damos otros ejemplos similares al de Dora en el epílogo de este libro.

Incluso con el conocimiento que se ha adquirido con los años desde el tiempo del tratamiento de Dora, no hay garantía alguna de que podamos obtener mejores resultados del que obtuvo Freud al tratar a Dora. Los adolescentes difíciles desafían la perseverancia de cualquier terapeuta y frecuentemente dejan el tratamiento para no enfrentarse al peligro de la existencia de algún incesto. La terminación repentina es un riesgo cuando el tratamiento amenaza al paciente con una sensación de recapitulación del trauma o cuando el trauma tiene que ser infligido sobre el terapeuta para apreciar su impacto real.

De forma similar, Freud se preguntaba si las cosas hubieran salido mejor para Dora si el señor K. hubiera entendido que, a pesar de la bofetada de rechazo, en realidad ella estaba enamorada de él. Probablemente no. Aun si el señor K. hubiera amado y respetado a Dora y se hubiera casado con ella, es improbable que ella hubiera dejado de reprimir y de desplazar su respuesta sexual hacia él porque él era un objeto contaminado e incestuoso. Freud sostenía que "la incapacidad de satisfacer un requerimiento erótico *real* es uno de los rasgos más esenciales de la neurosis" (p. 110). Al considerar a Dora inhibida neuróticamente para responder sexualmente a su objeto amado, Freud no fue capaz de verla como una joven que había sido traumatizada cuando su fantasía incestuosa se llevó a la realidad de manera inapropiada.

EL CONTEXTO DEL DESARROLLO DEL TRAUMA DE DORA

El caso de Dora ofrece el primer punto de vista sobre la adolescencia en la literatura psicoanalítica. A pesar de que Freud trataba a Dora esencialmente como si fuera adulta, describió muchos aspectos de su desarrollo sin entender sus patrones normativos. Para situar los acontecimientos traumáticos en la perspectiva de su desarrollo, deberíamos examinar la infancia y la adolescencia de Dora.

Solamente contamos con escasa información sobre la primera infancia de Dora. Aparentemente, ella sostenía una relación difícil con su madre, que sufría de depresión. Freud conjeturó que la madre estaba resentida por las proclividades sexuales y la infección de su marido, y que, como consecuencia, lo rechazaba sexualmente. Podríamos especular que la pequeña Dora fue empujada hacia el padre para tomar el lugar emocional de la madre, y librarla de sus deberes sexuales y para preservar su apego hacia el padre indirectamente.

Freud descubrió la masturbación de Dora en su infancia temprana e interpretó que su sentimiento de culpa por este hecho se expresaba mojando la cama, lo que provocó que su padre, preocupado, permaneciera junto a su lecho. Esto produjo una intimidad sexual simbólica en la que el padre cuidaba de las funciones genitourinarias de la niña. Un problema corporal fue sustituido por un problema emocional y produjo un patrón que continuó a lo largo del desarrollo de Dora, el cual se expresó en varios síntomas. Esta fue la primera conjetura analítica de una constelación neurótica de tipo histérico en la que un órgano expresa un conflicto de relaciones objetales internas; idea que elaboró Fairbairn (1954). En algunas ocasiones durante la infancia, Dora fue expuesta al coito de sus padres, lo que la excitó y, al mismo tiempo, la atemorizó, y puede haber contribuido a su masturbación compulsiva. Entre los 7 y los 8 años, la niña repentinamente dejó de masturbarse, lo que sustituyó por la dificultad para respirar –que ella llamaba asma–; síntoma que reflejaba los sonidos de los padres practicando el coito y tal vez también los sonidos de la tuberculosis pulmonar había padecido el padre. A través de la identificación de Dora con la hipocondría de su madre y con la enfermedad de origen sexual de su padre, su desarrollo femenino era esencialmente una enfermedad conversiva, en la cual el carácter se entrecruza con la expresión corporal de los aspectos emocionales.

Freud también pensaba que Dora tenía una identidad masculina inspirada en la identificación con su hermano mayor. Al mojar la cama, trataba de seguir siendo como un niño pequeño, una criatura agreste. Sin embargo, su "asma" estableció una frontera entre las fases de su desarrollo. A los 8 años, por primera vez se volvió femenina, y enferma. Este cambio en su desarrollo constituyó un contexto para su identificación intensa con la señora K. como una mujer deseable, pero enferma.

Durante los años de preadolescencia, entre los 10 y los 13, los niños tienen una regresión y generalmente actúan como impulsados hacia atrás a causa de la tormenta de sexualidad que se aproxima. Los conflictos anteriores se remontan al tiempo que el niño sustituye la agresión por la sexualidad. Las niñas experimentan una nueva preocupación por su identidad de género. Dora manejó este conflicto fusionando su identificación amorosa con la señora K. con una idealización apasionada y sexualizada de ella. Al mismo tiempo, reaccionó violentamente contra sus padres, tal como los niños de esa edad suelen hacer, con odio hacia ambos por su depresión y su traición. Esta es una actitud común del desarrollo en los preadolescentes. La traición consiste fundamentalmente en no poder comprender al niño que está creciendo y en no estar a la altura de la idealización de la infancia anterior. El preadolescente también realiza una denigración despiadada en aras de apartarse de los objetos primarios y de la pareja primaria, lejos de la dependencia que ciñe al niño demasiado y poder formar vínculos fuera de la familia. Entre más haya idealizado el niño pequeño a cada uno de sus padres y a los padres como una pareja, serán más despreciados cada uno y los dos como pareja. Es como si el niño solo pudiera trascender la familia sobre sus cadáveres. Durante esta fase del desarrollo de su hija adolescente, el padre de Dora sufrió desprendimiento de la retina y un estado de confusión, probablemente ambos signos de una etapa avanzada de sífilis. Durante el transcurso de la segunda enfermedad del padre, la señora K. se mudó a su casa y lo cuidó, desplazando a Dora del papel de cuidadora que había desempeñado hasta entonces.

Hemos examinado estos aspectos del desarrollo porque es importante entender que el significado de una situación traumática está determinado por la fase de desarrollo específica en que tienen lugar los acontecimientos. Las niñas preadolescentes y en la primera adolescencia tienden a denigrar a sus madres y a librarse del padre edípico idealizado al enamorarse de figuras que les dan seguridad por ser inalcanzables, como estrellas de música pop o maestros. Este patrón es inocuo si las nuevas figuras de interés y de apego no sexualizan las relaciones idealizadas que se les transfiere, pero los niños son vulnerables durante esta fase a la explotación sexual de la misma manera que la idealización anterior de sus padres los hace vulnerables al incesto. Cuando tales figuras de desplazamiento se vuelven excesivamente eróticas, tiene lugar un ataque al desarrollo del yo.

En el período de la adolescencia sigue el desarrollo heterosexual a medida que los jóvenes amplían sus intereses y se trabajan para establecer sus identidades. Continúan separándose de sus familias originales para relacionarse con sus pares, a menudo estableciendo relaciones cercanas con compañeros del mismo sexo y posteriormente con grupos de ambos sexos. Solo entonces se enfocan en parejas heterosexuales, en las que se encuentra la intimidad en una relación diádica. La separación de la familia de origen para encontrar la intimidad con una pareja heterosexual, que presagia la familia del futuro, puede ser lenta, como sucedió en el caso de Freud mismo, o puede ser rápida, como sucede cuando una mujer joven se casa con un hombre viejo y no necesita esperar a gozar de una seguridad financiera, como fue el caso de la madre y del padre de Freud.

A lo largo de esta travesía de varios años, entre aproximadamente los 13 y los 18 años, las niñas adolescentes buscan su identidad. Son sumamente sugestionables e influenciables, y a menudo prueban numerosas identidades por el influjo de sus figuras de apego. A menudo ensayan numerosas identidades inspiradas en las figuras que aprecian, idealizan en un momento dado a un adulto o a un coetáneo, y en otro momento a otro, desechando la identidad y la ropa que admiraban con anterioridad y denigrando las modas que las entusiasmaban en el pasado. Observamos su carácter voluble, su uso idiosincrático del lenguaje y su absoluta certeza, alternando con una evidente inseguridad sobre sí mismas, sobre sus cuerpos y sobre sus elecciones. A lo largo de estos recorridos tortuosos en busca de un sentido del yo, las adolescentes también buscan una identidad sexual y a la persona o personas que les ayuden a estabilizar tal identidad. Cuando dos adolescentes entablan una relación, cada uno de ellos contribuye con su inseguridad compartida y con sus identidades en formación. Los beneficios de la influencia mutua son inciertos, pero al menos no existe un desequilibrio de poder. Cuando un adulto idealizado impone sus propias necesidades e identidad a un adolescente mediante una manipulación consciente, o incluso a través del proceso más sutil de la identificación proyectiva, existe un gran peligro de una influencia traumática sobre el adolescente sugestionable.

En el caso de Dora, observamos algunas características comunes de los adolescentes al reelaborar el despertar del complejo de Edipo. No obstante, hay numerosos aspectos del caso de Dora que son patológicos. En forma alternativa, Dora adoptó y rechazó una serie de identificaciones con mujeres desequilibradas: su madre deprimida; su tía que murió de anorexia; su gobernanta que se ilusionó y que fue rechazada; la señora K., la compañera de su padre y su probable amante; y la gobernanta de los K., que contó a Dora su aventura amorosa con el señor K. y cómo la había traicionado. Los K. hablaban de su divorcio en presencia de Dora y la convirtieron en la gobernanta de sus hijos, y a continuación el señor K. empezó a cortejarla y a hacerle proposiciones amorosas. El peligro y la ambigüedad en el ámbito de los objetos no incestuosos eran tan grandes que, en lugar de alejarse en forma segura de su familia de origen y acercarse a una familia sustituta no incestuosa, Dora huyó del señor K. y regresó a su padre. Uno de los efectos de esta conmoción era atar a Dora demasiado estrechamente

a la familia cuando, desde el punto de vista del desarrollo, debería ha-
bérsele permitido y ayudado a traspasar el estrecho círculo familiar y
a acercarse a sus coetáneos. En vez de esto, se impidió su alejamiento
de la familia, y la joven quedó aislada y se interesó en demasía en el
pequeño círculo de adultos que la rodeaban.

Lo que Freud no entendió fue que tanto Dora como su padre exin-
dían los ideales y denigraban las cualidades, de modo que se convencieron a sí mismos y a Freud sobre la imagen de la madre como una
mujer tonta, deprimida y obsesiva. La madre al parecer observaba pasivamente que Dora idealizaba a su padre y posteriormente al señor K.
En la forma de vida de la familia se combinaba la sexualización de las
relaciones con la venganza, con la ambivalencia, con la racionalización
egoísta y con el engaño. Freud tampoco abordó qué tanto la actitud
de la madre pudo haber provocado el apego excitante del padre hacia
Dora, su aventura con la señora K. y tal vez otras aventuras amorosas.

Entre la edad de 12 y 14 años, la crisis edípica de la adolescente Dora se desplazó a la familia cercana en lugar de sus compañeros.
Al parecer este patrón continuó en los últimos años de su adolescencia. Pero no solo Dora, sino toda la familia fue incapaz de salir de sí
misma, o por lo menos ampliar un poco el círculo familiar por satisfacer sus necesidades. No es sino hasta el segundo sueño que observamos una chispa de interés por parte de Dora hacia un pretendiente de
su misma edad, un hombre joven que se encuentra apropiadamente
fuera del círculo familiar.

LAS RELACIONES OBJETALES Y LA PERSPECTIVA FAMILIAR

Con todo lo que Freud nos enseñó con el caso de Dora, podemos ir más
allá de sus conceptualizaciones originales valiéndonos de la riqueza
de su descripción a fin de generar un punto de vista contemporáneo.
Apoyándonos en Freud, actualmente podemos tener una visión más
amplia de lo que era posible tener casi un siglo atrás.

Empecemos con un punto de vista sobre las relaciones objetales
de Dora y de su familia. Nos es posible observar la realidad interna del
desarrollo de Dora dentro de la familia; una familia en la cual la de-

presión, la culpa y el engaño eran las características prominentes en sus relaciones. El padre y la madre de Dora formaban un matrimonio sin amor y desesperanzado. Dora era más cercana a su padre y su hermano más cercano a su madre de lo que sus padres eran entre sí. El reproche y la denigración mutuas que al parecer existían entre los padres colorean los objetos internos de Dora con las mismas características de ira y depresión. La insistencia de la joven en que Freud reconociera la veracidad de la versión de su historia puede entenderse como su intento de validar su experiencia de transigir; tal como un adolescente demanda integridad, para que las cosas funcionen bien (Erikson, 1962).

En una versión de las relaciones objetales del relato de Dora, nos es posible entender su búsqueda sexualizada de objetos de identificación y de cuidado de forma diferente. En el matrimonio de su madre y su padre, carente de amor y de sexo, la madre se vale de la enfermedad y de la obsesión para distanciarse de su marido, y su padre utiliza su enfermedad, con sus múltiples síntomas, para mantenerse alejado de su esposa, para justificar muchos viajes sin su compañía y para consolidar relaciones sexuales con otra mujer. Sin embargo, también es verdad que la madre de Dora inconscientemente tolera esta situación, comenzando con su aceptación inicial de la relación de adoración entre Dora y su padre, en la cual Dora es entregada a él a cambio de que este permanezca alejado y su posterior consentimiento en la aventura sexual entre su esposo y la señora K.

De forma similar, la familia ha establecido un vínculo con los K., en el cual el padre de Dora y la señora K. tienen la relación sexual que no existe en ninguna de las dos parejas casadas, en tanto que al señor K. se le permite, e incluso se le alienta, a cortejar a Dora desde que la chica tiene 14 años. En realidad, este cortejo involucra tanto a la señora K. como al señor K. con Dora, por lo que en la relación Dora queda en la posición de un objeto amado e idealizado por los dos, una hija suplente para su propio matrimonio carente de amor.

En esta situación traumática, la relación de Dora con los K. se encuentra fuertemente sexualizada. Con la señora K., la joven escucha intimidades de interés y de fracaso sexual, a la excitación sexual cuando leen libros sexuales juntas y a la estimulación sexual al dormir con una mujer joven bella y sexualmente excitante durante el período del despertar sexual en la adolescencia.

Al mismo tiempo, el señor K., frustrado por su matrimonio y atormentado al ver a su esposa y al padre de Dora en una aventura amorosa apasionada y evidente, busca a Dora, la hija de sus amigos que apenas inicia su sexualidad y que también es la hija sustituta de su esposa. La corteja y le hace proposiciones amorosas al menos desde que ella cumplió 14 años, le envía flores todos los días durante un año y, al mismo tiempo, se comporta como un amigo y asesor de su padre. (El señor K. aconsejó al padre de Dora que viera a Freud cuando sufrió el episodio de confusión, ella tenía 12 años).

Como hemos visto, esta situación traumática incestuosa se dio a lo largo de la fase adolescente del desarrollo sexual. En las familias en que se agrede sexualmente a los niños, el desarrollo de la familia casi siempre se sexualiza mucho antes de que el trauma real comience, como sucedió en este caso. El clima de un matrimonio sin sexo, sin amor, entre los padres de Dora sienta las bases para que su padre se vuelva hacia Dora al buscar un objeto de deseo, si no es que un objeto sexual incestuoso. La depresión de la madre de Dora debe entenderse como derivada en parte de su exclusión del amor del matrimonio, incluso si ella intervino al contribuir a su propia exclusión de la constelación de relaciones objetales inconscientes de Dora. El legado de Dora proveniente de esta situación es una idealización exagerada de su padre y una denigración de su madre. Ella ya se encontraba predispuesta a establecer una escición de este tipo entre sus objetos por la profunda identificación con su madre deprimida y no amada, quien también buscaba el amor desesperadamente. Dora estaba destinada a tener una identificación inconsciente con su madre y hacer realidad sus propios anhelos y abandono tempranos que le transmitía su madre deprimida, volviéndose a su padre y a los K. como forma de compensación.

Dora, al sentirse excluida y traicionada por la pareja que se había convertido en el sustituto de la pareja fallida de sus padres, se decepcionó. Nosotros sugerimos que, más que una relación sexual con su padre, Dora pudo haber querido una relación con una pareja amorosa que la cuidara y la valorara (D. Scharff y J. Scharff,1991). La necesidad de una pareja interna buena representa un incentivo poderoso en las familias normales y ejerce una seducción irresistible en las familias incestuosas, en donde el niño o la niña se ven obligados a formar su pareja amorosa con alguno de los padres. Este deseo de una pareja parental amorosa es lo que lleva a Dora a buscar al señor K., no, como supuso Freud, simplemente para satisfacer un deseo sexual con un hombre mayor. El señor K. parecía atractivo a Dora por su vinculación con la señora K., a causa de su necesidad adolescente de desplazar sus objetos amorosos fuera de su círculo inmediato, y porque él representa la esperanza de que la joven encuentre una pareja amorosa que la cuide.

RELACIONES OBJETALES DEL TRAUMA ACUMULATIVO DE DORA

Puede considerarse que la dificultad de Dora comenzó con la dificultad marital de sus padres; dificultad en la que el fracaso emocional y marital se afronta a través de la escisión y de la identificación proyectiva. El padre escinde su objeto y proyecta la imagen denigrada de la madre e idealiza tanto a Dora como a la señora K. La depresión de la madre se afronta proyectando, por un lado, tanto su sexualidad como sus cualidades atractivas, y, por otro lado, su depresión y su desesperanza dentro de los objetos en Dora. Al mismo tiempo, la madre constituye una pareja emocional con el hermano mayor de Dora. De este modo, la pareja participa en un plan complejo para dividir los objetos buenos y malos, los sexuales y los no sexuales. Los K. también son recipientes de las identificaciones proyectivas de los padres: la idealización sexual del padre hacia la señora K. y su imagen denigrada del self y el amante parental en el señor K. La madre de Dora, de la que sabemos poco, también debe de haber participado en esto, tal vez proyectando un self sexual interno perdido en la señora K. y alentando un objeto de deseo sexualizado en el señor K. a fin de que ellos formaran una pareja con Dora como las que ella no pudo tener.

Las enfermedades de Dora indicaban las dificultades de las relaciones objetales que ella no podía manejar o resolver y su manejo incosciente, ubicándolas en disfunciones corporales. Muchas de estas involucraban identificaciones que Freud ya había observado en su estudio sobre los síntomas de conversión neurótica e histérica. Fundamentalmente involucraban la sustitución no solo de un problema emocional por uno corporal, sino también de un problema relacional (Fairbairn, 1954). Su dificultad respiratoria, su pérdida histérica del habla, una cojera que le apareció después de su apendicitis, la "apendicitis" misma; todo ello tenía un significado simbólico específico. La propensión de su cuerpo a expresar aspectos emocionales aparentemente no solo estaba determinada por la respuesta psicofisiológica constitucional, sino también por el sostén y manejo primarios por parte de sus padres y las cuidadoras.

La familia de Dora tenía una propensión a sexualizar los asuntos emocionales, y sobreenfatizar los aspectos sexuales, tal y como el padre sexualiza la relación con la señora K. y posiblemente con Dora. Por el contrario, no se reconocía la sexualidad cuando era obvia, como demostró la no intervención de la familia cuando el señor K. enviaba flores a Dora. Tampoco se confrontó el hecho de que el padre y la señora K. durmieran cerca y que desaparecieran juntos en el bosque. La impresión general es que la familia estaba impregnada de aspectos sexuales inconscientemente, aún cuando ignora el asunto.

El desarrollo edípico de Dora, que es abiertamente idealizado y apasionado hacia su padre, y denigrante hacia su madre, se construye sobre la escisión y la introyección de la experiencia temprana del cuidado parental como un ideal consciente y otras partes excitantes y rechazantes inconscientemente reprimidas, que, como consecuencia, se asignan al padre y a la madre respectivamente en la etapa edípica. Con su madre hay una identificación negativa y una distancia hostil que hablan de un fracaso temprano, para el cual Dora presumiblemente buscó una compensación en la relación idealizada eróticamente con el padre. Sin embargo, también hay una idealización de la señora K. como objeto erótico y como parte de ella misma; una expresión del *complejo negativo de Edipo*, descrito por Freud por primera vez (1905b) en sus *Tres ensayos sobre una teoría sexual*. Hay poco que decir sobre las relaciones de Dora con sus coetáneos, tanto hombres como mujeres porque su necesidad adolescente de ampliar sus relaciones con ellos se vio severamente obstaculizada por el círculo incestuoso dentro y alrededor de su familia.

La interacción transferencia-contratransferencia reflejó y personificó el peligro sexual que sentía Dora. Por haberlo descrito, sabemos que Freud se sintió seducido por el material erótico que ella le ofrecía; descubrimiento que constituyó una verdadera joya. Él sintió una bofetada cuando la joven rechazó sus ideas, sus intentos de comprender y su situación terapéutica a la que no regresaría. Él sabía, vagamente al principio y más específicamente tras reflexionar, que Dora lo había tratado como al señor K.; primero como un analista que era un posible pretendiente y posteriormente como a un agresor. Tal como en la familia y en este círculo social íntimo, el sexo y el peligro se entretejían. La excitación se exageró y el peligro se ignoró hasta que ya era demasiado tarde. Los padres de Dora –y en la transferencia, Freud– no ofrecieron seguridad y, en cambio, auspiciaron, o parecían auspiciar, el peligro.

Es a través del punto de vista de relaciones objetales que podemos observar el alcance de la situación traumática de Dora. En este caso, el daño no se produce con la rapidez de un solo trauma, como sucede en un ataque sexual inesperado. Tampoco se trata de una descomposición absoluta de familias físicamente incestuosas. La situación es más sutil. La sustitución de Dora por la madre es simbólica y emocional en sus inicios, y se pone de relieve cuando la joven es ofrecida al esposo de la amante de su padre como un sustituto inconsciente de la madre, por una parte, y a cambio de la aceptación de la señora K., por la otra. Sin embargo, la situación es crónicamente traumática. Produce una distorsión en la personalidad de Dora, en su salud y en su vida sexual, lo que no superó ni resolvió. No sufrió estados extremos de disociación o de alteraciones en los estados de conciencia, pero mantuvo una propensión a la depresión y al comportamiento sádico que dominaron su vida y sus relaciones. Su vulnerabilidad se localizaba en las áreas psicosomáticas y sexuales, en tanto que sus síntomas más generalizados incluían el pánico, con una depresión severa, una actitud suicida y tal vez manifestaciones de trastorno límite de personalidad (*borderline*). Las consecuencias del trauma múltiple, acumulativo (Khan, 1963) son devastadoras para el crecimiento, el desarrollo y las relaciones futuras, y difíciles de abordar en un tratamiento.

DONDE FREUD JUZGÓ MAL EL TRAUMA

En esta familia, el sexo era el organizador de las relaciones y proporcionaba la ruta a través de la cual los padres intentaban resolver los problemas relacionales. Hacían esto de diversas maneras. La madre eludía el sexo para evitar relaciones dañinas, en tanto que el padre lo buscaba para obtener cariño. Ambos estimulaban inconscientemente la sexualización prematura de Dora y no le proporcionaban una base segura para su sexualidad.

La madre se sentía insegura sexualmente, y los empeños del padre por conseguir amor involucraban compromisos sucesivos para su seguridad. La consecuencia de esto fue básicamente su capacidad impedida para constituir una pareja parental sólida que proveyera un sostén seguro para Dora. El sentido de seguridad de la joven estuvo comprometido de forma más severa en la crisis con el señor K. La excitación sexual, el ataque agresivo y la traición a su seguridad forman una combinación que penetra en la joven como una falta de confianza dominante en el self o en el mundo objetal. Produce un deseo de venganza hacia objetos necesitados y contribuye al sadismo que los pacientes histéricos transmiten en sus relaciones. Freud no entendió este aspecto del desarrollo infantil y adolescente, centrándose, tal como lo hizo, en el impulso sexual del individuo. Escribió: "Consideré que el hecho de que la joven hubiera contado a sus padres el episodio se trataba de un acto que había decidido bajo la influencia de un deseo mórbido de venganza. Me inclino a pensar que una joven normal se enfrentaría a una situación de este tipo sola" (p. 95).

Por el contrario, una joven normal, con una familia normal en la que confía, recurriría a sus padres, segura de recibir su apoyo. Freud pensó que haber contado a sus padres el episodio estaba motivado por un deseo de venganza, y que se demoró en decírselo porque guardaba la esperanza de que el señor K. persistiera en su proposición. Sin embargo, la reacción de la familia comprueba que aunque relató el episodio no obtuvo seguridad alguna, y la familia dio su propia versión del ataque sin atender la credibilidad y la integridad de la joven.

Freud juzgó muy equivocadamente a Dora en la evaluación de su self central. Debe de haber estado en lo correcto al pensar que la joven fue llevada al señor K. e incluso que se sintió traicionada cuando él la abordó con los términos que ella sabía que había usado al hacer proposiciones amorosas a otra mujer. Sin embargo, desestimó el pánico de la joven cuando su self central se encontraba en peligro y era rechazado. La repulsión de la joven al ser besada por el señor K. y sentir su erección cuando tenía 14 años, su confusión al verlo en la calle, su bofetón y su huida ocurrió porque ella odiaba la idea de la inclinación sexual de este hombre, más el hecho de que la atracción de la joven hacia esta situación, la hacía sentirse mal. Su excitación sexual se convirtió en rabia y pánico al tiempo que el objeto de su fantasía sexual fue violado cuando el señor K. amenazó con volverse un objeto sexual real mezclado con un objeto incestuoso. La reacción de una joven normal no era, como Freud lo supuso, la de una excitación sexual ordinaria y la de corresponder. Una joven normal sentiría disgusto y miedo, mezclados, inquietante, con una excitación. Tal combinación la dejaría confusa, asqueada y aterrorizada. Una joven normal, en tales circunstancias, desea compasión y ser rescatada. Si se siente libre para contarlo a sus padres, obtiene su protección. En cambio, en familias con un ambiente sexualizado y promotor del incesto, se ignoran las denuncias de las niñas hay un oído sordo y un ojo ciego y, en el peor de los casos, se acepta y se promueve una actitud incestuosa.

Esto es lo que Dora obtuvo de su familia. Como reacción a esta serie de sucesos, la depresión de la joven se agravó, su propensión a un desorden alimenticio aumentó y comenzaron sus tendencias suicidas. La familia ofreció a Dora al señor K. como un sacrificio sexual y, en forma similar, a Freud para tratamiento. Tal vez ella abandonó el tratamiento para evitar que sus sentimientos hacia Freud se volvieran abiertamente sexuales o para proteger a la familia de las cosas que ella podría decir si permaneciera en el tratamiento.

Hace algunos años, Fairbairn observó que la razón por la que los niños se sentían mal cuando padecían abuso se debía a que la asociación con un objeto malo producía que el self se sintiera malo (1943a). Freud suponía que una niña normal consideraría a un pretendiente casado ya mayor, como el señor K., un objeto sexual bueno. En la fantasía, tal vez. Sin embargo, la transgresión por parte de adultos, quienes imponen sus demandas sexuales, es tal que al niño no se le permite la fantasía por la inseguridad provocada por la transgresión real. El señor K. no solo impuso su proposición, sino que el padre y la madre negaron la percepción correcta y sincera de Dora sobre la perversidad impropia del acto.

Debe decirse que Freud completó la descripción en un solo sentido. No reprobó el daño de los adultos, pero sí acusó a Dora de desear secretamente sexo y de caer enferma solamente por su incapacidad de corresponder a la proposición, y señaló el fracaso del señor K. de superar la reticencia de ella a corresponderle. Sin embargo, el relato admite otra explicación más plausible: a pesar de su deseo –sobre lo cual Freud probablemente estaba en lo cierto– ante todo, la situación le resultó repugnante de manera inmediata, completa y repetidamente. Desde la primera proposición, se sintió asqueada. Al huir del señor K. en el lago, buscaba seguridad contra las pasiones que amenazaban con consumirla no solo a ella, sino a toda su familia. El primer sueño y su relato dejan claro que ella no esperaba al señor K., sino que tenía temor de él desde aquel día. Por último, dio a conocer a la familia su situación, la cual negó su gravedad a pesar de todo lo que los miembros de la familia sabían. Cuando lo contó a Freud, este le dijo que ella había deseado las insinuaciones sexuales del señor K. y que se había decepcionado solamente porque sabía que él había hecho proposiciones a otras mujeres y no solo a ella.

Anteriormente, los terapeutas que trataban a niños que habían sido víctimas de ataques y abusos sexuales, así como de incesto, se equivocaban, en parte por el legado del caso de Dora, al inferir que el abuso tenía lugar como resultado del deseo sexual de la víctima. Tienen razón en que, siendo niños, sus pacientes tenían un interés sexual en los adultos. Todos lo tienen, todos lo tuvimos. Sin embargo, debe permanecer como un interés fantasioso, correspondido solamente en la fantasía. Lo importante para el self central es que esas fantasías no se hagan realidad. Esa responsabilidad le corresponde al adulto.

No hemos entendido la lección de Fairbairn. El yo central del niño sabe perfectamente bien que no es bueno involucrarse sexualmente con los padres o con los padres sustitutos. Los niños normalmente tienen una profunda aversión al incesto, la cual, en situaciones traumáticas, es acompañada de asco, de disociación y de escisiones profundas del yo. Dora era profundamente aversiva a las proposiciones del señor K., que la excitaban y al mismo tiempo le repugnaban. Para un niño o para un adolescente, este binomio de excitación y persecución de los objetos es lo más difícil de manejar y a menudo tiene como resultado el desarrollo de síntomas histéricos, que van desde los fenómenos de conversión hasta estados hipnagógicos y disociativos que erosionan en forma seria la integración del yo y la integridad del self. Una agresión erótica traspasa las fronteras del yo.

En términos de las relaciones objetales, la familia ubicó el sistema relacional antilibidinal y rechazante en la madre y el sistema libidinal excitante en Dora, y ambos cooperaron para determinar el rol de Dora. De este modo, esperaban compensar la frustración del desarrollo de la madre y de la pareja parental, no solo contribuyendo y apoyando la sexualización del desarrollo y de las relaciones de Dora, sino estableciendo relaciones que eran suficientemente cercanas a la familia de las que todos sus miembros obtenían excitación.

Dora fue seducida y abandonada de numerosas formas por lo menos por tres de los actores: su padre, el señor K. y la señora K. Podemos especular que un análisis más prolongado o que una mayor información confirmarían un papel similar, de su madre, quien debe de haber sido el modelo original para el objeto interno, que, en forma alternativa, excitaba y rechazaba a la niña, y a quien Dora ahora rechazaba de manera tan violenta y contundente. Su trauma no se debe a la decepción del señor K., de la señora K. o de su padre. Su trauma crónico es el resultado de la constante alternancia de seducción y excitación con rechazo, denigración e invalidación. El trauma se debió fundamentalmente a un fracaso de la relación parental y a sus consecuencias, tal como lo desempeñaban los padres mismos con Dora y posteriormente los K. como sus representantes. Esta es la historia en la mayoría de los abusos sexuales por parte de los padres: el trauma es esencialmente uno de una serie de fracasos de la relación padre, madre e hija, cuya parte final y más brutal se representó en la arena sexual.

En el seguimiento del tratamiento, Dora vio a Freud una sola vez después de 15 meses de que ella diera por terminado el análisis. Se enteró de que la joven había ido a ver a los K., los había confrontado con los hechos del asunto amoroso y la escena junto al lago, ellos lo confirmaron, y le contó esto a sus padres. Ella se casó unos años después, cuando tenía poco más de 20 años. Freud dio seguimiento a su desarrollo posterior, con el cual podamos contar, y nos quedamos con la impresión de un resultado sorpresivamente bueno, hasta que Felix Deutsch (1957) reveló los hallazgos que había obtenido en un encuentro profesional fortuito con Dora siendo ya una mujer mayor. Deutsch hizo una revisión de los efectos permanentes del trauma de Dora en su elección de objeto, su sintomatología sexual y su formación de la personalidad. Deutsch nos cuenta que, por el resto de su vida, Dora fue una fierecilla hipocondriaca que hizo la vida miserable a su marido y a sus hijos. El funcionamiento de su personalidad –es de suponerse que esto incluía su conducta sexual– hacía constar los efectos persistentes de su agresividad, depresión y el rechazo a la versión de su familia de las relaciones en respuesta al trauma erótico.

SECCIÓN II

Psicoterapia de las repercusiones psíquicas del trauma físico

9. Trauma focal en una pareja adulta

En este capítulo mostraremos el proceso de desarrollo de la terapia de relaciones objetales de un trauma físico. La primera entrevista es de una pareja con lo que inicialmente parecía ser un trauma de un solo *shock*, severo, que fue causado inesperadamente en una familia que al parecer funcionaba normalmente. El efecto en ellos fue dramático y de gran impacto, y perturbó tanto lo familiar como lo individual. A medida que progresaban las entrevistas de evaluación y las sesiones de tratamiento, se reveló un ambiente de trasfondo traumático. La "normalidad" previa de la versión de la familia sobre su vida podía entenderse ahora como una ficción defensiva mantenida firmemente, la cual le ayudaba a hacer frente al encapsulamiento del trauma con el que luchaban individualmente y que determinaba la de sus relaciones de pareja y familiares. En las sesiones posteriores del tratamiento, comenzamos a observar que las pérdidas ordinarias con las que habían tropezado durante su vida en familia se habían vuelto traumáticas para ellos, irónicamente a causa de su estilo defensivo.

Casados desde hace 12 años, Tony y Theresa tienen tres hijos, una hija de 18 años del primer matrimonio de Theresa, y dos niños, de 8 y 10 años. Tanto el marido como la mujer trabajaban por turnos en una cadena de montaje de electrónica. Ocho meses antes de recurrir a la clínica, Tony sufrió gangrena gaseosa tras recibir una inyección de rutina para el asma, para lo cual acababa de ver al doctor por primera vez. En cuestión de días, se le tuvo que amputar el brazo y hombro derechos para salvarlo de una infección generalizada. Un mes antes de esta entrevista, Tony llamó a la clínica para solicitar ayuda individual y de pareja debido a sufrir el estrés del trauma. La pareja tenía alrededor de 35 años y eran hijos de inmigrantes indígenas sudamericanos nacidos en los Estados Unidos. Tony era el único hijo varón, a quien sus hermanas y su madre adoraban y dominaban, en tanto que su padre alcohólico no pasaba tiempo alguno con él. Theresa estaba sometida a sus cuatro hermanos mayores que ella y a su hermana, que era la mayor de todos los hijos. Sus padres se divorciaron cuando ella era joven; su padre se marchó y el resto de la familia la cuidó durante un tiempo en que su madre estuvo hospitalizada por sufrir fiebre reumática. La suya era una familia compacta que peleaba constantemente.

Para Tony y Theresa, el trauma era acumulativo, el cual culminó en el trauma médico que finalmente los llevó a pedir ayuda. Sus defensas contra el trauma habían determinado la forma en que presentaron su trauma médico como un suceso repentino y aislado, una imagen que no se podía mantener una vez que estaba en marcha la terapia.

Finalmente, en una sesión familiar y en una evaluación detallada del hijo más sintomático, observamos el efecto de estos acontecimientos sobre los hijos y de qué manera el trauma en la familia fue introyectado por parte de un miembro vulnerable de la familia. El avance de las sesiones revela la recuperación del terapeuta de su necesidad inicial de defenderse del impacto del trauma, y muestra la mejoría en su capacidad de sostén a medida de que él y la familia llegan a conocerse.

LA PRIMERA SESIÓN

Dr. David Scharff –Dígame, por favor, ¿qué lo trajo aquí y por qué solicitó una entrevista conjunta?

Tony –Bueno, la razón principal por la que estamos aquí es por el accidente que tuve en febrero, la amputación de un brazo y un hombro.

Dr. Scharff (Dándose cuenta de que Tony se veía en muy buenas condiciones tras un trauma tan reciente y de que se defendía enfocándose en cuándo había sucedido, y no en qué había sucedido.) –¿Febrero de este año?

Tony –Sí, y me recuperé bastante rápido, pero con el tiempo he caído en un estado de depresión.

Dr. Scharff (Reflejando solamente su inicio esperanzador.) –De modo que inicialmente se recuperó.

Tony –Al principio, sí, me recuperé bastante rápido porque veía cómo afectaba a todos; todos estaban destrozados. Y ahora que todos han visto que me desenvuelvo muy bien, he caído en una crisis de depresión. Esto me afecta, nos afecta a los dos.

Dr. Scharff –¿Quiénes son todos los que pensaban que a usted le iba bien?

Tony –Todos los que estaban ahí durante el tiempo en que estuve en el hospital: mis padres, mi hermana, todas las personas de mi familia, mi esposa y mis niños.

Dr. Scharff –De modo que los tenía a todos en mente.

Tony: Sí.

Dr. Scharff –¿Usted cree que se estaba recuperando para contribuir a que se sintieran mejor?

Tony –Sí, creo que actuaba así.

Al estar sentado con esta pareja, sentí el impacto del trauma corporal de Tony. Los dos eran obesos, tenían la piel marrón rosada de las personas de origen indígena y pelo grueso corto, y llevaban camisas y pantalones elegantes. Sentados juntos, impasibles frente a mí, se movían tan poco, que parecía que sus cuerpos eran de piedra, en contraste con sus caras, que estaban llenas de vida y movimiento. La inmovilidad de sus cuerpos era tan profunda que llegué a pensar que podían ser mellizos parapléjicos. A Tony le faltaban el brazo y el hombro derechos, una amputación tan profunda que no podía ser agradable. Sentí la tentación de tocar mi propio hombro para asegurarme de que estaba en su lugar. Su amputación era mucho mayor de lo que estaba acostumbrado a ver, de modo que estar con él era en sí casi traumático. Comprendí que me tomaría mucho tiempo acostumbrarme a su gran pérdida. De modo que me sentí aliviado cuando la pareja dedicó mucho tiempo a repasar los detalles del desastre médico que desembocó en la amputación.

Tony —Siempre he sido la clase de individuo al que lo gusta estar solo; no me gusta que se preocupen por mí. Me gusta mantenerme en pie. Pero, en pocas palabras, lo que pasó es que padecía asma, tenía frecuentes ataques de asma, a intervalos, durante todo el año. Pero siempre me había negado a ver al doctor. Entonces, en enero de este año tuve un ataque que me obligó a ir al hospital para un tratamiento. Los doctores me veían con mucha frecuencia y me sugirieron que visitara a un especialista para saber qué me recrudecía el asma. De modo que eso es lo que hice; fui a ver a un especialista, y algo salió mal cuando fui a verlo.

Dr. Scharff —¿Usted no tenía un ataque de asma en ese momento?

Tony —Durante ese día tuve problemas para respirar, pero en realidad no tenía un ataque declarado de asma.

Dr. Scharff —¿De modo que la razón para verlo era solamente por el problema de ese día, o porque había quedado en verlo?

Tony —Tenía problemas constantes con mi asma. No solo tenía problemas ese día. Era una cosa constante, y quería saber de qué se trataba.

Dr. Scharff —¿Qué salió mal?

Tony —Bueno, había ido ahí el primer día, y me puso una inyección, bueno, en realidad dos. Cuando llegué, el doctor vio que tenía problemas para respirar, de modo que me puso una inyección para ayudarme a respirar mejor mientras seguía con los exámenes que me estaba haciendo. Entonces, poco antes de irme, me sugirió que me pusiera otra inyección para que me sintiera a gusto hasta la próxima vez, cuando él empezaría los tratamientos. Algo pasó con esa segunda inyección. Me fui a trabajar esa tarde y empecé a tener fuertes dolores en mi brazo. La siguiente mañana después de haber trabajado me fui a casa, le conté a mi esposa, y ella me llevó al hospital. Y desperté tres semanas después así como estoy.

Dr. Scharff —Ya veo. ¿Qué pasó mientras tanto, Theresa?

Theresa —Su brazo estaba exageradamente hinchado. Cuando lo vi esa mañana era como un globo. Le puse una bolsa de hielo.

Tony –Todo fue tan rápido.

Theresa –Demasiado rápido… Todo sucedió demasiado rápido.

Tony –Todo pasó tan rápido, porque desde el momento en que fui admitido hasta que me dijeron exactamente lo que había pasado, solo pasaron un par de horas. Todo fue tan rápido que tenían que amputarme el brazo al día siguiente.

Dr. Scharff –¿Por qué al día siguiente?

Tony –Bueno, un día o algo así.

Dr. Scharff –¿Eso era para salvarle la vida?

Tony –Exactamente. Era una situación de vida o muerte, y ellos no tenían opción. Habían intentado la cámara hiperbárica y no tuvo efecto.

Dr. Scharff –¿No tuvo efecto?

Tony –Era una infección generalizada, dijeron que era una gangrena gaseosa galopante. Todo mi cuerpo se estaba infectando, y mi condición empeoraba. Mis riñones habían dejado de funcionar. Bueno, lo que yo escuché sobre todo esto después fue que era la única opción que tenían los doctores, y que incluso así no tenían garantías de que tuviera éxito.

Dr. Scharff –Pero usted dijo que estuvo en coma durante las siguientes tres semanas. ¿A qué se debió eso?

Tony –Fue un coma inducido médicamente.

Theresa –Sí, lo mantuvieron con un flujo continuo de morfina para tenerlo sedado. Toda la familia venía a verlo y pensé que lo mejor era mantenerlo sedado la mayor parte del tiempo porque no quería que pensara: "Aquí está la familia que no he visto durante años –más de 10 años– y vienen a verme". Yo no quería que pensara que se estaba muriendo, que es lo que hubiera pensado si los hubiera visto a todos.

Era difícil de creer que ella hubiera decidido, o que los doctores hubieran recomendado, aplicarle un coma inducido por tanto tiempo, más allá de lo que parecería necesario para el alivio del dolor. El dolor que tenía que ser aliviado debe de haber sido el dolor emocional de la pérdida. Me quedé estupefacto con la descripción de la induc-

ción médica de la disociación. Concordaba con mi propio estado de disociación en la entrevista, en la cual el impacto de ver el cuerpo mutilado de Tony fue tan grande que me mantuve emocionalmente distante de él sin intención de hacerlo porque eso me ayudaba a no sentir repulsión. Era una distancia de la que solo me fui dando cuenta poco a poco mientras charlábamos.

La descripción de la hospitalización, de las operaciones y del período de la recuperación física tomó mucho tiempo, durante el cual recobré mi capacidad de comunicarme en forma más cercana con la pareja. Era como si tuvieran que describir todos los detalles del relato traumático porque si no yo no los entendería. Yo me sentía como el oyente en *La oda del viejo marinero*, de Coleridge, paralizado por el terrible relato que contaba el marinero.

Inicialmente, tras dejar el hospital, Tony estaba alegre, pero distante. Los dos habían trabajado como técnicos especializados cualificados, pero ahora él se quedaba en casa con los niños pequeños mientras Theresa trabajaba doble turno. Durante mucho tiempo, no pudo ver su cuerpo, pero se las arreglaba para cuidar a los dos niños antes y después de que fueran a la escuela. La compañía en la que trabajan los dos había ofrecido todos los recursos para dar una nueva capacitación y volver a emplear a Tony mientras se recuperaba, pero no fue capaz de aprovechar estos ofrecimientos y se dedicó a ver la televisión durante más de seis meses desde que abandonó el hospital.

Tras haber escuchado durante un largo tiempo, pensé que me podía concentrar en su relación.

Dr. Scharff —Bueno, ¿qué pasó desde entonces entre ustedes dos?

Antes de que pudieran contestar, intervine, impelido fuertemente a centrarme nuevamente en Tony.

Dr. Scharff —Tony, usted dice que se ha sentido más deprimido, pero que durante un tiempo ha logrado verse bien y animar a todos los demás.

Theresa —Creo que estaba muy desesperado por su familia.

Tony —Uno tiene que pensar primero en la familia; la familia y los hijos.

Dr. Scharff —Mientras se mantenía alegre, ¿pudo lograr que no le afectara lo terrible que se sentía por su brazo?

Tony —Sí. En realidad en parte quería estar así porque aún era para mí como un sueño. No quería despertarme y enfrentar la realidad. Durante mucho tiempo no pude verme en el espejo. Cada vez que tenía que lavarme la zona, ella lo hacía. Yo no quería enfrentar el asunto.

Theresa —No se tocaba el área.

Dr. Scharff —Al parecer, su brazo está totalmente amputado, ¿no es así?

Después de ver el video de la entrevista, esta pregunta parecía absurda. Queda claro que la amputación es completa y que tuve suficiente tiempo para verlo y acostumbrarme a ello. Pregunté a causa del asombro de mi incredulidad por la magnitud de la pérdida. Estaba respondiendo al impacto del asombro al ver la amputación con la clásica compulsión a ver descrita por Horowitz (1986). Él pensó que nuestros ojos necesitaban más información para resolver la incongruencia entre nuestro esquema ordinario de cómo debe verse un cuerpo -esto es, intacto- y la vista real de un cuerpo ante nosotros -esto es, al que le falta una parte- de modo que los ojos automáticamente se centran en el cuerpo dañado. El hecho de observar también sirve para redirigir la atención a la herida real y lejos de los miedos de castración que se suscitan por asociación.

Tony —Sí, así es, y el hombro.

Theresa —El hombro y la mitad de su clavícula… el hombro y todo.

Dr. Scharff —De modo que usted no lo podía ver al principio. ¿Cuánto tiempo pasó antes de que pudiera verlo?

Tony —Debe de haber sido un par de meses.

Theresa —¡Por julio!

Dr. Scharff –¿Julio? Más de un par de meses. ¡Son casi seis meses!

Tony –Sí. Un par de meses. No podía hacerlo.

Dr. Scharff –¿Qué pasaba si lo intentaba?

Tony –Bueno, sí sé. Ya no tengo problemas con eso ahora.

Dr. Scharff –¿Pero cuándo empezó a verlo por primera vez?

Aunque había intentado que cambiáramos el tema hacia el entendimiento de los efectos de la pérdida en la familia, el poder de la pérdida corporal me regresó a la pérdida física. Esta es la parte donde el trauma de la pareja también se afianzaba. Cada vez que tratan de enfrentar el impacto, encuentran los hechos de la irremediable pérdida física.

Tony –Es como si la realidad estuviera ahí. Es un sentimiento que no puedo explicar, quiero decir que he perdido algo que no puedo reemplazar. Y tengo sentimientos dentro de mí que necesito sacar, pero por ahora todavía me tengo que contener. ¡Muchísima rabia! ¡Muchísima rabia! Tengo muchas preguntas que tienen que ser contestadas. Y nadie quiere contestármelas.

Dr. Scharff –¿Usted cree que puede hablar sobre ellas aquí? ¿Han hablado de ellas juntos? ¿O tampoco ha hablado de sus preguntas y de su rabia con Theresa?

Tony –No, no he hablado con ella de muchas de estas cosas. No es necesario lastimarla más.

Dr. Scharff –¿También está enojado con ella?

Tony –No, para nada. No estoy enojado con ella. Hizo más de lo que yo esperaba, porque ella estaba ahí día y noche, todos los días desde que estuve en el hospital hasta el tiempo en que me puse en pie, día y noche. Es mucho más fuerte de lo que yo pensaba. Y ella vio mucho más de lo que yo vi, porque ella me vio ahí, todo vendado, lleno de tubos. Y ellos fueron con ella para que tomara esta decisión. Y la presión que significaba para ella tomar esa decisión sabiendo todo lo que me afectaría, pero tomar la decisión correcta: "Para que él viva, tenemos que hacer esto. Y usted tiene que firmar los documentos que nos dan el permiso". Creo que eso la lastimó mucho más.

Dr. Scharff —¿Usted cree que esto la hiere? ¿Es cierto, Theresa?

Theresa —En el tiempo en el hospital, creo que no me lastimaba. Porque creo que mi formación médica -trabajé en un hospital- me resultó muy favorable. Me sentía protegida por mi experiencia, sabiendo que estaba en mi profesión y pensando: "Puedo resolver esta situación". Traté de no verlo en forma personal, como mi esposo, sino como un paciente que necesitaba atención. Cuando firmé los documentos, me dije que esto lo salvaría, que era lo que se tenía que hacer, sin importar cómo me sentía. Pero después, cuando fui a una oficina donde el doctor tenía un esqueleto, eso me afectó, porque cuando veía el esqueleto me di cuenta de la parte de su cuerpo que se había amputado. Ese momento fue cuando me afectó.

Dr. Scharff —¿Cuándo sucedió eso?

Theresa —Unos días después de que le habían amputado el brazo. Y entonces lo veía en su cara y en ocasiones en la forma en que actuaba. Le decía lo que creía que quería oír, pero yo sabía que lo estaba haciendo demasiado rápido, y que iba a derrumbarse.

Dr. Scharff —¿Podía darse cuenta de que se estaba precipitando?

Theresa —Sí, que iba demasiado rápido.

Dr. Scharff —¿Y qué pasó desde entonces?

Theresa —Ahora se está desmoronando, y hay muchas confrontaciones y choques, no solo conmigo, sino con toda la familia.

Dr. Scharff —¿Le da muchos problemas?

Theresa —Constantemente peleamos.

Dr. Scharff —¿De veras? ¿Sobre qué asuntos pelean?

Theresa —Sobre todo y sobre cualquier cosa.

Dr. Scharff —Deme un ejemplo.

Tony —Ella cree que yo he cambiado, que no soy tan pasivo como era antes. Ahora soy más agresivo.

Theresa —Antes era muy pasivo.

Tony —Nunca discutía sobre nada…

Theresa —¡Nada!

Tony —Mientras pudiera ver mis juegos de futbol.

Dr. Scharff —¿Y le agradaba esa forma de ser, Theresa?

Theresa —Bueno, me gusta tener alguna discusión, pero no siempre, y no siempre cuando regreso a casa del trabajo.

Dr. Scharff —¿Le gusta tener alguna discusión?

Theresa —Sí, claro.

Dr. Scharff —¿No eran suficientes las discusiones con él?

Theresa —No, antes discutía en alguna ocasión. Pero ahora discute constantemente. Actualmente yo trabajo 12 horas porque doblo turno para compensar que él no trabaja. Y entonces llego a casa y nos ponemos a discutir por muchas cosas. Si llego a casa cinco minutos tarde, discute por eso.

Solo al final de esta sesión evaluativa salió a relucir en la exposición la ira que los dividía. Al iniciar la entrevista, ambos pusieron en acto su defensa compartida alabándose uno al otro, minimizando el resentimiento que los había llevado a discusiones incontrolables e interminables que surgieron cuando Tony superó la inmovilidad y entró en una depresión paralizante. La extensa narrativa que se sentían impelidos a ofrecerme, asegurándome que ninguno de los dos tenía algún resentimiento hacia el otro, recreó la escisión de ira provocada por su pérdida traumática. Esto les había hecho imposible entender los orígenes de su ira, de la cual se culpaban uno al otro todos los días, fracturando un matrimonio que —los dos lo habían afirmado con decisión— había sido cariñoso y de confianza hasta que tuvo lugar la amputación.

Al final de la entrevista, acordamos reunirnos nuevamente durante un período de tres meses de psicoterapia de pareja de un plazo limitado semanal, que parecía un tiempo suficiente, dada la aparente buena adaptación del matrimonio antes del trauma. Acordamos empezar dentro de cuatro semanas. Además, Tony empezaría una terapia individual que le había ofrecido la clínica.

SEGUNDA SESIÓN DE LA PAREJA

Dr. Scharff —Han pasado cuatro semanas desde que nos encontramos. ¿Cómo van las cosas?

Tony —Han pasado muchas cosas desde que nos vimos la última vez. Hemos tenido muchas discusiones. Hubo una realmente mala en la que tomamos la decisión de que sería mejor para nosotros darnos un espacio, en otras palabras una separación temporal. Después de discutir más y reevaluar lo que realmente queríamos, decidimos que no era lo que realmente queríamos. Lo que pasa es que estábamos demasiado enojados por lo que había pasado. Y no nos habíamos comunicado lo que sentíamos exactamente.

Dr. Scharff —De modo que los dos estaban muy enojados.

Theresa (Asistiendo con la cabeza enérgicamente). -Sí, enojados por todo.

Tony (También asistiendo con la cabeza) —Por todo. Pensamos que estábamos enojados entre nosotros, pero no era así. Estábamos enojados con la situación. Estábamos muy enfadados con todo lo que pasaba.

Dr. Scharff —¿Cuándo sucedió esto?

Theresa —Hace dos semanas.

Tony —Aproximadamente hace dos semanas.

Noté que sus cuerpos se movían mucho más que durante la primera sesión cuando me parecieron como si fueran dos grandes estatuas de piedra. Hoy se movían en sus sillas, asentían vigorosamente con la cabeza y hablaban haciéndose eco. Algo que los mantenía inmóviles había desaparecido.

Dr. Scharff —¿Eso es lo más notable que pasó entre ustedes?

Theresa —Es la cereza del pastel.

Dr. Scharff —"¿La cereza del pastel?" Es una forma interesante de plantearlo.

Me impresionó su uso de este cliché. Me preguntaba si Theresa había querido decir la punta del iceberg, pero no parecía ser el caso. Pensé que la frase "la cereza del pastel" generalmente se refería a la mejor parte de algo bueno, una forma extraña para calificar una discusión que había sido descrita como una confrontación fuerte entre ellos, a menos que a ella le produjeran placer los nuevos acontecimientos. Tal vez trató de decir que la discusión remató la forma nueva en que se relacionaban. Theresa especificó más.

Theresa —Creo que gran parte de las discusiones eran solamente charlas incansables. Charlas incansables hasta una explosión importante.

Dr. Scharff —Cuando usted dice que es "la cereza del pastel," ¿qué quiere decir?

Theresa —Sentí un gran alivio después, después de que llegamos al punto más álgido. Después los dos estallamos. Y los dos nos gritamos. Era algo así como: "¡Ya no quiero volver a hablar contigo!" Y solo nos fuimos al piso de arriba. Pero hasta ahora hemos ido al piso de arriba y continuamos la discusión. Como dije, fue la cereza del pastel. Porque no se trató de que solo se sintiera frustrado, y bajara y se encerrara con llave en el sótano y se deprimiera. Lo que pasó es que me seguía por toda la casa adonde fuera.

Dr. Scharff —¿La seguía por toda la casa, gritándole?

Theresa —No, él no es el gritón. La gritona soy yo.

Dr. Scharff —Él la siguió por toda la casa mientras *usted* le gritaba. ¿Por qué la seguía, Tony?

Tony —Bueno, porque caí en la cuenta de que habíamos llegado al punto en que teníamos que tomar alguna decisión. Durante meses y meses y meses discutíamos por cosas sin importancia. Pensé que las cosas iban a llegar a un punto crítico ese día en particular. Ella dijo que no quería discutirlo, pero yo sentía que realmente sí quería. De modo que lo intenté y la seguí, diciendo: "Bueno, esto no es lo que te molesta. ¿Qué es lo que realmente te molesta?".

Dr. Scharff —De modo que usted buscaba una oportunidad para que los dos se enojaran.

Theresa —Sí.

Dr. Scharff —La última vez discutimos que ustedes temían tanto enojarse que pensaban que tenían que alejarse para evitarlo. ¿Se sienten mejor ahora que se desfogaron a sus anchas, que dejaron explotar un volcán de ira reprimida?

Theresa —Siento que no queremos entrar en una confrontación o nos separaremos porque…

Dr. Scharff —¿Tiene miedo de romper su relación si se enojan?

Theresa —En efecto.

No lo entendí. Parecía que juntos les iba mucho mejor. Empecé tratando de persuadirlos de mi punto de vista, pero afortunadamente Tony nos llevó directamente a la historia de las relaciones objetales que explicaban su razonamiento.

Dr. Scharff —Pero la evidencia de estos episodios es que tendrían que romper sus relaciones para evitar enojarse entre ustedes. De modo que como tienen tanto temor de hacerse daño, podrían romper sus relaciones para evitar el daño.

Theresa —Creo que es correcto.

Tony —Pero entonces cualquiera de las dos formas son dañinas.

Dr. Scharff —No lo creo. *No* hablar sobre el asunto es lo que es dañino.

Tony —De modo que lo usted dice es que necesitamos tener un arrebato de ira de vez en cuando.

Dr. Scharff —Bueno, no sé si "un arrebato". El arrebato aparece cuando ambos tratan de ignorar el asunto. Entonces cada vez que surge el problema es más explosivo. Los dos tratan de suavizar las cosas durante mucho tiempo y entonces las cosas explotan. Es lo contrario a ir dejando salir algo de vapor cuando la presión aumenta. Los dos están tan asustados que no dejan salir el vapor, y de pronto encuentran que tienen un auténtico lío en sus manos.

Theresa –Creo que también tratamos de tener cuidado cuando los niños están cerca. No nos gusta discutir enfrente de ellos, a causa del tiempo pasado en el hospital.

Dr. Scharff –¿Antes discutían enfrente de ellos?

Theresa –No, no de esta manera. No, de ninguna manera. Hablábamos, bastante.

Dr. Scharff –No sé sobre las discusiones enfrente de los niños. Supongo que eso no los ponía más ansiosos. Generalmente los niños saben cuándo sus padres les esconden algo, y eso los asusta más que contarles las cosas. No quiero decir que ustedes deberían comportarse en forma terrible enfrente de ellos, pero no reconocer algo también asusta a los niños.

Tony –Mis padres reñían mucho frente a nosotros.

Dr. Scharff –Cuénteme sobre eso.

Tony –Siempre que estábamos ahí, estaban muy enojados. Y generalmente delante de nosotros.

Dr. Scharff –¿Qué hacían?

Tony –Discutían y se arrojaban objetos mientras estábamos sentados cenando.

Dr. Scharff –¿Se pegaban?

Tony –No exactamente. Mi padre le pegaba a mi madre. No frecuentemente, pero tampoco era tan raro Y yo intervenía para evitarlo.

Dr. Scharff –¿Qué pasaba?

Tony –Bueno, yo los separaba y sacaba a mi padre durante un rato.

Dr. Scharff –¿Estaba borracho?

Tony –¡Ajá!

Dr. Scharff –¿Y ella también estaba borracha?

Tony –No.

Dr. Scharff –Él era el borracho. ¿Bebía mucho?

Tony –Sí.

Dr. Scharff –O sea que estaba borracho muchas veces.

Tony –Muchas veces, cuando estaba en casa. No estaba en casa muy seguido.

Dr. Scharff –Entonces estaba en casa borracho. Y ellos discutían mucho. ¿La bebida tenía mucho que ver con eso?

Tony –Ahora creo que sí.

Dr. Scharff –¿Entonces le pegaba de vez en cuando?

Tony –Sí, de vez en cuando. No le pegaba siempre, pero ellos nos despertaban. Hacían tanto ruido. Oía mucho ruido, entonces me despertaba y los tenía que separar. Porque la agarraba y la tiraba contra la pared y trataba de pegarle porque habían discutido. Yo tenía que intervenir. Los agarraba y trataba de impedir los golpes mientras mis hermanas intentaban calmar a mi madre.

Dr. Scharff –¿Cuántos años tenía usted?

Tony –Entre 12 y 13 años.

Dr. Scharff –¿Piensa que tal vez eso también pasaba cuando usted era menor?

Tony –Sé que sí pasaba.

Dr. Scharff –¿Y usted también trataba de separarlos? ¿O antes no lo intentaba?

Tony –Antes de eso no tengo ningún recuerdo. Bueno, tal vez no quería verlo. Pero con el pasar de los años, traté de hacer algo al respecto. Me metía entre los dos. Quedaba lastimado, pero lo veía golpear a mi madre y…

Dr. Scharff –Entonces le pegaba a usted también, solo porque usted estaba ahí.

Tony –Solo porque yo era el hijo, y no tenía que meterme en las conversaciones de mi padre y mi madre. Así, cuando le pegaba a mi madre, pensaba que era mi responsabilidad de hacer algo al respecto. Cuando ellos discutían, es decir, cuando él empezaba a ser abusivo, yo intervenía y decía algo.

Dr. Scharff –O sea que su padre no lo atacaba directamente a usted. Pero usted recibía algún golpe al tratar de intervenir.

Tony –¡Esa era la historia de mi vida! Me pasaba lo mismo con mis hermanas. Mediaba entre ellas, y entonces yo recibía lo peor solo porque intervenía en su castigo. Porque yo también tenía que ser responsable de las acciones de mis hermanas.

Dr. Scharff –¿Entonces qué le pasaba a usted por ser responsable de ellas?

Tony –Me castigaban porque hacían cosas que se supone no debían hacer.

Dr. Scharff –¿Cómo qué?

Tony –Llegaban un poco tarde. O iban a lugares a donde no debían ir. O se reunían con personas con las que se supone no debían de reunirse. Mis padres me preguntaban: ¿"Por qué hacen eso tus hermanas"? Yo respondía: ¿"Cómo puedo saberlo si no estaba ahí"? Pero ellos decían: "Tú eres responsable de ellas y tienes que saber exactamente lo que hacen siempre".

Dr. Scharff –¿Qué tan jóvenes eran sus hermanas?

Tony –Tengo una hermana que es un año mayor y la otra es dos años menor.

Dr. Scharff –¿Pero usted era responsable de las dos aunque una fuera mayor que usted?

Tony –Sí, así era.

Dr. Scharff –El relato de su enojo, el enojo en su familia en la que crecía era muy amenazante. Usted participaba tratando de evitar las amenazas físicas a su madre y en el proceso usted recibía algunos golpes.

Tony –No me molestaba, como dije; prefería recibir el castigo porque yo aguantaba un castigo mayor que ellas.

Dr. Scharff –Esto explica por qué ustedes tratan de no parecer enojados, porque eso es muy destructivo.

Tony y Theresa –(al unísono) –¡Sí!

Tony –Yo vi que eso destruía a mi familia.

Me impresionó la disposición a explicar la historia temprana de los abusos en la familia de Tony, lo cual cobraba sentido con el hecho de que Tony lo evitara ahora, incluso al costo de que nunca hablaran entre ellos con claridad. Me di cuenta de que el trauma de su brazo no era el primer trauma que había experimentado. Empezaba a parecer que en su infancia había sufrido considerables abusos físicos. Me preguntaba si Theresa había vivido una experiencia similar.

Dr. Scharff —¿Y qué hay respecto a su familia, Theresa? ¿Por qué le importa tanto evitar la ira, a pesar de que usted es la que grita?

Theresa —Yo era la menor de seis hermanos. Tenía cuatro hermanos mayores, y mi hermana era la mayor. Ella se marchó, entonces a mí me encargaron que cuidara a mis hermanos, a pesar de que ellos eran mayores.

Dr. Scharff —¿Le encargaron que cuidara a sus hermanos?

Theresa —Sí. Fue una época muy difícil. Iba a la escuela, regresaba a casa, cocinaba y hacía la limpieza y después iba a trabajar. Tenía que cuidarlos y ocuparme de todos sus caprichos. De este modo, tenía que enfrentarme a mis hermanos y siempre peleaba con ellos.

Dr. Scharff —¿Se peleaba con ellos y les decía lo que tenían que hacer?

Theresa —No. Mi madre me decía: "Limpia los cuartos de tus hermanos". Ellos no me dejaban entrar en sus cuartos para limpiarlos, y entonces mi mamá me castigaba. Siempre estaba peleando con ellos. Mi mamá me decía qué hacer, y yo tenía que pelearme con ellos para hacerlo. Llegó el momento en que tuve que seguir las instrucciones de mi madre, incluso si ella no estaba ahí.

Dr. Scharff — Entonces usted no tenía que ser responsable de la conducta de sus hermanos, sino que tenía el papel de criada.

Theresa —Exactamente. Y tenía que cocinar.

Dr. Scharff —¿Pero usted se ponía furiosa con ellos?

Theresa —Sí, los perseguía con una escoba. Nunca he actuado así con Tony. Nunca le he arrojado una escoba ni nada.

Dr. Scharff —¿Y algunas veces no le dan ganas de hacerlo?

Theresa —Ajá. Seguro. A veces tengo ganas de darle un puñetazo. Pero nunca haría eso todavía.

Dr. Scharff —¿Igual que darle un puñetazo a sus hermanos? ¿Por qué no le daría un puñetazo a Tony?

Theresa —Porque cuando empezamos a salir juntos, y charlábamos y todo eso, nos prometimos que nunca nos golpearíamos, sin importar lo que pasara.

Tony —Si llegara a hacer eso, me marcharía. Porque entonces no habría salvación para el matrimonio.

Theresa —Nos marcharíamos. No habría ningún respeto.

Tony —… No habría respeto después de eso.

Theresa —Por lo tanto, nos negamos…

Dr. Scharff —Pero hay una parte de usted que debe tener ganas de comportarse así algunas veces. No le estoy pidiendo que le pegue, Theresa, pero me pregunto sobre esta parte de usted.

Theresa —No, le pegaría a la pared antes de pegarle a él.

Dr. Scharff —¿Lo hace?

Theresa —Sí, lo he hecho.

Dr. Scharff —¿Muchas veces? ¿Se ha lastimado las manos?

Theresa —Tony se ha roto los nudillos algunas veces, pero yo no.

Dr. Scharff —¿En la pared?

Theresa —Sí. En concreto, en ladrillo, en lo que sea.

Dr. Scharff —¿Cuando estaba enojada con él?

Tony y Theresa —Sí

Tony —Salía a caminar y regresaba, y entonces ella me preguntaba: ¿"Adónde vas"? Y ella me veía las manos que estaban sangrando…

Theresa —U oía un ruido afuera de la casa. Y es cuando me daba cuenta de que le estaba pegando a la pared.

Dr. Scharff —Ustedes dos comparten esta idea de redirigir su ira de modo que no caiga en ustedes, no solo para no pegarse, con lo cual los dos están de acuerdo, sino para mostrar respeto en el matrimonio…

Tony y Theresa —O que no caiga tampoco en nuestros hijos.

Dr. Scharff —¿No les pegan a sus hijos?

Theresa —No, los castigamos…

Tony —Todos los niños necesitan una paliza y un poco de disciplina de vez en cuando. Pero no por rabia, ¡no! Si estoy enojado con ellos, los dejo solos y hasta que me calmo, los disciplino.

Theresa —Yo les digo que encuentren una pared. "Mantengan la pared," es la expresión. Ellos saben que tienen que encontrar su pared y estar de pie ahí.

Tony –Es como irse al rincón…

Theresa –De este modo, ellos saben que cuando salimos o algo así, o si se comportan mal en una tienda, les espera la pared.

Dr. Scharff –¡Las paredes sirven de grandes atenuantes en su familia!

Dr. Scharff –Oh, sí, realmente sí.

Dr. Scharff –El problema es que, al usar las paredes de este modo, han constituido una parte de la construcción de una pared entre ustedes, una pared de ira sobre la que ustedes tienen reglas. Y hasta ahora no hay una puerta que cruce la pared. No se trata solamente de que ustedes no se golpeen. Ustedes tampoco dirigen su rabia hacia ustedes. Ninguno de los dos quiere saber si alguno está enojado con el otro hasta que las cosas aumentan tanto que pueden estallar y esfumarse. Entonces, ustedes tienen miedo de que las cosas revienten, de modo que tienen que ocultarlas lo más posible. Por último, sienten que tienen que alejarse entre ustedes para evitar la explosión. De este modo, el matrimonio podría romperse para que ustedes no se enojen. Theresa, su familia tiene muchas similitudes con la de Tony. Este patrón tiene algo que ver con su madre, que le decía que tenía que ocuparse de sus hermanos aunque ellos no lo permitieran. Esto la ponía furiosa, pero usted piensa que si trataba a un marido de la misma forma como lo hacía con sus hermanos, no habría respeto y el matrimonio se rompería. Ahora bien, ¿sus padres se peleaban?

Retrospectivamente, me di cuenta de que minimicé el hecho de que Theresa gritaba bastante a Tony y que él era el que construía la pared al alejarse de ella y se salía de la habitación. Creo que ellos intentaban descartar el efecto acumulativo de la ira de ella, que estaba más vivo de lo que yo había supuesto. Esto resultó ser un factor importante en la aparición de la discordia entre ellos. Pero por ahora, estábamos ocupados descubriendo los aspectos llamativos de la congruencia de sus historias.

Theresa —Mi padre se marchó antes de que yo hubiera nacido, de modo que mi madre solo peleaba con mis hermanos y mi hermana, y yo veía eso. Veía una ira terrible. En una ocasión, cuando tenía 5 años, dejó a mi hermana mayor cuidándonos. Mi hermana nos llevó a la casa de mi abuela y se fue a la playa con sus amigos. Cuando regresó a casa esa noche, mi madre la estaba esperando.

Dr. Scharff —¿Su hermana se fue a la playa?

Theresa —Sí, y mi madre le pegó en forma severa. Abrí la puerta y lo que puede ver fue a mi madre pegándole con el cinturón y cogiéndola por la cabeza para golpear su cabeza contra el radiador. Entonces intervine. Incluso después de eso, siempre decía a mi madre: "¡Pégame a mí, pero no le pegues a mis hermanos y a mi hermana!" y entonces siempre me pegaba a mí. Y yo le pegaba a cualquiera que tocara a mis hermanos.

Dr. Scharff —¿Qué tan mayor que usted era su hermana?

Theresa —14 años.

Dr. Scharff —¿Entonces ella era 14 años mayor que usted, su madre la estaba golpeando a ella, a punto de estampar su cabeza contra el radiador y usted entró y empezó a gritarle a su madre?

Theresa —Sí, yo solo tenía como 5 años.

Dr. Scharff —¿Y usted le dijo a su madre: "Pégame pero no le pegues a mi hermana"? ¿Y qué pasó? ¿Le pegó a usted?

Theresa —Me pegó por intervenir cuando no debía.

Dr. Scharff —¿Pero soltó a su hermana? Y después de eso, ¿usted hacía lo mismo si trataba de pegarles a sus hermanos?

Theresa —Cada vez que veía que iba a pegarles. Ella no les pegaba con las manos, les pegaba con lo que tuviera en las manos...

Dr. Scharff —Por ejemplo...

Theresa —Cualquier cosa. Una olla de hierro fundido, una sartén, cualquier cosa. Se los arrojaba o les pegaba con ellos.

Dr. Scharff —¿Llegó a romperles algún hueso?

Theresa —No, pero me hizo una fisura en el cabeza.

Dr. Scharff —¿Realmente le rompió el cráneo?

Theresa —Me dieron como diez puntadas.

Dr. Scharff —¿Con qué le pegó?

Theresa —Con una olla de hierro fundido.

Dr. Scharff —¿Qué edad tenía usted?

Theresa —Como 10 años.

Dr. Scharff —Cuando oigo este relato, comprendo muy bien que ustedes hayan actuado en la forma en que lo hacen, manejando su enojo tratando de evitarlo y de neutralizarlo.

Theresa —Siempre hemos estado enojados con nuestros padres.

Dr. Scharff —Los dos siempre han estado enojados con sus padres. Tony, usted ha estado enojado con su padre, y Theresa, usted ha estado realmente furiosa con su madre. Pero los dos tenían un papel claro de cuidar niños en sus familias. Ustedes cuidaban a todos. Usted, Tony, por ser el único niño, y usted, Theresa, por ser una especie de niña fuerte que impedía que le pegaran a los otros niños. Como consecuencia, usted recibía muchos golpes.

Theresa —Yo tenía un hermano dos años mayor que yo y muy pasivo. Casi no hacía nada, incluso si le pegaban o le hacían cualquier cosa. Nunca peleaba. Trataba de discutir las cosas en forma calmada y tranquila.

Dr. Scharff —¿Bajaba cada vez más la voz a medida que le gritaban más, como usted dice que hace Tony cuando usted grita?

Theresa —Sí, y nunca gritaba. Mi hermana mayor gritaba muy fuerte.

Dr. Scharff —Creo que usted me está diciendo que su hermana y su hermano son una especie de modelo de su matrimonio con Tony. Él se vuelve como su hermano pasivo y retraído, y usted se vuelve como su hermana que grita, con una combinación de la madre de Tony, peleonera y exigente, a la que él trata de complacer, pero a la que le tiene resentimiento. De este modo, la forma en que los dos actúan constituye un patrón proveniente de las dos familias en las que ustedes crecieron, cada uno tratando de arreglárselas lo mejor posible. Y este patrón se vuelve inmanejable cuando cada uno de ustedes teme haber caído en la actuación de sus padres violentos, temen que los dos pudieran convertirse en una pareja violenta. Así, al igual que su hermano y su hermana reaccionaban de forma diferente ante su madre pegándoles y gritándoles, Theresa se vuelve la gritona y Tony se vuelve el pasivo, el que se retrae, y el resultado es que ustedes son más como hermano y hermana que como marido y mujer.

En esta segunda sesión, el examen del hecho de evitar en forma defensiva la ira los llevó a contarme las historias de su infancia relativas al abuso físico en las dos familias. Se habían organizado para evitar repetir las historias con las que habían crecido. Al igual que sucede con muchas familias, sus valencias al parecer concordaban con esta esfera; una especie de hermanamiento de los objetos internos que reflejaban sus presencias físicas hermanadas. Cada uno de ellos había tomado el papel de "hijo parentalizado" con grandes responsabilidades (Boszormenyi-Nagy y Spark, 1973). Los dos habían elaborado un contrato consciente para evitar todas las manifestaciones de ira y para contrarrestar la violencia en la que habían crecido. Con el paso de los años, Theresa se enfurecía gritando más alto y con más fuerza, en tanto que Tony se retraía más obstinadamente. Sin embargo, en la negociación, se dieron cuenta de que no podían superar la brecha cada vez más amplia entre los dos. Lo que debería de ser una zona transicional para la atención de las relaciones objetales y la resolución cotidiana de conflictos se había convertido en un muro emocional construido a lo largo de los años de matrimonio. Y en la ilustración gráfica de esta metáfora emocional, ambos dirigían la rabia hacia muros físicos, incluso cuando, como en el caso de Tony, se hicieran daño a sí mismos.

Un trabajo meticuloso en la primera parte de la terapia muestra la dinámica que determina el estilo defensivo compartido de la pareja, cuya prudencia expresa una vida compartida de protección contra el resentimiento y las represalias, y de un encuentro terapéutico con esta actitud defensiva. En el proceso, la historia de las relaciones objetales de la defensa revela la trama compartida del trauma y permite al terapeuta conocer las ansiedades que han conformado su sostén colaborativo como una organización vulnerable y mal equipada para lidiar el trauma real, y que propicia la desconfianza en el terapeuta, en tanto un doctor que puede dar el diagnóstico correcto, pero que ofrece un tratamiento letal; esto es, alguien que pusiera al descubierto lo que más temen en el nombre del cuidado parental. Se volvió muy claro que ellos estaban sumamente recelosos de la dirección que estábamos tomando.

En las siguientes sesiones, la pareja pudo centrarse cada vez más en su ira, aunque seguían temiendo que esto llegara a ser inmanejable. A mí me parecía que las sesiones marchaban bien, que estaban creando un espacio transicional más amplio en el que se podían sentir a salvo mientras se contaban los resentimientos acumulados, encontraban nuevas formas de retractar las identificaciones proyectivas y trataban de entender con delicadeza más sobre cada uno de ellos. Hasta que Theresa no se presentó a una cita no sospeché un trasfondo inquietante. Yo permanecí en silencio y me escindí hasta casi el final de mi trabajo con ellos, hasta que se presentó el punto de vista que compartían más y que podía ser peligroso.

LOS EFECTOS DEL TRAUMA EN LA FAMILIA

Primero, consideremos las ramificaciones del trauma en los parientes. En una sesión inicial con la pareja, revisé el efecto de la hospitalización, de la amputación y de la subsecuente tensión familiar en los hijos.

Tony y Theresa explicaron detalladamente cómo habían manejado la situación cada uno de ellos. Su hija de 18 años, Doreen, que con anterioridad obtenía altas calificaciones, ya no iba tan bien en la escuela y pasaba todo el tiempo que podía fuera de casa. Aunque permanecer en casas de amigos podría considerarse como una defensa adecuada para una adolescente, Theresa notaba que Doreen huía, al igual que lo hacía ella, que trabajaba doble turno y se sentía afortunada de estar fuera de casa para evadir la depresión de Tony.

El hijo menor, Miguel, el primero que había pedido ver el pecho y la cicatriz de Tony, al parecer se estaba adaptando mejor. Era curioso, hablador, planteaba los problemas a la hora de la cena. Tras un breve período difícil en la escuela, iba bien nuevamente.

Sin embargo, el hijo intermedio, Tony hijo, tenía verdaderos problemas. Todavía no podía ver el cuerpo de su padre, y sus calificaciones habían bajado. Inicialmente lo describieron como un buen estudiante que ahora reprobaba, no hacía nada en la escuela y se sentaba profundamente deprimido a ver la televisión cuando estaba en la casa. Posteriormente quedó claro que tenía severas dificultades de aprendizaje incluso antes del trauma, aunque se había desempeñado aceptablemente bien en un entorno de educación especial que había ofrecido la escuela. Sin embargo, ahora no podía hacer casi nada. Parecía como si estuviera sumamente deprimido en la escuela y en la casa, y que sus dificultades para aprender habían empeorado notablemente a raíz de la amputación y la depresión de su padre.

Theresa dijo que en las etapas iniciales de la emergencia, estuvo tan preocupada por Tony, que ni siquiera había pensado en los niños y que no fue a casa durante varios días. Primero Doreen y posteriormente los abuelos se hicieron cargo de los niños, y Theresa tenía la impresión de que los niños primero pensaron que su padre había muerto, y tal vez que los dos padres habían muerto.

Les pregunté si les gustaría evaluar la situación general de la familia para ver si alguno de los niños, especialmente Tony hijo, necesitaba ayuda. Ellos estuvieron de acuerdo, y acordamos una sesión familiar poco después de las Navidades.

LA SESIÓN FAMILIAR

La sesión familiar confirmó en forma gráfica lo que Tony y Theresa me habían dicho. Doreen, una joven delgada y atractiva, hablaba con facilidad en forma amistosa, pero confirmó que prefería no hablar de estos asuntos, que huía de la familia y que tenía problemas para concentrarse en el trabajo de la escuela estos días, aunque era una persona ambiciosa.

Los dos niños, Miguel, de 8 años, y Tony hijo, de 10, eran corpulentos como sus padres. Sin embargo, Miguel, era una explosión de energía amistosa, que curioseaba en mis juguetes y hablaba con soltura. Jugó con la ambulancia con un hombre en la camilla que se podía introducir en ella, confirmó que se asustó cuando su padre se fue al hospital, y que cuando no vio durante varios días a sus padres, pensó que podrían haber muerto. Hizo un dibujo con dos árboles de Navidad, uno negro y otro naranja, sin nada alrededor. Le pregunté si sus Navidades habían sido tristes este año porque los árboles ni siquiera eran verdes, y él estuvo de acuerdo. La familia todavía no había regresado, dijo.

Tony hijo presentó una imagen diferente. Se sentó como un bulto en un sillón, con los ojos bien abiertos, captando todo sin decir nada. Como respuesta a mi petición, no pudo dibujar nada y ni siquiera pudo comentar sobre lo que su hermano había dicho o dibujado. Durante gran parte de la sesión familiar, tomó un "transformer", un pequeño juguete de un transbordador espacial que se podía convertir en robot. Mecánicamente movía la nariz y las alas del transbordador para dejar al descubierto la cabeza y los brazos del robot, pero no pudo decir nada acerca de su preocupación. Pude darme cuenta de que su juego con la mente distraída podía expresar su preocupación por el brazo y la integridad de su padre, pero pensé que no daría resultado tratar de hablar sobre esto directamente con él, dado que no podía responder a nada de lo que yo decía. Cada vez que yo decía o preguntaba algo, negaba con la cabeza en silencio y con tristeza, o simplemente decía: "No sé".

En la sesión hablamos sobre el impacto del trauma en la familia, y después indiqué a Tony y Theresa mi preocupación por la depresión de Tony hijo y el declive en su funcionamiento general. De buena gana aceptaron que se le realizara una evaluación individual. Lo vi una semana después.

EL EFECTO DEL TRAUMA PARENTAL EN UN NIÑO

En la sesión individual con Tony hijo, él estuvo tan callado como en la sesión familiar. No estaba huraño, lo que pasa es que no sabía qué decir. Los juguetes, el papel y los rotuladores permanecían sin ser tocados frente a él. Apenas se movía, y en respuesta a que le dije que los juguetes estaban ahí para que los usara, tomó uno, jugueteó con él sin propósito alguno y pronto lo dejó. Respondía a la preguntas en forma monosilábica, y entonces los dos nos quedábamos callados hasta que yo planteaba otra pregunta. Era realmente difícil.

Posteriormente en la entrevista, cuando dejé por un momento de infundir algo de energía a la entrevista, sentí que su parálisis depresiva me había penetrado. Sentí que podía entender lo que era ser Tony, incapaz de moverme o de interactuar con las cosas o con las personas que me rodearan. Me dejé sentir esto por un momento, hundiéndome en ello y aguantando la inmovilidad de la depresión que había penetrado en mí.

A continuación, avivándome, pedí a Tony hijo que hiciera un dibujo de su familia. Tomó un lápiz y contempló una hoja de papel durante algunos angustiosos minutos. Nuevamente no podía proceder, y estuvimos sentados ahí durante algunos minutos mientras él contemplaba el papel y un plumón sujeto en su mano inerte.

Sucedió posteriormente en la entrevista. Sentí que había absorbido bastante de la experiencia de Tony y era tiempo de ver si un cambio de actitud proveniente de una solicitud de jugar podría atenuar su parálisis. Dije: "Ahora vamos a hacer algo diferente. Voy a dibujarte un garabato. Vamos a ver si puedes convertirlo en algo que yo pueda adivinar". Juntos jugaríamos al "juego del garabato" inventado por Winnicott (1971). Esta vez, Tony hijo pudo unirse a mí para hacer una serie de dibujos que aparecían cuando nos tocaba dibujar líneas al azar para que el otro lo completara como un dibujo. Así, podíamos saber lo que había dibujado cada uno. Tony hijo participó en este juego cada vez con mayor interés y entusiasmo. Al principio siguió con timidez mi línea para hacer lo que parecía una serpiente, mostrando su dependencia de mí (Figura 9-1). El sentido de amenaza aquí se vio negado en su siguiente dibujo de una cara feliz estereotipada (Figura 9-2). En forma más audaz, a continuación disfrutó retándome a dibujar (Figura 9-3) y terminar con tres dibujos particularmente reveladores. Dijo que el primero de estos (Figura 9-4) era un dinosaurio. Noté su boca abierta, pero no dije nada acerca de la impaciencia y la agresión que se apreciaban ahí. El siguiente (Figura 9-5) dijo que era un fantasma. Cuando le pregunté si estaba asustado, dijo: "No, está asustando. Es un fantasma que da miedo".

Parecía que se estaba abriendo, y me atreví a preguntarle si alguna vez algo lo había asustado. Eludió la respuesta. Continué en mi empeño y le pregunté si a veces tenía sueños.

—Solo uno –respondió–. Fue en México, durante unas vacaciones mi familia me llevó allí. Soñé que todos estábamos en nuestro automóvil juntos, mi hermano y mamá y papá. Íbamos a alguna parte. Eso es todo.

—¿Y tu hermana? –pregunté.

—Ah, no estuvo allí porque tenía que trabajar –dijo. Él podía continuar, más no dijo más sobre el sueño. –Las vacaciones fueron divertidas.

Podía ver que no íbamos a llegar muy lejos hablando de los temores, de modo que regresamos al juego. Tomé mi turno y dibujé una cara bastante primitiva pero completa. Completó el garabato e hizo una cara (Figura 9-6) que me transmitía toda la fuerza de la fragmentación y desintegración que sentía, que muy bien podría ser la base de la depresión paralizante que había mostrado tanto en la sesión familiar como en la mayor parte de esta sesión individual. Yo especulé que su inmovilidad ocultaba un temor de desintegración que se expresaba en la elocuencia de esta cara.

—¡Está asustado! –dijo Tony–. Se ve como el fantasma que asusta, y él es el que está asustado.

Figura 9-1. La serpiente de Tony hijo. El trazo de Tony siguió el garabato del Dr. Scharff de forma muy ajustada. La imagen de la serpiente es resultado de la dependencia de Tony del Dr. Scharff y de su necesidad de defensa.

Mi experiencia con Tony, corta como fue, me convenció de que él había recibido todo el impacto del trauma de su padre como un temor por su integridad emocional y corporal, y había recibido el trauma familiar como un temor de su desintegración. El sueño hablaba de la esperanza de integración, de una frontera cerrada alrededor de una familia perfectamente encapsulada, autosuficiente en el automóvil, un desenlace que requeriría el sacrificio de su hermana, quien podría recibir bien la extrusión a su edad, dado que de todas maneras tenía que trabajar. Pronto iba a ver que la desintegración era un aspecto que compartían sus padres. Envié a Tony hijo a que se sometiera a una evaluación de sus problemas de aprendizaje, que creía necesitaban una intervención específica, además de una psicoterapia individual, que también requería. Pruebas psicológicas y educacionales intensivas confirmaron mi impresión clínica de un niño con una incapacidad de aprendizaje moderada de toda la vida, que se había vuelto más severa durante el año anterior a causa de su depresión y de la supresión de la agresividad. El psicólogo y yo recomendamos psicoterapia individual intensiva para Tony hijo.

Figura 9-2. La pelota con una cara feliz de Tony hijo. La cara feliz estereotipada refleja una constricción del afecto y la negación del ataque de la víbora.

TRAS EL TRAUMA, LA FAMILIA SE REVELA

A medida que la terapia marital se desplegaba, el relato de Tony padre y de Theresa cambió radicalmente. Lo que inicialmente parecía un trauma focal impuesto a un matrimonio bien avenido se reemplazó por un relato de un trauma acumulativo, que comenzó en la situación de agresión física en las infancias de Tony y Theresa, y que continuó después. Tony se sintió cargado de imposiciones durante toda su niñez al tener que asumir la responsabilidad que debería haber recaído en su padre, y periódicamente tenía que repeler a un padre borracho cuando afrontaba a su madre. El papel parental de Theresa en forma prematura tuvo como resultado un aumento excesivo de responsabilidad y una amargura que ella ocultaba la mayor parte del tiempo. Se marchó de su casa a la edad de 15 años con el fin de escapar de su madre y de sus hermanos, se casó y quedó embarazada de Doreen. Ese matrimonio terminó poco después, y aunque nunca supe mucho sobre él, me pregunto si no fue abusivo. La hija de Theresa, Doreen, tenía 5 años cuando Theresa conoció a Tony, que quería muchísimo a Doreen y la adoptó cuando se casó con Theresa al año siguiente.

Figura 9-3. La cara de una niña hecha por el Dr. Scharff. El Dr. Scharff mantiene la cara de la niña en el mismo nivel del afecto de la cara de Tony. Tony disfrutó el intento del Dr. Scharff para hacer algo con su garabato que era un reto.

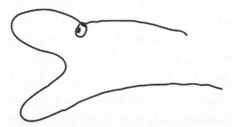

Figura 9-4. El dinosaurio de Tony hijo. Ahora Tony se atreve a expresar entusiasmo, curiosidad y agresión.

Figura 9-5. El fantasma atemorizante de Tony hijo.
Ahora es capaz de enfrentarse al temor y al dolor.

Figura 9-6. La cara de Tony hijo, asustada por el fantasma. Por fin Tony revela
su fragmentación en respuesta a los fantasmas del trauma que dan miedo.

En el curso de la terapia, tras haber confrontado el significado de
las ausencias de Theresa a sus citas, salieron a la luz otros traumas.
El más importante tuvo lugar cinco años antes de que yo los conociera, cuando Miguel tenía aproximadamente 3 años. Theresa tenía
un abundante e inexplicable sangrado pélvico, y tras un diagnóstico
de miomas, requirió una histerectomía vaginal. Después de eso, ella
comenzó a experimentar dolor durante el coito, pero no se lo dijo a
Tony. Regresó a ver al doctor en numerosas ocasiones, pero no le pudo
dar una explicación satisfactoria por el dolor que sentía. Se sometió a
una operación para aflojar la vagina porque se tenía la teoría de que
el dolor se debía a una cicatriz de la episiotomía, pero no hubo alivio
alguno. En esos años, ella empezó a estar irritable y deprimida. Tony

encontró que su actitud era cada vez más difícil de asumir y no podía entender la pérdida de interés en el sexo cuando antes tenían una vida sexual activa y mutuamente placentera.

Llegué a ver a Tony y Theresa como una pareja con una historia traumática de toda la vida, con solo algunos períodos de relativa liberación de este trauma. Su matrimonio se había organizado por un acuerdo mutuo de evitar herirse entre sí, y aparentemente habían logrado hacerlo los primeros años. Sin embargo, la pérdida del útero de Theresa la sumió en una depresión con componentes psicosomáticos. Lo que podría decir es que la imposibilidad de asimilar su daño corporal y la pérdida de su self procreativo precipitó en gran medida la depresión, la ira crónica y la pérdida de bienestar sexual de Theresa. Sin embargo, la pareja nunca habló de esto, de modo que Tony nunca entendió las causas de sus cambios de humor y la pérdida de su interés sexual. Cuando ella me contó en una sesión sobre estos problemas, pregunté a Tony si sabía algo sobre su dolor vaginal.

—Lo sé ahora –me contestó. En respuesta al rechazo él se alejó emocionalmente, al mismo tiempo ella experimentaba su retraimiento y reforzaba su pasividad como una pérdida adicional en un momento en que sentía que necesitaba más apoyo.

De esta manera, la amputación traumática sucedió después de la pérdida del útero y de la capacidad sexual de Theresa. Esto tuvo lugar en un contexto de depresión y de ira y estimuló la distancia y el mutuo resentimiento que ya existía entre ellos. Yo ya no podía considerar su situación como un trauma focal que era posible resolver con apoyo para su duelo y rehabilitación, sino como una situación de trauma crónico y múltiple que requeriría terapia de largo plazo. Ellos estuvieron de acuerdo en asistir a una terapia de pareja durante un período prolongado.

La terapia no marchó bien. Tony y Theresa tenían gran dificultad para abordar la revelación de la ira, que parecía acumularse en la terapia de la misma forma que lo había hecho en su vida, y los dos se mantuvieron firmes por el temor de que pudieran ser arrollados por el resentimiento del otro. Se describieron como paralizados sin que ninguno tuviera intención de moverse primero o seguir al otro. Tony hijo no había tomado la terapia que necesitaba urgentemente porque Tony y Theresa, que habían acudido en forma responsable en la primera fase de la terapia, no continuaron. Poco después de esto, Theresa descubrió que Tony había iniciado una relación amorosa con una mujer que había conocido antes de su matrimonio. Theresa intentó suicidarse y entonces ella comenzó una terapia individual. El intento de suicidio fue particularmente angustioso porque ninguno de los dos trató de contactar al terapeuta individual de Tony, yo, o a cualquier otra persona especializada. Yo no supe del incidente hasta nuestra cita regular, casi una semana después. Tony se volvió aún más inaccesible y poco después se mudó de la casa sin avisar. En ese momento, Theresa estaba considerablemente menos ansiosa; pues lo peor ya había pasado.

Una segunda reunión familiar mientras la relación de la familia se desenvolvía me mostró que los hijos sufrían de la misma falta de comunicación y contacto que había caracterizado a la relación de los adultos. Su padre no les había dicho que se iba a marchar, y la angustia que su madre guardaba en silencio los asustaba. Ninguno de los padres ofrecía una oportunidad para discutir o procesar la gran fragmentación de la familia. La escisión familiar conllevaba el sentido de que el trauma sería transmitido a la siguiente generación.

Poco después, Tony dejó de asistir a nuestras reuniones y tanto él como Theresa abandonaron sus terapias individuales. La última vez que vi a Tony me dijo que podía estar interesado en trabajar sobre su matrimonio en algún momento. "Pero por ahora –dijo– necesito cierta distancia y cierto tiempo para pensar sobre lo que quiero hacer".

Finalmente, se marchó de la zona para estar con sus parientes, perdió contacto con sus hijos y dejó de intentar su propia rehabilitación.

Los efectos de este trauma y el fracaso de la terapia nos confronta con nuestra impotencia. Se siente como un trauma a nuestra integridad como terapeutas. A pesar de haber comprendido considerablemente por qué la amputación traumática era tan debilitante para Tony y para toda la familia, un esquema de terapia claro y consistente, además de terapias individuales paralelas de apoyo, todo lo cual debería haber sido útil, la intervención parecía haber hecho exactamente lo que la familia temía transferencialmente desde el principio. Diseñado para tratar una disfunción, tanto aguda como crónica, a fin de que las cosas mejoraran, el tratamiento, sin embargo, solamente sirvió para echar sal en la herida y no pudo evitar la desintegración de la familia. Tres terapeutas tuvieron que vivir con la decepción de que nadie en la familia parecía haber obtenido cierta ayuda.

Pero si no siempre tenemos éxito, al menos podemos aprender de nuestros fracasos. Una familia más sólida podría haber digerido el *shock* y el horror de la amputación, pasar por el duelo requerido por la grave pérdida y recobrar el equilibrio. Los acontecimientos que hicieron que esta situación fuera tan destructiva para Tony y Theresa trascendían con mucho el trauma focal. Mucho antes de que esto sucediera, la acumulación del trauma del abuso físico en la infancia y las complicaciones de la cirugía reconstructiva en la adultez –y el estilo de la familia al tratar de sobrevivir al trauma desplazando la ira– dieron lugar a un sistema de identificación proyectiva de defensa marital que hizo a la familia vulnerable a los efectos de la pérdida del brazo de Tony, adquiriendo potencial y autoestima como un hombre bien controlado. De este modo, el trauma focal se convirtió en uno más de una serie de traumas acumulativos, la última gota que acabó con la pareja y que pasó el trauma a la siguiente generación.

10. Repetición del trauma en la transferencia

En este capítulo, examinamos las circunstancias de la vida de un hombre de edad madura, cuyo trauma físico estuvo presente desde su nacimiento. Analizamos su adaptación al trauma original y al trauma subsecuente de operaciones, hospitalizaciones, procedimientos médicos invasivos y sesiones clínicas. Suponemos que la terapia conllevará la amenaza de la exposición, de la investigación y de la invasión posteriores, sobre los cuales debe sentir gran ambivalencia. Encontramos que pudo llevar una vida productiva, independiente, pero sin disfrutar del placer de relaciones de largo plazo con mujeres y sin el reto de adquirir mayor autoridad en el trabajo. En su caso, el trauma no condujo a escisiones múltiples de la personalidad. Su respuesta al trauma fue el ser capturado en una fantasía perversa mediante el proceso de *encapsulamiento,* un concepto que expusimos en el Capítulo 3. Examinamos la forma en que su trauma influyó en la transferencia a su terapeuta anterior y al doctor David Scharff en una entrevista. Nosotros utilizamos la experiencia de la contratransferencia del doctor David Scharff para entender el trauma del paciente.

El señor Patrick, un hombre de 47 años, pidió a una recepcionista de la clínica que le asignaran un nuevo terapeuta. Necesitaba una terapia más individual, pero no quería regresar con su terapeuta anterior de la clínica, un psicólogo que le pareció bastante satisfactorio, pero con el que acabó en malos términos. Me lo envió (DES) para consulta antes de asignarlo a un terapeuta. Mi tarea consistiría en ver lo que había ido mal y cómo se podría solucionar. Antes de terminar su tratamiento, vi notas del caso de aproximadamente un año de psicoterapia con el doctor Michaels, y notas referentes a un tiempo anterior en que

257

vio a diversos trabajadores sociales médicos por los problemas de su condición física relativos a la adaptación al trauma.

Nacido con una malformación congénita del tracto urogenital, el señor Patrick había requerido operaciones al nacer, y a las edades de 8, 15 y 26 años. Había consultado muchos doctores y terapeutas, y ahora me veía a mí. Aceptó verme en mi oficina con la videocámara en funcionamiento, pero se protegió de la exposición al escoger sentarse de espaldas a la cámara. Lo que el espectador ve es la parte alta, inmóvil de su silla; sobre eso se puede apreciar su mano que se mueve y gesticula en forma muy expresiva; y en el fondo estoy yo, viendo más bien a ese lugar.

Con el propósito de conocer bastante sobre su historia y su experiencia en la terapia para determinar mis recomendaciones, empecé tratando de hacerme una idea de la razón por la que había regresado a la terapia en este momento. El señor Patrick habló abierta y ampliamente, excepto al responder ciertos temas. No mostró emoción alguna sobre sus intervenciones médicas, pero mientras hablaba sobre estas, ciertos cambios en el flujo de sus palabras indicaban áreas encapsuladas del trauma. A partir de las respuestas de una sola palabra, capté sus sentimientos de que yo lo estaba hiriendo. Solo a partir de que se explayara en la transferencia, su trauma podría comprobarse.

El señor Patrick empezó con bastante soltura:

—Muy bien, bueno, como usted sabe, la historia de mi vida ha sido de problemas físicos desde el día en que nací y el reconocimiento de tales problemas con ramificaciones psicológicas desde, bueno, a intervalos durante años a partir de mis estudios de licenciatura. Ahora tengo 47 años. Hace dos años me trataba el doctor Michaels, y eso se debió a un problema muy específico relacionado con aspectos sexuales, y se logró cierto progreso. Empezamos viéndonos una vez a la semana, y terminamos viéndonos dos veces a la semana. Me sentía incómodo y abandoné las sesiones.

Sin casi ninguna aportación mía, continuó a una velocidad vertiginosa.

—Ahora mismo -dijo- lo que pasa es que me cambié de trabajo en julio, y es el trabajo con mayor responsabilidad que he tenido en toda mi vida. Me he dado cuenta de mi malestar con esa responsabilidad, y entonces, en cierta forma, he estado repasando la forma en que evito la responsabilidad adulta y la forma en que esto se relaciona con aspectos sexuales sobre los que trabajé con el doctor Michaels hace aproximadamente un año. Creo que realmente he intelectualizado mi vida y la he conducido en muchas formas que no me gustan mucho en este momento. No me gusta nada el término "crisis de la edad madura", pero lo que tengo es algo así. Se trata de que observo mi vida en retrospectiva y no me gusta lo que veo.

Además, hay muchos aspectos físicos relacionados con esta cuestión. Quiero decir, como tal vez sabe, y tengo que mencionarlo, uso esta bolsa de ostomía para recoger la orina desde la operación que se me practicó cuando tenía 26 años. Y a mitad del día hoy, tuve un problema de filtración y me disculpo si hay algún olor o algo así, porque ocasionalmente pasa. Así, hay ese tipo de cosas que me pasan y son la causa de que llegue tarde. Tuve que detenerme en el baño y todo lo que implicó, y eso es problemático. Pero, de todas formas, en mayo (ahora regreso al relato) laboraba en mi trabajo anterior, y llevaba este reloj de bolsillo en mi mano y se me cayó cuando estaba cerrando la puerta de la camioneta y lo rompí en mi pulgar. Bueno, tuve dificultades con mi pulgar. No está roto, pero debería haber sacado rayos X del dedo. He sentido esta molestia en el dedo, que no creo –creo que era psicosomático– que fuera racional.

Yo ya estaba impactado por el tejer y destejer del señor Patrick de su experiencia del dolor y las molestias físicas y también por su capacidad de pensar sobre esto y por su confianza en su parecer.

Continuó:

—Me duele un poco y después ya no me duele, así constantemente. Una vez había hecho una cita para tomar estas terapias nuevamente, y me empecé a sentir mejor. Durante años y años me he mordido las uñas cuando estoy nervioso y después que llamé al doctor Michaels para obtener una remisión a la clínica, dejé de hacerlo durante unos días. De modo que el problema es todo este patrón con mi cuerpo. En mi último trabajo alguien me llamó autodestructivo, odio ese término y odio el término masoquista, pero el hecho es que durante décadas me he autocastigado con la forma en que vivo, y quiero hacer algo al respecto.

Pero de todas maneras, he decidido que no me gusta la forma en que he vivido y que necesito terapia. Ha sido difícil. Un amigo me dijo que es impresionante que haya llegado a estas percepciones y demás. Otra persona piensa que es bueno. Bueno, el caso es que no es agradable. Créame, no es agradable, y esto se remonta a mi terapia anterior. No me gusta admitir –y con mi historia física: me quitaron un tumor, me operaron de ostomía, me operaron el cerebro– que me considero una especie de carga para la profesión médica, y ahora también me he convertido en una carga para la profesión psiquiátrica y psicológica y utilizo más recursos de asistencia médica de lo que es necesario. Aunque finalmente he llegado a admitir que los necesito. He tratado de pensar que, aunque es deprimente, sí funciona. Se trata solamente de que tengo un cuerpo defectuoso, y ahora tengo una psique defectuosa o como quiera llamarlo, y yo admito eso. Incluso he pensado que tal vez necesite medicación, porque eso es a lo que estoy acostumbrado, en el sentido médico. Del mismo modo que, como tengo infecciones periódicas en los riñones, tengo un médico que es muy útil. Es el doctor Benson del hospital de Universidad Howard. Cuando me empiezo a enfermar, lo llamo y voy ahí y dejo un espécimen, y es literalmente cierto, me siento mejor. Vale la pena mencionar esto: en enero estaba en Richmond y empecé a sentirme enfermo, le llamé, me regresó la llamada de larga distancia, y realmente empecé a sentirme mejor cuando hablaba con él, a pesar de que la infección no había desaparecido. Y luego, en febrero, creo que tuve un virus en el estómago y estaba muy enfermo –incluso me daba trabajo subir las escaleras– y él me llamó un sábado y empecé a sentirme mejor. Así, hay un asunto que comprende en conjunto el cuerpo y la mente en mi vida… No reacciono de igual manera con los doctores de psicología, como con el doctor Michaels, pero con los doctores en medicina, los síntomas físicos, que claramente existen, se disminuyen, como creo que dije antes.

Cuando se relajó, intervine para sugerir:

—El cuidado de su cuerpo da lugar a una relación especial con el doctor Benson que penetra en usted de una manera diferente a la relación que sostiene con el doctor Michaels, que solo le habla a usted.

—Bueno, ese es un punto muy importante –respondió–. Porque ahora estoy empezando a pensar sobre los dos de la misma manera, porque, como dije, cuando empecé a hablar más con él y las cosas empezaron a marchar sobre este asunto, comencé a sentirme mejor.

Mi interés se despertó. Él creía que necesitaba un terapeuta nuevo, pero había tenido una reacción transferencial positiva al hablar del terapeuta rechazado.

—¿Sí empezó a sentirse mejor? –pregunté con incredulidad.

—Sí, es lo que quise decir, dejé de comerme las uñas, y esos tejes y manejes sobre la responsabilidad adulta dejó de ser un problema tan importante, en realidad casi dejó de ser un problema, y hubo una diferencia notable. Pero hasta hace poco sentí, durante toda mi vida, que tenía un cuerpo defectuoso y necesitaba a los doctores para que me ayudaran y una vez que dejaban ver que estaban dispuestos a ayudarme, me sentía mejor. Pero yo no quería reconocer que era un problema psicológico tan profundo, hasta ahora.

Estaba pensando que este sería un buen momento para preguntarle sobre su terapia y conseguir la historia de la transferencia.

—Entonces usted tuvo la experiencia con el doctor Michaels durante aproximadamente un año, ¿no es así?

—Casi un año –admitió–. Nueve meses, para ser exacto.

A diferencia de su estilo natural y asociativo, su repentina precisión me sorprendió. Tal vez la duración del período de nueve meses era significativo como un período de gestación que tuvo que ser interrumpido antes del nacimiento del descubrimiento y de trabajar sobre el defecto. Sin embargo, posteriormente me alegró no haber especulado. Me apegué a los hechos.

—Usted lo veía primero una vez por semana y después dos veces –continué–, pero durante ese tiempo realmente no estaba dispuesto a admitir que podía tener una necesidad.

—Bueno, ¿qué le parece si digo por qué fui a verlo la última vez? –ofreció.

Sí, quiero saberlo –acepté–. Pero primero me podría orientar sobre su situación médica y después vemos por qué fue a terapia la última vez, y por qué la dejó.

El señor Patrick accedió.

—Nací con una condición llamada extrofia de la vejiga. Eso significa que nunca tendría un pene normal. Estaba completamente abierto.

—El pene estaba abierto –repetí, como para asegurarme de que había oído correctamente y pudiera comprenderlo, pero realmente creo que estaba empezando a reaccionar al trauma y necesitaba un descanso, una oportunidad de ejercer cierto control en la entrevista. Me estaba acordando de mis días en la sala de pediatría y el terrible espectáculo de un bebé que nació con una deformidad así.

—Estaba abierto –afirmó–. La vejiga estaba afuera o algo así, de modo que cuando era bebé, la operaron para que yo pudiera orinar por vía rectal, y eso continuó durante años y años hasta la operación de ostomía. Entonces tuve un pene abierto con pequeñas cosas como cerezas, pequeñas cerezas en la base de mi pene, y se eliminaron cuando me…

—¿Las cerezas estaban? —repetí horrorizado al pensar en la remoción de cosas redondas que me recordaban testículos y, al mismo tiempo, se me borró por completo la edad en la que esto había sucedido. Cuando completó mi oración, mostró que me había malinterpretado.

—...estaban exactamente en la base de mi pene donde estaba abierto, alrededor de mi estómago.

—¿Qué eran? —pregunté, todavía preocupado por los testículos, a pesar de que la voz del hombre tenía un registro bastante masculino y tenía características sexuales secundarias.

—No sé todavía —contestó—. Me los quitaron y durante el tiempo en que entraba en la pubertad y me masturbaba mucho, la eyaculación salía de la abertura.

—¿Entonces la abertura estaba en la base del pene?

—Sí. Donde estaban esos objetos hasta que los quitaron. Entonces, cuando tenía 15 años, cerraron el pene, es muy corto, y cuando tengo una erección, sube contra mi estómago.

—¿Los cirujanos esperaron hasta que usted tuviera 15 años, de modo que usted tuviera el máximo crecimiento del pene, o usted no sabe por qué esperaron? —pregunté.

—No sé —respondió—. No, pero sé que los doctores dijeron que necesitaba una posición especial para el coito, y nunca he tenido un coito a pesar de que soy heterosexual. Yo no quiero vivir en una posición especial.

Yo quería indagar la viabilidad de su potencia. Continué diciendo:

—Entonces, cuando usted tenía 15 años le operaron el pene para reconstruirlo. —Noté que estaba empezando a recibir respuestas cortas.

—Cerrándolo.

—Cerrándolo. ¿Y salió bien?

—Bueno, físicamente sí.

—¿Se ve pequeño, pero normal, es así como es?

—Sí.

Después agregó a su corta respuesta:

—Pero en realidad la erección se produce contra mi estómago.

No podía imaginar la clase de erección que él estaba describiendo. ¿Su descripción sería tan poco clara para cualquiera, o el relato tenía un impacto traumatizante en mis capacidades imaginativas? Yo veía su pene desapareciendo en su estómago como una vagina.

—No estoy del todo seguro de lo que quiere decir con eso –reconocí.

—En vez de salir, se aprieta hacia adentro, y uy, entonces ha habido toda clase de aspectos en la sexualidad durante muchísimos años, muchísimos años… Usted sabe, esta es la parte difícil.

—No entiendo con claridad lo que quiere decir que se va contra el estómago –insistí–. ¿Quiere decir que hay una inflamación en la base del pene que empuja el pene hacia adentro contra su estómago, o quiere decir que el ángulo de la erección empuja el pene contra su estómago?

—De todas las formas –asintió con la cabeza.

—Quiere decir que el pene se hunde contra el estómago –dije todavía sin entenderlo.

—Pero hay una erección –explicó con bastante paciencia.

—¿Hay una erección perceptible? –dije, pareciendo esperanzado y aliviado.

—Sí –dijo y lo resumió con claridad–. En otras palabras, en vez de irse hacia afuera, se va hacia arriba, a causa de la operación.

—¿Y usted puede hacer que se incline hacia adelante? –pregunté.

—Oh, no –dijo–. Lo puedo jalar hacia adelante con mi mano.

—O sea que puede ser una erección que se despliega frente a usted –aclaré.

Él matizó mi percepción:

—Solo si tengo mi mano ahí.

—Muy bien –dije–. Entonces sería suficiente para la penetración.

—Supuestamente –dijo, poco convencido y sin entusiasmo.

—Pero usted no sabe porque no lo ha intentado.

—Es correcto.

¿Habíamos estado discutiendo las mayores preocupaciones y experimentando sus confusiones? ¿O él había estado haciéndose cargo de mi angustia de castración? Al menos yo había mostrado que estaba interesado en los detalles de su condición física, y ahora él tomaba la iniciativa de dirigirse al campo psicológico que había dicho que no le gustaba enfrentar. Como el tema del coito afortunadamente se podía dejar de lado ahora, habló de forma mucho más espontánea de sus preocupaciones.

—Mire –continuó–. La parte más difícil de abordar incluso ahora, y lo ha sido por demasiados años, es mi fantasía sexual. Bueno, es visual. Incluso ahora, de cierta forma, es aún visual. Era con mujeres que había conocido, pero los objetos de mis fantasías eran niñas de 9 y 10 años.

—¿Cuál es la imagen que recuerda de esa edad y de ese nivel de desarrollo? –Yo quería saber, sintiéndome nuevamente en un campo familiar.

—Cuando tenía alrededor de 12 años y medio, una amiga de la familia, una niña de 9 años que me mostró su vagina y todo eso, entonces fantaseaba y recordaba eso.

—¿Qué pasó en ese episodio? –pregunté.

—Bueno, solo pasé la noche en su casa, porque mis padres estaban fuera de la ciudad o algo así. Íbamos a ponernos las pijamas. Entonces ella se quitó los calzones y se sentó en la cama frente a mí. Competimos para ver quién lo hacía primero. Entonces me fui a otra habitación y me puse la pijama y regresé a su recámara. Ella no prestaba ninguna atención. Entonces puso sus piernas hacia atrás para quitarse sus calzones, y yo encontré eso muy excitante.

—¿Es la única vez que ha visto una vagina de mujer o de niña? –pregunté.

—No, en absoluto –dijo–. Voy a bares en que hay mujeres nudistas. Compro revistas…

—¿Hubo incidentes durante el resto de su adolescencia? –pregunté esto para saber si no había tenido en absoluto exploraciones adolescentes que hubieran podido ser más excitantes que este recuerdo de su infancia.

—Tal vez no –admitió–. Bueno, hasta cierto punto, vi a mi madre desnuda. No muchas veces. Tal vez una o dos veces, cuando tenía 12 años. No fue tan agradable, quiero decir, el pelo púbico y cosas por el estilo.

—¿No tan agradable significa…?

—Sí, tal vez no debería haberlo visto, y toda esa clase de cosas.

—Entonces, ver a la niña fue excitante cuando usted tenía como 12 años –dije–. Pero ver a su madre no fue tan agradable. ¿Le dio asco? ¿Le asustó algo? ¿Qué?

—Mientras hablamos de eso pensé que se veía extraña–. Al relacionarlo con una mujer adulta con la que había estado, continuó:

—Porque entonces recordé, cuando tenía 21 años, me involucré con una mujer en Grecia, y ella tenía mucho vello púbico. Esto es lo más cercano a mi amor verdadero en toda mi vida. Aunque solo estuvimos juntos ese verano, me involucré con ella. En realidad, no me gustaba que tuviera tanto vello púbico. Después, cuando tenía 26 años, me involucré en nudismo social en Europa. Estaba dispuesto a quitarme toda la ropa, y lo disfruté mucho. Parte del gozo fue ver jóvenes desnudas, sin duda. Mujeres jóvenes y adultas también. Pero hasta ahora no me gusta el vello púbico en las mujeres. Incluso en las revistas que empecé a conseguir por los años 68, 69, 70, revistas pornográficas de mujeres, nudismo social, cualquier cosa, yo prefiero el menor vello posible, sin lugar a dudas.

—Muy bien –dije–. ¿Y qué hay de las fotografías de hombres?

—No me gustan.

—¿Fotografías de hombres y mujeres juntos?

—No me gustan. No.

—Lo que le gusta es ver mujeres… –empecé a decir.

—Sí –dijo enfáticamente.

—Pero entre menos vello púbico tengan, le gustan más –concluí. Pero él no había terminado.

—De preferencia *sin* vello púbico, porque hay revistas así ahora.

—Donde no hay vello púbico –repetí–. Una última pregunta: ¿los pechos?

—Realmente no me interesan.

—Muy bien –dije–. Ya entendí. Entonces son las áreas púbicas femeninas sin vello. Y de todas ellas, le interesa ver los genitales de mujeres adultas, solo si no tienen vello púbico. Pero, ¿hay algo más que quisiera decirme sobre su interés por las jóvenes?

—Sí –dijo –. Es lo que cambió desde 1990, en la terapia con el doctor Michaels. Es la buena noticia.

Comencé a sentir que nos estábamos acercando al problema que trabajó en la terapia que tuvo.

—Entonces, cuénteme sobre eso –dije–. ¿Esto nos lleva a lo que originalmente le hizo buscar el tratamiento?

Pero no llegué a "ver" eso todavía. Él desvió la conversación para darme más detalles sobre sus deseos de ver los genitales femeninos.

—Bueno, hubo dos incidentes –me dijo–. Primero, había una mujer con la que trabajaba cuando vivía en Palm Beach, y cerca del año nuevo de 1990, regresé a visitar la zona y la llamé. Solo hablé con ella por teléfono y hablamos de los viejos tiempos. Me dijo que ella y su esposo pasaban el rato desnudos en su jardín posterior y eso me pareció muy excitante. Esta era una mujer que conocí cuando estaba casada, pero alababa su físico, y cosas así. Desde entonces, ella se divorció y se volvió a casar, pero nosotros no tuvimos nada físicamente. En cualquier caso, le escribí una carta en que le decía que había encontrado toda la conversación muy excitante y le hacía una serie de preguntas sobre su nudismo. Después le empecé a preguntar sobre su masturbación y ese tipo de cosas. Pero resultó una carta muy inapropiada. Me contestó una carta amable, pero en la que me decía: "No quiero que me escribas más".

Bueno, escribí una carta disculpándome. Pero me regresaron esta segunda carta unos días después sin abrir y marcada como

"Regrésese al remitente". De modo que fue la primera carta la que le provocó que dejara de escribirme.

Pero algo pasó un poco después ese mes, que es la otra cosa que quiero contarle. Fui a visitar a mi prima Sue, que tiene una hija como de 12 años. Ah, se me olvidaba esto hasta ahora: Sue es unos años menor que yo, y es la otra persona que vi desnuda cuando era niño. Es una prima con la que todavía tengo relaciones cercanas. Y de forma completamente natural me dejó entrar en el baño con ella, por lo menos una vez.

Educó a su hija para que fuera como ella, de modo que fue realmente cierto que desde que nació la hija de Sue en 1980, yo deseaba verla cuando tuviera entre 9 y 10 años, no más pequeña, pero no necesariamente más grande. El verano de 1989 estuve con las dos en la piscina de la madre de Sue, y la pequeña hija estaba cambiándose el traje de baño sin ningún recato, pero en el momento en que iba a verle la vagina, mi tía se puso entre nosotros. De modo que estuve a punto de ver su vagina, pero no pude. Eso fue frustrante, esperé tantos años para poder hacerlo. De modo que el siguiente enero las fui a visitar. Mi habitación estaba junto a la de la niña, y los dos nos levantamos temprano el domingo y charlamos. Yo dije algo como "Te estás convirtiendo en una mujer joven", y ella dijo algo sobre el crecimiento de sus pechos. Entonces le pregunté si tenía vello púbico, y me dijo que no.

Bueno, toda esta situación me hizo sentir preocupado, porque pensé que probablemente se lo diría a su madre. Por tanto, se lo confesé a Sue. Porque durante años y años y años, yo pensaba, bueno, he tenido estas fantasías sobre las niñas, pero nadie sale dañado. Yo puedo salirme con la mía. Pero entre la carta a esa mujer y esta situación con la pequeña niña de Sue, pensé que esto se estaba convirtiendo en una amenaza para la sociedad. Tenía que hacer algo al respecto. Y eso es crucial, porque pensé por primera vez que la terapia era un castigo que yo merecía por ser una amenaza para las mujeres. Dije a Sue que necesitaba una terapia, porque había hecho algo malo y necesitaba cumplir mi condena. Sue se mostró muy abierta al respecto.

–¿No terminó su relación con usted? –dije.

–No, fue muy comprensiva. Como le dije apenas el pasado fin de semana, el hecho de que fuera capaz de decirle todo este problema con las niñas fue en sí mismo muy positivo.

–Entonces, usted no *vio* a su prima joven –dije–. Usted solo preguntó por su desarrollo. Pero usted podía sentir que se estaba entrometiendo, y que quería más, supongo; pero usted también sentía que no iba a ser bueno para esta niña ni para usted.

–Sí, y es realmente cierto que mis sentimientos hacia las niñas han cambiado con la terapia.

–Muy bien –dije, y aproveché su referencia al cambio de terapia a fin de dedicarme al tema central de su cambio de terapeuta–. ¿Qué pasó en su terapia? Usted ya dijo que fue un castigo autoimpuesto por su mala conducta, el precio a pagar por su peligrosidad para la sociedad.

–Bueno, también con la esperanza de hacer algo sobre la amenaza que yo representaba –contestó de una forma más bien positiva.

–Usted también tiene la idea del cambio –estuve de acuerdo–. Pero ¿era el precio que usted tenía que pagar y el cambio que usted tenía que hacer solamente por ese aspecto de su conducta o por cierto carácter destructivo?

–Porque la conducta era producto de mi psique –aceptó.

–Entonces, usted también está diciendo que se consideraba a sí mismo como una persona potencialmente peligrosa para cierto tipo de personas –dije.

–Al menos, podría volverme peligroso –matizó mi interpretación–. He tenido estas fantasías durante décadas, y nunca las llevé a cabo cuando tuve a una niña cerca, hasta ese día con mi pequeña prima. Excepto que fui a esos lugares nudistas, y ahí, desde luego, tuve una buena vista.

–Usted dice esto como si fuera diferente –percibí–. ¿Sentía que en la situación nudista usted tenía mayor control, de modo que se podía limitar solo a ver?

—Sí –aceptó–. Ellas ni siquiera se daban cuenta de que las estaba mirando.

—¿Alguna vez ha acariciado o tocado a una niña? –pregunté para asegurarme de qué tanto peligro había de que la perversión hubiera sido puesta en práctica.

—¡Oh, no! ¡No, nunca! Nunca haría eso.

—¿Alguna vez le hicieron algo? –pregunté–. ¿Alguien lo tocó alguna vez?

—Bueno– comenzó–. Esto es algo muy útil que aprendí en la terapia, algo en lo que no había pensado antes. Hasta el día de hoy me siento incómodo con el tocamiento íntimo. Doy el crédito al doctor Michaels por darse cuenta de la causa de esto.

He aquí otro informe positivo del trabajo con el doctor Michaels. Yo seguía preguntándome qué demonios había resultado mal. Mi entrevista no era perfecta, pero él parecía mostrar mucha paciencia conmigo. Mientras permanecía sentado pensando sobre esto, él continuó.

—Cuando era niño, en el hospital, siempre que tuve que ir para chequeos, ellos tenían jornadas médicas. Los doctores traían montones de estudiantes, y examinaban mi pene frente a muchos extraños con el fin de mostrar la cicatrización quirúrgica y ese tipo de cosas. No pensé mucho en ello, pero sucedía constantemente. Era como: "Ah, bueno, esta es su historia médica, vamos a ver cómo está evolucionando".

—¿Esto sucedía frente a todo el equipo, con gente que entraba en grupo? ¿Usted era el tema de las jornadas médicas en un anfiteatro abierto, o algo por el estilo? –Yo recordaba mis días de estudiante de medicina. Antes en la entrevista, me sentí contento de que mis estudios de medicina me hubieran preparado para hablar sobre la extrofia de la vejiga. Ahora me sentía incómodo y explotador.

—Bueno, no era una habitación privada –agregó–. Era en una sala abierta. Era un gran hospital. O sea, estoy contento de haber ayudado al proceso de enseñanza, pero yo…

–Usted piensa que fue traumático para usted, ¿no es así?

–No, yo no diría traumático –difirió–. Pero la idea de que a uno lo tocaran en público, y ese tipo de cosas, no era fácil.

–¡Ah, entonces esta era la situación en donde a *usted* lo tocaban! –exclamé–. A usted también lo debieron de haber examinado en privado, pero el hecho de ser tocado y que lo mostraran en el lugar público de las jornadas del hospital parece ser una situación especial que era importante para usted y, en retrospectiva, incluso traumatizante. Yo supondría.

–Cuando hablo con usted, sí lo pienso –dijo–. Pero creo que no pensaba eso en ese tiempo. Solo sentía que era un objeto de investigación.

Ahora mi contratransferencia ya no hizo sentirme incómodo. Me di cuenta de que estaba contribuyendo a una repetición del trauma de las jornadas médicas del hospital, pero delante de la cámara. Supuse que pudo existir este elemento en su transferencia hacia el doctor Michaels. Yo podría llegar a eso hablando sobre su transferencia hacia el contexto de la entrevista.

–Ahora bien, ¿qué le parece estar aquí? –pregunté–. En una habitación privada, pero delante de la cámara en este momento. Me parece que tengo la posibilidad de hacer que usted se sienta de la misma manera. Estamos agradecidos de que haya aceptado ser entrevistado en este entorno, pero ¿qué hay sobre el lado negativo de esta situación?

–Bueno, usted tiene razón –dijo–. Es más o menos lo mismo, especialmente porque toda la discusión sobre mi interés en las niñas es bastante incómoda, pero como digo, incluyendo esta entrevista, creo que los doctores realmente me salvaron mi vida, por lo que tengo una deuda de gratitud hacia ellos. Hace poco estuve en el hospital y pregunté a un doctor qué hubiera pasado si no me hubieran operado. Me dijo que probablemente no estaría vivo. Yo lo creo. ¡Me salvaron la vida! O sea que si no me hubieran operado siendo bebé, hubiera podido morir a la edad de dos años, porque no podría haber orinado normalmente, y hubiera muerto de una infección de los riñones.

—Usted está convencido de que los riesgos hubieran sido mayores sin la intervención médica –dije.

—¡Ah, desde luego! –recalcó enfáticamente–. Por eso siento gratitud. Lo que es interesante sobre esto es que empecé a verme a mí mismo no solo como un espécimen físico de interés para la profesión médica, sino también como un espécimen psicológico. Especialmente ahora que discutimos los asuntos de las niñas.

—Es con lo que usted se sentiría más incómodo discutiendo en cualquier entorno –reconocí–. Aquí, estando bajo la cámara, ofrece la misma clase de intensificación de la situación, y equivale a ser tocado íntimamente, como cuando estaba con el grupo de observadores en aquel lugar. También puede sentirse como una violación.

Él quería sacarme del apuro:

—Sin embargo, la diferencia es que entonces yo era niño –exclamó–. Y en ese tiempo yo no daba mi consentimiento, lo que sí hago ahora.

—Muy bien –dije, capaz de dejar ese asunto y seguir adelante–. Déjeme ver si puedo tener una idea de su experiencia médica. También tuvo algunas otras operaciones, ¿no es así? Las primeras fueron para cerrar su vesícula para poder orinar. ¿Siempre era a través de una bolsa?

—No, lo hacía por el recto –me recordó.

—¿Hasta cuándo? –tuve que preguntar.

—Hasta la bolsa –dijo. –Una respuesta obtusa.

—¿Cuándo se la instalaron? –pregunté de forma más precisa.

—1971–contestó. Tras una pausa, agregó: – A los 26.

Me respondía con las frases cortas que ya me había dado cuando hablábamos sobre su pene y la extirpación de las "cerezas".

—¿Por qué cambiaron la forma de orinar? –pregunté, obteniendo una respuesta más larga esta vez. Parecía que podía conocer los hechos, pero despojados de cualquier relación con la pérdida del cuerpo que yo hubiera esperado.

—Porque orinar por el recto produce infecciones de riñón –explicó–. En 1970, dijeron que podían ponerme una bolsa o quitarme un riñón. Yo dije que no quería llevar una bolsa, que ya había demasiadas cosas malas con mi cuerpo, de modo que les dije que me quitaran el riñón. Pero eso no resolvió el problema. Si hubiera sabido lo que sé ahora, todavía tendría dos riñones. Pero el doctor dijo que parecía que a mi riñón le había pasado por encima una cortadora de césped, de modo que…

—O sea que no representó una gran pérdida.

—Al parecer no.

—¿Cómo está su otro riñón? –pregunté.

—Normal –dijo con orgullo–. Bebo muchísima agua. Soy muy buen paciente. Sin embargo, me dan infecciones periódicas, pero se controlan por completo. Generalmente me dan en verano. Este verano no he tenido ninguna. Durante un tiempo tomaba medicinas todos los días, pero decidí que los gérmenes no podían eliminarse en forma permanente, de modo que dejé el tratamiento y ahora solo lo sigo cuando tengo alguna infección.

En mí estaba tomando forma el sentido del trauma médico. Era un alivio oírlo exponer su fuerza y orgullo para lidiar con su único riñón bueno.

Empecé a elaborar una lista.

—Entonces, siendo niño le operaron el pene, después le quitaron un riñón por una infección y luego la operación para colocar la bolsa. ¿Y desde entonces?

—Cirugía del cerebro –dijo.

No podía creerlo. ¿Y qué más?, pensé. Pregunté:

—¿Para qué?

—No le contaré toda la historia –lo dijo como si quisiera ahorrarme todo el relato–, pero en 1986 me masturbaba y después de eyacular, me sentía mareado. Era claro que algo pasaba. Estaba realmente mareado y tenía dificultades para caminar cuando me levantaba en la mañana. Eso se prolongaba durante días. Algo estallaba en mi cabeza.

—¿Un vaso sanguíneo? –sugerí.

—Supongo que sí –dijo como si fuera irrelevante–. Acudí para cirugía y se hicieron cargo de mí.

Esto era extraordinario. Él sabía mucho más sobre su sistema genitourinario que sobre su cerebro.

—No hay ningún daño –dijo despreocupadamente–. Estoy muy bien. Creo que mi mente es mi parte más fuerte, y no quiero que sea afectada.

Me di cuenta de que el cerebro, ya recobrado, no era considerado como una amenaza semejante al otro daño del cuerpo que podía arreglarse, pero no corregirse. Consideraba su problema del cerebro como simplemente incidental a causa de la experiencia de masturbación, en lo que esto haya consistido.

Regresé al tema y dije:

—Usted mencionó que fue después de la masturbación cuando experimentaba el mareo que lo condujo a la operación del cerebro. ¿Cree que el problema cerebral está relacionado con su masturbación?

—Puede haber sido eso –comentó–. Pero no dejé de masturbarme. Bueno, dejé de hacerlo durante mucho tiempo después de la cirugía porque estaba algo preocupado de que el esfuerzo excesivo hubiera producido lo del cerebro; pero en realidad, fue una casualidad después de la masturbación. No voy a dejar de hacerlo, pero la cuestión más general es que nunca sé cuándo me va a traicionar el cuerpo.

—No es una parte en la que usted pueda confiar –estuve de acuerdo.

—No es solo eso. Es que creo que realmente estoy siendo castigado por algo.

Pensé en la posible causa de su castigo. Tal vez la emoción poco común de masturbarse hasta conseguir el orgasmo con una eyaculación que viniera de la punta de su pene intacto la sentía como inmerecida, siendo un joven que se consideraba tan desprotegido y defectuoso.

Traté de afrontarlo directamente:

–¿Cuál es la razón para ser castigado?

–Esta es la parte rara –dijo–. No conozco las causas de la culpa. En la clase de psicología aprendí que hay tres consecuencias de la culpa, que no son racionales, pero no las recuerdo. Si trato de recordarlas, tengo tres preguntas, pero ninguna respuesta viene a mi mente. "¿Por qué me hicieron esto?", "¿cómo sé lo que debo hacer?" y "¿por qué la naturaleza me hizo esto?"

Tal vez esto fue demasiado para mí. Las tres respuestas hablan poéticamente de su sensación de castración. Si me hubiera quedado en eso con él, podría haber oído más de su sentimiento como un joven herido, imperfecto, que se sentía castrado. Tal vez para enfrentarse a eso, él se imaginaba como una de las niñas cuyos genitales él ansiaba ver. Tal vez él añoraba su yo anterior prístino, no fálico, antes de que tuviera el pene del cual su cirujano estaba tan orgulloso. Sin embargo, había otro campo que había que abarcar en esta única entrevista, y decidí dirigirme a la historia de las relaciones objetales.

–Quiero cambiar un poco ahora para preguntarle cómo se llevaba con sus padres –dije.

–Bien con mi padre –comentó–. Pésimo con mi madre. Mi padre murió de un derrame cerebral a los 62 años. Éramos cercanos. Pero él era callado, no hablábamos mucho. Desde que era niño, jugábamos a la pelota después de cenar, y eso ayudó a unirnos hasta que murió en 1966.

Por otro lado, mi mamá era muy buena cuando yo era dependiente, pero no le gustaba que me independizara. Empezamos a llevarnos mal cuando fui a la universidad. No me acuerdo de que mucho antes eso fuera un problema, pero después de eso se convirtió en un gran problema. Cuando murió, en 1989, no le hablaba. Ni siquiera la visité en el hospital. Hacía mucho tiempo que no nos hablábamos. Esto sucedía por temporadas. Después yo cedía y le empezaba a hablar, y entonces algo más pasaba. Quiero decir que era el tipo de situación que ella había establecido en que había una forma buena y una forma mala de hacer las cosas. Solía decir: "Estás haciendo las cosas mal". Este es el tipo de cosas por las que siento que necesito terapia, porque me doy cuenta de que las correcciones son inevitables. Estoy hablando de que tengo una psique defectuosa. Pero me pregunto si tenía que haberme tomado sus palabras tan en serio y con tanto enfado como lo hice, porque evidentemente ella no estaba precisamente en su mejor condición. Me doy cuenta de que fue mi personalidad lo que me hizo reaccionar desproporcionadamente en ciertas situaciones. Permití que afectara toda mi vida. Incluso el aspecto autopunitivo. Por ejemplo, tengo un buen amigo que está todo paralizado desde el cuello, y que no nació así. Pero lleva una vida excelente y con éxito, a pesar de que ha significado una lucha para él. *Podía* poner excusas por su situación física. Comparado con él, mi situación no es tan grave. Pasé años preocupado pensando cómo me verían las mujeres sin ropa, y fui a estos campos nudistas y parecía que a nadie le importaba. Tampoco he logrado tener una relación a partir de esa situación.

Si me hubiera quedado en su línea de pensamiento, podría haber oído algo sobre sus observaciones en el campo nudista tal vez relacionadas con su experiencia con su madre, pero ya había transcurrido más de la mitad de la entrevista y aún no había oído sobre la terapia con el doctor Michaels, que era tema de la consulta.

—Muy bien. Ahora -dije regresando al punto-, déjeme pedirle que cambiemos un poco el tema. ¿Me puede decir qué pasó en la terapia con el doctor Michaels? Usted inició una terapia con él porque pensaba que había hecho algo malo y que tenía que purgar la culpa, además de que sentía que quería cambiar. ¿Qué pasó?

—Bueno, esto es bastante importante -dijo, y pensé que estaba dispuesto a abordar el tema-. Fui a ver a un trabajador social, como para comparar especialistas. El trabajador social dijo que el asunto era demasiado para él, y me recomendó a alguien más. Entonces, a pesar de que mi enfoque original consistía en trabajar solamente en este problema de las dos situaciones recientes de querer ver el cuerpo desnudo de las mujeres –la mujer en Grecia que dejó de escribirme y mi pequeña prima a la que le quería verle la vagina–, el doctor Michaels sostuvo que la situación con la mujer era punitiva, que yo estaba enojado con ella, y que estaba expresando hostilidad hacia ella, la cual procedía de alguna otra parte. Reflexioné sobre eso, de modo que cuando vi al doctor Michaels, estaba listo para centrarme en aquella mujer en Grecia y en la hija de mi prima, y pensaba en los años en que me interesaba en las niñas. –Parecía que estaba a punto de dirigirse nuevamente al tema de las niñas, que le fascinaba, pero no lo hizo–. Se volvió problemático, mucho más que eso. –Se quedó en silencio.

–Entonces, ¿qué pasó en la terapia con el doctor Michaels? –pregunté.

–Bueno, hicimos progresos sobre el asunto de la mujer en Grecia y especialmente sobre las niñas –dijo.

–¿Qué aprendió? –lo alenté a reflexionar.

–Bueno, mi teoría sobre las niñas es que me gusta verlas, porque incluso si solo voy a ser un masturbador, me gusta la inocencia y la pureza de las niñas de 9 o 10 años, no de las de 3 años, pero tampoco la de una mujer adulta con menstruación y vello púbico. No tuve ningún problema cuando hablábamos de estas cosas. Pero él también habló en un momento de una forma que me produjo sentimientos encontrados. El doctor Michaels utilizó la palabra "pervertido" o "perversión," o algo por el estilo, que me hizo sentir muy molesto. Posteriormente hablamos sobre la forma en que la sociedad me consideraba a mí y a mi conducta. Hasta hoy yo no sé si la terapia me cambió porque en cierta forma he integrado su idea de que eso está mal, por lo que ya no lo hago. ¿O sucedió algo más? Porque los sentimientos cambiaron por completo después de que hablamos.

Yo me preguntaba si había sufrido una recaída. ¿Esa podría ser la razón por la que buscaba nuevamente la terapia? Por tanto, pregunté:

—¿Cuáles son sus sentimientos ahora?

Me condujo nuevamente al tema de sus intereses sexuales.

—Bueno, la prueba de fuego fue cuando llegó el verano y fui a los campos nudistas y no me sentía interesado en las niñas, tras haberme interesado en ellas por décadas. Todavía prefería a las mujeres sin vello púbico. ¡Sin lugar a dudas! Y todavía prefiero verlas. Y todavía no me interesa el coito. Pero he estimulado mujeres oralmente, y quiero hacerlo de nuevo. Hay una mujer que conocí mediante el nudismo. Los dos éramos cachondos, entonces ella trató de practicar sexo oral conmigo, pero no fue en absoluto disfrutable. Ella estaba más interesada que yo. No pasó gran cosa. Fue algo muy leve. Esto pasó cuando estaba viendo al doctor Michaels, por lo que lo discutimos.

Intenté de nuevo regresar al tema:

—Ahora bien, tengo la impresión de su terapeuta como alguien con el que usted podía hablar sobre su interés en las niñas y las mujeres sin vello. Podía hablar con él sobre el enojo de esta mujer a la que le escribió la carta, sobre la que lo estimuló a esperar más pero que lo rechazó tras la carta que usted le escribió. Al parecer, la relación con ella fue más cercana que las relaciones que había tenido con alguna otra mujer–. En este momento estaba apartándome del asunto del doctor Michaels y perdiéndome en los deseos del señor Patrick de estar cerca de una mujer.

—No –afirmó–. La mujer de Grecia fue la más cercana. Lo que me interesaba de ella era más bien verla. Hay otra que no he mencionado todavía, una mujer escandinava muy joven, muy bonita, con la que trabajaba. Ella coqueteaba conmigo y terminamos juntándonos un par de veces. Tenía vello púbico, pero a pesar de eso era muy sexy. Pero yo no me quité la ropa enfrente de ella. Quiero decir, la estimulé oralmente y ese tipo de cosas. Sí, era muy coqueta. Era muy joven, 18 o 19 años. Yo tenía algo más de treinta. Yo no hice nada cuando lo intentamos en mi casa, pero después ella se fue a su casa y la seguí. Abrió la puerta llevando solo una bata y luego hablamos de que le hiciera sexo oral, y se lo hice. Lo hice mal y ella no lo disfrutó. Pero después le pedí que se pusiera boca abajo. Me encantan las nalgas de las mujeres y lo que realmente quería era tener una buena vista, de modo que ella se volteó. Terminé besándole las nalgas, pero luego se inclinó completamente y pude verle el ano, pero creo que lo que ella quería es que yo actuara oralmente. He pensado mucho sobre esa experiencia hasta hoy. Y después ya no estuve con nadie, excepto conmigo mismo, hasta la mujer del campo nudista en 1980, o alrededor de ese año. Hace más de diez años.

—Usted no ha tenido muchas relaciones verdaderas –dije, sintiendo la crudeza del asunto–. Muchas miradas a fotografías y a personas desnudas en las colonias nudistas sin ser capaz de entablar relaciones con ellas. –Ahora me sentía en sintonía de forma afectiva, y di el paso decisivo–. Muy bien, ¿qué fue lo que no parecía adecuado en la relación con el doctor Michaels?

—Bueno, muy simple, yo quería un tratamiento *solamente* sobre los aspectos sexuales –dijo–. Y él quería ir más allá. Terminé yendo dos veces a la semana, y eso parecía muy bien. Al principio, yo solo quería una vez por semana y no quería ir durante mucho tiempo. Después hasta cierto punto me enredó para que asistiera dos veces por semana, de modo que hubo ese aspecto.

Podía imaginarme perfectamente la lucha entre ambos. Yo mismo había experimentado una versión de tal situación en esta entrevista cuando intentaba permanecer en mi tarea central esencial, pero siempre me desviaba. Había notado que él siempre tendía a volver a su preocupación y a los detalles sexuales en esta entrevista, mientras yo intentaba que nos concentráramos en los aspectos relacionales. Él trataba de reducirlo todo a genitales y a nalgas, y a detalles de seducción, mientras yo trataba de regresar a la relación más general de la intimidad. Él estaba recreando la dificultad de la transferencia que había sentido con el doctor Michaels conmigo. Se resistía a mi presión para dirigirnos a lo que él objetó cuando el doctor Michaels tomó un rumbo similar.

—De modo que el doctor Michaels resultó como los doctores en la sala del hospital; no tanto como ponerlo a usted en exhibición como ellos hacían, sino interfiriendo sin autorización -sugerí, estando completamente consciente de que lo mismo podría decirse de mí.

—Algo así -dijo, con un tono cauteloso.

—¿Se sintió manipulado y un poco engañado? -pregunté.

—Bueno -dijo, tratando de ser razonable-. Me haya engañado o no, yo me sentí así.

—Entonces él utilizó la palabra "perversión", lo que le molestó -dije.

—Probablemente.

—¿Pudo superar este aspecto con él? -dije, al tiempo que me preguntaba si yo podría superar esta serie de preguntas y respuestas cortas.

—Hablamos sobre eso, sí, -comentó sin gran convencimiento, esperando que lo alentara a hablar.

Con el fin de estar seguro, pregunté: -¿Le dijo que estaba molesto por eso?

—Sí.

—¿Y cómo se lo tomó? -pregunté.

—Bueno, creo que hasta cierto punto, hasta cierto punto se corrigió. Esto fue algo manipulador. Bueno, dijo "dije *perversión* y no *perverso*", algo así…

—Sugerí que, al igual que usted, se escabulló.

—Sí, un poco. Tuvimos algunas discusiones valiosas en relación con esto. Pero el otro asunto fue que él quería que yo siguiera y siguiera y… "Tenemos mucho trabajo por delante", dijo. Para mí, eso no era bueno, como que ¡yo iba a ir dos veces por semana por el resto de mi vida! Porque mi hermano, que le va muy bien y no tiene estos problemas físicos, ve a un psiquiatra. Ha ido durante 15 años, una o dos veces por semana, pero ahora está casado, y está muy bien, y su vida es excelente. Yo veo esto como un lujo, no voy a ir a terapia como un lujo.

—Muy bien –dije–. ¿Pero qué es lo que le hace regresar a la terapia ahora? ¿Qué ha cambiado desde que usted la dejó? Entiendo que usted la dejó en parte porque la idea de las niñas ya no representaba una amenaza de que apareciera, pero también porque había esto de que el doctor Michaels se entrometía con usted... ["en su vida íntima", iba a decir].

—...Sigamos –completó–. La manera en que finalmente terminó fue que decidí que no me sentía a gusto con esto. Él se había ido de vacaciones y no tuvimos algunas citas, y él dijo, "Tenemos que volver con esto", y yo dije, "Bueno, ya no quiero asistir". Tuvimos una o dos citas más para terminar, y eso fue todo.

—Así que eso fue todo –agregué, sintiendo pena por los dos–. Usted se fue con cierto resentimiento hacia él por querer seguir adelante y penetrar en su interior.

—Bueno, ahora bien, si admito la experiencia, si regreso con él, voy a tener que decir, "Bueno, usted me dijo eso. Y sí, admito que usted tenía razón, yo necesitaba más ayuda".

Yo me preguntaba si el resentimiento surgió solo en torno al hecho de sentirse dispuesto a terminar, o si precedía a ese asunto. Pregunté: –Aparte de su decepción respecto a él cuando lo presionaba a seguir y usted se sentía presionado a irse porque había obtenido lo que buscaba, ¿cómo considera que se llevaba con él?

—Bastante bien –dijo.

—¿O sea que usted cree que él era una persona que se preocupaba por usted?

—Bueno –continuó–, había otro aspecto que pasó porque yo hablé sobre algo y él añadió una interpretación y dijo: "¿Qué le parece?". Pensé que estaba valiéndose de juegos especulativos, por lo que me sentí incómodo con ese enfoque. "¿Qué le parece?", dijo.

—¿De modo que usted pensó que era un poco demasiado especulativo, demasiado trivial, demasiado azaroso?–. Estaba empezando a llegar a algún lado. Me sentía contento de no haberme equivocado demasiado en la dirección analítica. De hecho, me había dado cuenta de estar haciendo muchas preguntas, al igual que un doctor preocupado e interesado. Me parecía defensivo, pero al oír lo que dijo después, pudo haber sido lo que el doctor ordenaba.

—Sí, tal vez el modelo médico me echó a perder –dijo–. Cuando uno tiene cierta infección, utiliza esta droga. Y si no es la droga correcta, entonces uno la cambia. De este modo, uno obtiene la medicina correcta, y uno mejora.

No me impresionó mucho el contraste entre el doctor Michaels y el modelo médico, sino su similitud con el enfoque especulativo, de prueba y error, del doctor Michaels. Pero me quedé con su percepción.

Dije: –Hay una cualidad confortable, definitiva, de encontrar lo que funciona.

—Sí, pero esto es a lo que quiero llegar –dijo–. La terapia me estaba manipulando para que necesitara otro grado de atención. Y yo me podía beneficiar de eso. A lo que quiero llegar es que yo admito que, durante décadas, gasté mucho dinero para sentirme mejor–. Parecía avergonzado de sí mismo.

—¿Qué le permitió venir aquí este verano, y admitir que necesitaba más tratamientos? –pregunté.

—Los asuntos de mi trabajo, donde tengo más responsabilidad de la que he tenido –dijo.

—De modo que ahora tiene más responsabilidades, aunque usted también se describe como una persona de bajo rendimiento.

—Sí, bueno, yo no dije eso, sino usted –replicó con tono afectado.

—Bueno, estoy usando estos términos en sentido general –dije–. Si no es la forma que usted cree, cambiémosla.

—Quiero decir que estoy de acuerdo. Pero no creo haberlo dicho–. Me mostró el hecho de que al designar el defecto claramente, valía la pena discutir quién tenía la razón–. Pero, sí, he pasado mi vida evitando esta clase de situaciones adultas.

–Entonces, usted se ha quedado actuando como un niño que mira, pero no debe tocar. En otras palabras, no se relaciona con los adultos.

–La única parte que no es como un niño es mi mente –dijo–. Me he involucrado en política, leo los artículos.

–Intelectualmente, usted es un adulto. Emocionalmente, usted es un niño.

–Duele oír eso.

Contesté: –Sé que lo estoy conduciendo un poco hacia el dolor. Tal vez esto fue lo que resultó difícil para usted con el doctor Michaels.

–Sí –confirmó mi idea. Parecía que se estaba refiriendo a ambos, al doctor Michaels y a mí–. Es como un experto diciéndome que soy defectuoso.

–Lógicamente –empecé defendiendo mi autonomía–, usted solo me ha dicho lo que le preocupa y de qué forma usted cree que es defectuoso, pero si entonces yo me valgo de sus palabras para mostrarle que lo he oído, y especialmente si lo entendí suficientemente bien para encontrar mis propias palabras para expresar su experiencia, usted se siente criticado y tal vez humillado.

–Lo que usted está diciendo es exactamente lo que yo digo, ya lo sé. Al igual que los amigos. dirían que es bueno que admita todo esto. Pero lo que no me gusta es por qué tengo que ir por la vida de esta forma. Ya he tenido suficientes problemas físicos, esto es un hecho, y preferiría estar bien físicamente.

–Entonces cuando le digo algo a usted como que es una "persona de bajo rendimiento" o "defectuosa", usted se siente molesto… –comenté.

–Y a disgusto.

–¿Duele?

–Sí.

–¿Duele en cierta forma que refleja el dolor que usted sintió con el doctor Michaels?

–En ese aspecto en que usó la palabra "pervertido", sí.

—"Perversión" -le recordé la modificación del doctor Michaels-. También hay una amenaza de que tal defecto pueda usarse en su contra, y entonces usted tendría que pagar el precio de estar en terapia más tiempo del que usted quisiera.

—Sí, pero más bien el asunto central consiste en que yo llegara a admitir que existe un problema serio.

Era muy obvio que él tenía un problema serio. Cualquiera en su situación enfrentaría serios retos en cualquier etapa de su vida. El principal problema para él, tal como yo lo vi, se refería a su incapacidad de participar en una relación íntima y de placer sexual, o incluso tal vez de concebir una relación de este tipo. Sin embargo, no era un psicópata, no era un discapacitado, tenía un excelente trabajo, contaba con formas socialmente aceptables de satisfacer sus impulsos escoptofílicos, y con la fuerza del yo para detenerse cuando su problema iba a dañar u ofender a otros. No estaba seguro de que él definiera su problema de la forma en que yo lo hice. Comencé a parecer como el abogado del diablo, sin ninguna intención de provocar o de efectuar una maniobra. Creo que estaba respondiendo inconscientemente a su necesidad de oponerse a mí.

—Yo realmente creo, en cierto modo, que no existe un problema serio -comencé.

—Bueno, no estoy de acuerdo con eso -dijo bruscamente, oponiéndose a mí de inmediato.

Yo aclaré lo que quería decir: -El mundo exterior no le pide que cambie: su jefe está satisfecho con su trabajo, las mujeres no le piden más en sus relaciones, usted no lastima a las niñas. Es solo un problema si es un problema para usted. Es solo importante si usted viene porque quiere algo más, porque espera más de usted mismo.

—Pero no se trata simplemente de que eso sea bueno. En otras palabras, si me rompo un brazo, tengo que ir al doctor. Con este aspecto contra el que estoy luchando, quiero decir, he estado en terapia y la he dejado durante años, con trabajadores sociales, y he asistido y dejado de asistir durante años. Se trata de que no es solo este problema u otro problema, se trata…

No esperé a que terminara su oración. Pensé que iba a decir "El problemas soy yo", un rumbo al que lo había estado dirigiendo después de que logré liberarme de los detalles sexuales, pero cuando el momento llegó, no lo podía tolerar. Terminé la oración por él, como un doctor bueno, protector, que sabe de lo que se trata.

–Es un problema general –dije–. Su crecimiento en realidad no superó la infancia en algunas áreas que hacen que eche de menos la experiencia de la vida ordinaria en algunas formas importantes…

–Nuevamente, me resulta incómodo oírle decir que todavía soy un niño.

Yo no me enfrenté a su transferencia hacia mí como terapeuta, sino que continué en la guisa médica: –Iba a preguntarle en qué edad se sitúa usted.

–Soy un caso de desarrollo sexual atrofiado –contestó, pareciendo él mismo un doctor–. En la edad en que se crean las relaciones, 9, 10, 12 años, o algo así.

Y necesitaba terminar la entrevista. Dije: –Quisiera decirle algunas cosas sobre la terapia. En primer lugar, no vale la pena a menos que enfrente la verdad. En segundo lugar, el valor real estará en la relación con el terapeuta. Querrá estar con alguien en quien confía, que se interese en usted, que se preocupe por el trabajo y por su bienestar. Una vez que usted tenga eso, le resultará doloroso. Ni siquiera puedo pronunciar estas palabras sin que usted sienta pena. ¿Qué tanto más sentirá usted cuando realmente empiece a involucrarse?

–Bueno, es la imagen médica. Cuando hablo con los médicos no siento dolor, pero después me ponen una inyección y ya siento dolor. ¿Eso es lo que hay que entender, que cuando se usan estas palabras es como tener el dolor? Es parte del tratamiento.

–Bueno, quiero decir que solo en las áreas de dolor en que usted necesita el tratamiento. Cuando usted esté en esas áreas, usted lo va a sentir. Es la manera en que usted sabe que está ahí. Usted me habla de su trabajo, de su madre, me habla de sentirse seguro respecto a las niñas; en muchas de estas áreas no siente dolor. Después usted me habla sobre algunas cosas con el doctor Michaels, habla acerca de que yo lo llamo "defectuoso" o "inmaduro", entonces se siente molesto. Si realmente penetramos en esas áreas, usted estará más molesto. La terapia tiene que ver con el trabajo en su dolor.

Al regresar a su modelo médico, dijo: -Pero creo que el problema real radica en el asunto de la confianza en que esto va a doler, pero si le ponen a uno la inyección, la infección desaparece. Sin embargo, si no admito que algo fue traumático, entonces supongo que no me beneficiaré tanto. Pero si solo duele simplemente por la pura razón de que duela…

—Entonces, explórelo -dije-. Creo que puede haber algunos traumas anteriores que usted no recuerde. Operaciones anteriores. Estancia en el hospital sin su familia.

—Ellos venían del estado de Nueva York y se quedaban con mi tía.

Ahora estábamos tocando un trauma anterior. Al igual que antes, penetrar en este material doloroso tomó la forma de preguntas y respuestas rápidas similar al modelo del historial médico.

—¿Dónde estaba usted? —pregunté con la intención de establecer el escenario.

—En la ciudad de Nueva York, en el Hospital Presbiteriano -dijo, sin detallar demasiado.

—¿En la sección pediátrica, desde qué edad? -pregunté.

—Bueno, empecé a ir desde que era bebé, regresaba para chequeos y creo que me operaron a los 8 años y a los 15.

—¿Usted estaba ahí solo? -hice hincapié-. ¿Durante cuánto tiempo?

—Una semana o dos, no sé -dijo, encogiéndose de hombros.

—¿Cómo se sentía? –pregunté–. ¿Estaba solo, con dolor? ¿A la vista de otros doctores?

Dio una respuesta mesurada: –Sentía que, ¡ay! la autodisciplina era muy importante. Recuerdo que tenía mucha sed, uno no puede ayunar la noche anterior a unos rayos X del riñón, y hay que estar muy quieto cuando toman la fotografía.

—¿No se puede ayunar o no se puede beber? –pregunté para aclarar lo que debía ser un lapsus importante.

—Quiero decir, se tenía que ayunar y no se podía beber –corrigió–. Sí, lo siento. No se podía beber.

—Usted debe de haber estado bajo un control muy estricto –dije. Eso era obvio, incluso ahora.

—Sí, tenía sed –recordó.

Estaba contento de que él pudiera superar el control para recordar su sed física. Me sorprendió la forma en que había corregido toda la privación oral en ese momento aterrador, centrándose solamente en no poder beber. No mencionó ningún deseo de que lo alimentaran.

—Usted era realmente bueno, un buen niño –dije, dándome cuenta de que esto había sido crucial para su adaptación.

—Sí, fue por mi bien, en última instancia, o para el bien de mi familia, o quien fuera.

—¿Y usted pensó eso entonces? –pregunté bastante impresionado por su fortaleza y por su capacidad para elaborar una estrategia defensiva.

—Sí, es lo que uno tiene que hacer para sentirse mejor –me dijo exactamente lo que se había dicho a sí mismo en aquel entonces.

—Entonces, usted era como la estatua de un niño pequeño valiente, sin ni siquiera saber qué tan asustado o solo estaba.

—Asustado, sí, porque uno tampoco me podía mover cuando tomaban las fotografías, o sea que era más autocontrol. Creo que me enorgullecía de ser un buen niño.

—Entonces, había rayos x para ver sus riñones. Y en esas hospitalizaciones, supongo que le manipulaban el pene aún sin reconstruir.

Su pensamiento se bloqueó y cambió el tema para recordar las demostraciones posteriores, cuando el pene había sido reconstruido.

–No, más bien se trataba de grupos de especialistas –dijo–. Generalmente, cuando veía a doctores en grupo después de la operación, decían, "Se trata realmente de un muy buen trabajo", y examinaban mi pene como un logro práctico.

Valiéndome de este último desvío del tema para apoyar mi recomendación, dije: –Lo que subrayo es que si usted asiste a la terapia, habrá cierto dolor, no porque el dolor sea un buen castigo para usted, sino porque señala el área que usted desea cultivar. El aspecto que habrá que trabajar es la relación con el terapeuta. La soledad, el pequeño niño bueno, el miedo a ser observado, todos están congelados dentro de usted. Todas estas cosas son formas que impiden que sea capaz de participar en una relación. Usted no tenía a nadie a quien recurrir, y cuando no podía recurrir a alguien, se las arreglaba solo. Usted ya no tiene que estar en esa condición.

–Era lógico en ese tiempo.

–Sin lugar a dudas. ¿Qué otra cosa podría haber hecho? –estuve de acuerdo–. Eso le hubiera salido caro. Ya no tratamos a los niños así; se fomenta que las familias estén presentes. Creo que su temor y su soledad pueden haber constituido una parte importante del trauma, incluso más que el trauma físico.

–Bueno, pero hay algo más –dijo–. Es decir, esto me produce toda clase de problemas con mi madre. Ella no me mandaba al campamento porque decía que los niños se burlarían de mí, de modo que el mensaje era que evidentemente ella pensaba que yo era defectuoso. Esta es la otra parte que será dolorosa. Al reconocer estos problemas, me causo dolor. "Usted también tiene que hacerlo", pienso que es lo que usted dice.

Al afrontar su trauma y al trabajar en la herida, estaría de acuerdo con la percepción de su madre acerca de él como defectuoso. Él no quería identificarse con ella como el tipo de objeto de dependencia-inducción.

–Usted no quiere que el terapeuta actúe como su madre lo hizo y trate de protegerlo de usted mismo. Si un terapeuta hace eso, usted nunca se relacionará con otras personas.

Con el fin de subrayar la actitud protectora de su madre, dijo: –Bueno, y el otro aspecto fue que cuando me operaron del cerebro a la edad de 41 años, estuvo ahí. Mientras yo era dependiente, se portaba muy bien; pero después de que me independicé, ya no se portaba tan bien.

–Muy bien, ahora tenemos que tomar una decisión –le recordé–. ¿Quiere ver al doctor Michaels o no? ¿Quiere ver si al haber conocido un poco más la razón por la que no resulta sorprendente que usted se sintiera resentido con él podría seguir con la terapia?

Primero habló de los aspectos negativos: –Bueno, de cierta forma, me siento en un nuevo nivel en términos de la percepción de mí mismo, por lo que me gusta la idea de empezar de nuevo con alguien más. Ahora mismo me sentiría culpable al verlo porque es como si hubiéramos pasado sesiones hablando sobre cómo hablé mal de él frente a usted y la cámara.

–Por otro lado, él sabe todo sobre usted –dije, recordándole los aspectos positivos.

–Es cierto, y pensé en eso.

De modo que si él pensó en eso, pero no pudo actuar en consecuencia, aún era necesaria la interpretación de un sentimiento de transferencia.

–Me parece que algo del sentimiento negativo es similar a este sentimiento sobre su madre… –comencé a decir.

–Él no me protegía en ese sentido –protestó, no queriendo representar al doctor Michaels como a su madre.

–No, él lo expuso –acepté. Pero lo que quiero decir es que, al igual que ella, él trató de aferrarse a usted.

–No me dejó ir –dijo, con aire pensativo, no enojado.

–En efecto, como su madre –dije nuevamente–. Creo que su resentimiento puede deberse a eso.

–¡Sí! –asintió con la cabeza, y prosiguió–, y eso pasó en otras relaciones también.

–Si puede manejarlo –dije–, lo mejor para usted es que lo vea y que trabaje en lo que estaba mal.

–Si no puedo es porque creo que se va a enojar conmigo por lo que dije sobre él ahora, aunque se haya tratado más bien de otros asuntos.

–Él no se va a enojar –traté de tranquilizarlo–. Yo no lo creo. Esto es un asunto ordinario para los terapeutas.

Yo no hacía referencia a su culpa hacia el doctor Michaels por lo que le había hecho; esto es, exponer su defecto.

El me advirtió inmediatamente eso: –¿Ser criticado delante de otro terapeuta? Lo que digo es que no me gustó que me llamara perverso, no me gustó que quisiera que yo siguiera asistiendo, no me gustó que él…

–¿Cómo va a poder mantener una relación si cada vez que alguien comete un error o hace algo que es hiriente, usted termina la relación? –le pregunté.

–Eso me gusta –se rió.

–Sí, esa es la forma en que ha vivido –dije–. Incluso si usted decide que no va trabajar con él, creo que sería bueno que fuera y hablara con él sobre esto. Él va a tolerarlo. Es su trabajo, él trata de hacer su trabajo lo mejor que puede, pero en ocasiones comete errores. Tal vez no fue un error. Ya veremos.

–¿Pero si empieza a fastidiarme con que vaya dos veces a la semana en vez de una vez? –Él quería saber qué hacer.

–¿Qué tan a menudo quiere ir? –pregunté.

Empezó eludiendo la pregunta: –Bueno, quiero decir que hay asuntos como mi trabajo, nunca sé cuándo me van a llamar y mi horario es variable, y ese tipo de cosas.

Fui directo al grano y dije –Debería ir dos veces a la semana.

Sorprendido y complacido, se rió y preguntó: –¿Por qué?

—El trabajo marchará mucho mejor, más rápido y de forma más profunda –respondí–. Ahora usted hace preguntas complejas.

—¿Y no será durante 20 años? –preguntó, asustado de que se tratara de un problema de toda la vida.

—No, pero sí al menos varios años de trabajo. Usted ha trabajado nueve meses con él en un problema, ahora habla de cambiar su carácter, la forma en que vive.

—Ese es todo el problema. Esa es la cuestión.

Muy bien, le va a tomar más tiempo, si eso es lo que quiere –dije–. Dos veces a la semana dará mejores resultados si desea obtener cambios más importantes. Usted no tiene que hacerlo de la manera que yo le sugiero. Es simplemente una recomendación basada en lo que creo que usted quiere.

—Bueno, lo que creo que voy a hacer es verlo una vez por semana y ver cómo funciona.

—Eso estaría muy bien. Y si usted dice, por ejemplo, me siento muy incómodo, muy bien, le asignamos a alguien más.

—¿Y hay mucha gente? –preguntó.

Solamente quería saber las opciones con las que contaba, pero en mi mente apareció la imagen de todos los estudiantes de medicina y médicos interesados en su caso.

Simplemente respondí: –Sí, hay muchas personas que estarían muy complacidos en verlo, eso no es problema.

—Sí, tiene que ser un hombre –dijo–. Sin duda, tiene que ser un hombre. Veré al doctor Michaels una vez.

—En caso de que no se sienta a gusto con él nuevamente, lo colocaremos con alguien más, y usted trabajará con esta persona –le garanticé.

Su comentario final me sorprendió y me dio esperanzas. Dijo: –Bueno, he pensado en esto del dolor de volver otra vez sobre todo esto si es una persona nueva.

El señor Patrick volvió a ver al doctor Michaels para una sola entrevista y decidió trabajar con él en una terapia de dos veces por semana. Lo hizo por casi un año, con beneficios en algunas áreas. Después me escribió para decirme que había dejado el tratamiento. Me sentí desilusionado al leerlo, a pesar de que el trabajo había sido útil. Había empezado a tener algunos de los mismos sentimientos nuevamente en el tratamiento.

En la terapia, el trauma se repite en la transferencia. No es raro que esta repetición haga que el paciente deje la terapia por miedo o para crear una falsa ilusión de que ya está preparado para poner fin al tratamiento al restringir sus metas. Cuando el paciente logra permanecer en una relación terapéutica, a menudo habrá una característica intermitente en el trabajo. No es útil considerar los tiempos improductivos como períodos de resistencia al surgimiento del conflicto relativo al material fantasioso. Es más útil aceptarlos como períodos necesarios de un descanso para el fortalecimiento del yo y la reconstrucción de la alianza terapéutica antes de volver a enfrentar el trauma, ya sea a través de un recuerdo directo o en la transferencia. El señor Patrick lidió con esta necesidad de descanso y regresó a los problemas involucrándose en múltiples terapias durante años.

Pero a la edad de 47 años tenía que confrontar el resto de su vida. Cuando lo vi, parecía encontrarse en un momento en que podía tolerar más ansiedad en su búsqueda terapéutica. Necesitaba un terapeuta que pudiera lidiar con su malformación congénita con empatía, pero no con lástima; con discreción, pero no con actitud protectora. Necesitaba un terapeuta dedicado a él, al igual que su madre, pero capaz de dejarlo ir a enfrentarse a sus iguales, de modo que pudiera tener una oportunidad de explorar el mundo de la sexualidad en un contexto relacional. Necesitaba un terapeuta que no solo pudiera lidiar con la transferencia habitual hacia los objetos paternos, maternos y fraternos, sino uno que pudiera aceptar el miedo, la rabia y la gratitud de su transferencia al doctor como una autoridad curadora, quien inevitablemente se identifica con su trauma médico original y repetido.

Todo esto se reflejó en forma condensada en la transferencia y la contratransferencia de la entrevista. Podía percibir como aumentaba su irritabilidad cuando trataba de apartarlo de la concreción de los defectos físicos y de los fetiches que había creado para hacer frente a su sentimiento de aislamiento e incompetencia. Podía sentir su resistencia a mis preguntas cuando trataba de relacionar estas áreas con los aspectos de su dificultad para relacionarse. En resumen, juntos pudimos experimentar un episodio que fue una versión resumida de la dificultad que enfrentaba en todas las relaciones y también en terapia. Él había recuperado suficiente resiliencia y suficiente tolerancia para el dolor de una investigación nueva que le permitiera reconectarse con el doctor Michaels y para que apreciara su relación con él. Dado que sostenía la convicción de que su capacidad para perjudicar a otros significaba que inevitablemente arruinaría todas las relaciones que apreciaba, esto resultó saludable. Fue una de las pocas veces en su vida en que había sido capaz de reparar el daño. Mientras esa recuperación se mantuviera, él podía avanzar a un territorio nuevo. Sin embargo, el piso no pudo resistir bajo la repetición del trauma en la transferencia. Esperamos que haya otra "próxima vez" para el señor Patrick y su terapeuta.

SECCIÓN III

Tratamiento de los efectos del trauma sexual en los individuos y en las familias

SECTION 10

11. Incesto madre-hija

TRAUMA DE UN SOLO *SHOCK* Y TRAUMA ACUMULATIVO

Un trauma por un solo *shock* es un acontecimiento severo, repentino, de proporciones catastróficas que deja a la víctima en una situación de terror y desamparo, y que produce un estado de hipervigilancia en caso de que se repita. Es el tipo de trauma experimentado durante una violación, un solo episodio de abuso sexual infantil, un secuestro, un asalto, un asesinato, un suicidio, un accidente de tráfico, un desastre natural, un procedimiento médico invasivo o una pérdida repentina de una parte o de una función del cuerpo. El trauma único se experimenta al haber existido algún trauma previo, y su significado para el individuo depende de la experiencia de su vida anterior y de su sentido del yo. En cambio, el trauma acumulativo se refiere a la repetición en serie de acontecimientos traumáticos, cada uno de los cuales es traumático en sí mismo, pero la acumulación de los cuales produce un estado de terror y desamparo tan severo, que requiere defensas característicamente pronunciadas y técnicas de sobrevivencia. Es el tipo de trauma que se experimenta en un campo de prisioneros de guerra, en una zona de guerras, en un campo de concentración, en una comunidad violenta, en procedimientos médicos repetidos, en relaciones abusivas humillantes y en el incesto.

La siguiente situación clínica ilustra el impacto de un trauma acumulativo de incesto entre madre e hija que tuvo lugar en la infancia de la niña, que fue prolongado y de un abuso físico violento sobre una mujer que posteriormente sufrió una herida severa repentina, a la cual respondió de la forma típica en que se responde al trauma de un solo *shock*, pero que, sin embargo, también experimentó como una acumulación posterior de un trauma anterior. El ejemplo también muestra la evasión y la transmisión del trauma en la familia y en la transferencia, la habilidad de sobrevivencia para seguir siendo junto con la repetición traumática, el deshielo de la capacidad congelada para la simbolización, los sueños de transferencia y la imposición obligatoria del trauma en la contratransferencia en la fase final.

PSICOANÁLISIS PARA EL TRAUMA ACUMULATIVO

La señora Feinstein, de 36 años, casada, con dos hijos, Liz y Sam, descubrió en una psicoterapia previa de apoyo que su madre había abusado de ella durante años cuando era niña y adolescente; un hecho que no se había hecho evidente antes, incluso cuando la entrevistó un psiquiatra tras un intento de suicidio cuando tenía 17 años, ni durante una evaluación de epilepsia cuando aún tenía lugar el abuso. La recuperación de los recuerdos del abuso sexual le ayudó a superar una tendencia a sentir pánico durante el coito con su esposo, Ron. Sin embargo, todavía presentaba ideas suicidas, con baja autoestima. Además se enfurecía con sus hijos, pero temía lastimarlos. También padecía de depresión inmovilizadora y de síndrome de intestino irritable. En la terapia familiar, la familia trabajó en el impacto de su madre en sus vidas, y la vida familiar mejoró. Sin embargo, la señora Feinstein pidió que yo (JSS) le diera un tratamiento individual más intensivo porque en ocasiones todavía presentaba ideación suicida, dormía mucho durante el día, se sentía culpable cuando se enfurecía con sus hijos, sufría estallidos intestinales cuando estaba molesta y tenía un mal concepto de ella misma, a pesar de todas sus buenas obras para la comunidad judía.

A la señora Feinstein le había gustado y se había beneficiado de un trabajo con su terapeuta previa, una mujer emocionalmente expresiva que lloraba con ella y le daba un abrazo cuando sentía que lo necesitaba. Pero la señora Feinstein pensó que en esta etapa cuando necesitaba explorar el pasado con mayor profundidad, mi enfoque más riguroso sería mejor para ella a causa de mis fronteras sólidas y profesionales. Me impresionó que ella, que no tuvo puertas interiores en la casa en que creció, apreciara el valor de las fronteras. Aunque a menudo había tenido sentimientos suicidas, no hizo un intento serio durante muchos años, y pensé que su tratamiento podía llevarse a cabo como paciente externa. No era una mujer con estudios, pero era muy inteligente, con inclinaciones psicológicas y muy dispuesta a resolver la carga del pasado. A pesar de que muchas personas sugieren que el psicoanálisis no es el tratamiento adecuado para pacientes que tuvieron un trauma de abuso sexual en la infancia, consideré que esta paciente contaba con un yo suficientemente fuerte para justificar el psicoanálisis. Ella contaba con el apoyo de su familia y de la comunidad para su desempeño cotidiano y para su tratamiento.

En el psicoanálisis, la señora Feinstein oscilaba entre su experiencia presente y su vida pasada. Al igual que muchos otros pacientes víctimas de abuso, la señora Feinstein se centraba en los acontecimientos reales, más que en fantasías o sueños, que rara vez tenía. En ocasiones me sentía aburrida de las trivialidades del material. Ahora creo que mi contratransferencia tenía su origen en mi decepción por la falta de símbolos y sueños con los cuales jugar o interpretar correctamente, con el fin de gratificar mi orgullo como analista. Creo que eso también representa mi identificación con una tendencia disociativa leve que mantuvo a la paciente apartada de una repetición del trauma en la transferencia. Al principio me sentí culpable y traté de volver a usar y, en ocasiones, a forzar, mi imaginación para encontrar algo que mágicamente llegara al tema inconsciente detrás del contenido manifiesto. Sin embargo, gradualmente llegué a comprender que estos tiempos eran necesarios para el proceso del análisis. Representaban el sentido de seguir siendo que el niño que padeció abuso utiliza ampliamente para preservar tales temas como una defensa del trauma y del caos (Siegel, 1992). Tuve que dejar que estos momentos psicológicamente importantes sin incidentes simplemente sucedieran y no tratar de desentrañarlos o encontrar algo más en ellos de lo que en realidad eran. Estos momentos me mantuvieron en una actitud neutra y prepararon la alianza terapéutica para aguantar la siguiente exploración del trauma encapsulado y su impacto en la transferencia.

ENCAPSULAMIENTO PSICOSOMÁTICO DEL TRAUMA: EL ENEMA

El primer encapsulamiento que había que explorar era la recuperación de los recuerdos de enemas frecuentes. Cuando la señora Feinstein estaba molesta y se sentía avergonzada y humillada por desaires de conocidos y por una conducta negligente de su esposo, un adicto al trabajo, tenía retortijones y diarrea. Le pedí detalles de sus síntomas gastrointestinales y busqué su relación con la experiencia afectiva disociativa. La señora Feinstein agradeció poder hablar de lo innombrable, pero sintió que yo estaba demasiado interesada en los olores y en los movimientos de los intestinos. Sintió asco de mi perverso interés en su material y me odió cuando yo esperaba que tolerara el enema de bario con el fin de investigación que le había pedido su médico. Ella sintió que yo quería inmiscuirme en sus asuntos, olerla y hablar de sus deposiciones, tal como hacía su madre. Fue una transferencia negativa hacia mí, como una reedición de la madre de la señora Feinstein aplicándole enemas mientras la sujetaba para un enema diario, para lo cual la sentaba mientras charlaba hasta que la niña expuesta y humillada defecara.

En el caso de la señora Feinstein, esta no era la única cosa indigna que sufrió durante su infancia, pero aun si así lo fuera, nosotros llamaríamos a esto abuso sexual infantil, aunque algunas personas puedan no estar de acuerdo. Por ejemplo, cuando presenté este material en una reunión de enseñanza de psicoterapia, un analista de edad mayor puso en duda que los enemas frecuentes pudieran ser considerados como abuso sexual. En efecto, la práctica puede haber sido más aceptada por los médicos en la década de 1950 que en la de 1980, pero consideramos que dos factores reúnen los requisitos para ser considerado un abuso sexual: *1)* la experiencia de ser penetrada contra su voluntad y *2)* el grado de excitación sexual que la paciente podía ver en la cara de su madre mientras veía a su hija sufriendo. Durante la adolescencia, su madre cambió para someter a la señora Feinstein a duchas vaginales con una actitud similar de excitación y decisión. Incidentalmente, una antigua enfermera quirúrgica, que actualmente es enfermera terapeuta, nos dijo que, en su experiencia de aplicar cientos de enemas, se ha encontrado con muchos adultos a los que les horrorizan, pero posteriormente se sorprenden de que no duelen. Los niños a menudo recuerdan los enemas como una experiencia dolorosa y humillante.

La señora Feinstein pudo analizar su temor a los procedimientos de diagnóstico médico recomendados. Se asombró de que la experiencia del enema de bario no era sexualmente intimidante, sino un procedimiento simple administrado por una enfermera comprensiva y no intrusiva. Tras un diagnóstico de síndrome de intestino irritable, su médico le recetó suplementos con fibra, lo que le dio un alivio considerable a sus síntomas abdominales, excepto por algunas regresiones ocasionales que respondían adecuadamente a la interpretación analítica.

La paciente siguió adelante hasta recordar el abuso físico. Su madre la golpeaba cuando la irritaba. A partir de la experiencia de que sus propios hijos la irritaban, la señora Feinstein contó que había sido atrevida y terca y hacía cosas que estaban prohibidas, como ir a bailes y salir con chicos siendo adolescente, pero no estaba fuera de control, no bebía, no fumaba ni usaba drogas, e iba bien en la escuela. Limpiaba la casa en forma compulsiva para que su madre no pudiera quejarse, y ella daba de comer a los otros niños cuando su madre iba a alguna juerga a beber. Sin embargo, la madre estaba dispuesta a pegarle y en una ocasión dejó marcas en el cuello de la señora Feinstein al tratar de estrangularla.

En esta fase, la señora Feinstein no experimentó una transferencia negativa hacia mí. No obstante, odiaba a algunos de sus colegas y vecinos porque abusaban de ella. Cuando interpreté este desplazamiento, dijo que no tenía tales sentimientos hacia mí, por la sencilla razón de que yo no era inconsistente ni agresiva con ella, como había sido su madre y como otras personas eran ahora. Al comparar este análisis con otros en los que me había sentido odiada o víctima de abuso, sentí que no estaba siendo necesariamente un objeto suficientemente malo para efectuar un sólido trabajo de penetración. De hecho, sentí que había evitado seriamente que me considerara así y había tratado de quedar como objeto bueno, no ideal, pero aceptablemente digna de confianza. A menudo me preguntaba si me había dejado convencer para proporcionar una experiencia emocional correctiva, y no un análisis. No me hizo gracia presentar este material a mis colegas, porque me imaginaba que mi trabajo sería juzgado como inferior. Me di cuenta de esta preocupación como una respuesta de contratransferencia, una identificación introyectiva con el yo de la paciente como inferior y poco satisfactorio para su madre. Creo que problemas similares del narcisismo contribuyen a nuestro fracaso como analistas al presentar más sobre nuestro trabajo en estos casos, al revisarlo informalmente o por escrito.

RECUERDOS DEL ABUSO SEXUAL INFANTIL

La señora Feinstein siguió recordando el abuso sexual. Siendo niña, su madre la visitaba en su litera. En un estado de excitación sexual, se acurrucaba detrás de ella con un *negligé* indiscreto y tocaba el pubis de su hija, la arrimaba hacia ella y frotaba su vulva contra las nalgas de la paciente. La señora Feinstein recordó que, siendo niña, después ella hacía lo mismo con su osito de peluche para masturbarse. Su madre le decía que tenían que estar juntas de esta manera: unas veces porque, le decía, ella era tan fea que ningún hombre la querría, y otras porque ella era irresistiblemente bella para su madre. La señora Feinstein estaba completamente confundida por los sentimientos inconsistentes de su madre, expresiones de afecto físico y de agresión, y por los puntos de vista incompatibles sobre la niña. Cuando la madre se le acercaba en actitud sexual, fingía dormir. En el análisis, nunca se dormía en el diván y no me consideraba como una posible perpetradora. En esta etapa del análisis, sin embargo, solía dormir durante el día después de las sesiones. Yo consideré esto como una forma de recordar su abuso y su defensa frente a este, así como una forma de mantener la representación en forma segura fuera de la transferencia.

Los analistas varones dan a conocer la inevitable dificultad de ser vistos como probables perpetradores. Tal vez yo estaba influenciada por eso al pensar que este análisis podría seguir la misma ruta, pero no lo he experimentado como aterrador. ¿Por qué no? Algunos pueden argüir que el abuso en sí no fue aterrador porque no hubo dolor y no hubo penetración. Su madre le otorgaba su atención y cierto amor en esos momentos de actividad sexual, de modo que el interés y la atención de mi parte en el análisis podría considerarse como una repetición del abuso que era egosintónico y libre de excitación física ilícita que produjera vergüenza. La única vez que la señora Feinstein realmente se molestó conmigo y deseó nunca volverme a ver porque yo tenía una mente muy pervertida y era muy cruel ocurrió después de una sesión cuando exploramos los aspectos placenteros de la estimulación sexual que le hacía su madre. Cuando reconocí que tal vez ella podría haber disfrutado en parte esta estimulación, la señora Feinstein pensó que yo estaba diciendo que ella había provocado el abuso y lo había buscado. Ella se puso furiosa de que yo la acusara de esto, y solo gradualmente llegó a entender que su cooperación con el abuso no representaba ser responsable de eso. Con pena, la señora Feinstein admitió que, hasta cierto punto, había disfrutado la situación porque al menos en esos momentos se sentía amada y necesitada por su madre. A continuación se vio inmersa en otro recuerdo vergonzoso, de intensos celos, cuando oyó ruidos que la llevaron a pensar que su madre también estaba involucrada sexualmente con su hermano. Su transferencia negativa en este momento de recuerdos dolorosos pronto dio lugar a un restablecimiento de la transferencia positiva.

INFLUENCIA ATENUANTE POR LA EXPERIENCIA DEL OBJETO BUENO

La señora Feinstein tenía un objeto bueno en la madre de su madre, una mujer calmada, practicante religiosa que adoraba a su nieta y que no aprobaba a su propia hija (la madre de la señora Feinstein), la oveja negra de los parientes. La señora Feinstein sabía que ella se había identificado con su abuela, y estuvo de acuerdo en que me identificó también con su abuela. Me sorprendí, pues, mi edad y mi estricta observancia de la neutralidad analítica y de fronteras claras me parecían poco probables para invocar la transferencia de su abuela. Sin embargo, la calma, el ambiente no intrusivo y mi creencia en una forma de ver las cosas probablemente aportaba la valencia para recibir esta identificación proyectiva.

Creo que la disponibilidad de este objeto bueno fue lo que atenuó a la madre como objeto malo. La señora Feinstein decía que era muy afortunada de no estar loca, pero yo dije que había otros factores, que no eran precisamente la suerte, lo que habían determinado esto. Su padre era cariñoso, y siendo niña ella lo quería, lo que puede haber ayudado a su desarrollo hasta que murió cuando ella tenía 10 años. En el análisis ella reconoció que él era muy pasivo para impedir que su madre la maltratara, e incluso que la había sostenido para que su madre la golpeara. Ella descubrió su rabia hacia él por haber sido un testigo de su abuso y se dio cuenta de que ella había introyectado un objeto ineficaz basado en la experiencia con él. En el papel de madre pequeña de sus hermanos y de sus muñecas pudo mimarse de alguna manera. Su inteligencia y sus capacidades prácticas le permitieron abandonar el hogar finalmente y llevar una vida segura y ordenada sola. No debe de haber sido tan vulnerable constitucionalmente como para valerse de la disociación como defensa que llevara a la escisión de su personalidad, sino que solo se valió de la disociación hasta el punto de encapsular el trauma o de llegar a pedir auxilio mediante ataques epilépticos y la escisión de ella misma en una parte victimizada, en una parte sobreviviente y en una parte suicida. Sin embargo, los factores cruciales para garantizar su sano juicio fueron la presencia de su cariñosa abuela y el consuelo y la inspiración del judaísmo, que le ofreció expiación y reconciliación, ideales motivacionales y una estructura. Dichos ideales religiosos forman parte actualmente de la identidad de la señora Feinstein.

LOS OBJETOS BUENOS Y LOS OBJETOS ABUSIVOS EN LA TRANSFERENCIA

A medida que el análisis continuaba, la señora Feinstein me mantenía básicamente en la transferencia de su abuela. En vez de intentar separarme de la posición neutral mediante la fuerza de las proyecciones que requerían una identificación introyectiva, la señora Feinstein parecía insistir en sujetarme en mi posición neutral –*neutralizándo-me*– en aras de su propia seguridad. Su transferencia se analizó básicamente en su desplazamiento hacia sus hijos, su marido, sus vecinos y sus colegas, en los que ella encontraba objetos abusivos y cuyos malos tratos era capaz de confrontar y superar. Tras un período de buena salud durante el cual la señora Feinstein incluso consideró terminar el tratamiento, la transferencia abusiva se cristalizó en relación con una vecina maliciosa. Todas las otras personas de la comunidad judía reconocieron que esta mujer era un fastidio que había que desestimar, pero la señora Feinstein era particularmente vulnerable a sus críticas. Tras una serie de insultos especialmente virulentos de parte de esta mujer, la señora Feinstein adquirió una actitud seriamente suicida, pero se detuvo a tiempo y se dio cuenta de la necesidad de continuar con el proceso analítico.

Yo conceptualicé que la neurosis de transferencia de la señora Feinstein era un intento de evitar su repetición como víctima de un objeto abusivo y de rehacer su objeto abusivo en mí como una versión fantaseada de una madre suficientemente buena basada en la experiencia con su abuela materna. La acción terapéutica en el análisis tomó la forma, no tanto del análisis de proyecciones y de la recuperación de las proyecciones, sino del análisis de identificaciones introyectivas con sus objetos y con su analista como un objeto bueno (véase J. Scharff, 1992: 59-65). La señora Feinstein usaba la identificación introyectiva con el objeto bueno proyectado en la analista para que yo fuera familiar, segura y real, en lugar de un objeto con un potencial nebuloso en un espacio analítico ambiguo. Ese espacio creativo no era bien recibido como un espacio de libertad como puede serlo por los pacientes que se defienden neuróticamente de las fantasías conflictivas. Lo que la señora Feinstein valoraba era la consistencia y la dedicación ordinaria a las necesidades del paciente que ofrecía una analista razonablemente sana. Esto me dejó sintiéndome comprometida y no plenamente utilizada. Su ganancia era mi pérdida. Perdí el espacio transicional que valoro. Creo que las dinámicas similares en otros análisis de adultos sobrevivientes de incesto llevan al analista a concluir que tales pacientes no son analizables; una conclusión que nosotros rebatimos. No podemos esperar que todos los análisis sean similares. Nuestra tarea consiste en estar disponibles para la exploración del yo y el objeto, de cualquier forma que suceda.

Ya sin sus tendencias suicidas, la señora Feinstein estaba decidida a continuar el tratamiento, sobre el cual ahora sentía ambivalencia. El sistema de creencias del psicoanálisis le causaba cierto conflicto y empezó a cuestionar tanto las creencias religiosas en el poder de la fe de su abuela como las mías en lo que ella denominaba ciencia. Yo consideré esto como su búsqueda de autonomía. Se sentía desconcertada por el significado de su vida, por su incapacidad de encontrar una meta adecuada para ella o por entender de qué manera podía expresar mejor su amor a Dios sirviendo a la comunidad. Iba bien con esta exploración y hacía considerables avances en sus relaciones en el hogar, en su trabajo voluntario y en sus cursos de la universidad.

TRAUMA ADICIONAL DE UN SOLO *SHOCK*

Un domingo me llamó el señor Feinstein. Me explicó que un conductor borracho había acelerado contra la camioneta compacta de su esposa, pegándole mientras ella salía del centro comercial con sus hijos el jueves en la noche y que le habían dado un 10% de probabilidades de sobrevivir a una cirugía de lesión abdominal y de columna. Él hubiera querido estar conduciendo su Volvo y se encontraba molesto por haber tomado el automóvil más grande y resistente en su viaje de negocios ese día. Terminó diciendo que el análisis de la señora Feinstein se cancelaba indefinidamente. La señora Feinstein se encontraba con un respirador y estuvo en terapia intensiva durante un mes. Durante diez días estuvo inconsciente. Cuando despertó, se encontraba desorientada, odiosa, obstinada y exageradamente exigente con las enfermeras, quienes, no obstante, disfrutaban esta conducta como un signo de apego intenso a la vida y se sorprendieron al ver lo dulce y amable que se volvió la señora Feinstein cuando mejoró su condición. Con su fe religiosa y la gran efusión de amor y apoyo por parte de su comunidad, la señora Feinstein se recuperó de forma espectacularmente rápida y fue dada de alta tres meses después.

El peor aspecto de su estancia en el hospital fue que pensaba que sus hijos habían muerto, a pesar de que los veía diariamente. Posteriormente, cuando ellos iban a verla, se preocupaba de que *ellos* pensaran que *ella* iba a morir. Se consoló con una epifanía en la que vio a su padre muerto al pie de su cama en el hospital diciéndole: "Todavía no es tu tiempo". Fue maravilloso verlo de esta manera, pero ella deseaba que también hubiera podido ver a su abuela muerta. "Ella habría sabido decirme que mis hijos estaban bien", bromeó.

De vuelta en el hogar, la realidad de sus limitaciones se hizo más evidente. Ella no podía volver al análisis, pero, tras otros dos meses de fisioterapia y descanso, la pudieron llevar a verme en su silla de ruedas para que tomara la psicoterapia una vez a la semana y la ayudara debido a la ira que sentía por el accidente. Reconoció que estaba furiosa con el borracho que chocó contra ella y le provocó tal trauma. Los nuevos síntomas desde el accidente incluían los siguientes: escenas retrospectivas, pesadillas, pánico al conducir, temores por la seguridad de sus hijos, mayor irritabilidad por la conducta de sus hijos y depresión. Se encontraba deprimida por muchas cosas nuevas: su constante dolor de espalda, las limitaciones de su movilidad y de su energía y la interferencia con sus metas de vida, especialmente sus metas educacionales y ocupacionales.

Todos estos síntomas eran típicas reacciones a un estrés postraumático a causa de un trauma de un solo *shock*. Aunque estos síntomas eran específicos del trauma por un accidente, en general, la señora Feinstein los experimentaba como una repetición del abuso que padeció a manos de su madre en la infancia y en la adolescencia. El trauma por un solo *shock* se experimentó como uno más en la cadena del trauma acumulativo de su infancia. Esta vez, sin embargo, muchas personas estaban enteradas del trauma; los desconocidos se apresuraron a ayudarla y los testigos y la policía unánimemente concordaron en que ella no había contribuido de manera alguna al accidente. Tras este suceso, la madre de la señora Feinstein llamó para expresar su pesar; aunque ella dudaba de su sincera preocupación.

Varios meses después, cuando la señora Feinstein pudo reiniciar su análisis, el principal empeño de sus esfuerzos terapéuticos se centraba en el significado de su vida. Se volvió extremadamente consciente de la paradoja de la existencia simultánea de un yo suicida y de un yo milagrosamente sobreviviente. Exploró el antagonismo entre su lado espiritual y su lado psicológico, y el contraste entre su antigua lealtad al punto de vista de su abuela sobre el poder de la fe y su confianza en mi forma de trabajar, experimentado como un conflicto potencial entre ella y yo.

El siguiente extracto de una sesión analítica ilustra su necesidad de encontrar un significado y su conflicto entre el viejo objeto encontrado a través de la religión y el nuevo objeto encontrado en la transferencia.

AMBIVALENCIA Y SURGIMIENTO DE LA AUTONOMÍA

La señora Feinstein comienza la sesión hablando sobre todo lo que ha sufrido y que continuaría sufriendo, posiblemente sin recibir una compensación adecuada. Se sentía bastante abrumada e insegura de que el psicoanálisis pudiera ayudarla. Como era común, lo que le ayudó en este momento de desamparo y desesperación fue una cita hebrea, y se preguntó si su confianza en eso me molestaría.

Yo dije: –Usted ha estado mucho más consciente sobre el conflicto entre el mundo de los sentimientos y el mundo del espíritu, y preocupada de que pudiera ser un problema entre usted y yo.

—Sí, sí lo he estado –aceptó–. Pienso eso respecto de mí, pero también de nosotros. He llegado al punto en la "Y", donde la psiquiatría va por un lado y la religión va por otro lado y ya no es un círculo. Cuando me marcho de aquí, sigo el camino religioso. Aquí solo puedo seguir este camino.

Se siente tan extraño haber sobrevivido a una situación en la que nueve de cada 10 personas hubieran muerto. No sé por qué tengo suerte, pero la tengo. Mi papá vino al hospital y me dijo: "Todavía no es tu tiempo". Y he aquí que la comunidad médica piensa que la ciencia me salvó y yo pienso que Dios todavía no estaba preparado para mí. Él tampoco estaba preparado para mí las veces que traté de matarme. Un amigo dice que una persona que trata de suicidarse es egoísta. Pero, por Dios, hay que ver lo que está pasando esa persona: se siente tan aislada, tan apartada, tan excluida por la sociedad, que uno no puede tolerar la soledad.

Noté que desplazó pensamientos referentes a ella a "esa persona", y de pronto cambió a "uno". Yo pensé que ella trataba de decir "yo", que yo no podía tolerar su sufrimiento. ¿O ella trataba de decir que yo no podía tolerar mi sufrimiento, mi soledad? Realmente me sentí un poco excluida. Toda la plática sobre Dios me hizo sentir un poco irrelevante. Tal vez yo la estaba hiriendo y estaba molesta por su confianza en algo diferente al análisis, a pesar de que yo sabía que ella necesitaba la religión que le había salvado la vida siendo niña. Trabajar en esto me facilitó la posibilidad de poner su conflicto en palabras, y tal vez le regresó su propia experiencia de dolor que había desplazado a "esa persona" y a "uno".

Dije: –Usted se ha salvado de una muerte cercana varias veces, pero parece tener más fe en Dios que en mí o en sus propios esfuerzos en el psicoanálisis. Usted parece dividida entre las dos rutas.

Inicialmente pensé en decir "amores" en vez de "rutas", pero creo que me sentí inhibida, porque podría parecer incestuosamente seductor o por la amenaza que representaba para mí el hecho de que la religión es su amor verdadero, no el entendimiento psicoanalítico ni autocurativo.

—Sí–respondió–. Mi abuela decía que en todas partes estaba escrito que Dios sabía todo. Dios siempre consigue lo que quiere. Puede que no sea cierto, si no el mundo no estaría hecho un desastre. No sé. ¿Podría ser realmente Su deseo que yo fuera atacada sexualmente, que mi madre tratara de matarme, que mi padre muriera y que me dejara con esa imbécil, que yo me tratara de matar tres veces, que yo estuviera involucrada en este horrible accidente?

LA TRANSFERENCIA NEGATIVA

En la siguiente sesión, la señora Feinstein continuó con el mismo tema; le preocupaba y no se sentía bien. Noté que parecía fría y temblaba bajo la manta. El siguiente día abandonó su discusión filosófica sobre el conflicto espiritual y habló más directamente sobre su experiencia interna acerca de su madre inconsecuente y de su abuela muy religiosa. Empezó hablando del presente. Su reacción indicó una transferencia negativa hacia mí y el objeto maternal interno que estaba vinculado a los deseos sexuales anales y genitales intensos.

—Su café huele más fuerte de lo que yo estoy acostumbrada –se quejó–. El olor me recuerda la cocina cuando yo estaba creciendo. Mamá siempre tenía una taza de café en la mano. Me gusta el aroma, pero nunca me gustó beber café. Solo lo he tomado tres veces. Mi esposo dice que nunca le he dado una oportunidad al café. Yo le digo que tomo mi cafeína de una forma diferente, como Coca Cola, y a diferente temperatura. Mamá siempre llevaba una taza de café caliente y un cigarrillo al baño cuando iba a tener un movimiento intestinal. ¡Asqueroso!

LA TRANSFERENCIA POSITIVA

A continuación la señora Feinstein cambió a la transferencia positiva a través de la cual se conectó con ella misma como una niña pequeña a la que podía amar.

—Pero en realidad me gusta el olor del café. Mi abuela siempre tenía café. Pero actualmente, incluso cuando salimos a cenar y la mesera nos pregunta si queremos café, nunca quiero. Últimamente he empezado a decir que quiero una taza de té. Mi esposo se burla de mí, "¡Vaya!, pronto estarás lista para el café". Algún día seré una auténtica adulta. Lo que me trae a esa niña pequeña que hay dentro de mí. ¿Recuerda cuando fui a ese retiro de sobrevivientes, de qué manera me veía a mí misma como niña pequeña, corriendo por la pradera? ¿Y se acuerda que ayer le decía que me sentía fuera de mi cuerpo, lista para unirme con papi el día que vino hacia mí en un foco de luz en el hospital? Es la niña pequeña otra vez. Tomo la mano de él y, corriendo, lo jalo. Ella parece tan libre y tan feliz.

EL SURGIMIENTO DE LOS SELFS INTERNOS DEL NIÑO

Después de describir un incidente en el que estuvo a punto de lastimar a su hija Liz, la señora Feinstein siguió explorando diversos aspectos de su yo infantil y se sintió nerviosa al pensar que se estaba volviendo loca.

—Anoche estaba jugando cartas con Liz en una mesa cerca de la ventana donde se echa el perro y supuestamente cuida la casa. Liz estaba molestando al perro y eso me irrita. El perro salió corriendo y yo le torcí el brazo por atrás y dije, "No hagas eso". Ella se rió y molestó al perro y a mí. Ella creyó que solo estaba molestándola, pero realmente estaba a punto de lastimarla. Me detuve y me aparté. Me pidió que jugáramos un poco más, pero no pude.

Ahí estaba esa niña pequeña nuevamente. Era tan feliz, saltando en el campo de flores. ¿Qué pasa aquí, doctora Scharff? Estoy enloqueciendo.

¿Qué hubiera pasado si a todos nosotros nos hubieran matado, o a Liz y a mí? ¿Quién se lo hubiera comunicado a mi esposo? ¿Cómo le comunicas a alguien eso? Mientras pensaba que terrible hubiera sido, esta pequeña niña dentro de mí llegó y me abrazó. Después miré a Liz y me di cuenta de que me sentía celosa de ella.

La señora Feinstein a continuación pensó en su hijo y dijo: –Tuve que llevar a Sam a mi dentista para un empaste. El dentista es amigo mío y me sugirió que entrara con Sam. A él no le gusta que yo entre al consultorio del doctor, por lo que me sorprendió. Pero él quería que entrara porque en el dentista no se tenía que quitar la ropa. El dentista entró y empezó a trabajar, y él y yo empezamos a charlar en plan de broma. Sam no podía oírnos por la máquina succionadora.

Al regresar a su hija, la señora Feinstein continuó: –Cuando estaba con Liz, quería ser ella, que yo *fuera* ella. Y no puedo. Soy su madre.

Me impresionaron las metamorfosis de la señora Feinstein en niña pequeña, en madre de un niño en el dentista, y de nuevo en niña, al verse ella como Liz.

Empecé a comentar: –Usted está hablando de Liz, una afortunada niña pequeña, como si fuera usted, y luego es usted como madre de Sam...

—No tiene mucho sentido, ¿verdad? –estuvo de acuerdo.

—Pero eso no es a lo que yo me refiero –corregí su impresión. Está pensando en usted misma como la madre parloteando con su amigo mientras le hacían algo a su hijo, de la misma forma en que su madre y su vecino se reían juntos mientras usted tenía que padecer los enemas, porque...

—Usted piensa que fui tan mala como mi madre –me interrumpió nuevamente, sensible a cualquier indicio de culpa–. No debería haber hecho eso.

—Un momento –dije–. Lo que trato de decir es que usted estaba en contacto con el yo de su niña pequeña como una madre que era tanto similar como diferente a su propia madre. Entonces, usted tuvo que mostrar cómo era realmente como madre, como su propia madre y diferente a ella. Eso es lo que tiene sentido para mí. Es difícil permanecer en contacto con la niña pequeña. Usted anhela ser la niña pequeña con una madre buena, pero creo que usted también quiere ser todas las niñas pequeñas que hay dentro de usted: la enojada, que hemos visto desde el accidente, y la que estaba aquí antes en esta sesión experimentándome como su madre odiosa y adictiva. Usted cortó eso muy rápidamente y cambió a una imagen mucho menos dolorosa de mí, como su abuela con un rico café, porque usted no confía en mí cuando es como una niña pequeña que me ve como a una madre que da miedo.

—¿Usted cree que no confío en usted? –preguntó en forma incrédula–. Yo confío en usted –dijo de modo tranquilizador y sincero.

—Sé que confía mucho en mí –respondí–. Pero no lo suficiente para desconfiar de mí, para pensar en mí como lo hacía con su madre.

—Ese es un conflicto que tengo conmigo –contestó –. No quiero enfrentar las cosas, pero yo espero que usted me haga enfrentarlas, de modo que yo pueda mejorar.

También hay una niña pequeña que está escondida lejos, en un rincón oscuro, y que llora todo el tiempo. Me dijeron que yo tenía los ojos más tristes, y esos son los ojos de esa niña pequeña. La niña feliz en el campo es nueva, a partir del grupo de sobrevivientes de incesto.

¿Hay personas que se han sentido locas como yo? Como papá que viene al hospital, fue tan real. Si me hubiera levantado y me hubiera ido con él caminando, hubiera muerto ese día. Habría una niña pequeña corriendo libremente en el cielo con él, algo que nunca llegué a hacer cuando estaba viva.

Sam tiene un recuerdo extraño del accidente: todos los vidrios rompiéndose en cámara lenta y luego piensa "mi madre está muerta". Los testigos dijeron que él salió del automóvil insultando al otro conductor. Es raro, pero necesito oír qué pasó. No tengo la menor idea del accidente, excepto lo que me dijeron. Es como si nunca hubiera pasado. Pero debe de haber pasado. ¿Y por qué?

El dentista me dijo: "Me alegro de verte caminando ahora. En el hospital te veías muy mal". Claro que cuando estaba en el hospital, todos me decían que me veía estupenda. Me molesta no poder hacer lo que hacía antes. Pero, de todas formas, los voluntarios con los que trabajo están felices de tenerme de regreso. Dicen que soy una inspiración porque sonrío y actúo como si nada pasara. Dicen que saben que en el fondo estoy sufriendo.

Yo había estado flotando como a menudo lo hacía, escuchando un relato sobre jugar con niños, ir al dentista y disfrutar del impacto de ella en otros voluntarios. Tarde o temprano ella mencionaría algo que me llevara a un grado más profundo. Había aprendido a no buscar o desear estos momentos. En cambio, traté de no esperar demasiado.

Tenía que aceptar estar un poco excluida, como un vecino que puede estar en el lugar, pero al que no se le permite cargar al bebé. Había aprendido a participar en su seguir siendo sin invadir su ritmo para darme vida. La señora Feinstein se sentía más segura y finalmente llegaría a sus áreas vulnerables.

Ella regresó a los yoes de la niña interior diciendo: –Ron y otras personas perciben a esta niña pequeña que es feliz y despreocupada, pero que en su interior se esconde en un rincón o que está tan enojada que quiere romper algo. Da tanto miedo hablar con estas tres o cuatro niñas que hay dentro de mí, a quien nunca se le permitió descubrir quién era, decir y hacer cosas que yo quería hacer. Cuando crecía estuve tan restringida.

Ahora pude llegar al material. Siempre representaba un alivio encontrar la conexión.

Reuní sus preocupaciones en la transferencia, diciendo: –Usted aún duda si será seguro expresar todo sobre estas niñas pequeñas aquí conmigo porque ellas no estaban a salvo antes.

Al llorar libremente, la señora Feinstein reconoció sus temores: –Intelectualmente, sé que es seguro, pero emocionalmente todavía me da miedo. No me permitía llorar. Me detenía. Me insultaba. Me decía con una voz desagradable: "¡Niña grande! Te voy a dar algo para que llores de verdad". Recuerdo haber estado recostada en la cama, no había nadie en casa, acurrucada. Tenía tantas ganas de huir, pero no tenía ningún lugar adonde ir. En mi forma desafiante decía: "Me voy a ir, vas a ver!", y mamá decía, "¡Ah, sí, te crees tan condenadamente buena para el resto del mundo! ¿Quién aceptaría a alguien como tú?". Me empujaba afuera y cerraba con llave. Yo me iba a mi escondite atrás de la escuela. ¡La odiaba tanto! Entonces pensaba, "¿Qué voy a hacer ahora?" Regresaba a la casa y ella me decía: "Bienvenida, su alteza", o, si estaba borracha, "¡Maldita!". Otras veces era muy amable, "Ay, querida. Siento haberte molestado". Si usted la conociera ahora, creería que es muy cariñosa. Como cuando llama, que dice "Hola querida. ¿Cómo estás? Di a los niños que los quiero". Ay, ay... Su llanto se fue apagando suavemente.

Esto es lo que generalmente pasaba. Cuando se introducía en sus recuerdos, se ponía triste y se sentía sola, tal como debe de haberse sentido muy a menudo siendo niña. Esto me ayudó a entender por qué nos mantenía a las dos flotando en la superficie, no solo para posponer el dolor de la reflexión, sino también para establecer un buen lugar al cual volver. En ese momento me sentí muy afectada por su aflicción.

—Usted puede estar preguntándose qué hará ahora mismo –sugerí–. Usted está afectada. Ya va a terminarse la hora de la consulta. Yo cerraré la puerta. ¿Y entonces qué?

—Estoy completamente sola –sollozó–. Cuando era pequeña, no podía llorar hasta no llegar a mi escondite. Me voy a ir de aquí. Conduciré el auto hasta que pueda simular nuevamente mi situación. Odio cuando es tan abierto y tan podrido. Me siento como si tuviera un elefante sentado en mi pecho. Solo quiero ser un ser humano normal.

LA REAPARICIÓN DE LOS YOES INFANTILES INTERNOS

Unos meses después, presenté este material a la doctora Joyce McDougall en un taller de adultos sobrevivientes de abuso sexual infantil. La doctora predijo que se necesitaría más trabajo con las niñas pequeñas que surgieran en el transcurso del análisis. Yo no había hecho hincapié en este lenguaje desde que la señora Feinstein lo usara por primera vez en una ocasión después de haber asistido a un retiro de sobrevivientes el año anterior, ni ella lo había usado desde esa sesión meses antes. Durante la tarde en que presenté estos esbozos de mi trabajo con ella a la doctora McDougall, la señora Feinstein veía la televisión y terminó con el programa de Oprah Winfrey. Al día siguiente me contó sobre eso.

—Vi a Bill Cosby en el programa de Oprah –dijo–. Como era de esperarse, estuvo radiante y gracioso, claro que él tiene un doctorado en educación. Habló del niño interior y yo sentí que estaba de nuevo ahí. Entonces dije a la televisión: "Muy bien, doctor Cosby, ¡dígamelo, dígamelo! La doctora Scharff no puede decírmelo, ¡usted, dígamelo!". Él dijo: "Dejen que el niño feliz salga". Yo tengo tantas niñas dentro que no sé qué hacer.

Yo estaba bastante sorprendida. No había dicho ni una palabra sobre los niños interiores desde la sesión que tuvo lugar algunos meses antes, tampoco desde que oí a la doctora McDougall usar ese lenguaje para hablar de cómo entendía el material de la señora Feinstein. ¿Fue coincidencia? Me quedé reflexionando. ¿La doctora McDougall simplemente estaba aplicando la fórmula del niño interior o era extraordinariamente intuitiva sobre lo que estaba a punto de surgir?

¿La paciente era sensible a un cambio en mi pensamiento que yo todavía no verbalizaba? Yo respondí y escuché en forma expectante.

—Usted anhela a un doctor que le diga qué hacer con los niños –sugerí.

—Eso sería muy bueno –aceptó–. Ron dice, "¿Qué comenta la doctora Scharff?". Le dije que eso tenía que venir de mí. Ya hay muchos libros de superación. Él dice, "Ella debería decirte qué hacer". Yo sé que eso tiene que venir de mí, pero una parte de mí dice, "*Usted* dígame!". Sin embargo, usted sí me dijo que sería mejor admitir mis niñas cuando no me siento bien, en vez de ocultar esto y enojarme con ellas por preguntar, y sí funciona y se lo agradezco. Ellas preguntan, lo admito. Yo les digo que voy a estar bien, y ellas siguen y la tensión desaparece.

Pero aun así tuve que vaciar mi clóset. Limpiar generalmente significa que algo está pasando. Y ahora mismo es muy difícil para mí hacer algo a causa de mi espalda. ¿Entonces lo de limpiar el clóset sucedió porque formalmente saqué la niña interior, de modo que hable de mi autocompasión?

Dije: –Al limpiar a pesar de su espalda lastimada, usted se obligó a hacer un trabajo pesado, tal como usted espera obligarme a hacer aquí. Si vamos a enfrentar el dolor y el desastre de las niñas interiores aquí, tal vez usted quería tener el placer de poner orden en alguna parte, en su clóset.

Con pesar, objetó: –El clóset y los cajones limpios no me dieron tanto placer como me daban antes, porque ahora sé que hay algo más ahí.

Cambiando el tema, ella continuó: –Una mujer rivalizó conmigo por un lugar para discapacitados y me gritó porque yo lo usé: "Usted debería avergonzarse", gritó. Saqué mi permiso y pensé: "Usted debería avergonzarse al juzgarme sin conocer los hechos". Sin embargo, yo misma le grité a la siguiente persona que no llevaba su permiso visible. Fui tan mala como la otra persona. Durante todo el camino a casa arremetí contra mí por haber hecho eso. Pero no me desquité con los niños.

Yo dije: –Usted está reclamando su derecho a un lugar para discapacitados aquí, un lugar para expresar todos los sentimientos de la niña pequeña, lo que no desearía tener que hacer porque tiene temor de que la niña que hay en usted me convierta en una mamá mala.

Ella descartó mi idea –Es ridículo –dijo. Después de un momento, pensó en ello. –Parece como que usted dice que yo le tengo miedo, que tengo miedo de que se enfade conmigo, me condene o me mande a un hospital psiquiátrico o algo por el estilo. Sin embargo, no creo que sea verdad. De lo que tengo miedo es que no se quede aquí. Que tome la delantera de mis tratos con los demás. También me da miedo que usted diga: "Muy bien, eso es así. Eso está muy bien. Ahora ya se puede ir". Además, como usted dijo, es atemorizante. Yo no sé lo que pasa. *Esta* niña pequeña está escondida, llora. *Esta* niña pequeña brinca y rompe cosas. Y aquí está *esta* nueva niña pequeña en la pradera. Es divertido. Puedo imaginarme a la niña feliz yendo hacia la que está llorando con más facilidad que hacia la que está gritando. Sin embargo, es más fácil para la que está asustada dejar de gritar que para la que está llorando dejar de llorar y acercarse. Es una locura, ¿verdad? El dolor es tan profundo. Usted dice que me es difícil admitir que necesito venir aquí por mi discapacidad. En un mundo perfecto, nada de esto hubiera pasado.

Me parezco a "Sybil" con gente diferente en mi cabeza luchando para salir adelante. Algo como *Las tres caras de Eva*. Es una locura. Inconexo. Irreal, anormal. Sin embargo, también tengo un sentimiento físico de no sé qué cuando veo a la niña pequeña ir a través de los campos y sé que soy yo cuando era pequeña. Puedo seguir hacia adelante y volverme una niña de nuevo y tomar la mano de papá y llevarlo conmigo. Esto es realmente estrafalario. Honestamente no recuerdo haber sido así cuando era pequeña, excepto cuando íbamos a casa de sus padres. Odiaba ese lugar. Eran tan estrictos y reglamentarios. Había que sentarse en el sofá y jugar con una muñeca. Tenían dormitorios separados, tres dormitorios para los dos. En nuestra casa teníamos dos dormitorios para cinco personas. Nunca me sentí a gusto ahí, y nunca les caí bien en absoluto.

Me gustaría poder regresar al pasado como lo hizo Thornton Wilder en *Nuestro pueblo* y vivir un día y descubrir quién era yo. Soy muy mala para recordar. Soy muy mala para eso. Deben de haber existido muchas cosas buenas ahí. Pero yo no lo recuerdo.

Los niños estaban hablando de cómo se peleaban para ver quién se sentaría en la cama junto a mí en el hospital. Les pregunté qué hacía yo acerca de su pelea. Dijeron, "solo cerrabas los ojos y seguías durmiendo". Ve, no me acuerdo de los malos tiempos en el hospital. Estaba tan eufórica ahí. Pero de mi infancia no recuerdo momentos buenos.

Mi compañera de cuarto del hospital llamó. Cuando no se siente bien, se acuerda de que yo estoy mucho peor. Es como si esta niña feliz fuera la que hubiera estado en el hospital. Me sentí abofeteada cuando papá dijo: "Todavía no es tu momento". Yo pensaba que mis hijos estaban muertos y pensé: "¿Quién va a hacerse cargo de los niños? Tengo que cuidarlos, pero tengo que morir porque tengo que ir contigo". Y él dijo: "No es tu momento". Papá ha estado muerto casi durante treinta años. ¿Qué pasa entonces? Pero en mi corazón, sé que *sí* vino a mi cuarto. No era amenazante ni intimidante, solo era decepcionante. Sin embargo, cuando descubrí que los niños estaban bien, fue maravilloso; me quité el respirador. Habían tratado de quitármelo antes, pero no dio resultado.

Resulta extraño pensar en esta niña en el rincón. He hablado tanto de ella y sobre por qué está llorando. ¿No es eso suficiente para integrarla en mí? ¿Y toda la otra jerigonza que se supone que pasa?"

—Pero usted no solo estaba hablando de ella, usted estaba siendo ella aquí –dije para aclarar la autenticidad del trabajo que pensé que ella estaba haciendo.

—¿Y eso es lo que se supone que tengo que hacer? –preguntó, siempre esperando que yo le dijera lo que había que hacer–. Me gustaría que hubiera un botón que al apretarse dijera a cada niña interior: "Es tu turno ahora, estás encendida".

Al oír esto, me preguntaba si algunos terapeutas dirían que la señora Feinstein necesitaba y quería una técnica hipnótica para convocar a las personalidades alternativas. A causa de que ella mantenía un punto de vista integrado de los diferentes yoes de las niñas, decidí no abandonar mi posición analítica y trabajar en sus experiencias de las niñas interiores como partes de ella misma. Me preguntaba si habría encontrado estas partes de la paciente accesibles a esta técnica analítica si el grado de disociación en el funcionamiento de su personalidad fuera más extremo, tal como sucede en el trastorno de personalidad múltiple. Informes recientes (Olsen, 1993; Silvio, 1993) sugieren que la técnica analítica puede modificarse para incluir el trance hipnótico con los yoes separados y lograr una comunicación con las personalidades alternativas y su reintegración en casos de personalidad múltiple. Sin embargo, en el caso de la señora Feinstein, en cuanto a lo que yo puedo decir, creo que tal técnica podría tener un efecto desintegrador iatrogénicamente inducido que la empuje a considerarse a ella misma como una personalidad múltiple, en vez de considerarse como alguien que sufría escisiones menos severas del yo cuando no cambiaba de personalidades. El siguiente relato sobre el manejo de las niñas interiores ilustra el enfoque de relaciones objetales, que ofrece una forma integrativa al tratar con el grado menor del proceso disociativo en la personalidad de la señora Feinstein.

DESPLAZAMIENTO DE LA TRANSFERENCIA

En una sesión que tuvo lugar la siguiente semana, la señora Feinstein contó otro momento de la puesta en acto parcial de la seducción de su madre y del abuso con su hija Liz. Nuevamente fue capaz de interrumpir la posibilidad de la repetición del abuso.

—He estado muy preocupada por mí durante los últimos días -dijo-. Estuve en una situación de hacerle cosquillas a Liz, o a punto de lastimarla. Ella estaba muy decepcionada porque Ron no estuvo en su actuación inicial en la escuela. Ron se fue antes del final y Liz tuvo que regresar a casa conmigo. Ella empezó a torturar al perro. Yo dije: "¡Deja de hacer eso!" y me senté sobre ella. Enseguida estaba haciéndole cosquillas y ella se reía. A continuación ella expresó: "¡Ya no!", por lo que deje de hacerle cosquillas. Ella dijo "No, solo estaba bromeando. Sigue". Yo señalé: "No, en primer lugar no debería haber empezado". En realidad, quería pegarle. Ella siguió y siguió. Ella quiere cocinar. Quiere jugar. Ella no nos deja en paz. Siempre quiere preguntar algo más, quiere tener otra fiesta. Estoy tan harta de ella y de su actitud desafiante cada vez que digo "no". Dentro de mí, veo esta niña pequeña exactamente como ella, gritando y haciendo cosquillas para vengarme de todas las veces que me hicieron cosquillas y me hirieron.

—¿A usted también le hacían cosquillas? -pregunté, sabiendo que las cosquillas se encontraban a menudo en las historias de sobrevivientes de abuso sexual, y sorprendida de oír esto por primera vez tras cuatro años de análisis.

—Todo el mundo me hacía cosquillas -comenzó y siguió detallando-. En la planta de los pies, en los muslos, en el estómago, en el cuello, en las orejas, en la barbilla. Me hacían cosquillas hasta que lloraba y agitaba los brazos. Todos se reían. Mi madre es como Ron, no hacía cosquillas. Mi tío Bert me hacía cosquillas. Todos hacían cosquillas. Eso hace que mi área privada se tense al pensar sobre eso. Yo le hacía cosquillas a mis hermanos y a mis primas Sally y Linda. Mi prima Renee me hacía cosquillas. ¡Ay, Dios mío, odiaba eso!

Me hacían tantas cosquillas, que, algunas veces, mojaba la cama. Creo que eso era muy común en los cincuenta. Todos mis amigos se hacían cosquillas.

La señora Feinstein se detuvo un momento y luego dijo: -Esa niña pequeña que está dentro de mí dobló mis brazos en forma decidida y dijo: "Pon fin a eso". No sé si significaba que ellos deberían dejar de hacerme cosquillas o si yo debería dejar de quejarme sobre el cosquilleo.

DESARROLLO DE LA SEGURIDAD EN LA TRANSFERENCIA

Me sentí contenta de que la niña pequeña se detuviera. Yo estaba escuchando, pero todo parecía muy lejano. Toda la excitación y el drama habían ocurrido en el pasado. Parecía como una alternativa a una experiencia transferencial. Pero antes de que pudiera pensarlo, el relato continuó como antes.

La señora Feinstein continuó -El hombre que vivía junto a mi casa solía hacerme cosquillas. Eso se terminó cuando iba en séptimo grado, excepto en mi familia, pero hasta entonces todo el mundo me hacía cosquillas. Al principio era agradable, una forma reconocida de mostrar afecto. Pero mi hermano mayor, Tom, lo hacía por maldad. Pero cuando estaba enojada o de mal humor y mamá estaba bebiendo, o de buen humor, ella se sentaba sobre mí, como hice con Liz, y me hacía cosquillas. Ella se reía, sonreía, y desaparecía el enojo, o bien continuaba hasta que yo lloraba y humedecía mis pantalones, y eso la ponía molesta.

Lo que me recuerda, y tal vez tiene cierta relación, que el sábado Liz me dijo que tenía calambres. ¿Podría estar a punto de menstruar? Pero solo tiene 12 años. Tal vez por eso le hago cosquillas, para que siga siendo una niña pequeña un poco más.

Finalmente entendí. -Puedo entender eso -dije, pero también estaba pensando en la explicación de la transferencia. Continué: -Hay otra forma de ver esto. Usted ha hablado sobre si podría arriesgarse a experimentarse a sí misma como una madre y como una niña en relación a mí. Creo que usted encontró esa experiencia en la casa con Liz, en vez de en la relación conmigo.

—Eso es lo que me asusta, que no termino aquí. El paciente antes de mí se fue llorando y eso es lo que no quiero. Ahora mismo me siento como la pequeña desafiante.

—¿Usted no quiere jugar este juego conmigo? –noté.

—No hay reglas –se quejó-.Me gustan las fronteras. Y no es un juego. Es mi vida y duele. La pequeña niña corre por el pasillo y todas las puertas están cerradas con llave. Ella llora. Yo corro y me contraigo en la niña que llora en el rincón. ¿Estoy loca? ¿Es la manera en que uno debe ser?

Hay otra niña pequeña tranquila y peculiar. ¿Quién es? Tiene palmas sudorosas. No hay un lugar seguro adonde ir. ¿Es esto cercano a lo normal? Parece una locura decir las cosas que están en mi cabeza. ¿Todo el mundo hace esto? Es como si esta niña pequeña tuviera la clave y supiera qué puerta abrir para entrar. Entonces seré una persona diferente. He visto suficientes esqueletos en mi pasado. No quiero mirar a ninguna parte.

Entonces, cualquiera abrió la puerta donde estaba esa cara enojada y le pegó. Es una locura, estas cosas no pasan.

La señora Feinstein se calló por un momento. Tuve la oportunidad de reflexionar durante su silencio. El lenguaje del "niño interior" a menudo me parece falso, trivial y concreto. El lenguaje de la niña interior de la señora Feinstein me pareció bastante extraño, y sin embargo me sentí más en confianza con ella de lo que a menudo me sentía. Sentí que ella estaba dejándome estar con ella mientras saltaba de una parte de ella a otra. ¿Por qué pasaba esto? Tal vez ella se sentía más segura porque habíamos regresado a cuatro sesiones por semana. Un pájaro cantó afuera de la ventana.

—El canto de ese pájaro me hace pensar en la primavera en que crecí. Se olía el césped recién cortado, ese olor a sandía, todo vivificante y fresco. Uno se despertaba y ahí estaba el mismo cuarto viejo, sucio, apiñado. Uno entraba y prendía las caricaturas, cogía un poco de cereal y un plátano y esperaba no despertar a mamá, pues sino entraría y le gritaría a uno. Siempre soñé con una casa suficientemente grande en la que, cuando uno se levantara de la cama, no chocara contra la pared o el tocador. Y nuestra casa particular en la ciudad será suficientemente grande en cuanto se termine la renovación y tenga mi estudio.

Esa niña pequeña no está en el rincón, sino sentada en el pasillo llorando, no sollozando, llorando. Igual que yo. Tengo ganas de hacerlo ahora, pero no lo haré.

—Usted me está hablando de la tristeza que no quiere mostrarme, en parte porque es jueves –dije.

—Es un fin de semana largo –estuvo de acuerdo-. Me gustaría verla todos los días, todo el día durante seis semanas. Tal vez entonces podría terminar con esto.

Yo compartía el sentimiento de cercanía con la señora Feinstein. Cuando me expuso la locura de las niñas pequeñas, las dos nos sentimos más cerca y más seguras de terminar el trabajo.

EL SURGIMIENTO DE UN YO INFANTIL PECULIAR

El siguiente fin de semana la señora Feinstein vio una película.

—Vi *Un extraño en la familia* (*Stranger in the Family*) –me dijo. Una película sobre una familia que tiene que enfrentar a la víctima de un accidente que tiene amnesia total. La hermana lleva a la víctima a los autos chocones para divertirse (como nos encantaba a mi padre y a mí); pero eso hace que el niño recuerde su accidente. Entonces yo (haciendo énfasis o imaginando) me sentí zarandeándome en el carro y sentí el temblor y lloré con fuerza, deseando que me sostuvieran. Ron dijo: "Apaga esa película". No hubo ni una pizca de comprensión. Entonces dejé de ver la película y me puse a ver la Serie Mundial.

Hoy me duele la espalda. Tal vez va a llover o a hacer mucho frío. Cuando me vestí y me puse mi collar nuevo, me sentí como una niña pequeña vistiéndome; pero soy una adulta. Es como si finalmente estuviera consciente de estos diferentes aspectos de mi infancia en la forma de niñas pequeñas luchando para controlarme. La niña que llora en el rincón se convierte en mí o yo me convierto en ella. Cuando Ron pensó que mi llanto era absurdo, esa niña pequeña volvió a acurrucarse de forma más profunda. Me sentí como Ron cuando dijo "Cállate", pero en mi interior estaba gritando "Eso me dolió y quiero saber qué pasó".

La señora Feinstein tiritaba y tiró de la manta de atrás del diván para cubrirse. -Pensaba que podría arreglármelas sin la manta hoy, pero no puedo -dijo.

La miré tiritar agradecida en lo confortable de la manta, como generalmente lo hacía, a diferencia del paciente anterior a ella, que odiaba que yo le diera algo.

Continuó: -Algo que echo de menos de mi cuerpo a partir del accidente es que no puedo acurrucarme en posición fetal. Solo quiero enrollarme y gritar, y físicamente no lo puedo hacer. ¿Qué significa eso, doctora Scharff, con todos estos personajes pequeños en mi cabeza? ¿Qué pasa? Estoy asustada. Quiero una respuesta.

—Creo que ahora que usted tiene cuatro sesiones por semana, usted está, como dice, más dispuesta a explorar sus partes -contesté.

—Personalidades múltiples, como *Las tres caras de Eva* -dijo-. Realmente una locura.

—No -dije, consciente de tratar de quitarle el atractivo al tema-. No personalidades múltiples, solo partes de usted.

Sin expresar un comentario directo sobre lo que había dicho sobre ella, continuó hablando sobre sus niños reales, no sobre sus niñas interiores. -Sam estaba recordando momentos agradables que pasamos juntos y momentos en que le grité a Liz. Me volví esa niña enojada. Yo ataco y Liz es la que recibe el ataque.

—¿Por qué Liz? -requerí, esperando entender la identificación proyectiva de la señora Feinstein con su hija.

—Estoy celosa de ella -contestó-. Me recuerda a mi madre: es arrogante, adorable, precoz, exigente, de carácter fuerte. Se sale con la suya. Me hubiera gustado ser como ella y nunca haber padecido abuso. Tuvo el valor de decirme "Quiero esto", y yo dije "Tendré que hablarlo con tu papá". ¿Por qué mi mamá nunca me decía eso? ¿Y por qué yo nunca podía preguntar? Yo era muy débil.

Hay una nueva visión que surgió: un niño curioso, mira a su alrededor, se viste muy elegante. También hay otro, un bromista. Entonces cuando el bromista da un golpe, el curioso voltea y ¡no hay nadie ahí!

Liz se quedó recargada en mi hombro y me hacía daño en la espalda. Yo seguía pensando que estuve a punto de morir. No creo que llegue a superar eso. Ahí está papá diciendo "Todavía no es tu momento", y ahí está una niña pequeña que siente como si se acabara de pegar en la cabeza. "¿Y ahora qué?", pensé, acostada en la cama del hospital. Estaba completamente desconcertada. Ron no cree que la gente pueda volver como lo hizo papá. Él cree que mi mente lo hizo regresar porque yo quería que estuviera ahí. Yo dije: "Estás completamente equivocado". Él contestó: "Esta es la primera vez que me has debatido. ¡Enhorabuena!" Yo comenté: "Él vino. Yo estuve a punto de morirme", y me respondió: "Ya sé. No puedo enfrentarlo". Yo hubiera ido hacia él y le hubiera dicho. "¡Necesito un abrazo ahora!". Y me hubiera dicho: "Muy bien, preferiría darte un abrazo a que grites por cualquier cosa". Me preocupa que siempre le perdono que llegue tarde y no me permito enojarme.

SUEÑO DEL OBJETO ABUSIVO EN LA TRANSFERENCIA

Antes de reanudar su análisis cuatro meses antes, la señora Feinstein me había permitido videograbar una entrevista en la que ella hablaba conmigo sobre sus experiencias de abuso sexual infantil, sobre su supervivencia y sobre su tratamiento psicoanalítico. Se hizo para una presentación en una reunión científica en el instituto psicoanalítico local en una fecha determinada y en otros eventos didácticos en que se necesitaba. Me había autorizado que la presentara en una reunión analítica con la condición de que solo profesionales cualificados estuvieran presentes, porque quería contribuir al análisis de la terapia para sobrevivientes de incesto y además estaba interesada en elevar el grado del conocimiento profesional del problema. Sin embargo, se dio cuenta de que no se sentiría a gusto que se presentara su material si los cónyuges interesados, pero no instruidos, o amigos de los terapeutas, asistieran a la reunión. Me impresionó su precaución y su capacidad de protegerse de algún abuso.

La señora Feinstein recordó que, como ya era Halloween, la fecha de mi presentación en la reunión científica de invierno debía estar cerca. En efecto, sería dentro de dos días. Ella describió que recordaba de su infancia los pocos dulces que recibía en Halloween y los escasos intentos de celebrar la fiesta. Siguió describiendo los preparativos muy elaborados que hacía ahora para que sus hijos se divirtieran: decoraba el jardín con lápidas, música tenebrosa salía del techo y ella se vestía de bruja con una mano falsa color piel con la que abría la puerta. Ella realmente estaba embebida en eso, pero yo quedé excluida. No hubo un análisis que valiera la pena de su material. Yo me sentí como una niña atemorizada en su puerta.

En su siguiente sesión, que fue el día anterior a mi presentación, ella me informó de una reacción física y de un sueño.

—No me siento bien hoy –dijo–. Me desperté al tener un sueño horrible. Entonces mis intestinos hacían ruido. Desde entonces me he sentido asqueada y débil. Después no pude encontrar las llaves de mi coche y mis hijos tuvieron que irse caminando a la escuela. Los vi irse en el frío y me dieron lástima.

En el sueño, yo estaba con alguien más, pudo haber sido un niño o una niña. Yo era la mayor de los dos. Luego había un hombre como Pie Grande, enorme y peludo; sin embargo, tenía una cara sin pelo y adusta. Cualquier cosa que hiciéramos alguno de los dos, nos pegaba. Salieron dos policías con un arma y él también los intimidó. Luego se durmió. Los dos policías y nosotros dos decidimos que teníamos que matarlo y huir. El policía con el arma estaba preparado para matarlo. Había muchas puertas. Nosotros abrimos una puerta y entramos en otra habitación para huir, pero él siempre nos perseguía. Estábamos a punto de atraparlo cuando una ambulancia bajó por la colina, giró y le pegó a un jeep estacionado afuera del edificio y siguió su camino. Llegó mi hermano, no estoy segura de cuál de ellos era, y dijo: "¿Qué hacemos ahora?". El monstruo me pegaba y me empujaba y el policía le disparaba, y no pasaba nada. Y eso es todo.

Durante todo el sueño, yo, mi corazón palpitaba, pero no perdí el control. La niña curiosa decía: "Hazte del control. Todo estará bien". Esta figura masculina no se parecía a mi padre porque tenía muchísimo pelo negro, en tanto que papá tenía pelo rojo corto, y nunca nos lastimaba. Sin embargo, él permitió que pasara todo eso, y más. Yo no sé, doctora Scharff, ¿qué piensa de todo esto?

—Todavía no sé qué pensar -contesté. Estoy escuchando mientras usted trabaja en esto. No quiero interferir.

—Para mí tendría sentido si fuera mi madre la que me amenazara y me persiguiera, y si no hubiera puertas -pensó la señora Feinstein-. Pero en el sueño era un hombre, y en nuestra casa no había puertas. El sueño es como en la terapia, un espacio infinito con muchas puertas. En el sueño había un porche al frente, que no existe aquí.

Me interesó su cambio de lo concreto a lo simbólico, una evidencia de su capacidad de maduración para crear un espacio transicional para el pensamiento creativo.

Comenté: -Usted dice que el sueño no es una réplica exacta de su historia o de este consultorio, pero que parece haber un símbolo de su experiencia conmigo en este lugar.

—¿Usted es el monstruo o la persona junto a mí? -preguntó.

—¿Tiene que ser uno o el otro? -repliqué.

—¿O el policía que disparaba al monstruo, pero este no se iba? -continuó-. ¿Entonces usted cree que no está en el sueño?

—Yo no dije eso -repuse, sintiéndome errada en mi interpretación y momentáneamente desconcertada.

—Usted dijo que tenía que ser uno o el otro, ¿no es así? -me retó, regresando al sentido literal y a mi sentido anterior.

—Y usted dijo "o el policía" -repliqué recordándole su nueva tolerancia para abarcar un significado múltiple en el resumen del sueño–. Creo que el sueño muestra su experiencia acerca de mí como el monstruo sacudiéndola y obligándola a hacer cosas difíciles y también como la persona junto a usted, en esto con usted, y también como el policía que le dispara a la bestia.

—Pero todo es en vano –dijo, con un tono más molesto que desesperado.

Yo dije: –Tal vez usted está enojada conmigo por no deshacerme del monstruo, pero también por hacer que se acerque el monstruo y, como consecuencia, asustarla. La niña curiosa fue la que no perdía el control en el sueño.

En un momento sorprendentemente nada sumiso que yo agradecí, la señora Feinstein se alejó de mí y aseveró: –A mí no me gusta su interpretación del sueño. ¿Por qué no puede ser un simple recuerdo? ¿Por qué tiene que estar relacionado con este lugar? ¿Por qué tiene que afectar mis intestinos? Tal vez sea sobre mi operación traumática que exige que me hagan una prueba de sida. Había muchas puertas a lo largo de ese corredor del edificio médico, todas ellas cerradas, con la excepción de la farmacia.

La señora Feinstein detalló, pasando de lo personal a la dimensión social: –Se me acaba de ocurrir que el sueño puede representar mi temor a que la policía pueda ver el mal y la mala intención, pero sea incapaz de detenerlos. Estábamos en una fiesta y un doctor amigo mío que canta estaba hablando sobre muchos discos. Este doctor dijo "Nunca he podido oír *La Novena* de Beethoven desde que vi *Naranja mecánica*". Yo dije "Yo tampoco". Ahora pienso, desde el accidente, en *Naranja mecánica* y en lo que nos estamos convirtiendo, niños aburridos que se disparan entre ellos. Violencia fortuita. Tengo miedo por mis hijos y anhelo de regresar a los cincuenta. Todo parecía tan simple en aquel tiempo. Aunque lo que pasaba en mi propia casa fuera tan horrible entonces.

"Al examinar todas las cosas que se encuentran en mi pasado para aclararlo y renovarlo me siento cerca de él, y empieza a destacar la pequeña niña curiosa. Ron y los niños piensan que soy sentimental. ¿Haber buscado en el ático, en mi pasado, me conduce a un grado más profundo aquí, o viceversa? ¿O es simplemente una necesidad de deshacerme de algunas cosas para poder estudiarme? Un momento, ¡hay algo equivocado en esta imagen! –exclamó.

Me interesó que la explicación concreta y lógica para ella de pronto no tuvo tanto sentido como el enfoque más ambiguo y simbólico. Me preguntaba qué estaba pasando. ¿Me había convertido en la niña a la que no le salían bien las cosas y ella era la madre inconsciente que constantemente cambiaba sus premisas? Si es así, ¿por qué? Tal vez yo la había asustado como un objeto abusivo y trataba de defenderse mediante un cambio de dirección.

—Ayer hice lasaña– dijo, estableciendo una relación entre la comida y el amor, y regresando a lo familiar y lo doméstico–. Todos estaban muy contentos. Fue la primera vez, después de siete meses, que me sentí capaz de manejar la sartén grande y preparar todo.

Al continuar con un punto de vista concreto sobre las soluciones, continuó: –A propósito, encontré las llaves que perdí en la parte con cierre de mi cartera. Me gustaría encontrar la llave que abriera mi cabeza y pudiera descubrir los botones que hay que presionar para que empiece a caminar la máquina. Me gustaría que esas cosas fueran fáciles. Me gustaría que usted me pudiera poner en un encefalograma y en una pantalla, de modo que pueda descubrir todo y yo no tuviera que hablar.

—De ese modo yo podría hacer todo por usted, cuidarla y hacer todo mejor sin ni siquiera preguntar, como la excelente mamá que usted no tuvo –dije.

¡La señora Feinstein de pronto regresó a su enojo. Dijo: –Recuerdo a mi madre sentada amablemente como debía en el hospital, una perfecta pequeña abuela, representando su farsa. Tengo ganas de tomar un cuchillo y acuchillarla. Hoy estoy enojada con mi mamá. Estoy enojada con todo lo que hizo. No quiero recordar eso, pero lo hago. Con el accidente, quiero recordar pero no puedo.

La señora Feinstein estuvo dispuesta a matarme, pero no llegó a hacer un salto a la transferencia. Pensé que debía seguir siendo muy paciente y encaminarme lentamente a la transferencia, pero empezaba a ver el camino a seguir. La primera sesión tras mi presentación en el Instituto, la señora Feinstein parecía frívola de nuevo. Esto me decepcionó, pero no me sorprendió. No habría florituras analíticas. En este caso, el analista tenía que ser tolerante con las escisiones y aprender a comunicarse en un lenguaje más concreto de lo que yo solía usar. Tenía que dejar a los vínculos simbólicos descansar como perros que duermen y se molestan si se les despierta de manera abrupta. Estaba aprendiendo qué tanto no podía expresar con palabras, porque las palabras pueden alejar y bloquear la experiencia en curso, que es fundamental para crear suficiente seguridad para que el paciente traumatizado exprese la transferencia por completo.

Los comentarios de la señora Feinstein nuevamente eran en tono doméstico. Había estado poniendo en orden su casa y tirando más cosas del ático. Eso la hacía sentirse muy bien. Ella y su esposo estudiaron las ofertas para construir un estudio para ella, se reunieron con el arquitecto, escogieron un constructor y firmaron el contrato. Ella sintió que un contratista, cuya oferta no aceptaron, se había aprovechado de ella; pero ella se defendió y se sentía muy bien por haberlo hecho. Se estaba preparando para ir a la escuela de nuevo.

LA DESAPARICIÓN DE LAS NIÑAS INTERIORES

El siguiente día, la señora Feinstein continuó hablando de la limpieza y del arreglo de cosas en su casa, pero esta vez tomó una posición más analítica sin que yo interviniera. Se dio cuenta de que desde que había puesto en orden su casa, las niñas pequeñas que existían en su interior habían desaparecido. Sin ellas, se sentía vacía. Continuó: –Si hablar sobre la niña pequeña es lo siguiente que tengo que hacer para acabar con mi terapia –dijo– pues manos a la obra. Pero, ¿por qué se detuvo todo? Tal vez tenga que ver con la limpieza de la casa.

—Tal vez se calmaron porque usted se asustó de lo loca que se sentía al reconocerlas y por la forma en que cambiaron sus sentimientos hacia mí –sugerí.

—¿Cómo es eso? -preguntó

—Como persona adulta usted me dijo que confiaba en mí. Pero como niña pequeña, usted siente lo que la niña siente, dependiendo de si está enojada o triste -respondí.

—Me pasaba algo así con Liz -respondió-. Ella y su amiga pequeña estaban jugando con su pelo. Su amiga enredó el pelo muy largo de Liz alrededor de un peine y el peine se quedó atorado. Tuve que desenredarle el pelo. Mi madre hubiera tomado unas tijeras y le hubiera cortado el pelo hasta el cráneo. Yo me quedé sorprendida de que me quedara bastante calmada. Me llevó media hora y no tuve que cortarle un solo pelo.

Ahora que sé que los yoes de la niña pequeña no reaparecieron posteriormente, creo que mi interpretación de que se escondían de mí por miedo era errónea. Creo que las niñas pequeñas no abandonaron a la señora Feinstein, sino que fueron absorbidas en su yo central. Toda la agresión que la señora Feinstein experimentó hacia mí en el sueño de Pie Grande tuvo un efecto integrador en su yo. El análisis parece consistir en hacer hipótesis y posteriormente revisarlas. La imagen de la señora Feinstein al esforzarse pacientemente para desenredar el pelo y conservar el largo y la cantidad de pelo coincide con mi visión del trabajo analítico: no una interpretación perspicaz brillante, simplemente un trabajo lento y constante, separando los diferentes hilos de la experiencia y la fantasía de la red de los asuntos domésticos. De este modo, el trabajo siguió.

Posteriormente, esa misma semana, la señora Feinstein habló sobre los planes de su estudio y su decoración, sobre la fiesta que le ofrecieron y sobre el constante estrés de todos los días. Repentinamente, ya cerca de terminar la sesión del miércoles, la señora Feinstein me sorprendió cuando me dijo que había estado a punto de llamarme el sábado (el día posterior a mi presentación) para contarme un sueño:

—Usted estaba en el sueño, yo estaba en el diván y usted estaba en su silla. En un instante, estábamos en un edificio victoriano enorme y antiguo. Usted me presentó a un colega, el señor Jones, y él hizo pasar a tres clientes. Yo empecé a hablar y la gente me interrumpió: "Eso no es verdad, no es como sucedió", dijeron. Empecé a llorar y usted les dijo: "Tienen que irse", y nosotros estábamos otra vez aquí. Usted me dijo: "Esto es obsceno. Usted no puede manejar esto sin llorar". Instantáneamente estábamos en el viejo edificio y la otra gente estaba ahí de nuevo. El señor Jones me dio las gracias y me dijo que yo había ayudado mucho a sus clientes.

Ay, ¿de dónde vino este sueño? Está completamente fuera de lo acostumbrado. Me pregunto si tiene alguna relación con su plática y con el hecho de que mis palabras estaban en la grabación. Un nuevo miembro se introdujo en nuestro club. Es un psiquiatra perteneciente a la American Psychiatric Association. Él no me conoce en absoluto, pero pensé: "Verá mi grabación". Entonces, ¿qué significa todo esto, doctora Scharff?

—Usted misma lo ha averiguado todo –dije. A continuación pregunté –¿Cómo se siente al verme en el sueño?

—Al principio me sentí segura –dijo–. Después me sentí abandonada porque estaba completamente sola y la gente me atacaba, y entonces usted me regañó y eso se convirtió en un total abandono. Esto nunca pasaría, entonces ¿por qué puedo soñar algo así? Es la primera vez que recuerdo dónde estaba usted en el sueño como usted misma, no escondida en mi madre o mi abuela.

—El sueño habla de los sentimientos relativos a mí de los que usted generalmente no está consciente –dije–. Me refiero a que sienta que abuso de usted al no preservar las fronteras ni la actitud acostumbrada.

La señora Feinstein pareció cambiar el tema.

—Me dio un dolor de cabeza cuando venía para acá –dijo–. No dura, pero es como si tuviera demasiado peso en mi cabeza, y el cerebro presionara contra el cráneo. Me duele. Como si la parte del cerebro que guarda la memoria se desplomara sobre sí misma. O tal vez lo he dicho todo y ya está vacío y no hay nada ahí.

Siempre me ha dado curiosidad la forma en que los psiquiatras pueden trabajar hora tras hora. Cuando la gente viene a confiarse a mí cuando soy voluntaria en la sinagoga muchas veces no puedo dejar de pensar en ello: el abuso sexual en la infancia, el esposo que estaba bebiendo o haciendo cualquier otra cosa. Nunca lo repetiría, pero sigo pensando en eso en vez de lo que la siguiente persona me dice. Yo no sé cómo usted conserva lo que cuentan cuando la siguiente persona entra. Yo admiro eso. Es impresionante.

Interpreté los elogios que me prodigaba y su énfasis en su dolor de cabeza como formas de compensar su punto de vista sobre mí en el sueño como poco fiable.

—Pero yo no creo eso –objetó–. Es solo un sueño.

Sin dejarme engatusar por una concretización de lo que ofrecía su valioso sueño simbólico, contesté –Podemos volver a introducir esas ideas en el sueño, o apartarnos de ellas presionándolas, de modo que su cabeza se sienta pesada, o cambiarlas de desconfianza a admiración, o mantenerlas y explorarlas. Yo sé que su verdadera relación conmigo es de confianza y de seguridad, pero el sueño habla de una relación interior hacia mí que incluye esas otras preocupaciones y nos da una oportunidad de explorar estos otros sentimientos.

Mi experiencia en la presentación a mis colegas ofreció el contexto en el que había oído el sueño de la señora Feinstein. Al hacer mi presentación tuve cautela. Estaba consciente de la gran ansiedad que implicaba mi presentación, con una videograbación considerada abusiva por los colegas, de modo que estaba bien instalada para detectar la transferencia hacia mí como un objeto abusivo. También pensaba que la cooperación de la señora Feinstein en la presentación la exponía a presentar su experiencia sobre mí como abusiva en forma más clara de lo que ella me había expresado antes. El hecho de que yo estuviera compartiendo mi trabajo con colegas analistas al parecer la había alentado a comunicar la forma simbólica del sueño tradicionalmente utilizado por los analistas. Tal vez ella se sintió tranquila de que yo estuviera dispuesta a ocuparme de su transferencia.

EVIDENCIA DEL SUEÑO DEL PROGRESO EN INTERNALIZAR LA FUNCIÓN ANALÍTICA INTEGRATIVA

La señora Feinstein había progresado hasta el punto en que podía recordar momentos de abuso y experimentar esos sentimientos conmigo. Aún mostraba la duda coercitiva del objeto (Kramer, 1985), en la que trataba de persuadirme de que concluyera que realmente había padecido abuso, mientras que ella prefería creer que lo había imaginado. Ya no tenía epilepsia ni intentos serios de suicidio desde que comenzó la terapia, y ya no había riesgo de que maltratara a sus hijos. Al igual que muchos otros pacientes que padecieron abuso, cuyos padres penetraron en su piel psíquica y destruyeron su espacio transicional (Winer, 1989), así como su espacio de sueño, de descanso nocturno (Bollas, 1989), la señora Feinstein soñaba poco y el funcionamiento de su cuerpo era aún vulnerable a alteraciones por recuerdos somáticos. Los aspectos de su mundo interior estaban aún algo congelados para privar de vitalidad al trauma, pero la actividad del sueño era un signo de deshielo. Ella estaba a punto de pasar de la concretización a la metáfora (Grubrich-Simitis, 1984).

Me interesaba el hecho de que sus sueños aumentaran cuando supo que presentaría mi trabajo con ella a mis colegas analistas. Preocupada por presentar un trabajo de este tipo a una audiencia no acostumbrada a usar videograbaciones, desde su punto de vista, yo me sentía como un objeto abusador, explotador. El contenido del sueño sugiere que la paciente se sentía en contacto con el objeto abusivo también en la transferencia. Sin embargo, la mejora en su capacidad de soñar muy probablemente se debió a su sentimiento de que yo validara su experiencia en el foro de mis respetados colegas y también a que me haya arriesgado al abuso, por tanto, compartiendo las consecuencias del abuso de ella y la supervivencia.

Donde las fronteras entre el yo y el otro han sido tan invadidas, el adulto que sobrevive a menudo retiene una sensibilidad extraña hacia los sentimientos y los deseos de la otra persona. Cuando iba a presentar este material en otro taller, exactamente antes de un período vacacional de dos semanas, le señora Feinstein tuvo otro sueño, como si respondiera a la intrusión del aumento de mi estado de alerta o a mi ambición antes de la presentación, cuya fecha ella no conocía. Antes de mi partida durante esa semana, ella estuvo reconsiderando la cuestión de si debía confrontar a su anciana madre con la atrocidad de su abuso físico y sexual. La decisión era de cierta urgencia porque su madre se había enterado repentinamente de que tenía una enfermedad terminal. El último día de la semana, la señora Feinstein relató su sueño, que, en esta ocasión, indicaba su internalización de la función analítica.

—Anoche tuve el sueño más extraño que he tenido, y duró toda la noche. Estaba agotada.

En el sueño, Ron y yo debemos de haber estado de vacaciones porque estábamos en una casa mucho más pequeña. Los niños y yo estábamos en un refrigerador. Me di la vuelta para sacarlos y estaban muertos. Ron y yo estábamos afligidos, y nos preguntábamos cómo se los diríamos a nuestras madres. Vi alrededor y ahí estaba mi madre, que parecía muerta. Susurré a Ron: "Está a punto de morir. ¿Cómo se lo digo?". Él dijo: "De todas formas ella no me cae bien por todo lo que hizo. Si se lo dices o no se lo dices, me da lo mismo". A continuación él está hablando por teléfono tratando de comunicarse con su madre. Dije: "¿Cómo le vas a decir algo así?", y contestó: "Ya he pasado por esta situación antes, acuérdate. Tuve que llamarle para decirle que tú podrías morir. Solo se lo diré". Pero no pudo localizarla. Yo no pude *decírselo* a mi madre y él no pudo *localizar* a la suya.

Yo dije nuevamente: "Los niños están muertos. Ron, mis bebés están muertos". Antes de que él pudiera contestar, le corregí: "No, los niños no están muertos. Esto se trata de mí, de mi pasado y de si debo decirle a mi mamá lo que siento sobre esto". Él contestó: "¡Oh, mierda. Déjame salir de aquí!". Y eso no es característico de él. Él no habla así.

Lo siguiente es que estoy aquí preguntando a usted: "¿Debería decírselo a mi mamá?". Y usted dice: "Eso depende de usted. Dígaselo si quiere hacerlo, pero no va servirle mucho a ella".

A continuación estoy de regreso en la casa en la que crecí con mi mamá. De pronto ella dice: "Lo siento si te hice daño".

Luego otra vez aquí con usted, contándole todo esto. Le digo: "Ella lo admitió, y no puedo perdonarla".

A continuación expreso: "Doctora Scharff, ¡mis bebés están en la caja! Tengo que sacarlos de ahí". Usted respondió: "Vamos a analizar lo que estaba realmente en la caja. ¿Eran realmente los niños?". Yo dije: No, son todas mis personalidades". Usted contestó: "Ve, ya lo entendió. Usted ya no me necesita. Su madre ya murió. Adiós".

Me desperté del sueño exhausta, pero no me sentí tan mal, no como generalmente me sentía cuando soñaba con mi madre. Es como si hubiera tenido el sueño, hubiera venido aquí, lo hubiera analizado y luego quisiera seguir durmiendo. Preparé el desayuno, luego pedí a Ron que llevara a los niños a la escuela por mí. Tomé mi almohada, y me subí para tomar una siesta, puse mi despertador para llegar a tiempo aquí. Y me siento muy bien.

Entonces, ¿qué cree que significa? –me preguntó.

—Yo creo que usted ya ha hecho mucho trabajo en este sueño, y que está encontrando que se siente muy bien –dije.

—Sí, en efecto –aceptó–. ¡Me siento muy bien!

A continuación ella siguió describiendo todo lo que había aprendido sobre la condición de su madre al estudiar libros de medicina con el fin de hacer planes para su cuidado.

Ron no puede entender por qué me preocupo de lo que pueda pasarle. Lo que ella hizo está mal y es inolvidable, pero yo soy una persona compasiva y ella es mi madre.

Este sueño me mostró la presencia de una función autoanalítica, caracterizada por una forma bastante concreta de representar el conflicto y las relaciones. ¿Esto era evidencia de autonomía o de una declaración defensiva de no necesitarme en este momento de gran estrés exactamente antes de unas vacaciones? Esperaba descubrirlo cuando regresara.

Tras las vacaciones, me quedé anonadada al enterarme de que la madre de la señora Feinstein había muerto, solamente 16 días después de su diagnóstico. La señora Feinstein había tenido que hacer frente a esta situación sin mí. Mi ausencia le pareció lamentable, pero no devastadora. Pudo responder a las llamadas de emergencia, tolerar el dolor de ver a su madre escupiendo sangre, confrontar al médico que se negaba a dar a su madre calmantes para el dolor y permanecer atenta y amable hacia ella durante esos últimos días. Me dijo que le impactó el contraste entre su respuesta comprensiva hacia la mujer que se estaba muriendo en la cama del hospital y su furia ante las cosas horribles que ella le había hecho. En el diván la bombardearon imágenes de su madre como una persona odiosa que no debería haber vivido. En el hospital recuperó algunos buenos recuerdos y compasión hacia su madre como una figura patética. La señora Feinstein descubrió tal compasión hacia su madre vieja y enferma al proporcionarle cuidados a pedido de las enfermeras. A causa de su necesidad de cerrar esa etapa tras el rápido deceso de su madre, la señora Feinstein insistió en un funeral contrario a los deseos de su madre e hizo los arreglos en forma eficiente con poca ayuda. Posteriormente se sintió deprimida y guardó cama algunos días, pero se recuperó sin ayuda.

Yo vi que la señora Feinstein había internalizado la función analítica y tenía acceso a ella, incluso bajo estrés extremo. Esperaba que ella pudiera empezar a considerar el término del tratamiento. Sin embargo, no estaba preparada para lo que siguió.

REPETICIÓN DEL TRAUMA EN LA TERMINACIÓN

Seis semanas después, la señora Feinstein me dijo que estaba lista para terminar el análisis. Me sentí anonadada. Antes de la enfermedad de su madre, se había sentido preparada para arreglárselas sola y tenía la intención de terminar con la terapia en cuanto reiniciara su curso universitario. Sin embargo, eso no sucedería durante otros seis meses. Me vino a la cabeza su sueño anterior a las vacaciones en el que me hacía decir: "Ya lo consiguió. Su madre está muerta. Usted no me necesita". El sueño me había preparado para su partida en un futuro no muy distante, pero su repentina certeza de que ya era tiempo de irse aún parecía apresurada. Ella sintió mi desacuerdo y trató de convencerme.

—Ayer se cumplieron seis semanas de que se murió mi mamá –dijo-. Y esto me impactó muy repentinamente, ni siquiera había pensado en ella durante todo el día. Y yo soy una persona que recuerda los aniversarios. Creo que ya terminé aquí, a menos que esté negando algo, pero no lo creo. Me pregunto si usted y yo estamos alargando las cosas. He estado de duelo, sí, pero he aguantado la pena durante años. Sí, estaba preocupada por si debía confrontarla. Nunca sucedió y ahora nunca sucederá. Y eso es un alivio. También es una pérdida, porque yo quería decirle: "Eres un asco", pero mi última impresión de ella fue la de una persona patética. Mis lágrimas ya se agotaron. He atravesado por períodos de dolor antes. Por eso quiero terminar, pronto, antes del fin del mes próximo. Entonces, ¿qué piensa?

—Ya habíamos acordado que terminaría este año. Creo que usted tenía miedo de que alargáramos esto indefinidamente y de que me opusiera a que se marchara abruptamente, en vez de decidir lo que era mejor para usted. Hay una fecha entre las dos opciones que le permitiría terminar y que, a la vez, le daría tiempo suficiente para experimentar los sentimientos de terminación de nuestra relación tras todos estos años de trabajo conjunto.

La señora Feinstein me recordó una conversación que confirmó su sentimiento de estar preparada. Su vecino le dijo: "Has cambiado mucho en los últimos diez años, y no es por el accidente. Yo me di cuenta de eso antes del accidente. Cuando te cambiaste aquí, no eras nada segura. Ahora eres muy segura. La señora Feinstein le contestó: "Bueno, he estado en terapia durante años". "Ah, entonces es eso", concluyó su vecino. "Hay cierta diferencia. Eres una persona completamente diferente".

La señora Feinstein me contó que ya podía disfrutar estando en una barca y viendo el agua correr abajo sin sentir que se podía ahogar; algo que no podía hacer antes. Quería disfrutar el verano con su familia y gozar de tiempo para proseguir su trabajo. Demostró su capacidad de enfrentar la muerte de su madre y de decidir por su cuenta, sin consultarme, la fecha de la terminación. Yo acepté que ella debía decidir cuándo dejar el tratamiento de acuerdo con sus propias necesidades, no las mías, pero por dentro yo no quería que me dejara tan repentinamente. Cuando a continuación me habló directamente, fue para preguntar mi opinión médica sobre la condición de un amigo, sobre lo cual yo no podía especular. Ahora sentí que, por primera vez, estaba abusando de la relación analítica constante que yo había ofrecido, sentí un grado desconocido de nostalgia y apego a la paciente que era molesto.

El siguiente día la señora Feinstein llegó a tiempo a su cita como de costumbre, pero yo no asistí. Una confusión de horario explicaba difícilmente este error de mi parte, que yo consideré como la representación de una contratransferencia, una respuesta a la amenaza de su repentina partida. La señora Feinstein trató de justificarme, pero se quedó desconcertada y no pudo disculpar el hecho de dar una explicación convincente sobre el tema. Pronto descubrió que no solo estaba desconcertada por mi conducta inconsistente, sino enojada. Estaba enojada porque tenía mejores cosas que hacer y yo la había hecho esperar. Me pidió que le explicara por qué yo había hecho eso. Ya se había enojado porque me había negado a darle información médica y por ausentarme, cuando decidí irme, incluso en un momento importante en su vida.

—Realmente me molestó –dijo–. Dejarme aquí sentada como una niña que no sabe qué hacer. Eso me enojó. Parece que usted tuviera todas las cartas en las manos. Usted toma todas las decisiones. Entonces mi deseo de terminar puede verse simplemente como una represalia o como un deseo de cortar el tratamiento nuevamente, pero no lo creo. No es malo que yo esté enojada con usted. No es malo que usted olvide una sesión en

seis años. No es nada del otro mundo. Estoy preparada para irme y ahora no me tengo que quedar. Yo voy a decidir cuándo
irme. Y no quiero esperar hasta que usted me diga cuándo. Ni siquiera quiero irme hasta el fin de mes para complacerla. Usted dice
que es poco tiempo, pero desde mi punto de vista me parece con-
veniente. Es tiempo de dejar de mirar al pasado y empezar a ver
hacia adelante. Yo quiero hacerme cargo de mí misma. El último día
de la semana va a ser mi último día.

Yo sentí que la señora Feinstein estaba decidida a engañarse a sí
misma. Finalmente había una turbulencia en nuestra relación que
yo recibí bien y que, pensé, representaba que ella era capaz de ex-
perimentarme como un objeto inconsistente, egoísta y abusivo. Penetrar este aspecto desde la confrontación hasta la reconciliación en
la transferencia completaría el trabajo y contribuiría a una buena
terminación. Sin embargo, ella no quería saber nada al respecto. Quería disculparme y abandonarme para evitar el conflicto y la ira que
sintió al perder a su madre y al perderme a mí en ese momento. La
había defraudado especialmente al estar lejos cuando había muerto
su madre. Recuerdo otra paciente que me dejó unos meses después
de que su madre, que era extremadamente seductora y atormentado-
ra, se suicidara durante mis vacaciones. Una vez que el objeto malo
real se esfuma, parece que hubiera menos necesidad de trabajar sobre
él y más temor de encontrarlo en la transferencia. Nada de lo que dije
cambió la decisión de la señora Feinstein.

Tuve que esforzarme para aceptar su idea de la fecha de terminación, estar preparada para ser abandonada y superar la pena por mi
ausencia en el momento crucial de la muerte de su madre, así como
mi dolor, que tenía menos significado para ella que para mí. Yo aún me
sentía como víctima de abuso por haber retraído su ira antes de que
hubiera sido trabajada. Y sentí que me había arrebatado un buen final
del caso. Me pareció un final abrupto. Parecía congelar la relación terapéutica en una constelación traumática dentro de mí. A pesar de que
ella se sentía preparada y había demostrado la función de autoanálisis con su sueño, yo no me sentía bien por esta terminación.

Posteriormente me di cuenta de que todo el análisis había sido una preparación para esto, el primer momento en que ella repitiera el trauma (Van der Kolk, 1989). Ella podía revertir su abuso y proyectar en mí el anhelo de la niña de poseer el objeto mientras se identificaba con el objeto abandonado del padre y de la madre. También estaba lista para la siguiente etapa, cuando pudo perdonarme, pero abandonarme de todas formas, porque ya estaba preparada para controlar su vida. Al igual que muchos otros pacientes que fueron agredidos sexualmente o traumatizados médicamente. La señora Feinstein me dejó de una forma que fue traumática para mí. En ese momento comprendí lo que significa perder la seguridad de "seguir siendo". Tolerar esta pena fue la última parte del trabajo con ella. Fue de vital importancia para entender que ella se tenía que separar bajo sus propios términos.

Al revisar su experiencia el último día, dijo: –He logrado conseguir mucho en este tiempo, y se lo agradezco, pero yo también me anoto un tanto. Realmente deseo agradecerle por todo este tiempo. No ha sido fácil. En ocasiones era terriblemente aburrido, pero realmente fue de ayuda.

Bollas (1989) comenta que el paciente agredido sexualmente es incapaz de transformar la experiencia en reflexión y, como consecuencia, no puede aprender bien de la experiencia analítica, la cual será experimentada como una repetición de la seducción original. Tan pronto como el analista ha sido catectizado en forma libidinal, se considerará preparado y está ansioso por inmiscuirse más allá de las fronteras psíquicas y somáticas del paciente, y para desmantelar una estructura de por sí ya muy pobre. Cuando un sujeto victimizado que es analizado, habla del abuso del que es víctima, Bollas (1989) escribe que el analista "puede sentir que ha perdido el derecho a analizar, al igual que el paciente ha perdido el derecho a soñar, a jugar y a desear" (p. 178). En su propia contratransferencia, Bollas se encontró que estaba enojado y desesperado porque, como él lo plantea: "Estoy en paro. Sin trabajo. Relegado al subsidio de la psicoterapia [...] Me tengo que atener al hecho: el acontecimiento real. Todo consiste en dominar, controlar y centrar el análisis" (p. 180).

Sin lugar a dudas, el incesto era el tema central del análisis de la señora Feinstein. Dominaba su análisis al igual que dominaba su vida. Una y otra vez, ella interpretaba su realidad en términos de su experiencia del abuso sexual y físico perpetrado por una madre perturbada, sin que un padre protector frenara el abuso, pero mitigado en parte por una abuela amorosa. El incesto también dominaba el espacio libre para pensar, imaginar y jugar. Las fantasías de sus propios talentos especiales no se desarrollaron. El material de la señora Feinstein rara vez era estimulado con sueños e invenciones fantasiosas hasta la última parte de su análisis. A menudo yo trabajaba en un ámbito concreto, en vez de jugar con símbolos y representaciones. En ocasiones era, tal como dijo la señora Feinstein, "terriblemente aburrido". Rara vez sentí el placer narcisista de tener sesiones extraordinariamente ricas en las que podía celebrar mi valor como analista. Las sesiones presentadas en este capítulo describen el incesante carácter ordinario del material en contraste con la intensidad de la que era capaz cuando su trabajo llegó a un grado más profundo de comprensión de la transferencia. El tratamiento de la señora Feinstein ilustra los problemas técnicos que surgen en el análisis de un paciente que no es un neurótico clásico, pero cuyos síntomas se derivan de un trauma severo a su condición de persona.

El trauma había determinado la identidad de la señora Feinstein. El hecho de afirmar su identidad como una sobreviviente de incesto era un acto de valor. Explorarlo en el análisis fue doloroso. Revelarlo a otros fue una forma de encontrarse a sí misma. Confrontar su deseo infantil producido por el contacto incestuoso fue horrible. Compartir su experiencia en un retiro de sobrevivientes la empoderó. El análisis le ayudó a explorar su identidad como una persona que había sufrido abuso sexual y, por último, a ver más allá.

La señora Feinstein dijo, ya cerca del fin de su análisis:

–¿Qué importa si mi madre era alcohólica? ¿Qué importa si ella enterró a su marido y a su hermano más joven, y perdió a un hermano antes de que eso pasara? La vida tiene que continuar. Entonces, ¿qué importa si ella abusó de mí? Para mí, hay mucho más que ser una niña que padeció abuso. Solamente tengo que descubrir lo que puedo ser.

12. Inclusión de la escena primaria e incesto padre-hijo

Durante los primeros años que yo (DES) trabajé con Freda, ella estaba completamente segura de que, durante su infancia, no hubo penetración por parte de su padre. Tampoco había sido lastimada físicamente. Sin embargo, ella padeció abuso emocional y fue desatendida por parte de él y de su madre, ambos alcohólicos y narcisistas. Dada mi experiencia y mi instrucción en ese tiempo, no veía razón alguna para no creer a Freda o para sospechar otra cosa. En los siguientes dos años, ella pudo recordar mejor la curiosidad sexual de su padre, su carácter intrusivo y en última instancia cómo la masturbaba y le pedía que le hiciera felación. Sin embargo, ella dijo que se detuvo antes de llegar a la penetración vaginal. A diferencia de otros pacientes que sufren dolor pélvico crónico, creía que su caso no estaba relacionado con una historia de coito entre padre e hija. Escribí sobre ella desde este punto de vista en un libro anterior, *The Sexual Relationship* (1982).

Cuando se publicó el libro, llevaba cinco años tratando a Freda. Era una persona pequeña, delgada, inteligente y activa en su trabajo y en su familia. Hablaba mucho en casa, pero era desesperantemente silenciosa en sus sesiones de terapia. Desde el principio encontró difícil la terapia, incluso horrible. Se congelaba cuando trataba de hablarme de su experiencia interna. Cada sesión consistía en unas cuantas oraciones dichas en una zona de tensión atormentada. Ella se dedicaba a su trabajo conmigo y me tenía confianza, pero no era capaz de contarme mucho. Esto reflejaba su temor paralizante al intentar tener relaciones con su esposo. En la contratransferencia, podía sentir la agonía de estar con ella en cada sesión, que me horrorizaba de una manera evidente, a pesar de que ella me simpatizaba. Cuando presenté aspectos de su caso a los colegas británicos Arthur Hyatt

Williams y a la fallecida Shiona Williams, me insinuaron que yo sentía en la sesión lo que ella había sentido cuando su padre se acercaba a su cama, donde ella permanecía aterrorizada. Ahora, ella me lo transmitía en nuestros encuentros a través de la identificación proyectiva de ese aspecto de ella, mientras que, de este modo, ella encarnaba el objeto persecutorio de su padre. Encontré extraordinariamente útiles sus comentarios para tolerar las siguientes experiencias con ella, y con esta ayuda comencé a entender a Freda de una nueva manera.

Al haber aprendido más sobre el sobreviviente de trauma en psicoterapia intensiva, ahora nosotros entendemos que la forma que Freda presentaba en sus sesiones y la que tomaba mi contratransferencia son típicas con pacientes que sufrieron abuso sexual, pero en ese tiempo yo ignoraba esto. Ahora estaría más consciente de la posibilidad de una historia de abuso más dominante. Sin embargo, mis sospechas podían haber sido abusivas si se lo exhibía a la paciente. Tenía que trabajar al ritmo de ella y desde su capacidad de ir recordando. Necesitaba crear un espacio transicional equidistante entre el no saber y el saber, en el cual la paciente pudiera entrar para descubrir y reconstruir la narrativa de su vida. Con el fin de demostrar la reconstrucción gradual de una historia personal, quiero ofrecer un relato detallado del trabajo de Freda conmigo, empezando con la descripción de este caso publicado originalmente. El hecho de que su historia completa evolucionara solamente en el transcurso de muchos años no es atípico de esta situación, aunque el ritmo tortuosamente lento es excesivo.

PERSPECTIVAS EN LA FASE INICIAL DE LA TERAPIA

Escribí mi informe para un capítulo que vinculaba la relación del funcionamiento sexual con el cuidado y los fracasos de los padres (D. Scharff, 1982, reimpreso aquí con pequeños cambios).

> El dolor pélvico de Freda fue parte de un cuadro ginecológico complejo durante varios años. Inicialmente, la terapia se centró en cómo vivir con los agravamientos del dolor crónico, que se pensó derivaba de adheren-

cias de una cirugía pélvica realizada para un embarazo ectópico y tal vez también de complicaciones del uso de dispositivos intrauterinos. La dedicación de ella a su ginecólogo, en quien ella confiaba por considerarlo un excelente médico, alternaba con temores de que ningún doctor actuaba honestamente con ella. Además estaba poco dispuesta a hablar de sí misma, lo cual ni ella entendía, y de lo que intentaba conscientemente y por todos los medios liberarse. Aunque tratara con todas sus fuerzas, generalmente no podía hablarme, excepto de las trivialidades cotidianas. (Esto siguió sucediendo durante los años de psicoterapia después de esta descripción. Finalmente llegué a ver que estos temas constituían un camino de la conexión particular y paradójica entre nosotros.) En alguna ocasión algo "pasaría" y ella podría empezar.

Tras algunos meses, el relato empezó a cambiar. Freda empezó a pensar que el dolor no era necesariamente físico y que estaba relacionado con un terror secreto al sexo, que ella relacionaba con la necesidad de estar constantemente en guardia frente a las intrusiones sexuales de su padre. Él fue quien le habló sobre el sexo y los muchachos, el que le enseñó cómo usar tampones y quien en ocasiones le preguntaba sobre su vida sexual, o entraba mientras ella se estaba desvistiendo. Por otro lado, su madre tenía una actitud extremadamente negligente ("hay que dejar que las cosas se resuelvan como quieran") y era inaccesible para Freda respecto de estos u otros temas. En cambio, la madre criticaba a Freda por no cuidarse de lo que podría causarle accidentes. Por ejemplo, cuando Freda sacó su licencia de conducir a los 16 años, su madre le auguraba frecuentes accidentes de tráfico. En una ocasión, maldiciendo la falta de cuidado de Freda por haber caído enferma antes de que ella saliera de vacaciones, la madre la dejó, a pesar de que Freda tenía 40 grados de temperatura. Además, madre y padre viajaban por los negocios de este, y algunas criadas cuidaban a Freda y a su hermano. Freda estaba convencida de que a sus padres no les importaba mucho lo que pasara, pero, por otro lado, de que, especialmente, su padre quería hurgar en su experiencia, especialmente en el desarrollo de su cuerpo y de su sexualidad. Estas cuestiones llegaron a su clímax cuando, a sus 14 años, ella y su familia estaban en un crucero nocturno en el Caribe. Al tratar de violarla un tripulante del barco, no pudo contar a sus padres toda la gravedad del ataque por miedo a su curiosidad, así como a la probabilidad de que no les importara y confirmando así su negligencia. Cuando les contó que un marinero se había acercado a ella, se encontró con lo que temía: la regañaron por interrumpir su juego de *bridge* y nunca investigaron el asunto del miembro de la tripulación. De hecho, durante la semana siguiente, alojaron, en la otra cama de la habitación de Freda, a un escandaloso amigo de la familia durante varios meses.

En la terapia se reveló que la dispareunia (dolor durante el coito) no se debía solamente a las adherencias. Le recordó un "dolor en el estómago" difuso en respuesta a las primeras fobias a la escuela. Cuando se suponía que iba a marcharse para la escuela en el primer y segundo grados, tenía un sentimiento de náusea junto con dolor. El dolor que experimentaba durante el coito ahora le recordaba el anhelo que tenía de que su madre la cuidara y la rabia que le producía que este cuidado le fuera negado. También sentía el temor de la intrusión sexual por parte de su esposo, transferido del cuidado invasivo y seductor de su padre, que ella deseaba cambiar por cariño. Su deseo de recurrir a su padre contribuyó en mayor grado al temor de la "penetración" por parte de él. La cirugía y los problemas de su cuerpo habían vuelto a despertar este conflicto relativo al cuidado de su cuerpo por parte de sus padres. El cuidado sexual ahora era tan amenazante que no podía permitirlo.

En la transferencia del tratamiento se volvió a poner en acto el mismo conflicto relativo al cuidado de los hijos; un anhelo de que entendiera a su padre provocador y libidinoso que alternaba con un retraimiento silente, para que el terapeuta, con sus propósitos, no se acercara demasiado a ella. El mismo conflicto la mantuvo confusa respecto a su esposo, que era –ella pensaba racionalmente– un hombre completamente leal y amoroso. El aspecto concreto del temor del cuerpo estaba también vinculado a la culpa que sentía sobre su masturbación infantil, que recordaba haber hecho desde los 4 años. Ella interpretaba conscientemente que había ocurrido como un intento de reemplazar a sus padres con su propio placer y que aumentaba en frecuencia y fervor cuando los extrañaba con más intensidad. La masturbación ahora la hacía sentirse culpable y solitaria. Al hablar sobre esto en el tratamiento, casi llegó a las lágrimas, pero no podía confiar suficientemente en sí misma como para llorar en presencia de su esposo o en la terapia. Sus padres habían prohibido el llanto.

Tras dos años de terapia, Freda quería intentar una terapia sexual específica. Ahora ella ya admitía que siempre tuvo temor al sexo, que solo lo realizaba por el bien de su esposo. A pesar de que él no tenía una actitud intimidante, más bien un comportamiento cooperativo, a menudo se sentía temerosa y básicamente fóbica de las maniobras. Cuando él le iba a tocar los pechos, se acordaba al principio de los tiempos en que su padre se los tocaba, ostensiblemente, para expresar la preocupación de su asimetría durante su desarrollo adolescente.

Cuando las maniobras llegaban a la etapa de la intervención genital, ella sentía como si se hubiera pegado con un muro de ladrillo. Se volvía fóbica, incapaz de tocar el pene de su esposo. A continuación, el resto de la historia se desplomaba. Además de todo, ella había dicho antes que su padre iba a su habitación cada dos o tres semanas desde que ella tenía 8 años, durante varios años. Estaba desnudo y borracho. Ella permanecía paralizada de miedo mientras él manipulaba su clítoris. Él le exigía que manipulara su pene hasta que eyaculaba; un recuerdo que estuvo reprimido hasta que ella empezó a sentir placer con el pene de su esposo en la terapia sexual. Este nunca intentó tener coito con ella, pero al tocar su pene, sentía una combinación de náusea y de dolor abdominal. La náusea resultó ser una reacción al recuerdo de su padre introduciendo el pene en su boca y eyaculando, provocándole también sensación de que se iba a ahogar. Ella ahora recordó que su hija de 3 años una vez le había dicho que "las mujeres se embarazan al tragar la semilla del papá". Dijo que ella debió haber pensado que se quedaría preñada oralmente por su padre. Los recuerdos del dolor abdominal también la indujeron a recordar que se masturbaba después de que su padre se había ido de la habitación. Así, la masturbación había sido, al menos conscientemente, un intento de deshacerse del sentimiento tortuoso de una abundancia abdominal que seguía sintiendo después de que su padre la dejara humillada, pero excitada. Estos episodios finalmente terminaron durante la primera adolescencia cuando sintió la erección de su padre mientras bailaba con él; gritó y salió corriendo de su habitación. Cuando su padre la siguió, ella le dijo que si volvía a entrar a su habitación le diría a su madre. Aunque llamó a un médico que le puso una inyección que la durmió durante tres días, el padre nunca más volvió a intimarla sexualmente [pp. 12-13, 79-82].

La literatura publicada en los años que siguieron a este informe deja claro que el relato de Freda, tal como yo lo conocí, entonces estaba todavía crucialmente incompleto. El persistente dolor pélvico, el horror al coito que trató de trabajar en la psicoterapia, los estados de congelamiento casi disociados durante las sesiones de psicoterapias, así como el surgimiento gradual pero incesante de la represión del relato de abuso, todo ello actualmente me hubiera puesto sobre aviso para estar atento a que el coito formara parte integral del primer trauma. Una concienciación mayor puede servir de mayor sustento para el terapeuta, pero no necesariamente acelera la recuperación de la memoria del paciente. Tal recuperación tiene que seguir su propio ritmo.

RECUERDOS RECOBRADOS DURANTE LA TERAPIA SEXUAL

Freda empezó a reconocer que el prolongado contacto incestuoso con su padre había sido la causa de su temor al sexo en la actualidad, ya siendo adulta, y de los ataques de pánico y de la depresión que se volvía más frecuente a medida que ella avanzaba en el tratamiento. La terapia sexual en pareja y tres años más de psicoterapia individual le dieron cierta capacidad para responder a su marido Ed, pero al mismo tiempo precipitó un torrente de recuerdos específicos sobre su padre, los cuales continuaron durante años. Además, cada vez que su padre la visitaba –algo que ella evitaba siempre que fuera posible–, él se mostraba todavía provocador sexualmente, y removía su temor y su pánico en cada ocasión. Durante la terapia sexual, ella aceptó mi sugerencia de anotar sus respuestas, dado que le resultaba más fácil hacerlo así que contármelo en las sesiones, y a menudo se sentía incapaz de hacerlo directamente; una derivación del temor que sentía con el objeto que supuestamente debía proporcionarle seguridad. A continuación, lentamente ella empezó a encontrar las palabras para expresarme estas cosas directamente tras haberlas escrito primero. El proceso fue tortuosamente lento.

Dijo: –Después de que me fui de aquí la última vez, estuve pensando que no fue necesariamente el contacto de fin de semana con mi padre lo que me abatió. Más bien, al verlo, llegué a aceptar el hecho de que me excitaba cuando era menor. Ha sido difícil para mí reconocer que me excitaba, a pesar de que usted sugirió la posibilidad durante algún tiempo. Finalmente até cabos y realmente me ha afectado. Cuando hago mi tarea de masturbación y cuando hago las tareas con Ed, parece más seguro no tocarlo o que no me toque. Entonces, cuando recuerdo, no me duele tanto. Pero quiero saber por qué le pido a Ed constantemente que no me lastime. Me gustaría saber qué trato de decir cuando hago eso.

...Creo que Ed me puede lastimar si pone algo en mi vagina, aunque yo debería saber –tengo dos hijos, usted sabe– que los penes entran bien algunas veces. Entonces ¿por qué me preocupa que me haga daño? Es algo así como cuando recuerdo dónde me hace daño, pero olvido lo que me hace daño. Puedo recordar a mi padre poniendo sus dedos en mi vagina para enseñarme de dónde venía la sangre. Eso me hizo mucho daño; pero no recuerdo que me excitara en absoluto cuando lo hacía. Solo sabía que algo pasaba.

En este momento tomó un papel y escribió:

un pene erecto = habrá dolor

estimulación = habrá dolor

excitación = dolor

Ella siguió: –Sé que podía disfrutar que Ed me diera masajes. Pero entonces me empezaba a sentir excitada por el masaje.

A medida que los ejercicios continuaban, ella necesitó cubrirse los genitales, y posteriormente todo el cuerpo durante el masaje, y llegó a decir a Ed: "Por favor, ¡no me lastimes!".

—Sé que no lo haría –dijo–, pero sentí que podía lastimarme–. Ella descubrió su eterna confusión entre excitación y sentimientos desagradables como el miedo, el dolor y la náusea. En ocasiones le pedía a

Ed que la abrazara tiernamente sin hacer nada sexual, y él siempre la complacía. Ella se sentía segura mientras nada sexual pasara. En otros momentos de mayor seguridad, ella pudo seguir con los ejercicios y permitir que se incrementaran paulatinamente. Una vez dijo a Ed y a mí que a menudo se sentía más segura si tenía los ojos cerrados. "Supongo que juego un poco al juego de que "si mis ojos están cerrados y yo no puedo verlo, entonces él no me puede ver".

En un ejercicio, ella tuvo ganas de llorar y Ed la tomó para tranquilizarla. Cuando él tuvo una erección mientras la tenía en sus brazos, ella le ofreció que tuvieran coito como gratitud por haber sido tan paciente con ella, pero sin realmente quererlo. Los dos acordaron que no deberían hacerlo por el temor de ella y porque no estaba prescrito en los ejercicios. Esa noche ella tuvo un sueño:

—Soñé que me habían disparado. Estaba con Ed y los niños en el automóvil, y necesitábamos parar para entregar algunas cartas en algún lugar. Parecía un lugar conocido, pero no puedo identificar la casa. Ed esperó en la esquina de la calle mientras yo ponía las cartas en el buzón de la puerta. Un automóvil estaba estacionado en la entrada con un hombre que tenía un arma. Yo solo vi el arma, que era del tamaño de una pistola pero el frente parecía más bien un cañón. Sentí que algo me golpeaba y me tiraba. Me dolía un poco el lado derecho, apoyado en la acera. Ed no salió del automóvil para ayudarme, pero el hombre que disparó salió del automóvil y dijo que me volvería a disparar si me iba, pero solo se quedó mirándome. Traté de decirle que me dejara ir, pero él permaneció con el arma en su mano. A continuación un hombre más joven apareció ahí, y le dije que quería irme, pero los dos dijeron que todavía no habían terminado conmigo. Les sugerí que me mataran o que se fueran. Busqué a Ed, pero el automóvil se veía muy lejos. Yo me preguntaba si estaba demasiado herida para levantarme y huir y buscar ayuda después, o si realmente él me dispararía de nuevo, por lo que no podría levantarme. No podía decidir qué hacer cuando desperté.

La casa no era identificable, a pesar de que parecía una zona donde ella había pasado parte de su juventud, pero el hombre que le disparó se parecía a su padre: –Su cara tenía la forma adecuada, pero el tamaño no era el mismo; el hombre era más bien bajo y regordete, pero había un escalofriante parecido –agregó.

El sueño contiene los elementos de una amenaza en un lugar familiar, pero desconocido; un lugar del cual su marido está muy distante para protegerla. El hombre con el arma es su padre, con una apariencia escalofriante, y tiene un ayudante, que por la edad que se indicó podría ser una versión transferencial de mí, en una asociación amenazante con su padre, que introduce y sostiene la amenaza sexual en el contexto terapéutico que la exponía a su padre.

Ella continuó:

–Finalmente me volví a dormir solo para tener otro sueño extraño. Yo estaba en un automóvil deportivo descapotable con otra mujer que se parecía a la señora H. (la mujer que dirigía un grupo de mujeres que exploraban aspectos sexuales, grupo en el cual Freda también estaba en este tiempo). Estábamos charlando amigablemente cuando nos detuvimos en el sitio de una construcción donde había niños jugando. Un niño pequeño se cayó de una pared y yo salté del automóvil y descalza en la nieve bajé corriendo una colina para ayudarlo. Cuando llegué abajo había muchos niños recostados y envueltos en mantas en la nieve. Encontré al niño que había caído. Ya estaba envuelto en una manta porque estaba lastimado. Le pregunté dónde estaba su madre para llamarla. Me dijo que no la llamara porque no vendría. Ninguno de los niños que yacían en la nieve tenía madres que los ayudaran. Le dije que alguien tenía que cuidarlos, pero me dijo: "Nadie tiene que hacer nada". En ese momento me desperté. ¡Tal vez voy a evitar dormir!

Los dos sueños captaron el peligro transferencial que Freda sentía tanto hacia mí como terapeuta sexual como hacia la señora H., a quien pensaba como la madre negligente que la había expuesto al riesgo y no la rescató cuando estaba en peligro. Freda ya me había contado las numerosas veces en que su madre la dejaba desamparada, regañándola por haberse lastimado y dejando de ayudarla cuando se perdía en ciudades extranjeras. En las pocas ocasiones en que Freda lloraba siendo niña, la madre se enfurecía con ella por esto, de modo que aprendió a tragarse las lágrimas y a tratar de disociarse del dolor.

Cerca de un año antes de que empezara la terapia sexual, su madre fue diagnosticada con leucemia terminal, y Freda se la llevó a su casa para que muriera ahí. Lo hizo bajo la presión de su padre y de sus hermanos, por lo que negarse la hacía sentir culpable. Su madre fue, por primera vez en la vida de Freda, agradecida y sensible, de modo que ella pensó en este como el único buen momento con su madre. Sin embargo, su padre, cuando no estaba rumiando amargamente y fumando junto a la cama de su madre, salía animadamente de la habitación de la enferma a hacer comentarios lascivos. Al parecer no cambió mucho en 30 años, desde que Freda era una niña. Ella recordaba cómo la utilizó, en lugar tener relaciones sexuales con su madre. Cuando el hermano de Freda le dijo a su padre que iba a dejar a su esposa porque era impotente con ella, este le respondió: "¿Y eso qué?, yo era impotente con tu madre y no la dejé. Encuentra a alguien para tener sexo, alguien en la familia o fuera de ella, pero no hieras a tu familia deshaciéndola solo por el sexo".

Poco a poco Freda empezó a recordar más: una imagen de su padre vestido con la ropa de su mamá, llenando el sostén con calcetines para aparentar pechos; el estar durmiendo boca abajo para evitar que su padre le tocara los pechos mientras él yacía con una erección sobre sus nalgas; temores de una penetración rectal y fantasías de perros puestos en una jaula para que tuvieran cachorros. Freda todavía no creía que los bebés salieran de sus madres. Sus dos hijos nacieron por cesárea. En su fantasía, el pene que ella recordaba se hacía cada vez más grande hasta volverse un bebé. Se atragantaba por tener que meterlo en su boca. A continuación el pene se volvía un bebé que se introducía en ella a través de su boca, haciéndola atragantarse y tener que salir de la habitación para vomitar. Freda tenía miedo de todos los orificios: la vagina, el recto, la garganta. Cada invitación de Ed para tener relaciones la amenazaba con el regreso de estos recuerdos, que se volvían cada vez más vívidos.

En el intervalo de estos recuerdos, el sexo se volvía más confortable, al menos en algunas ocasiones. Ella podía relajarse y disfrutar a Ed, y sentir confianza, confort y una ligera excitación, en ocasiones incluso anhelando un orgasmo que podía venir sin peligro.

Sin embargo, la terapia sexual se paró en seco. Freda fue capaz de tolerar más cercanía con Ed que antes, pero solo ocasionalmente podía enfrentar la excitación sin tener que eludir el pánico. Como él era tan paciente con ella, podía convencerlo de tener encuentros sexuales solo periódicamente, pero no eran confiables. Freda no pudo continuar por la conciencia de estar mucho más cerca de material sexual interno que la amenazaba más que nunca.

DISOCIACIÓN EN LA CONTRATRANSFERENCIA PREVIA A LA REVELACIÓN

Cambiamos de la terapia sexual a la psicoterapia individual dos veces por semana con sesiones de pareja ocasionales y lentamente empezó a aparecer más material. Yo sentía que apoyaba su sobrevivencia, en vez de explorar nuevo territorio y analizar el conflicto, especialmente cuando ella se deprimió más con el tiempo. Freda se sentaba mirándome y preguntándose si podía confiar en mí lo suficiente para contarme sus asuntos. Me daba pavor su llegada a cada sesión, a pesar de que la quería y la admiraba por seguir tan bien a pesar del trauma que había padecido. Sus sesiones se caracterizaban por largos períodos de silencio durante los cuales parecía estar muy preocupada por el material que estaba a punto de surgir, pero contra el que ella luchaba. Parecía disociarse, y en esos momentos yo me sumía en el ensimismamiento correspondiente. No obstante, al mismo tiempo estábamos completamente conscientes de la presencia de cada uno de nosotros. Sus silencios recurrentes y prolongados se interrumpían solo con los relatos graciosos de las trivialidades de la vida diaria, como el cuidado de sus hijos, sus actividades en la comunidad y el trabajo, en todo lo cual parecía ser muy capaz. Si empezaba a hablar de algo más sustancial, solía interrumpirse y decir que tenía que ir al baño.

Las sesiones con ella me producían un aburrimiento abrumador. Seguía sintiendo que estaba en punto muerto. Me sentía culpable por no presionar más audazmente para hacer que ella y yo realizáramos lo que pensaba que era el "trabajo real" de develar el trauma. Empecé a preguntarme si se justificaba la psicoterapia analítica. Freda se deprimía cada vez más y la tuve que enviar con un colega para que le recetara antidepresivos, que ella siguió necesitando como complemento de su psicoterapia psicoanalítica.

Retrospectivamente, este sentimiento de depresión y nuestra sobrevivencia a esta depresión constituyeron el meollo de la terapia. Ella me necesitaba para ayudarle a seguir siendo. El hecho de utilizarme para oírla y para reflexionar sobre las trivialidades cotidianas, que yo deseaba oír, y a menudo la invitaba a hacerlo, era la evidencia de su deseo de una relación ordinaria y segura con la que pudiera contar. Entre las sesiones, la experimenté como si yo fuera ella y ella fuera su padre acosándome con la mirada diabólica que ella sentía y que él fijaba en ella. Yo respondí con aburrimiento, sentimiento que reconocí como una respuesta de disociación de la contratransferencia, de no estar todo ahí, como resultado de mi identificación con ella cuando ella hacía frente al acercamiento del padre y se callaba para que él no hiciera algo peor de lo que ya estaba haciendo. Mi capacidad para tolerar su transferencia, en la que ella invocaba en mí tanto a una niña asustada como a un padre aterrador, le permitió gradualmente ser más tolerante. Identificado con ella, compartí su horror hacia mi curiosidad terapéutica invasiva. Yo tenía miedo de que mi deseo de saber más sobre su padre introduciéndose en su vagina y tocándole los pechos, por la curiosidad acerca de qué tanto se habían desarrollado, era más destructivo que eficaz. Creo que esta inhibición de mi curiosidad analítica fue crucial para facilitar la recuperación que siguió.

RECUPERACIÓN DE RECUERDOS DE
RELACIONES SEXUALES CON EL PADRE

Mientras toleraba estas horas y contenía los sentimientos que las caracterizaban, gradualmente surgieron nuevos recuerdos; cada uno de ellos apareció a un ritmo exasperantemente lento. Freda sabía que su padre la había obligado a hacerle felación, la había montado por atrás, había presionado su erección contra su trasero y había metido los dedos en su vagina supuestamente para ayudarla cuando comenzó a menstruar. Ahora me dijo que estaba convencida de que él tuvo frecuentes coitos con ella casi desde que podía recordar. Su madre debe de haber sabido, pero no le importaba. A nadie le importaba. Ella tuvo un sueño en el séptimo año del tratamiento: "Mi lengua salía de una boca y se convirtió en una serpiente que salía. La corté y se infló como un globo".

Las asociaciones de Freda la condujeron a sus recuerdos de serpientes en África, donde vivía su familia cuando ella era niña. En una ocasión su jardinero se cortó una pierna al decapitar a una serpiente que se le subía por la extremidad. El pene de su padre dentro de ella se sentía como si penetrara en un gran espacio vacío, como el de una muñeca, y a continuación subía y salía de su boca. Ella quería cortarlo, pero se volvió continuamente más grande y ella se sintió inerme. Al decirme esto, sintió un enorme vacío y una excitación que tuvo que repudiar y repeler. Hizo un dibujo de una cara imprecisa con un objeto protuberante que parecía ser un enorme pene-lengua que también podría ser una masa fecal (Figura 12-1).

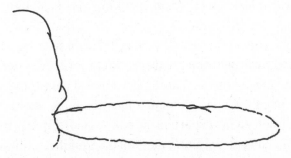

Figura 12-1 Dibujo de una cara-borrosa y una lengua-pene.

El material ya no era aburrido. Ahora era atrozmente gráfico, fascinante y más perverso de lo que yo hubiera imaginado.

En la sesión posterior a que me contara el sueño sobre la serpiente-lengua me dijo cómo había llegado a la conclusión de que su padre tuvo coito con ella: a partir de un sueño.

> Me dijo: –¿Le puedo contar otro sueño? Es uno que me hizo darme cuenta de que tenía que decirle a usted que tuve coito con mi padre. Desde hace un tiempo sé que sucedió. Pero tengo que preguntar: "¿Usted me dirá alguna vez que no puedo dejar ese punto? ¿Hay algo que no pueda decir? ¿Los dolores de cabeza y el deseo de tener que ir al baño ahora y siempre que estoy aquí desaparecerán alguna vez?".
>
> "Soñé que tenía un movimiento en el intestino desde mi vagina, que descendía hasta las piernas y entre ellas y subía hasta el estómago. Luego, la cabeza de eso era la cabeza de un pene, sin circuncisión, como el de mi padre, y no como el de Ed, circuncidado.
>
> "Sentí el disgusto cuando me desperté y encontré que me sentía excitada por eso. ¿Es malo? ¡Siento que soy mala!
>
> Pregunté si se sentía como si fueran las manos de su padre en sus piernas, y ella dijo que sí. Prosiguió y dijo que había empezado a sentir un miedo más evidente cada vez que tenía el período y que era incapaz de decírselo a nadie, incluso a mí, porque eso ocurría cuando su padre la obligaba a tener coito con él. Después recordó a su padre sobre su dorso presionando su pene entre sus piernas como si fuera a penetrar su recto, y eso dolía.
>
> A continuación dijo –Ahora no tengo que ir al baño.

Este material parecía expresar la profundidad de su desesperación. Estaba vinculada a un sentimiento de profunda vergüenza personal, a un sentimiento que la impelía a llorar, pero que si empezaba, no pararía nunca. Períodos del viejo silencio angustioso que ahora alternaban con la inmersión en las experiencias con su padre, que retrocedería a medida que ella alcanzara una medida de equilibrio. Ella se preguntaba si alguna vez sería normal, no deprimida, y capaz de tener un buen concepto de sí misma. Sabía que en el fondo sentía que había sido mala, había cargado con la culpa de ese abuso. Recordó haber huido de su casa después de impedir el coito con su padre. Regresó a un internado una semana después y, llorando, lo contó a la única maestra en la que ella pensaba que podía confiar. Esta reconfortante mujer puso a Freda a dormir en su propia cama, pero cuando Freda se despertó unas horas después, la mujer estaba en la cama con ella, borracha, acariciando los pechos y la vulva de Freda. Nunca volvió a decir a nadie lo que había pasado con su padre.

Me he encontrado con esta situación en otros casos. La persona que padece abuso confía en alguien que resulta ser poco fiable y se convierte en un perpetrador. Debe ser que la persona que sufre abuso escoge como confidente a alguien cuyas cualidades de ser comprensivo y poco crítico resultan provenir, no de la madurez, sino de un yo pobremente integrado que es más familiar para esta persona.

RECUPERACIÓN DE LOS PRIMEROS RECUERDOS

La terapia continuó, pero Freda volvió a bloquearse y lloraba durante muchas de sus sesiones. Sugerí una vez más, como lo había hecho unos años antes durante la terapia sexual, que anotara sus pensamientos y me los enviara por *mail* o que los trajera a las sesiones. También acepté su sugerencia de que trajera viejos dibujos. Ella me recordó: "Yo le dije que si empezaba a llorar, no podría parar, y que necesitaba hacer eso para llegar a estas cosas".

Posteriormente llegó a una sesión con un aspecto extraño. Me miraba de una forma fija, pero exaltada. Parecía más disociada y angustiada que nunca. Finalmente habló:

—Traté de escribir, pero después de cuatro o cinco páginas, caí en la tristeza, las fotografías sin palabras. Vi las fotografías de la vieja familia. Siempre que estaba con mis padres, estaba haciendo pucheros; pero cuando estaba sola, sonreía.

Se sentó en silencio mirándome durante un momento. A continuación comentó –¿Los perros pueden quedarse atrampados cuando tienen sexo?

–¿Qué me está preguntando? –repliqué, desprevenido y afectado por la tristeza que sentí mientras hablaba.

–Exactamente lo que dije: ¿los perros pueden quedarse atrampados?

–No sé exactamente qué trata de decir.

Lentamente dijo: –La escritura me condujo a la edad de 2 o 3 años. Creo que vi a mis padres teniendo sexo al estilo de los perros. Mi padre hizo que tocara su pene. Estaba duro, pero húmedo y asqueroso. Yo no tenía ropa puesta. Ellos me tocaron ahí abajo y me hicieron tocarlos. Los pechos de mi madre colgaban como los de una vaca. Creo que me dolió porque no sabía dónde iba a ir el pene. Parecía que iba dentro de ella y eso dolía.

Y después hay algo más indecible: una mano enorme encima de mí. Trato de zafarme. Me hace daño, ahí abajo–. Ella permaneció callada mucho tiempo–. Creo que mi padre tenía sexo conmigo cuando era muy pequeña. Seguro cuando tenía 8 años, porque recuerdo los lugares y la ropa, pero creo que tal vez cuando era realmente muy pequeña.

–¿Cómo se le pueden poner palabras a esto, cuando yo era tan pequeña? ¡Era tan pequeña! Ni siquiera sé lo que sentía, temor, tal vez. Tenía miedo, estaba dolida. También estaba excitada.

–Puedo regresar la próxima vez? ¿No se va a enojar si lloro? ¿Puedo regresar? ¿Puedo confiar en usted?

–Sí –dije–. Puede regresar–. Me sentí como si estuviera hablando a una niña de 2 años.

Hubo un hiato en su material durante el cual parecía bloqueada nuevamente. Tres semanas después, pudo continuar. Había estado escribiendo y, después de escribir mucho, fue capaz de empezar a contarme las experiencias.

–Trataré de hablarle de nuevo. Probablemente me sentiré avergonzada. Algunas veces, sin embargo, siento que la única manera de hablarle es con una especie de barrera invisible entre nosotros y la única cosa que varía es el grosor, pero siempre está ahí. Por esta razón, algunas veces es más fácil escribir.

Tal vez usted debería ser un cirujano que me pudiera aplicar una fuerte anestesia y a continuación mirar dentro y reconectar los cables rotos. En otras ocasiones preferiría estar aquí también para asegurarme de que usted sabía cuáles estaban rotos. Mis pensamientos y mis sentimientos no me vienen de una manera organizada del 1 al 10. Por ejemplo, muy a menudo trato de decir que Ed y yo tuvimos sexo anoche, lo cual es cierto. Estuvo bien durante un momento, pero después ya no.

Muy bien, debería poder decir que primero nos arrimamos y Ed empezó a acariciar mi brazo y se fue dirigiendo a mi pecho y eso se sentía bien. ¿Y luego qué pasó? No sé.

Se quedó muda, y a continuación tomó el cuaderno que estaba en la mesa y escribió durante un minuto, y me entregó un diagrama (Figura 12-2) sin decir nada.

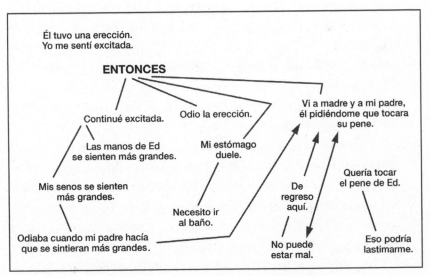

Figura 12-2. Diagrama de Freda sobre el abuso sexual.

Tras unos minutos, pudo hablar nuevamente: –Solo que todo eso pasa rápido y pierdo el hilo. No puedo contestar todo inmediatamente o incluso mientras pasa rápidamente. En ocasiones no pasa nada, excepto que me siento excitada y lo disfruto y me siento bien al sentir una parte de Ed. Pero algunas veces siento náuseas cuando Ed empieza a eyacular.

En otra sesión dijo: –Se supone que el sexo no es igual al amor. Se supone que el sexo es una extensión del amor. Creo verlo en el pasado. Dejaba hacer a mi padre todo lo que quería; entonces me decía que me quería. Después yo podía masturbarme y sentir lo mismo y sentirme querida. No me gusta eso.

Era como si me quedara en blanco o bloqueara la idea de que quería o necesitaba sentirme amada. Si no admito que quiero sentirme amada, entonces soy una víctima en vez de una participante.

No estoy segura por qué creo que una niña de 3 años puede tomar una decisión para participar en una relación sexual con los padres. Pero no puedo encontrar ninguna razón por la que me sienta culpable y mala por ver su coito y por tocar los pechos de mi madre y el pene de mi padre. Ellos querían que lo hiciera y decían que me querían cuando lo hacía. No recuerdo que me dijeran que no me querían si no lo hiciera, solo que me querrían si hacía lo que decían.

Pero me siento realmente mal. Como si hubiera hecho algo malo. También me siento sucia; pero no me sentía así cuando esto sucedía. Solo después. Tal vez solo hasta que empecé a masturbarme para sentirme querida.

Y en otra ocasión dijo: –A veces parece que puedo acceder a masturbarme con toda libertad, y otras veces la desecho por completo. Es como si no pensara que tuviera algo que ver con el sexo hasta que usted me envió al grupo de mujeres. Fue algo más que una cosa muy mala que tuve que sentir, igual que cuando lo hacía cuando papá me decía que me quería.

Algunas veces trato de decirle algo que usted no puede oír y en lo que yo no me puedo centrar. Es como si estuviéramos rompiendo una cáscara de huevo y ninguno de los dos supiera qué monstruo saldría. Usted desconcha la parte exterior mientras yo empujo en el interior. Pero cuando la cáscara empieza a romperse, yo entro en pánico hasta que la rotura se cierra.

Ella hizo otro dibujo (Figura 12-3) y me lo entregó, esta vez más decidida.

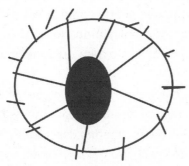

Figura 12-3. Dibujo de Freda del monstruo en su huevo.

Continuó: –A veces tengo curiosidad por saber qué hay ahí. Otras veces me siento asustada y no quiero saber. ¡Quién sabe! Tal vez no haya nada ahí. Tal vez lo que haya sea una niña crecida sin manera de crecer o de volverse más pequeña. ¡Me quedo atascada!

Otra sesión giró en torno a la experiencia reiterada de ver a sus padres tener relaciones cuando tenía alrededor de 3 años:

—Lo que no pude decir en la última sesión fue que yo debía de haber sabido que era posible que mi padre metiera su pene dentro de mí porque cuando me ponía de pie y veía, me chupaba el dedo y me contenía, con un dedo en la boca y una mano cubriendo mis genitales. Pero creo que contenía mis ganas de orinar. Tal vez por eso tengo que ir al baño tan seguido aquí.

También, algunas veces cuando estaba en la cama solo con mi padre, sus manos cubrían mis genitales y mi estómago, y se sentía como si él estuviera deteniendo un torrente de orina; probablemente yo usaba la palabra "pipí". Pero parece como si estuviera intentando penetrarme, como cuando tenía 8 años y empezó mi período, y él me metía los dedos. El mismo sentimiento de presión.

El dolor que usted puede apreciar no pasó hasta que me penetró y me rompió. Salió sangre y me ardía muchísimo, como raspaduras y cortadas. Me dolía y me ardía tanto que tuve que ir al baño mucho tiempo. Y cuando me bañaba, me dolía mucho.

Al contarme estos recuerdos, su voz y su entonación cambiaron a los de una niña pequeña. Freda identificó que su voz era diferente a su voz habitual y me dijo que sentía como si una niña pequeña que se encontrara en ella estuviera hablando. No me dio la impresión de que esta parte de la niña en ella estuviera desconectada de su yo central.

En otra ocasión, Freda llevó fotografías de antes y de después de sus primeros recuerdos de abuso para mostrarme los efectos que esto tuvo en ella. Al mostrarme las fotografías dijo: "Supongo que era una bebé común, sin pelo, sin dientes y con una boca grande. Pero cuando me ponía de pie, me veía como una bebé. Corría, adoraba mi cobijita y podía columpiarme en un trapecio. Pero lo que me asustan son los ojos. Cambian y se vuelven tristes. Estas fotografías en donde tengo como 3 años son en las que cambian. Este es el tiempo en que gateaba en la cama con mis padres y los veía tener coitos".

Le fue difícil volver a hablar, y lentamente, mirando hacia otro lado, continuó con un ritmo entrecortado.

—Me chupaba el dedo. Me dolía el estómago. Mi cobija estaba conmigo. Me daban miedo los perros. Puedo ver partes de mi madre, sus manos, sus rodillas, mi padre detrás de ella. Veo los pechos de mi madre colgando y pienso: '¡Vaca!' Y cuando mi papá pone algo muy grande dentro, pienso que está adentro porque desaparece, pero está ahí porque lo he visto y tocado. Es duro, largo, flexible, húmedo, resbaloso, rojo, feo y puede desaparecer. Mi estómago me duele para escribir, puedo sentir el empuje entre mis piernas. Sus manos son demasiado grandes, y yo no me quiero sentar cerca de él.

En esta fotografía estábamos en nuestra casa de campo. Empezó mi período y me daba miedo la sangre. Pero ya hemos hablado de esto. Es cuando me hizo daño. Sé que es por este tiempo porque recuerdo el vestido. Era verde con blanco. Me encantaba hasta que se manchó con sangre. Entonces lo odié y nunca me lo volví a poner.

Quiero dejar las fotografías aquí por ahora para que hablemos de ellas, pero por favor no las pierda. Algún día no me entristecerán, y, además, mis hijos pueden querer saber de dónde vienen. No los entristecerán a menos que les diga que deberían entristecerse.

RECONSTRUCCIÓN DE LA NARRATIVA DEL ABUSO

Finalmente tuvimos el relato de la infancia de Freda, gran parte del cual permaneció reprimido durante los primeros nueve años de terapia a pesar de la confianza que me tenía. Ahora entendimos que Freda debe de haber estado sometida a un abuso sexual continuo, fue llevada a la cama de sus padres en repetidas ocasiones, tal vez cuando su madre estaba embarazada con su siguiente hijo y la animaban a participar tocando las partes genitales de sus padres mientras ellos la tocaban genitalmente. Su madre parece haber tenido una participación completa.

Mientras todo esto tenía lugar, a Freda la cuidaban diversas niñeras porque la familia se mudaba con mucha frecuencia. Su madre la rechazaba cuando la niña la necesitaba, gritándole si se hacía daño o si lloraba. Nadie fue a buscarla en una ocasión en que se perdió en una ciudad desconocida cuando tenía 5 años. La policía la regresó después de varias horas. Por otro lado, ella sentía que las niñeras eran amorosas con ella. Viéndolo retrospectivamente, hubiera sido mejor que ella y su hermano hubieran estado al cuidado de las niñeras. Nunca estuvo segura de si el coito con su padre ocurrió antes de que tuviera 8 años, pero estaba segura de que la acariciaba y la estimulaba, yendo a su cama durante la noche, pidiéndole que lo estimulara y, lo más espantoso, que ella le hiciera felación, que la hacía ahogarse.

Cuando comenzó su período a la edad de 8 años, metió sus dedos en su vagina para mostrarle de dónde venía la sangre. Este episodio fue el que más le hirió y permaneció congelado en su memoria. A continuación, o poco después, siguió con la penetración del pene. A partir de entonces, le preguntaba frecuentemente por sus períodos y la buscaba para tener relaciones, especialmente cuando estaba menstruando. Ella yacía inmovilizada fingiendo estar dormida en su cama, temiendo sus visitas cuando estaba borracho y a continuación tratando de disociarse de los episodios que seguían. Tal como ella lo planteaba: "Si yo no estaba ahí, no me dolía". Lo que más le inquietaba cuando recordaba estos episodios en la terapia era que ella se excitaba y solía masturbarse después de que su padre se marchaba, tratando tanto de recuperar la sensación como de deshacerse de ella y sobre todo de sentirse querida.

Posteriormente la enviaron a un internado, pero las relaciones sexuales continuaron cuando ella estaba en casa hasta el episodio que tuvo lugar a sus 14 años. Para mí, ahora está menos claro que antes, cuando escribí sobre el levantamiento de la represión de tanto material por primera vez, lo qué pasó exactamente. Estaba en la casa, habiendo llegado del internado por primera vez en muchos meses, de modo que había crecido y estaba consciente del tiempo anterior que había pasado. Su padre estaba borracho en una fiesta en su casa. Freda estaba menstruando y se fue de la fiesta tras haber tomado un par de tragos. Él la siguió a su habitación, la puso boca abajo, se recostó sobre ella, le sujeto los brazos por debajo y trató de penetrarla por detrás. Ella sintió que él estaba tratando de convertirla en un retrato de su madre, al estilo de los perros. Ella gritó, vomitó y posteriormente amenazó con suicidarse. Se puso tan histérica, que su padre la dejó y un doctor amigo que estaba en la fiesta le puso una inyección con un sedante.

Este no fue el último material que surgió. Un año después de que nos enteráramos de este episodio, ella todavía estaba trabajando en material difícil. Recordó haber puesto su puño alrededor del pene de su padre mientras mantenía una mano sobre ella. O ella trató de mantener el pulgar en su boca también para evitar que su padre le hiciera lo que le hacía a su madre. Imaginaba que tenía un pene porque su madre parecía tener uno cuando su padre le introducía el de él en ella. Como Freda dijo: "Mi padre trataba de convertirme en una vaca, hacerme como mi madre con pechos colgando y penes saliendo de mí. Tuve que aceptar tener su pene en mi boca porque si no me lo introduciría y yo sangraría muchísimo".

Después hubo un dibujo del pene del padre con sangre de su menstruación. Al tener la primera menstruación, de la escuela llamaron al padre para que la recogiera. Explicó: "Cuando llegué a la casa, me llevó a una habitación y me dijo que le besara el pene, y luego me puso los dedos y me lastimó. Podía decir que me dolía por la sangre". Se cubrió con una manta mientras me describía el dibujo y después se preguntaba una vez más si la dejaría regresar.

RECUPERACIÓN DE RECUERDOS PREADOLESCENTES DURANTE EL TRABAJO

Mientras estuvimos trabajando durante más de diez años, cambié la mayor parte de mis actividades a un consultorio que tenía una chimenea. En nuestro primer encuentro ahí, Freda recordó en forma vívida la habitación de la casa en la que había vivido su familia cuando ella tenía 11 y 12 años. Le daba pánico reunirse conmigo en mi nuevo consultorio, y nos cambiamos al anterior, que ella prefería, aunque solo podía verla ahí en horarios que eran inconvenientes para ella. La experiencia de un recuerdo espantoso que empezó en el nuevo consultorio continuó precipitando nuevos recuerdos de lo que había pasado en su habitación en esta casa.

Era una habitación bastante aislada de la familia, de modo que su padre podía acosarla a voluntad. Durante muchas semanas me contó cómo había usado una colección de muñecas que él le había traído de todo el mundo (Figura 12-4). Las desvestía y luego estimulaba los pechos y los genitales de las muñecas. Les cortaba la cabeza a algunas muñecas que podían orinar, de modo que las llenaba con kétchup para que pareciera que menstruaban. Con un cuchillo, a otras muñecas de la colección les hacía un corte entre las piernas y les untaba los genitales con kétchup. Dormía en el suelo de su clóset con una muñeca con la esperanza de que su padre no pudiera encontrarla. Y trató de suicidarse acostándose en un terreno con hiedra venenosa que estaba detrás de su casa, que no la mató pero que le produjo extremo ardor y supuración en todo el cuerpo.

Figura 12-4. La muñeca que dibujó Freda.

Se sentía desesperada y en ocasiones tenía tendencias suicidas cuando hablaba sobre este material, al recordar cómo se sentía en ese tiempo. Los medicamentos antidepresivos fueron de ayuda, pero ella aún sentía que la situación la acosaba como si volviera a suceder ahora. Me escribió una carta después de una de las sesiones:

No me gustaba cuando mi padre entraba: y me despertaba gateando en la cama y acariciaba mis pechos y me hacía sentir que tenía que ir al baño
  yacía junto a mí y yo podía sentir su pene en las nalgas
  ponía sus manos entre mis piernas y un dedo en la vagina
  cuando me pedía que le besara el pene
  cuando eyaculaba y yo pensaba que estaba orinándose sobre mí o en mi boca.
  Me gustaba cuando lo veía a él y a mi madre teniendo relaciones. Yo pensaba que podía lastimarme y no podía dejar de ver y después él me pedía que lo tocara cuando estaban juntos.

Creo que Freda trató de escribir que tampoco le gustaba eso, y que su lapsus indicaba que, en parte, sí le gustaba; un lapsus congruente con la excitación que experimentaba.
  La nota continuaba:
No me gustaba cuando no podía evitar que me doliera el estómago sin masturbarme.

Me asustaba cuando descubría que podía hacerme sentir igual que como él me hacía sentir.

No me gustaba que entrara en el baño cuando me estaba en la ducha para ver cómo crecían mis pechos; ¿siempre estarían del mismo tamaño? Yo pensaba que había un problema conmigo. Me daban náuseas cuando veía las muñecas sin ropa y trataba de deshacerme de sus genitales y de sus bustos cortándolos o escribiendo sobre ellos.

No me gustó que me preguntara qué se sentía usar un tampón: ¿Era como caminar llevando un pene dentro? ¿O era muy excitante? Toda clase de preguntas como esas.

No me gusta cuando tengo mi período ahora. Siento que si alguien lo sabe, me sentiré herida. No me gusta recordar la forma en que trataba de esconderlo.

No me gustaba estar en la escuela y no poder decir por qué siempre tenía que ir al baño. No podía dejar de recordar sus manos sobre todo mi cuerpo.

No me gustaba cómo olía él.

No me gustaba sentirme sucia siempre que pensaba en lo me que hacía.

No me gustaba pensar que estar excitada me iba a matar porque nunca parecía haber algún alivio de la tensión.

No me gusta sentir que él me posee y tener que hacer lo que él quiere.

No me gustaba que mi madre me pegara cuando lloraba y no podía decirle por qué lloraba.

No me gustaba excitarme cuando pensaba en lo que él hacía. Quiero matarme cuando esto sucede.

Nuevamente pensé que había detectado un lapsus. El cambio de tiempos de Freda a "quiero matarme" me sugería que aún ahora desea matarse. El sentimiento suicida aún debe de obsesionarla cuando recuerda estos sucesos.

No me gustaba que me dijera que me tenía que gustar la forma en que me hacía sentir. Debía aprender a que me gustara besarle su pene. Pensé que me tendría simpatía si lo hacía y si yo le simpatizaba, no me pediría que lo hiciera de nuevo.

No me gustaba cuando bebía. Yo dormía en el piso del clóset con una almohada y una muñeca. Pero él me decía que me fuera a la cama. Nadie me preguntaba por qué dormía en el clóset...

El trabajo con Freda solo periódicamente era tan intenso como muestran los extractos que he expuesto, pero el sentimiento se podía volver intenso en cualquier sesión, lo cual era capaz de amenazarnos a los dos con la tensión de la atracción hacia la disociación, la depresión y el *impasse.* La interrupción de estos períodos con períodos de narraciones sobre sus hijos, la familia y los acontecimientos de la comunidad siguieron surgiendo durante los años del trabajo; la reiteración constante de los asuntos triviales de "seguir siendo" nos permitía a los dos restablecer una base de referencia de interés, de confianza y de estar juntos en el tema. No fue sino hasta la última parte de nuestro trabajo juntos que llegué a entender lo importante que eran estas fases aparentemente superficiales del trabajo para apoyar los momentos dolorosos de recordar y de trabajar en esos temas.

TRANSMISIÓN DEL TRAUMA A LA SIGUIENTE GENERACIÓN

A través de todos los años de trabajo con Freda, me sentí torturado por su agitación, pero siempre admiré su manera de esforzarse por recordar y superar los efectos de su historia. Y no fue una causa menos importante de mi admiración su dedicación a su familia. Sus hijos, al igual que su esposo, Ed, experimentaban los efectos de su depresión y de su ensimismamiento periódico, pero seguía siendo una madre dedicada, graciosa y flexible. La mayor parte de los relatos, gran parte de nuestro tiempo juntos, trataban sobre sus hijos, Thomas y Junie, y de sus amigos, de modo que llegué a sentir que los conocía bien. También estuve con ellos en algunas sesiones familiares durante los años por preocupaciones pasajeras de su desarrollo, pero en general los niños iban bien. Freda y Ed manejaron muy bien un incidente en el que a Junie, que tenía 8 o 9 años, la acosó un exhibicionista, así que Junie no quedó traumatizada por ese hecho. Posteriormente, durante la adolescencia de los hijos, se desarrolló una crisis que requería una intervención familiar más coordinada. Durante este tiempo de una terapia familiar breve, podíamos ver que las tendencias de la lucha de Freda se entrelazaban y se intersectaban con el desarrollo de sus hijos, a pesar de sus eternos esfuerzos para protegerlos de su historia.

En los niños que no padecieron abuso de padres que sí lo padecieron, tanto físico como sexual, las relaciones objetales internalizadas de los padres procedentes de la relación abusiva con la generación previa se introducen en la estructura psíquica de estos niños, a pesar de la conducta admirable de sus padres. Tuvimos la oportunidad de entender tanto a los padres como a los hijos con suficiente detalle para seguir esta influencia en el caso de Freda y en los casos del hijo de Tony y Theresa, Tony hijo, en el Capítulo 1, y en detalle en otras obras (D. Scharff, 1989; Scharff y Scharff, 1992). Al igual que los efectos del Holocausto en los hijos de sus víctimas, el legado del trauma y la violencia no desaparecen en una sola generación.

Freda y Ed se desvivieron para hacer lo mejor posible con sus hijos y se involucraron también con otros niños de la comunidad que necesitaban cuidado y protección. Por años, Freda acogía niños cuyos padres parecían negligentes o abusivos. Había hecho esto en calidad de madre sustituta para los Niños Exploradores (Cub Scouts) y en diversos papeles en las escuelas de niños y en las asociaciones de ciudadanos. Esto se convirtió en un modelo para su hijo, Thomas, quien encontró una novia necesitada, Cindy, una joven histriónica a quien le gustaba divertirse y cuyos padres parecían no preocuparse de que bebía mucho. Thomas y su hermana, Junie, se habían aliado para lograr que Freda y Ed se hicieran cargo de esta niña en el sistema de cuidado extendido de la familia. Durante el último año de preparatoria de Thomas, Cindy quedó embarazada, aparentemente de Thomas, aunque ella también había tenido otros contactos sexuales. Freda ayudó a arreglar el aborto y acompañó a los adolescentes a la clínica, en tanto que la madre de la niña se negó a participar y rechazó a Cindy, calificándola de perezosa y de cascos ligeros. La niña siguió en la familia de manera informal durante el resto del año escolar, hasta que Thomas finalmente rompió con ella al marcharse a la universidad en la Costa Oeste.

En diciembre de ese año, Freda pidió ayuda para Junie, que estaba en esa época en el último año de bachillerato. Estaba deprimida y parecía deberse a la ida de Thomas a la universidad. Después de ser una estudiante de 10, Junie dejó de hacer la tarea, de modo que sus calificaciones habían caído a 6 y a 5 por primera vez en su vida. Esto sucedía en la época en que Freda trabajaba en la profundidad de sus sentimientos sobre algunos aspectos restantes del incesto que no se habían revelado aún. Yo le había preguntado si sus hijos no se sentirían mejor si supieran su experiencia y las causas de su profunda depresión, que ellos habían experimentado periódicamente durante toda su vida. Ella se resistía. Era todo lo que podía hacer para tratarlo conmigo, mucho menos con sus hijos.

Sin embargo, empecé a creer que la suposición de que el sexo era destructivo había empezado a surgir en la generación de los hijos a través de la dedicación de Thomas por la chica desamparada, que era alcohólica y promiscua, y que podría haber sufrido abuso, y a través de la depresión de la adolescente Junie. Acordamos que debería ver a Junie, quien recibió bien la idea. Cuando la vi, ella echó la culpa de su baja en la escuela a la falta de su hermano y a que Thomas y su anterior novia ya no se preocupaban por ella, y que la habían utilizado solo como conducto entre ellos para restablecer y promover su contacto. Se sentía desposeída sin ellos. En ocasiones tenía ganas de morirse. Aceptó participar en sesiones familiares que incluían a Thomas, que pronto regresaría de su primer año en la universidad durante las vacaciones largas de invierno.

TERAPIA FAMILIAR PARA LA PUESTA EN ACTO DEL TRAUMA

Las sesiones familiares resultaron cruciales. La familia habló del temor de los padres de que Junie estuviera fuera de control y bebiera. En vista de que Thomas bebía en preparatoria (y probablemente en la universidad) y de la experiencia de Freda con padres alcohólicos, resultaba comprensible que Freda y Ed se preocuparan por el abuso del alcohol. Sin embargo, sin evidencia alguna de esto en el caso de Junie, estuvieron de acuerdo en que no era una suposición creíble. Yo pensé que su énfasis en el alcohol ocultaba su preocupación por el sexo. Junie había comenzado recientemente a salir en forma regular con un nuevo novio, y sus padres estaban preocupados de que el sexo trastocara su vida, tras el trauma del embarazo de Cindy el año anterior, después del cual esta joven conflictiva y su promiscuidad habían dominado la vida de la familia. Junie dijo que su familia no parecía confiar en ella. La habían acusado de mentir y de estar fuera hasta tarde cuando antes siempre habían confiado en ella, y Thomas rompió en llanto cuando se enteró del sufrimiento de su hermana.

Yo dije que como grupo trataban de hacerse cargo de su propio sufrimiento al ayudar a la novia desamparada mientras que cada uno de ellos se sentía desamparado de diferentes formas importantes. Los jóvenes estuvieron de acuerdo y explicaron: Junie sentía que la familia se ocupaba mucho más por la novia de Thomas que por ella, y Thomas sentía que ellos desestimaban su preocupación por Cindy, con quien se había comprometido nuevamente.

Estuve hablando de nuevo con Freda sobre la posibilidad de contar a sus hijos la forma en que había contribuido el incesto en su depresión y en su necesidad compulsiva de hacerse cargo de niños abandonados. Ella consideró que aún no podía hablar de eso con ellos, a pesar de que podía apreciar que la sexualidad adolescente de Thomas y la depresión de Junie expresaban una fantasía de ser responsables de los daños que padecían otros. Junie y Thomas seguirían sintiéndose mal a menos que pudieran lograr un resarcimiento. Freda también relacionaba la baja estima de Junie y la convicción de los dos jóvenes de que ellos eran responsables de la infelicidad de otros como derivados del propio sentimiento de ella de ser mala y dañina, el cual tenía sus raíces en sus terribles experiencias con sus padres.

—¿Cómo puedo decir a mis hijos que soy mala? -me preguntó Freda en su siguiente sesión individual-. Ellos van a pensar que soy mala. No, no se trata de que piensen que soy mala, de que incluso piensen mal de mí, se trata de que *sabrán* que soy mala. Sí soy. Soy malísima. Mi madre siempre me decía que era malísima. ¿No cree que debo de haber hecho algo malo? ¿Sino por qué mi padre me habría hecho lo que me hizo?

Mostré a Freda como había convertido a sus hijos –jóvenes compasivos y comprensivos– en sus padres negligentes y críticos. Ella podría encontrar que ellos probablemente serían tan comprensivos y serviciales con ella como eran con sus amigos si ella fuera capaz de decirles lo que le había pasado. Se marchó de su sesión antes de mis vacaciones diciendo que si tenía que hacer eso, se mataba en el momento, pero rápidamente me recordó que a menudo decía que ella no podía hacer algo y después hacía lo contrario.

Nos encontrábamos en la mitad de las series de sesiones familiares cuando me marché para un viaje de diez días, y mientras tanto Jill Scharff cubría mi práctica. Las sesiones familiares cruciales tuvieron lugar cuando yo estuve fuera.

La llamada de emergencia

Ed me llamó (JSS) para decir que su esposa estaba muy alterada. Su terapeuta individual (DES), que también había estado viendo a la familia, estaba fuera de la ciudad, y la familia estaba tan preocupada por ella, que no podían esperar a su regreso. Freda había tenido arcadas en el estómago. Había estado llorando durante dos días sin tregua. Todo comenzó después de que su hijo Thomas le gritó improperios cuando se enfrentó con el enojo de sus padres por haber pasado toda la noche fuera y por haber regresado a casa ya tarde sin haber avisado. Ed pensaba que la reacción de Freda era exagerada para lo sucedido y tenía la idea de que debía de estar relacionada a la historia de su infancia de abuso físico y sexual. Ella le decía constantemente que estaba al borde de algo, en una posición en la que nunca había estado antes, y aterrorizada. La familia se había reunido para una serie de sesiones de terapia familiar con el doctor David Scharff a causa de la baja en el desempeño escolar y el deseo de morir de su hija Junie. Ed inmediatamente accedió a una reunión familiar de emergencia como la mejor manera de abordar el problema de la angustia de su esposa y de la preocupación de la familia.

Terapia familiar de urgencia: primera sesión

Me sorprendió que Ed y Freda llegaran a su sesión sin su sintomática hija de 15 años, Junie, que se quedó en cama en la casa, porque ellos pensaban que no estaba involucrada en el incidente desagradable. Solo los acompañaba su hijo Thomas de 18 años, un joven impresionantemente atractivo. Freda, que se veía retraída y deprimida, se recostó en el diván de una forma que me recordaba a una niña que retrocedía en el tiempo y que se mostraba seductora hacia los adultos. En ocasiones se ponía histérica y ponía los ojos en blanco de manera alarmante.

Ed, que se sentó inclinado hacia el frente, de modo que la silla parecía demasiado pequeña para ese hombre tan alto, comenzó a ofrecer un relato circunstancial de los hechos. Thomas no estaba en casa a las 7 am, cuando se suponía que iba a hacer un encargo. Ansiosos, sus padres trataron de encontrarlo y pidieron ayuda a su hermana. Al pensar que podría estar con su antigua novia, ella mintió para protegerlo y dijo que estaba en la casa de su amigo Chris. Ed y Freda llamaron al padre de Chris, que dijo que no sabía que Thomas estuviera ahí. De este modo, los padres estuvieron en casa toda la mañana pensando que Thomas había tenido un accidente.

Cuando Thomas llegó después de las 12, Freda le dijo: "¿Dónde demonios has estado?".

Thomas dijo: "En la casa de Chris". Él creyó que estaba autorizado a pasar la noche en la casa de su amigo Chris, pero se dio cuenta de que había llegado a casa más tarde de lo esperado. Él pensó: "Si llegas tarde, estás muerto". Thomas dijo que podía entender su enojo. Sin embargo, sentía que deberían creerle dónde había estado. Al no creer su relato, su madre injustamente lo acusó de estar mintiendo sobre su paradero y empezó a gritarle; él se puso furioso. Gritó "¡Jódete, jódete!" a ella, le pegó al poste de la entrada que su madre estaba bloqueando, la empujó para pasar y se fue. Freda, alterada, lo siguió gritando y se encogió en la puerta como una niña temblorosa, y no se le pudo consolar durante días.

Era como si otra cosa le estuviera pasando", concluyó Ed. Él rápidamente desvió mi atención a los detalles sobre cómo le gritó a Thomas, tratando de contenerse para no estallar y sobre cómo después lo siguió afuera para hablar. "Yo quería que entendiera cómo nos había fastidiado por llegar tarde", agregó Ed.

Yo dije: –Creo que "Si llegas tarde, estás muerto" es un sustituto familiar de "Si eres sexual, has dejado a la familia". Thomas soltó palabrotas, tal como debe de haberlo hecho con sus amigos en la universidad, pero cuando dijo "Jódete" a su madre, el papá sintió que él realmente lo había fastidiado porque esa no era una manera apropiada de hablar a una madre–. Dirigiéndome a Thomas, dije: –Pero para *tu* madre, Thomas, tuvo un efecto catastrófico, porque penetró en una parte vulnerable de ella y le hizo actuar como si algo más estuviera pasando–. Voltee hacia Freda, y le pregunté –¿Podría usted decir algo sobre eso?

—No hablaré de eso —dijo histéricamente.

—¿Sabe lo que es? —pregunté.

—Sí–dijo lacónicamente.

—Muy bien –dije–. Usted decide sobre su privacidad, pero el costo es que Thomas no puede entender lo que él desencadenó.

Thomas asintió con la cabeza. Nadie habló.

Yo continué hablando desde mi posición de contratransferencia sintiéndome atascada. –Estoy en una posición incómoda –dije–. Por la forma en que se siente, Freda, puedo deducir que el "Jódete" que dijo Thomas penetró en un área de experiencia anterior, y por lo que Ed me dijo por teléfono, puedo conocer el área general de esa experiencia. Pero si usted no lo comparte, la familia y yo nos encontramos entrampados. Yo no la puedo ayudar a entender algo que fue suficientemente serio como para producir un estallido de ira que no puede entenderse. Pero tal vez yo pueda ayudarla a pensar por qué preferiría no saberlo.

Yo no creo que el hecho de compartir una historia que ha permanecido en secreto sea en sí mismo curativo. Sin embargo, creo que sin compartirla no es posible hacer trabajo alguno. De modo que esperé. Podía sentir la tensión en el *impasse*.

Quejándose y con aspecto de que iba a desmayarse en el diván, Freda dijo: –Lo único que quiero es sentirme mejor del estómago. Creo que voy a vomitar.

Yo agregué: –Su estómago le está diciendo que está preparada para deshacerse de algo que el resto de usted se esfuerza por retener.

Freda comenzó a hablar. –Bueno, tal vez me sentí castigada por Thomas por algo que no había hecho. Yo no podía ser tan mala.

Ella hubiera continuado, pero hubo un aluvión de palabras del resto de la familia. Hablaron de Junie y de todos los pleitos en la familia desde que Thomas se había ido a la universidad. La relación de los padres parecía segura, pero tal vez la familia se estaba desmoronando. Todos se preguntaban por qué Freda siempre actuaba desproporcionadamente y por qué Junie de pronto obtenía calificaciones tan bajas.

Como se empantanaron en los detalles de las calificaciones de Junie, decidí interrumpir. Dije: –Todos ustedes desean distraerse hablando sobre Junie, que además no está aquí para intervenir, en vez de abordar el punto principal, que es el punto en que la familia se encuentra empantanada. ¿Qué tanto apoyo existe en la familia para que Freda comparta la información sobre la que ustedes necesitan trabajar?

Thomas dijo que él quería conocerla. Ed quería saber que quería decir ella sobre el asunto de ser castigada por algo tan trivial, pero a continuación siguió dando más detalles en defensa de la decisión de permitir que Junie se quedara en casa.

Comenté: –El aspecto principal es que usted, Freda, reaccionó de una manera que todos ustedes están de acuerdo en que fue exagerada frente a la situación externa y molesta que provocó Thomas. Pero creo que no puede no ser desproporcionada para cualquier situación interna que sus palabras de enfado y su violencia hayan podido desencadenar. Si Thomas puede ver que él no es responsable de eso, tal vez le sea más fácil hacerse responsable de lo que dijo e hizo, en vez de ignorarlo, porque, aunque fue totalmente inaceptable, no fue tan malo como ustedes lo hacen parecer.

Thomas estuvo de acuerdo, pero a continuación habló de lo injusto que era eso.

Freda se sentó en el diván. Inclinándose hacia él con gran enfado, se preparó como para entrar en acción y le gritó: –No me hables así. No me puedes hacer eso.

Ed intervino. –Ya no grites –dijo–.¿Por qué haces eso aquí?

Yo dije: –Me alegra que me permitan estar en contacto con la ira. Creo que tendrá que haber muchos más gritos antes de que ustedes puedan entender la historia que, sin conocerla, tratan de enfrentar aquí.

El tiempo de la sesión llegó a su fin. Dijeron que había sido útil reunirse y que estarían bien hasta que el doctor David Scharff regresara, cuando hablarían en la próxima sesión familiar programada. Al irse, Fred me dijo coquetamente: –Se lo agradezco.

La llamada telefónica de Freda

Unos días después, Freda me llamó por teléfono.

–Me siento mejor desde la última reunión. Usted es buena. Está bien preparada. Como usted sabe, el doctor David Scharff me ha insistido en que se los diga, porque él cree que está vinculado al mal desempeño de Junie en la escuela.

—No es así -dije-. Su marido fue el que me dijo sobre su abuso físico y sexual en su infancia y esto coincide claramente con lo que pasó; para mí fue obvio.

—Bueno-dijo-. Lo que quiero decir es que nos gustaría tener otra reunión con usted. No es una emergencia, excepto que Thomas tiene que regresar a la universidad antes de que el doctor David Scharff regrese. ¿Le puedo hacer una pregunta de mal gusto? ¿No le importará a su esposo?

Me preguntaba por qué la pregunta podría ser considerada de mal gusto. Supuse que tenía miedo de alguna clase de confabulación o represalia familiar, pero todo lo que dije fue: -No. Le va a dar gusto que usted siga con el trabajo, y él se volverá a reunir con usted cuando regrese.

Terapia familiar de emergencia: segunda sesión

Ed y Freda, Thomas y Junie estaban ahí. Freda se veía mucho más apta y comenzó la reunión con un tono sereno.

—Pedí esta reunión –comenzó Freda– porque quería explicar lo que se estaba desencadenado. Cuando Thomas y su padre se gritaban y se peleaban, se recreó la escena de mis padres peleando. Los dos eran alcohólicos, como usted sabe, y tenían un humor terrible, y ambos abusaron de mí en forma grave, como también sabe. Siempre me preguntaba: "¿Lo que hice fue tan malo como para que me pegaran tan fuerte?". De este modo, no fue malo que me enojara con Thomas, ¿no es así?

Todo era tan confuso. Me di cuenta de que los jóvenes todavía no podían entender. Freda parecía preguntarnos si había sido tan mala con él como habían sido sus padres con ella, y justificaba su enojo porque, a diferencia de ella, una buena hija, él había hecho algo malo para merecer el enojo de sus padres. Al principio parecía que la familia entendía, pero entre más hablaban, se volvía más claro que no habían entendido. Junie dijo que su madre había tratado de decir que no era malo que Thomas estuviera fuera toda la noche, lo cual no era justo porque a ella le iba muy mal por llegar cinco minutos tarde. Freda dijo que Junie no había entendido. Lo que ella había querido decir era que se preguntaba si era malo enojarse con Thomas, o si está bien enojarse por cualquier cosa o con quien sea.

Cuando Junie y Ed dijeron que había algo que no entendían bien, dije que lo que Freda había dicho era claro hasta donde había llegado y que el hecho de que "no lo entendieran" se debía a que Freda no les había dado los aspectos específicos que habían desencadenado su reacción a las palabras de Thomas.

—No sé si quiero decírselos –dijo–. Eso no me ayudará. Tengo que trabajarlo en la terapia. Lo único malo que hice fue dejarlo salir en la casa, en vez de hacerlo en la terapia.

Se me cayó el alma a los pies. No íbamos a llegar a ninguna parte.

Sin embargo, para mi sorpresa, ella siguió, sin alterarse, y preguntó:

—¿Saben lo que es un incesto?

—Sí –dijo Thomas riéndose–. Sexo en la familia.

—Bueno, eso pasaba en mi familia –dijo Freda con valor y en forma calmada. Esperó sus reacciones. Thomas se reía ansiosamente. Junie movía la cabeza. Hubo un silencio de hielo.

Yo dije: –Es sobrecogedor para ustedes oír esto, porque es muy diferente a lo que pasa en su familia. ¿Piensan que están preparados para enfrentar esto?

Thomas dijo: –¡No puedo creerlo!

Junie dijo: –Sí, yo sí lo creo. Su hermano es muy raro. Nunca me le acerco. ¿Fue él?

Freda dijo: –No, fue mi padre. Me obligó a tener relaciones con él. Yo solo tenía 8 años. Se los cuento porque quiero que Thomas sepa por qué no podía tolerar que hubiera dejado embarazada a esa niña de 15 años el año pasado. Se supone que las personas de 15 años no son activas sexualmente, pero a su madre no le importaba, igual que mi madre nunca se preocupó por ello y nunca hizo nada para evitarlo. Además ella bebía, sus dos padres son alcohólicos y negligentes. Y yo no puedo tolerar que Thomas se relacione con alguien que bebe y que cambie tanto por hacerlo como ella.

Thomas ahora estaba serio. Ya no intentó tomárselo a risa. Junie quería saber si había pasado más de una vez.

—Sí, claro –dijo Freda-. Desde que tenía 8 años hasta los 14, pero estuve fuera este último año, en un internado, de modo que no era frecuente en ese tiempo.

—¡Dios mío! -dijo Junie-. Cuando yo tenía 8 años, iba en segundo grado. Es aterrador.

Ahora Thomas ya fue capaz de hablar. Dijo: –Estoy muy contento de que nos lo hayas dicho. Nunca me imaginé algo así, pero ahora ya sé por qué estabas tan molesta.

—Sí -agregó Junie-. Eras como una niña apoyada en esa puerta.

—Sí, ya sé -dijo Freda-. Por eso la situación era tan mala. Incluso ahora, fui tan estúpida, arrinconándome contra la puerta, tan asustada. Y, desde luego, estando contra la puerta no podía dejar que yo misma saliera.

—Ella estaba fuera de sí -agregó Junie.

—Ah, entonces por eso has estado viendo al doctor Scharff todos estos años -dijo Thomas, entendiendo la severidad de su condición-. Ahora es tiempo de revelarlo, mamá -agregó en forma contundente y cariñosa.

—Me imagino que cuando tu mamá estaba muriendo y tú estabas tan desquiciada era porque tus padres vivían con nosotros y uno de ellos estaba muriendo -dijo Junie-. Eso era suficiente como para deprimir a cualquiera, pero había mucho más-. Al igual que Thomas, ella le aconsejó y la animó, y concluyó -Ya no deberías guardar eso.

Ed habló: -Ahora veo por qué era tan terrible tenerlos ahí. Yo sabía sobre el abuso, pero no todo lo que he oído hoy. Esto me ayuda a entender tu depresión.

Freda protestó -No tengo derecho a actuar así. No quiero hacerlo.

—Desde luego no todos los días –consintió Junie.

—Pero si en tu mente aparece una imagen –dijo Thomas– tienes que hacerlo. No lo reprimas.

—*Tú* lo haces. Tú reprimes todo lo que sientes sobre Cindy y el aborto, le recordó Freda. Te enseñé bien.

—No –dijo Ed–. No puedes enseñar a alguien lo que no sabe que estás haciendo.

—¡Sí, si puedes! –difirió con tristeza.

Ahora Freda estaba muy consciente de que los intentos de esconder su historia no habían servido para proteger a sus hijos de las consecuencias que habían tenido en ella, y ahora en ellos, a pesar de que no sufrieron abuso. Aprendieron una forma depresiva y reservada de enfrentarse al dolor. El hecho de no saber llevó a Junie a tener mal rendimiento escolar. El perder a su hermano y a los amigos de este cuando se fue a la universidad la había vuelto hacia sus padres, y especialmente hacia su madre deprimida. El hecho de no saber condujo a Thomas a tener relaciones precozmente, sin protección, con una hija de padres alcohólicos despreocupados; una joven con cuya vida de negligencia se identificaba Freda. Cuando Thomas y Cindy se confiaron a ella en forma individual, Junie se sintió atrapada entre ambos y su confusión sexual, en forma similar a Freda, que estuvo en medio de la extraña relación de sus padres.

Yo dije: –Una niña está asustada y no tiene a nadie a quien decírselo. ¿Qué pasó para que terminara con eso cuando usted tenía 14 años? ¿Encontró a alguien a quien decírselo?

—No –contestó Freda–. Traté de matarme y mi padre me dejó en paz después de eso.

Junie y Thomas protestaron juntos: –¡Tampoco nos dijiste eso nunca, mamá!–. Thomas siguió diciendo: –Nunca lo dejes confundirte haciéndote creer que era tu culpa. Ese era su problema.

—¿Alguna vez han tenido problemas con sus abuelos? –preguntó Ed a los chicos.

—No -dijeron-. No de esa clase. -Volviéndose a mí, Junie explicó: -No nos caían muy bien. Eran malos y egoístas. Nuestro abuelo aún es así. Es un libidinoso.

Ed dijo: -Bueno, si eso es todo, está bien. Los padres pueden intimidar mucho a un hijo, supongo que esa es la razón por la que ella no contó nada.

Freda dijo: -¿A quién le podía contar? Mi madre no me escuchaba, o estaba tan borracha, que me daba diez respuestas diferentes y luego olvidaba todo.

Thomas prosiguió con el tema: -¿Qué decía cuando se lo contabas?

Freda contestó: -No se lo decía, ella lo sabía.

—¿Cómo? -preguntó Junie.

—Ella estaba ahí -dijo Freda con tristeza.

—¡Dios mío! -dijo Junie-. ¿Quieres decir que ella veía? -Se cubrió la cabeza con las manos.

—No me molestes con preguntas -dijo Freda.

—Así es como me siento cuando me molestas por mis calificaciones -le devolvió instantáneamente.

Yo comenté que Junie había vinculado su necesidad de conocer el secreto de su madre con su deseo de privacidad sobre la baja en sus calificaciones. La familia se desvió a una animada discusión sobre el rendimiento escolar y cómo Thomas obtenía excelentes calificaciones, a pesar de que nunca estudiaba.

Yo dije: -Esto me recuerda que todo llegó a un punto crítico cuando Thomas regresó a casa de la universidad. Me pregunto si esto no tiene algo que ver con los sentimientos que desencadenaron su partida de la familia.

Junie admitió inmediatamente -Lo extraño. Cuando se fue, lo perdí a él y a todos sus amigos con los que pasaba el tiempo. También perdí a Cindy. Después de que ellos rompieron, ella ya no quería ser mi amiga.

—Yo también extraño a Thomas -dijo Freda-. Es divertido.

—Gracias, mamá -dijo Junie-. Eso me hace sentir muy bien.

—No, tú también eres divertida –especificó Freda–. No sé cómo decirlo sin herir tus sentimientos, pero Thomas siempre obtiene buenas calificaciones. Junie también es inteligente, y siempre estudia, pero, por alguna razón, no obtiene buenas calificaciones y entonces no podrá entrar a una buena universidad. Entonces ella se puede quedar otro año en casa.

La revelación se hizo, y el trabajo de la familia continuó con el doctor David Scharff. En la terapia individual, Freda luchó contra el sentimiento de que era mala. En las sesiones familiares, todos trabajaron sus dificultades para enfrentar su preocupación sobre el alcohol y el sexo. Cuando se sentían temerosos del crecimiento de Thomas, un joven dinámico y que solo se portaba un poco mal, lo veían como un macho sexual rapaz, y un alcohólico en potencia, para quien el conocimiento sexual había resultado destructivo. A medida que Junie crecía y no se veía como la hermana pequeña que Thomas había protegido siempre, la familia temía su victimización como una mujer joven sexual. Ella debía ser protegida de un destino similar al de Thomas y Cindy, y en un grado más profundo no debería ser expuesta en absoluto a la sexualidad, porque tal sexualidad había dañado mucho a su madre siendo niña. La sexualidad adolescente era ahora el tema esencial del desarrollo, amenazaba las defensas de la familia y desafiaba todos sus recursos.

En su trabajo individual, Freda seguía sin entender si su padre era malo, y tendía a preferir la idea de que ella era mala y que por eso había ocurrido el abuso. Fairbairn (1952) observó esta preferencia como universal entre los niños que han sufrido abuso, una técnica para la preservación del yo que él denominó la defensa moral. Si el yo es malo, al menos el objeto puede preservarse como bueno. No obstante, si el objeto es malo, el yo no tiene nada y no puede imaginar ser estimado en absoluto. Es la diferencia, dijo Fairbairn, entre ser un pecador en un mundo gobernado por Dios y un alma perdida en un mundo gobernado por Satanás.

Cuando Freda posteriormente recibió un informe del hospital acerca de que su sobrina había sufrido abuso sexual por parte de su hermano, sabía que debía de ser verdad porque tenía completamente claro que su hermano podía hacer tal cosa. Cuando su padre la llamó para hablar sobre eso, le pidió que tranquilizara a su hermano porque lo que había hecho no tenía gran importancia. –Yo le dije –exclamó Freda: –"Bueno, tuvo gran importancia cuando tú me lo hiciste a mí. Fue traumático". ¿Y sabe lo que me dijo? Dijo: "No, no fue traumático. No lo creo en lo más mínimo".

Freda se enojó cada vez más con él. Su padre le colgó el teléfono. Envalentonada por su indignación contra su hermano, Freda pudo confrontar finalmente a su padre. Él reconoció abiertamente lo que había pasado, pero ella no logró que reconociera que se trataba de abuso. Ella no podía entender por qué no era consciente de eso. Estaba decidida a no dejar que se librara de sus culpas. Sin embargo, poco después se preguntaba si él le había hecho algo malo o si ella era realmente mala. Su culpa la llevó a preocuparse de llegar a dañar a sus hijos.

En reuniones familiares subsecuentes, Freda estuvo extremadamente frágil, se culpaba a sí misma y tenía sentimientos suicidas. Sin embargo, con el apoyo de su familia, ella se unió a los demás en el lamento de la pérdida de la relación adolescente de Thomas con Cindy y en la discusión de la sexualidad de Junie, incluso abogando por la necesidad del control natal de la joven, en contra de las objeciones de Ed. Modificó sus temores del alcoholismo como una enfermedad de transmisión genética que podría ser transmitida de los abuelos a sus hijos. Las calificaciones de Junie se recuperaron. Thomas terminó su relación con Cindy. Ed se volvió más perspicaz y pudo tolerar toda su infelicidad referente a la pérdida de su familia, que aparentemente funcionaba bien durante el período de latencia.

LA FASE FINAL DEL TRATAMIENTO

La terapia familiar terminó, y Freda la continuó durante otros cuatro años, con terapia individual que se volvió, en este período, más una terapia de apoyo que de investigación. Los dos hijos tuvieron problemas y bajo rendimiento escolar en los primeros años en la universidad, pero se esforzaron por tener buenos resultados al final con la ayuda de Freda y Ed. Freda pudo apoyar a Ed cuando atravesaba un tiempo de inestabilidad económica y de pérdida de trabajo durante la recesión de principios de la década de 1990. Siguió volviéndose más fuerte a medida que la terapia se volvía menos intensiva y proporcionaba más apoyo durante un final atenuado. Y en ese tiempo, la muerte de su padre por un ataque al corazón eliminó una amenaza restante y un resto de su dolor.

Freda se había protegido y casi no veía a su padre en los años posteriores a la muerte de su madre, pero seguía llamándole ocasionalmente y viéndolo en acontecimientos familiares. Cuando le hablaba, se sentía incómoda, pero no se lo dejaba ver. Exceptuando esas ocasiones, se sentía menos confusa sobre la relación con su padre. Había logrado distanciarse emocionalmente de él cuando murió. El alarde de los logros de la interesante vida profesional de su padre y de sus buenas obras en el servicio de la comunidad desencadenó una invectiva contra su hipocresía. Ella había llegado a entender lo destructivo y perverso que habían sido sus padres, los odiaba profundamente por haberla involucrado en sus perversiones; pero, no obstante, empezó a tener cierta empatía hacia ellos como adultos que habían crecido en circunstancias traumáticas y negligentes y que no habían sobrevivido tan bien como ella lo había hecho. También se dio cuenta de que su hermano se había vuelto igual que sus padres al descuidar y agredir sexualmente a sus propios hijos y al llevar una vida de sexualidad desenfrenada y destructiva. Se sentía orgullosa de no haberlo hecho. A pesar de que tenía que tolerar más depresión de la que él parecía tolerar, no se vio obligada a actuar como él lo hizo. Empezó a tener un sentido considerable de logro en la familia que había sostenido junto con Ed y en el crecimiento satisfactorio de sus hijos. No podía sentirse del todo a gusto al recibir el placer sexual de Ed, pero pudo mantener una relación sexual con él y disfrutar un matrimonio amoroso en general.

Freda por fin podía tomar en cuenta la terminación del tratamiento. Al mostrar la percepción sobre sus necesidades, y temerosa de gestionar las cosas por sí misma, pidió un destete gradual. Disminuimos la frecuencia de las sesiones a una cada 15 días durante varios meses y posteriormente a una vez cada seis semanas. Cuando tuvo que cancelar lo que sería su última sesión a causa de la nieve, Freda se sentía confiada en su independencia de la terapia y no pidió una cita posterior. Sin embargo, se tardó en entregarme su último pago. Como no dudaba de que me pagaría en cuanto pudiera, no me preocupaba este asunto, pero reconocí esta conducta inusual de su parte como una forma menor de achacárselo al trauma. Ocho meses después de la muerte de su padre, Freda dejó de considerar por completo que podría regresar si alguna vez lo necesitaba.

A lo largo de los 15 años que trabajamos juntos, Freda luchó con los aspectos del incesto, con el alcoholismo y la negligencia de sus padres y con su propia depresión. Aunque hubo períodos en los que ella podía hablar más libremente y se sentía mejor por haberlo hecho, nunca hubo un momento en que esto le resultara fácil, ni yo podía hablar tan libremente como con algunos otros pacientes. La experiencia recurrente de estar acosada por la relación sexualizada y negligente con sus padres persistió hasta el final de la terapia. A través de toda la terapia, me preguntaba si le estaba haciendo mucho bien. ¿Ella era algo mejor tras 15 años de trabajo juntos? Todavía se sentía deprimida gran parte del tiempo y tenía problemas para seguir teniendo una relación sexual con Ed. Aunque estas dudas son parte integrante del trabajo de un terapeuta, tienen mayor repercusión con algunos pacientes que con otros. Para mí, estas dudas eran más persistentes con Freda que con cualquier otro paciente con el que haya trabajado. Y sin embargo, creo que ella sentía que nuestro trabajo era un salvavidas. De hecho, era mucho más que una terapia de apoyo. En ocasiones, el descubrimiento del material era dramático. Sin embargo, ninguno de los dos tuvimos la satisfacción constate de sentir que el trabajo marchaba bien ni la confianza en que podría darse una curación. Freda dudaba de que pudiera curarse alguna vez y yo finalmente llegué a la conclusión de que nunca podría curarse por completo, aunque me inclino a ver su recuperación como un camino que continuará después de la terapia.

Los que la rodean tienen idea de lo que enfrenta Freda, pero no saben qué tanto es capaz de guardarse sin volverse loca. Siempre tuve la esperanza en la satisfacción de poder ver la depresión de Freda reducirse en forma más fiable. Me preguntaba si la supresión de la represión de los recuerdos le provocaría más sufrimiento o menos. A menudo me preguntaba si todo lo que pude hacer por ella fue ayudarla a contener su pena y a seguir viviendo. Solamente mientras revisaba nuestro trabajo para este libro pude observar la enorme distancia que ella había recorrido, la lenta revelación del conocimiento y de la reparación profundas de su yo infantil culpable, la desintoxicación de la transferencia abusiva y el valor de los fundamentos de una psicoterapia que era de salvamento y de procuración de vida.

La clara falta de remordimientos de los padres abusivos que padeció Freda era más extrema que la de cualquier otra persona que hubiera tratado. Aprendí más con ella porque estaba dedicada a ir más allá de la experiencia, a pesar del dolor que le producía esto. Al seguir hasta el final del tratamiento, me enseñó profundamente el costo de disociar en forma repetida su experiencia de las agresiones sexuales, la agonía de confiar cuando no hay nadie confiable y la presión de intentar construir una relación sexual adulta cuando su cuerpo había sido tan violado. También me mostró el placer de ser mejor con su marido y sus hijos que como habían sido con ella. Me enseñó de qué forma una persona traumatizada sobrevive y es capaz de formar un matrimonio satisfactorio y una familia amorosa, a pesar de que hay pocos momentos ideales y el amor no es fácil.

13. Recuerdo del trauma sexual infantil y técnica de las relaciones objetales

Los recuerdos de abuso regresan de diversas maneras. Pueden suceder como fantasías, escenas retrospectivas, asociaciones en una experiencia transferencial o reconstrucciones que llegan tras un intercambio afectivo con un cónyuge, con un hijo o con el terapeuta. Pueden aparecer repentinamente con claridad, pero más comúnmente aparecen gradualmente entre brumas mientras el trabajo de la terapia quita las capas de la neblina de la represión. Pueden pasar años para su recuperación. En los casos siguientes, un recuerdo general se vuelve sexualmente explícito a través del análisis de un sueño; una esposa con dificultades para expresarse es capaz de encontrar las palabras adecuadas cuando concuerda con la terapeuta en la experiencia de ser inhibida por el estilo controlador de su esposo, y la reacción de una mujer hacia el diagnóstico de su hijo la anima a contar a su anterior terapeuta sobre el abuso sexual durante la adolescencia del cual siempre fue consciente, pero del que se había sentido demasiado avergonzada para revelarlo a su terapeuta cuando estaba en tratamiento siendo joven.

Sin embargo, el proceso de volver a tener valor para hablar no da como resultado inevitablemente la develación de recuerdos auténticos genuinos de abuso o de incesto reales. En el último ejemplo de este capítulo, detallamos el proceso del tratamiento en una mujer que tuvo una evolución similar de recuperación de recuerdos hasta el punto en que la evidencia del proceso de tratamiento apuntaba claramente a la naturaleza fantasiosa de su trauma, iniciado no por abuso físico o sexual, sino por la pérdida traumática en su familia cuando mataron a su medio hermano siendo ella niña. Lo que deseamos destacar al yuxtaponer estos casos es que el proceso de tratamiento, si no es impuesto por la actitud prejuzgada del terapeuta, da lugar a la revelación de cualquier cuadro y su subsecuente trabajo. En estos días en que, por un lado, se debate la frecuencia del abuso sexual infantil y, por el otro, la recuperación falsa de los recuerdos de tales sucesos, es importante recordar que el tratamiento se basa fundamentalmente en el descubrimiento de la verdad en la situación personal única de cada paciente y que debemos dar tiempo y espacio para que este descubrimiento ocurra, con la confianza de que un enfoque objetivo, en la mayor parte de los casos, nos conducirá a donde necesita ir el paciente.

EN TERAPIA INDIVIDUAL, LAS ETAPAS EN LA RECUPERACIÓN DEL RECUERDO DE ABUSO

En el caso siguiente, un recuerdo de abuso se formuló en un recuerdo más general. Se expresó como una fantasía de penetración anal que, sin embargo, no era un recuerdo real, sino una distorsión del recuerdo real. Durante un tiempo pareció que la fantasía era un deseo de erotizar el confort que le ofrecía un tío como sustituto del padre añorado. La fantasía se experimentó como vergonzosa y en ocasiones llevó a una elusión fóbica de lo relacionado con el sexo. El hecho de experimentar la fantasía en la transferencia constituyó una parte importante del trabajo y condujo a una mayor capacidad para la autonomía, pero no llevó directamente a desvelar el abuso sexual. Se llegó a eso tras el análisis de los síntomas físicos, y el silencio psíquico condujo a un sueño revelador.

La señora Brown, una mujer casada que trabaja como profesora de biología, se quedó en su casa para cuidar a sus hijos cuando su marido fue enviado a África en otro estudio de campo de tres meses relacionado con su trabajo para el Banco Mundial. Ahora, en su cuarto año de análisis, ella estaba más en contacto con sus sentimientos y encontró que extrañaba a su marido de forma mucho más intensa que antes. Ella había analizado su uso del erotismo anal para abandonar los objetos y había experimentado esto por completo en la transferencia. Aliviaba su soledad en el tiempo en que su devoto padre abandonó a la familia y desapareció cuando ella tenía 10 años. Su madre se encontraba demasiado conmocionada y profundamente deprimida para alentar a sus hijos a expresar su aflicción. La familia recibió apoyo de los vecinos y de los parientes, entre ellos el tío de la señora Brown, el hermano alcohólico de su madre. La señora Brown recordó antes que su tío la reconfortaba en su cama y le daba dinero en secreto, como si hubiera un trato entre ellos sobre el cual ella se sentía culpable. A partir de estar sin su esposo, sintió alivio de la aflicción de haber perdido a su padre y de su temible excitación relacionada con su tío. Recordaba que su tío yació detrás de ella en su cama solamente una vez, o tal vez dos, abrazándola con fuerza, aparentemente para reconfortarla, respirando agitadamente y presionando su cuerpo contra la espalda de la niña. Hasta ahora, ella estaba segura de su recuerdo. También imaginaba que él presionaba su pene erecto contra su trasero, pero no podía estar segura de que esto hubiera sucedido realmente. Esta imagen dominaba su masturbación y la obsesionaba en su relación sexual con su marido, pero no había experimentado el sentimiento de su tío estando cerca de ella en el análisis y aún no podía decir si se trataba de una fantasía o de un recuerdo. De cualquier forma, el suceso con su tío en la infancia la había dejado fantasías de excitación y de culpa relativas a la penetración anal que ella practicaba en la masturbación, pero que evitaba en la relación sexual. También pensaba que el suceso podría tener relación con sus problemas de asma.

Tras cuatro años de análisis y estando separada geográficamente de su esposo, la señora Brown entró en una fase reticente. No hablaba y posteriormente faltó a varias sesiones a causa de su asma. Tenía miedo de que su infección de las vías respiratorias se estuviera expandiendo. Yo dije que pensaba que estaba temerosa de seguir explorando el tema de su infancia; que su silencio me sugería que tenía miedo de contar lo sucedido y que su cuerpo me daba la idea de que, si se trataba de un recuerdo, se debía de haber expandido a otro tiempo o a otro lugar. Me preguntaba si ella tenía miedo de reconocer la posibilidad de que su recuerdo de solamente una o dos ocasiones podría estar encapsulando un involucramiento de más tiempo con su tío. La señora Brown empezó a hablar entre dientes, de modo que casi no le podía entender. Ya cerca del final de la sesión, me centré en su resistencia como una defensa ante un descubrimiento doloroso. Esa noche la señora Brown soñó que recuperaba una imagen junto con un sentimiento tan vívido, que le produjo la sensación de certeza de que esto era un recuerdo.

La señora Brown comenzó la siguiente sesión en un tono más seguro:

—En el sueño, mi tío se elevaba sobre mí, me pateaba toda la espalda, actuaba como loco, como solía actuar por rabia cuando yo era más pequeña. Pensé que iba a matarme. Alguien parecía decir "Bueno, tú me pateaste primero". Es tan vívido. Me patea en las nalgas con su pie que lleva un zapato muy duro. Pienso en mi imagen de él masturbándose contra mi espalda. Usted conoce la fantasía.

La señora Brown se quedó en silencio, pero claramente estaba trabajando en su interior. Luego continuó, como si no hubiera habido una interrupción, para mostrar que el sueño recreaba su experiencia. –En realidad, fue un recuerdo. Siento su aspecto irritante que se me clava.

Dije: –El sueño parece decir que usted experimentó un suceso con su tío, no como una situación sexual que se suscita para confortarla, sino como un ataque terriblemente abusivo, casi homicida.

La señora Brown rompió en lágrimas y lloró durante algunos minutos. Cuando pudo volver a hablar, me dijo que recordaba a su tío pegándole a su esposa, a su hija y tal vez a ella. Su tío tenía tal rabia, que ella temía por su seguridad y llamó a su madre para que la recogiera.

Ella continuó –Estoy tan contenta de estar lejos de él. No quiero estar con él. Pienso en lo que me gustaría hacerle. Estoy realmente enojada. Me gustaría tenerlo en una situación vulnerable y patearlo como sucedía en el sueño. Me gustaría matarlo. Parte de mí quisiera hacerlo. Me siento avergonzada del consuelo que recibía de él al tomar su dinero.

El sentimiento durante el sueño es el sentimiento que tengo ahora, que aún soy vulnerable a esa clase de agresión. Mi esposo se fue y yo no puedo decidir nada sobre las cosas importantes que pasan. Me siento muy protegida junto a él.

Me di cuenta de que tenía miedo de ser seducida por algún extraño, pero pensé que tenía más miedo de que la dejaran sola conmigo. Dije: –Usted tiene miedo de que, sin él que la proteja, me experimente como una madre negligente o como un tío abusivo.

Después de esta interpretación, la señora Brown recordó más sobre el suceso con su tío. Ella hablaba de que prefería masturbarse en el ano porque le provocaba menos ansiedad que la vagina, que le parecía interminable. Un día experimentó mucha ansiedad difusa, junto con un recuerdo vago o con una fantasía de un dedo en su vagina. La ansiedad se volvió terrible, pero ella trató de seguir hablando.

Yo tuve una fantasía propia: sus palabras parecían estar desapareciendo en hebras de humo.

Mientras me contaba la terrible ansiedad, su lenguaje se volvió difuso como si el trauma se estuviera expandiendo e invadiendo su mente. Ella estuvo de acuerdo conmigo en que sus pensamientos se estaban desintegrando y explicaban que la ansiedad subyacente era intensa, porque le parecía como si un dedo estuviera en su vagina ahora mismo y tenía miedo de que, a causa de eso, yo no quisiera verla.

Yo dije: –Creo que usted tiene miedo de que la intensidad de su experiencia me agobie y me excite, de modo que esté asociado con el dedo y me vuelva igual que el abusador.

Ella pareció tranquilizarse al oírme decir esto y lloró en silencio hasta que terminó la sesión.

Al siguiente día regresó al tema. –La forma en que recuerdo ahora no es solo el recuerdo de las cosas que pasaron, sino también del sentimiento. Esto me conforta. Las dos veces que esto pasó, sucedió en la cama. Pude haber estado alterada por lo que pasaba. La primera vez ocurrió poco después de que se hubiera ido mi papá –eso es lo que creo–, en mi habitación, durante una noche en que estaba llorando. Ayer en la noche estuve llorando porque mi esposo se había ido y deseaba que me abrazara. Empecé a recordar lo que me hacía mi tío mientras me sostenía. Al menos lo que me hacía por detrás, al presionar su pene contra mis nalgas.

Pero ahora recuerdo que él siempre estaba cerca de mí, y lo podía sentir. En todas partes estaba ahí o cerca. Eso me hace sentir horrible. Es un sentimiento claustrofóbico del que no puedo librarme. Así es como me siento cuando no puedo respirar bien. Es algo que noto hasta que me quedo sin aliento y la respiración no me regresa. Es entonces cuando noto lo que está pasando.

Al hablar con usted sobre esto ayer empeoró este aspecto. Me siento sucia y manchada. Como si no hubiera parte alguna de mí limpia. La imagen de mi tío son sus manos y el lugar donde se encontraban. Es muy estimulante para mí. Casi puedo… Es como si sus manos estuvieran sobre mí ahora mismo. No puedo negar que eso me gustaba. Es muy grato. Pienso en mi esposo: cuando ningún tocamiento como ese sucede entre él y yo, eso no me gusta. Para mí, no está asociado al placer, porque empiezo a verlo de una manera diferente. La mayor parte del tiempo lo considero cariñoso y comprensivo, y de ninguna manera agresivo. En ocasiones, cuando estamos haciendo el amor, me asusto mucho, como cuando empieza a hablarme sobre lo que quiere que yo haga o como se está sintiendo, o cualquier cosa, cuando está excitado. La intensidad de su excitación es lo que me asusta porque siento que va a hacerse del poder. Me he estado masturbando constantemente desde la otra noche. Cuando tengo un orgasmo es placentero por la intensidad de mi excitación a causa de alguna fantasía o de algún recuerdo, no sé qué. No es importante qué sea. Me siento completamente avergonzada. Pero ahora me siento menos sola con esto de lo que he estado sintiéndome.

Necesito hablar sobre algo más. No entiendo lo que él hacía conmigo o por qué lo hacía. No creo que mi tío hiciera esto a su hija. Pregunté a mi prima y a mi mamá también, y las dos me dijeron que no. Creo que estos sucesos contribuyeron a que yo me sintiera de cierta manera respecto a mí misma, a mi cuerpo, a mi feminidad y, desde luego, a mi sexualidad. He examinado una y otra vez la primera vez que tuve sexo, que fue la experiencia más humillante y que contiene todo. Fue terrible. Sentía que yo no era buena, pero había sentido eso durante toda la escuela primaria. No apareció en el episodio con mi tío, pero eso lo intensificó.

Estoy hablando ahora de masturbarme siempre, pero me consta que siendo niña no lo hacía. Eliminé cualquier cosa. No recuerdo haberme masturbado hasta después de que empecé el análisis. Simplemente no podía porque tenía miedo de todas las fantasías, y aún tengo miedo.

Sigo pensando en aquella época, "¿Dónde está mi mamá?" Creo que mi tío estaba en la cama conmigo en una casa llena de gente. Pero tal vez estábamos solos mientras mamá hacía todos los trámites con las agencias que trataban de seguir la pista de él.

En otra ocasión, mis primos compartían una habitación, pero mi tía los acostó con ella y, así, yo estaba en la habitación de ellos sola, de modo que había otra cama libre en esa habitación. Mi tío llegó a la casa, pero se metió a la cama conmigo. Recuerdo que pasaba sus manos por todo mi cuerpo.

En voz baja y con seguridad continuó: –Y ahora recuerdo que introdujo un dedo en mi vagina. Sentí algo que nunca había sentido antes. Creo que nunca me he hecho eso. Recuerdo que me dolió un poco y que era muy grande. Y no entiendo por qué lo dejé hacer eso. Me siento angustiada y avergonzada, y no sé qué vaya a pensar usted por permitirle que me hiciera eso. No creo que me hubiera obligado. Es horrible. He enterrado muchos de los sentimientos, pero el sentimiento que no puedo apartar de la mente es el sentimiento físico de excitación. La masturbación me permite desecharlo y tal vez me permita mantener todos los otros sentimientos enterrados. Pero yo debo de haber estado tan desesperada. No he visto a mi tío desde hace dos años y me gustaría que se muriera. Siempre va a casa de mi abuela. Supongo que ella atrae de alguna manera a los hombres problemáticos.

De cierta forma estoy contenta de que mi esposo y yo estemos lejos ahora porque realmente no quiero que me toque. Pero eso no es cierto. Yo quiero involucrarme con usted de esa manera. Con él sería real. Con usted no es real, sin embargo me siento envuelta en todo esto. No hay adonde ir. Todo está alrededor de mí y en mí. Es muy similar al asunto de la respiración. Como algo que tiene una vida propia. Cuando salgo de aquí, necesito masturbarme, y después de que me he masturbado, lloro. No encuentro algo similar a eso por ahora.

Yo dije: –Hay una escisión entre cómo se siente hoy y cómo se sentía ayer. Usted también se siente escindida entre su pensamiento sobre el dolor y cómo dominarlo y el sentimiento del dolor porque usted está preocupada por mis reacciones ante la fantasía que tiene usted sobre mí mientras estoy aquí.

—Sí, me siento tan escindida –contestó–. Tenía este sentimiento incluso antes de que recordara la escena. Es como supe que era un recuerdo. Lo sabía. Tengo que sacarlo y sentirlo aquí con usted cuando hablo sobre él para poder dominarlo.

El trabajo de la señora Brown en la terapia muestra el descubrimiento lento y progresivo de un recuerdo traumático, inicialmente como un recuerdo de ser consolada, lo cual fue erotizado y distorsionado por la añoranza del padre que los había abandonado, y persiste como una fantasía incestuosa y pervertida. El análisis de defensa condujo al levantamiento de la represión de material inconsciente en un sueño que reveló los aspectos agresivos de la fantasía que había sido defendida frente a los aspectos eróticos. Finalmente, la interpretación de la fantasía que actuó en la transferencia condujo a la eliminación de la represión del recuerdo del abuso sexual durante la infancia. En el tiempo en que esto tuvo lugar, la señora Brown pudo tolerar la admisión de su sumisión al abuso sin volver la agresión contra su yo, que observaba que podía decir lo que pasaba. Tomó más tiempo que ella pudiera dejar de revertir la agresión contra su yo sexual. Tras un trabajo más prolongado, ella siguió estando segura de su recuerdo, decidió no confrontar a su tío, dejó de tener la fantasía cuando tenía sexo y pudo volver a tener una relación sexual satisfactoria con su esposo poco después de su regreso.

REENCUENTRO DE LA VOZ DE LA PERSONA
QUE SUFRIÓ ABUSO EN LA TERAPIA FAMILIAR

En el caso siguiente, el abuso sexual infantil dejó su marca a manera de síntomas como baja autoestima, analfabetismo, depresión, ataques de pánico y sensación de inutilidad. A pesar de, o más bien a causa de, el gran cuidado de la madre para evitar que sus hijas padecieran la repetición del abuso de un perpetrador, la siguiente generación de niñas mostró sintomatología sexual en la adolescencia. La hija mayor, en forma precoz, buscó una relación sexual que desafortunadamente produjo un embarazo y el trauma físico y psicológico de un aborto espontáneo, tras el cual la joven se sentía demasiado avergonzada para asistir a la escuela. La segunda hija tenía una fobia sexual, social y académica. Solo la hija menor, quien aún se encontraba en latencia, estaba libre de síntomas.

Wendy Sheldon y su esposo, Will, de 40 años de edad (también descrito más ampliamente en J. Scharff, 1992) estaban a punto de retirarse de las fuerzas militares tras 20 años de servicio y tenían la esperanza de cumplir un sueño de toda su vida de pasar un año navegando con su familia alrededor de la costa de los Estados Unidos para celebrar su jubilación y el décimo segundo aniversario de su matrimonio. Su hija Sandra, de 8 años, se desenvolvía bien, y su hija Bobbie, de 19 años, era una feliz recién casada. Sin embargo, los Sheldon estaban preocupados por la fobia social y escolar de su hija Wilma, de 14 años. La señora Sheldon padecía de baja autoestima, de depresión y tenía temores sobre el futuro a causa de la condición médica del señor Sheldon. Dos años antes, a Will Sheldon se le había diagnosticado esclerodermia, una enfermedad crónica del tejido conectivo que ya había afectado su fuerza muscular, llegando a afectar su capacidad de respirar profundamente. El aspecto más negativo que tenían que tolerar era que el pronóstico era incierto. La enfermedad se podía estabilizar, retroceder, avanzar lentamente o acelerarse rápidamente hasta causar su muerte en cinco años.

El matrimonio Sheldon se había fundamentado en un sistema de identificación proyectiva en el que Will se hacía cargo de todo, en tanto que Wendy era una compañera adorable, agradecida e indefensa. Él sostenía a la familia financieramente, arreglaba las cosas de la casa, hacía frente a las emociones de las hijas, organizaba las vacaciones de la familia en un campamento, se hacía cargo del papeleo y de cualquier comunicación con el mundo exterior. En sus propias palabras, era el "comandante de la unidad familiar". Wendy, por su parte, se quedaba en la casa, se hacía cargo de esta, limpiaba y cocinaba, cultivaba su pasatiempo de pintar paisajes marinos de sus viajes en bote, preparaba la comida de Will y comía con él, y siempre estaba ahí para encargarse de él y de sus tres hijas. Muchas familias de militares deben de haber establecido una división similar de los deberes entre el varón militar y la esposa dependiente del militar. Sin embargo, cuando cada una de las niñas se acercaban a la maduración sexual y cognitiva durante la adolescencia, sus problemas suscitaban grandes dudas sobre la competencia de su madre. Bobbie, la mayor, se lanzó a sus 16 años a la actividad sexual prematura y quedó embarazada, lo que produjo enorme angustia y escondió su embarazo hasta que tal embarazo se perdió por una hemorragia vaginal extrema debida a un quiste del ovario, momento en el que su novio la abandonó. Toda la familia se vio traumatizada por la irresponsabilidad sexual de la joven, por haber escondido su embarazo y por su pérdida; pero ellos pensaban que habían dejado atrás ese asunto y estaban contentos de su matrimonio. La hija de en medio, Wilma, no podía mantener sus calificaciones en la escuela, aspecto que constituía la debilidad de su madre, y se había vuelto aversiva a la interacción sexual y social antes de la actividad sexual de la adolescencia. Solamente la hija en la edad de la latencia se desenvolvía muy bien, probablemente porque, a su edad, todavía no tenía que enfrentar aspectos sexuales.

La sintomatología de la familia sugería un conflicto no resuelto en el punto de vista de la pareja sobre la sexualidad, relacionado con el supuesto de que el conocimiento sexual debe evitarse o será traumático. Debido a que los Sheldon se presentaron como una pareja con una vida íntima satisfactoria, la causa de la dificultad de la familia respecto a los aspectos sexuales era intrigante. De lo que podía estar seguro era que el sistema de identificación proyectiva del material se había puesto en duda por la aparición de la seria enfermedad del señor Sheldon, el compañero factótum, y que el sistema familiar se había roto por la tensión de la incapacidad de la pareja de adaptarse a la enfermedad de Will, supuestamente porque aspectos no resueltos los atrajeron entre sí durante la adolescencia. A medida que la terapia progresaba, se llegaría a conocer la forma en que estos aspectos que cada uno de los cónyuges aportó al matrimonio se habían adaptado mediante el sistema de identificación proyectiva original de la pareja.

En la fase inicial de la terapia familiar, Will fue el que habló siempre, como generalmente lo hacía en la vida diaria. Solo podía suponer lo que la señora Sheldon atravesaba basándome en cómo asentía silenciosamente con la cabeza, en sus suaves suspiros y en sus ojos llenos de lágrimas.

En mi contratransferencia hacia la pareja, sentí compasión hacia el señor Sheldon, un hombre competente, rudo, al que le habían quitado sus poderes y aún se encontraba bajo presión. Al mismo tiempo me sentí apabullado por sus defensas maníacas y contrafóbicas. ¿Cómo podría expresar mi competencia para ayudarlo a él y a su familia? Sobre la señora Sheldon, sentía una atracción subrepticia por su vacío desvalido y carente de palabras en relación a él. Traté de relacionarme con su silenciosa carencia de palabras a fin de dejar un espacio para sus pensamientos en mi mente y en el flujo de la conversación en la sesión.

Encontré que la señora Sheldon podía expresarme su malestar, pero tenía que reprimirlo antes de que aparecieran sus lágrimas. Le costaba trabajo encontrar las palabras para hablarme de sí misma. Me di cuenta gradualmente que se sentía desamparada, asustada e incapaz de hacer frente a la enfermedad del señor Sheldon. Se sentía abatida porque que las manos de él, antes tan competentes y tan seguras en su vida íntima, ahora eran como piedras. Ella había estado comiendo en forma excesiva a causa de su ansiedad y su desesperación, y se sentía aún peor ahora que había perdido la forma y se había vuelto fea. Ya para la quinta sesión, Will se había confiado a mí en forma suficiente como para que Wendy siguiera el ejemplo y hablara.

La familia llegó a la quinta sesión con las dos hijas mayores, Wilma y Bobbie, pero sin su hija Sandra, de 8 años de edad, a quien se le permitió ir al lanzamiento de globos de la escuela. Tras una pequeña intervención mía, Will se quedó callado por primera vez. Wendy comenzó en forma vacilante:

—Hablaré sobre Will y empezaré a llorar, pero en el fondo no sé lo que estoy pensando. Simplemente la palabra "Will" desencadena algo. ¡Tiene que ser profundo! No sé lo que estoy pensando y lo que me está afectando. Creo que es todo. Cuando usted pronuncia su nombre, desencadena todo lo que uno ha pensado y sobre lo que se ha preocupado.

Wendy siguió explicando que no esperaba que Will muriera, pero que le preocupaba que se volviera incapaz de hacer lo que hacía antes. -Podría volverse muy dependiente de nosotras –continuó-. Pero no es así como lo hemos visto. Siempre lo hemos visto haciéndose cargo de nosotras. Y nos asusta pensar que tendremos que hacernos cargo de él. Ya desde ahora tenemos que hacer muchas cosas que él hacía antes.

Lo más importante que Will hacía era pensar por las otras en su familia. Era penosamente evidente que cuando Will permanecía callado, les resultaba extraño y difícil encontrar las palabras para expresarse. La inhibición de ella representaba una súplica a Will para que las rescatara.

Bobbie y Wilma estaban ansiosas, pero escuchaban en silencio. Podía sentir a Will junto a mí deseando protestar, deseando hablar por Wendy, que todo estuviera bien. Yo estaba decidido a permitir que Wendy hablara. No quería que Will me frustrara. ¿Cómo enfrentaría su ansiedad y al mismo tiempo mantenerlo callado?

Al hacer caso a mis propios sentimientos y observaciones, dije: -Ustedes se esfuerzan por encontrar sus propias palabras porque generalmente Will habla por ustedes, y él está dispuesto a empezar en cualquier momento. Si no sigo hablando, él lo hará.

—Está a punto de estallar –estuvo de acuerdo Wendy. Reaccionando a mi comentario de la contratransferencia, ella recuperó el habla y continuó: –Voy a hacer algo, y usted puede darse cuenta de que él está listo para hacerse cargo. Pienso mucho sobre las cosas que han pasado y por qué han pasado. Tal vez si Will se hubiera casado con alguien diferente a mí, no sería tan dominante. Pero ha adquirido una gran responsabilidad conmigo porque… Yo quería decir esto, pero lo he estado posponiendo. No creo que pueda decirlo –dijo sollozando.

—Esperaremos hasta que usted esté lista –dije, esencialmente para que Will no llenara el espacio. Él fue capaz de entender mi indicación.

Tras algunos minutos de silencio tenso, elocuente, Wendy siguió adelante en medio de sus lágrimas, adquiriendo confianza a medida que continuaba: –Creo que muchos de los problemas que he tenido con Will enfermo provienen de mi pasado. No me siento especial. ¡Ay!, Will me ha hecho sentir especial, pero… –Repentinamente, dejó escapar: –Yo padecí abuso sexual por parte de mi abuelo durante dos años cuando tenía aproximadamente 8 años. Estaba en segundo grado y tenía problemas emocionales. No podía aprender bien, de modo que cuando conocí a Will, nunca se lo había dicho a nadie. Se lo dije dos días antes de la boda y pensé que no querría casarse conmigo. Pero sí lo hizo. Después de esto, él esencialmente manejaba las cosas, y yo lo dejaba porque él hacía todo mejor y yo me sentía segura. A causa de eso, yo creo que no soy suficientemente buena, de modo que dejo que todo lo haga a su modo. Ahora que está enfermo, creo que tengo que cambiar las cosas.

Mientras la familia hablaba con Wendy sobre la historia de ellos, Bobbie, de 19 años, describió cómo toda la familia evitaba astutamente que los extraños se enteraran de que su madre no sabía leer. Wendy admitió la vergüenza que le provocaba no saber leer ni escribir. Estaba orgullosa de que todas sus hijas se desempeñaran bien en la escuela y le afectaba que su hija más brillante ahora le tenía fobia a la escuela.

Will regresó la conversación al tema del abuso. Dijo que Wendy acababa de descubrir que su abuelo había intentado hacer lo mismo con su hermana.

—Sí –confirmó Wendy. –Pero ella se lo dijo a mamá, y de todas formas nos mudamos. Pero yo nunca se lo dije a nadie. Me mataría si mamá lo llegara a descubrir. Aun así, quiero que lo sepa. Me gustaría que me diera todo el amor y confort que nunca me dio.

La revelación de Wendy proporcionó la información necesaria para entender su contribución al sistema de identificaciones proyectivas e introyectivas de la pareja y la dinámica familiar resultante. En su hombre, ella buscaba y admira el éxito académico, dado que era algo de lo que ella carecía. Él le proporcionaba la estructura que no le habían dado sus padres. Ella se encontraba cómodamente protegida, cuidada y querida como alguien especial, de una manera que no conoció en su infancia. Al mismo tiempo, permanecía en una situación inerme en la que un hombre poderoso tenía control de su vida, e inhibía sus logros a causa de la existencia de este hombre. Ahora que Will tenía una enfermedad que disminuía su capacidad de protegerla, las ansiedades de Wendy habían reaparecido.

Wendy aprovechó la oportunidad de la ausencia de Sandra para hacer su revelación, porque pensaba que la información la podía dañar si la oía. Ella ya se lo había dicho a sus hijas mayores, pero no habían hablado sobre lo que pasó realmente, por lo que habían considerado que no era muy importante.

En la siguiente sesión, Sandra dijo que no tenía que saber lo que se había dicho cuando no estaba. –Está bien –los tranquilizó–. No tengo que saber. Cuando el trabajo avanzó, cuando los Sheldon gradualmente pudieron entender que el hecho de guardar secretos inhibía el conocimiento y el crecimiento personal para todos ellos, se atrevieron a decírselo a Sandra y a hablar más abiertamente. Wendy y las jóvenes comenzaron a verse y a parecer más competentes, y Will fue capaz de ser menos controlador.

Unos meses después, Wendy pudo hablar de la experiencia del incesto con su abuelo frente a todas sus hijas presentes. Sucedió cuando ella se quedaba en la casa de sus abuelos en los fines de semana y en los veranos.

—¿Se trataba de que solo te tocaba? -se atrevió a preguntar Wilma-. O él te, te, en fin... -dejó la oración incompleta.

—No -dijo Will claramente-. La violó y solo tenía la edad de Sandra.

Como es común restar importancia al abuso que no llega a la penetración, Wendy dijo: -Generalmente él me hacía sentarme en su regazo y me tocaba. Nunca hizo nada, excepto dos veces, y lo hizo cuando nos estábamos yendo. Eso realmente me dolió. Cerró la puerta y vino a mi cama. Daba miedo. Por eso si vamos a tener sexo o algo así y Will va a cerrar la puerta, no lo dejo. Porque eso es lo que mi abuelo hizo. Cerró la puerta, se acercó y abusó de mí. De ahí adquirí mis fobias de no poder respirar bien. Por eso ahora cuando veo a Will y veo que se esfuerza por respirar a causa de su enfermedad, lo veo envejeciendo y atrapado, igual que como yo me sentía. Y sigue avanzando.

En la adultez, el desarrollo de Wendy estuvo determinado por los remanentes de su historia de incesto. La relación sexual con su esposo se vio restringida por la falta de privacidad porque ella no podía tolerar la puerta cerrada de la habitación. Su autoestima era tan baja, que no podía reconocer su analfabetismo siendo adulta. Ella pensaba que era inepta para desempeñar un empleo. No podía ganar dinero con el talento que le quedaba, porque no podía creer que sus amigos y vecinos que la admiraban, en realidad no querían comprar sus pinturas, a pesar de que la alababan con frecuencia. Seguía dependiendo de su esposo, quien, por sus propias razones, disfrutaba su control total hasta que la enfermedad lo obligó a experimentar la temida indefensión que había estado proyectando sobre ella. Wendy pudo evitar una repetición del círculo de abuso al casarse con un hombre eficaz, con buenos valores, que restringía el contacto con sus hijas, de modo que nunca se quedaba solo con ellas. La necesidad de ella de controlar su ambiente constriñó el desarrollo adulto de su esposo como padre, en quien se podía confiar plenamente porque contenía sus sentimientos hacia sus hijas. Él, por su parte, debe de haber estado suficientemente temeroso de sus propios impulsos sexuales al aceptar este grado de restricción. Constantemente vigilante, a diferencia de su madre y de su abuela, Wendy se aseguró de que sus hijas no padecieran lo que ella había padecido. No obstante, en su afán de evitar la repetición del abuso, Wendy transmitió a sus hijas su temor a los desconocidos, a los hombres y a la sexualidad. Wilma reaccionó con fobias al identificarse con Wendy, Bobbie reaccionó en forma contrafóbica al identificarse con Will, en tanto que Sandra, al tratar de evitar conocer aspectos que fueran más allá de su edad, se identificó inconscientemente con su madre.

La señora Sheldon nunca hubiera pensado en una psicoterapia individual o en un psicoanálisis como un método de tratamiento. Se sentía demasiado insegura para buscar terapia de pareja o terapia de grupo con otros sobrevivientes de incesto. Solo podía tolerar un tratamiento en la atmósfera de apoyo que le daba la terapia familiar. Los conceptos psicoanalíticos relativos a los aspectos defensivos del sistema de identificación proyectiva de la pareja y la expresión del trauma en la siguiente generación fueron, no obstante, útiles cuando se presentaron en un formato de grupo familiar interactivo. Tras 20 sesiones familiares, la familia se retiró de las fuerzas armadas, terminaron su terapia y se mudaron a otro lugar. Dos años después, supe que la señora Sheldon había sido capaz de entrar a un grupo de terapia y que ella y su esposo habían abierto un negocio para vender el trabajo artístico de Wendy. En otras palabras, el hecho de compartir el trauma y de trabajar en él en el grupo familiar hizo que la señora Sheldon tuviera una mayor capacidad para diferenciarse de su marido y de sus hijas, que reconociera sus necesidades y las satisficiera, que aceptara apoyo externo a la familia y que sintiera cierta autoestima.

REVELACIÓN DE ABUSO SEXUAL INFANTIL EN UNA ENTREVISTA COMPLEMENTARIA 25 AÑOS DESPUÉS

Judy Green, una adolescente con trastorno límite de personalidad (*borderline*), fue la primer paciente que me asignaron (DES) como psiquiatra residente en la década de 1960. Su familia fue una de las primeras que traté en terapia familiar, y la joven constituyó el tema de mi primera publicación (D. Scharff, 1969) y de varios escritos subsecuentes sobre terapia familiar y sueños (D. Scharff, 1982, 1992; Scharff y Scharff, 1987). Todavía estoy aprendiendo de ella.

En 1993, 26 años después, me llamó para decirme que yo era el único terapeuta en el que confiaba y, como consecuencia, quería mi opinión de la terapia que debía seguir por un nuevo problema que había surgido. En ese momento ella tenía un hijo de 7 años que había desarrollado síntomas que requirieron una evaluación psiquiátrica que ofreció un diagnóstico que ella consideraba desconcertante. Con sentimiento de culpabilidad, buscó las causas de su condición y comenzó a tener visiones recurrentes de su propia infancia, en particular incidentes sexuales que sucedieron cuando tenía aproximadamente la misma edad. Quería saber si me había contado tales incidentes. En realidad no lo había hecho. Lo que finalmente me dijo cambió mi entendimiento sobre ella acerca de lo que había publicado previamente de una manera que resulta oportuna para esta obra sobre el trauma.

Judy tenía 14 años cuando la transfirieron al hospital clínico donde yo estaba en capacitación. Su primera hospitalización de emergencia dos meses antes se debió a la ingestión de cien aspirinas. El relato que ella y su familia me contaron entonces fue que estaba completamente fuera de control. Ella tuvo incestos con su hermano en varias ocasiones y sexo con varios jóvenes en el tiempo anterior a su intento de suicidio. Yo pensaba que había oído todo sobre su historia sexual. En el hospital actuaba y se expresaba provocativamente y alucinaba de una forma que hizo que el personal dudara de su autenticidad. Cuando pedí la opinión del superintendente del hospital sobre la posibilidad de aplicarle electroterapia, este psiquiatra muy conocido contestó que solo tendría caso si los electrodos se aplicaran a su parte trasera. Todo el mundo estaba enojado con ella. Después de aproximadamente cuatro meses, la echaron del hospital por conducta provocativa, en contra de mi deseo de que la mantuvieran ahí. La transfirieron a un hospital grande del estado que básicamente ofrecía cuidado asistencial. Estar en un ambiente así representaba una gran confrontación para Judy. Rápidamente se tranquilizó, regresó a terapia conmigo y volvió a la escuela. Durante mi tercer año de residencia, también vi a su familia, después de que a su hermano menor lo llevaron por depresión y por bajo rendimiento escolar. Las terapias individuales y familiares terminaron cuando yo dejé el hospital al año siguiente. Judy iba a cumplir 18 años.

Supe de Judy nuevamente 16 años después, cuando tenía 34 años. Había tenido una adultez joven difícil. Se había graduado de una universidad femenina de excelencia, pero posteriormente fracasó académicamente y terminó en una comunidad religiosa alternativa bajo el control de un líder del culto abusivo y carismático; experiencia bastante común en la década de 1970. Con gran dificultad, se logró liberar de su dominio y lo denunció a la comunidad, como resultado de lo cual fue investigado y censurado. Para entonces había conocido y se había casado con un hombre bastante cuadrado y sin pretensiones y los dos pusieron un negocio en común. Su negocio tuvo un éxito modesto, pero ella sentía que tenía que seguir apoyando a su marido. De esta forma, él se parecía mucho al padrastro fracasado de ella. Ella todavía conservaba el nombre que había adoptado en la comunidad religiosa, no tenía hijos y no estaba segura de si algún día tendría uno. No quería nada en particular de mí, solo hacerme saber que seguía viva y que le iba bastante bien. También me dio información complementaria sobre los miembros de su familia, sabiendo que yo podía estar interesada en saber de ellos. Su madre, que en ese tiempo estaba deprimida, no había conseguido gran cosa en su vida, pero había continuado sin ningún desplome en un matrimonio que no era bueno, pero tolerable. A su hermano mayor le iba bien en los negocios, sus hermanos menores y su hermana se desempeñaban bien como profesionales y todos ellos se habían casado. El hijo más pequeño, que había hecho dibujos especialmente interesantes en la terapia familiar, se había dedicado al arte aplicado.

Lo que me contó Judy parecía confirmar lo que había comprendido sobre ella y su familia mientras los había conocido. Los hijos tenían una energía considerablemente más positiva que la de sus padres, y aunque a Judy le había ido bien al seguir viva y estar en una relación, no me sorprendió llegar a la conclusión de que le hubiera ido mejor con más terapia de la que le pude ofrecer.

Posteriormente, en 1993, Judy tenía algo diferente que decirme. Ella llamaba porque, después de que a su hijo de 7 años se le había diagnosticado con trastorno de déficit de atención, la abrumaba el sentimiento de que ella lo había dañado y que el daño provenía de no poder protegerlo de los efectos de lo que le había pasado a ella a la misma edad. Judy sospechaba que no me había dicho todo, y necesitaba completar el cuadro de ella que yo había adquirido antes, por lo que quería continuar su terapia.

—¿Alguna vez le dije —me preguntó por teléfono— lo que mi hermano mayor me hacía hacer sexualmente con sus amigos? Me parece que nunca se lo he dicho a nadie, pero solo quería cotejar con usted si se lo había dicho o si tampoco se lo conté a usted.

—Yo sabía que usted dormía con su hermano cuando tenía como 9 o 10 años y que había tenido relaciones sexuales con varios niños poco antes de que la hospitalizaran —dije—. Es todo lo que sé, y nosotros no hablamos mucho sobre eso. Parecía demasiado cercano para que lo discutiera.

—En realidad no es eso —dijo—. Había algo más que creo era mucho peor, y nadie sabe de eso, excepto mi hermano mayor. No me sorprendería que lo hubiera sacado de su memoria. Es todo lo que puedo decir ahora. Quiero hablar con usted en persona.

Dijo que le gustaría irse de donde vivía ahora para verme en mi oficina, porque le parecía más seguro hablar fuera de su población y con alguien que la había conocido siendo adolescente. Acordamos vernos para revisar su situación y decidir juntos lo que sería adecuado para ella en este momento de su vida. Cuando nos vimos en mi oficina, Judy, ahora una mujer madura y madre, podía hablar bastante abiertamente sobre el aspecto problemático de su historia sexual.

—Cuando era pequeña, 7, 8, 9 años, él me enseñó a actuar sexualmente para sus amigos, los niños que vivían en un barrio nuevo al que nos mudamos. Toda clase de cosas, excepto coito. Me decía que eso me ayudaría a tener amigos, y yo lo hacía por él de buena gana. Me hacía sentirme asqueada, pero yo quería hacerlo por él. Él era la única persona que yo sentía que se preocupaba por mí. De cierta forma, todavía creo que es verdad, que él era el único que se preocupaba por mí, a pesar de que lo que hacía era horroroso. Nuestros padres nos desatendían a todos.

Las cosas adicionales que me contó ese día hicieron cambiar mi punto de vista sobre su historia temprana y, como consecuencia, sobre el peso que ella y su familia habían soportado cuando los conocí. Judy ahora me dijo por primera vez que su padrastro, con quien su madre se casó después de que el padre de Judy muriera, cuando ella tenía 5 años, abusó físicamente de su madre al principio del matrimonio, y ocasionalmente después. Aunque había dejado en general de pegar a su esposa cuando Judy estaba en tratamiento conmigo. En una ocasión, en ese tiempo, la abofeteó con tanta fuerza, que ella tenía moretones que nadie me mencionó. Yo sabía que los padres en general habían estado deprimidos y eran negligentes, pero ahora me enteré, a través de Judy, de que los dos estaban tan completamente deprimidos, que su negligencia general hacia los hijos, que había favorecido la conducta sexual de Judy y de su hermano, había sido mucho más profunda, y especialmente de más duración, de lo que nosotros en el equipo de tratamiento habíamos creído entonces.

Judy me dijo que ella y sus hermanos menores habían seguido bastante bien. Todos ellos tuvieron alguna terapia para los efectos de las experiencias que habían compartido. Sin embargo, su hermano mayor, según me dijo, había fracasado en los negocios y en su matrimonio. Judy describió la forma en que el alcohol había destruido parte de su memoria, y ella supuso que había borrado psicológicamente el resto de sus recuerdos porque él tampoco podía tolerar pensar en lo que había pasado con Judy cuando era niño. Su padrastro había hecho una vida solo modestamente buena, en el mejor de los casos, pero la había estropeado en años posteriores, y su conducta desordenada dio como resultado que se retirara de su trabajo sin pensión. Su madre siguió deprimida durante la mayor parte de su vida adulta y cambiaba de intereses en diferentes ocasiones, sin tener éxito en algunos de ellos.

Al basarme en las terapias originales individuales y familiares, y en la llamada telefónica complementaria de Judy en 1982, escribí sobre un sueño que relató la madre de Judy en una sesión de terapia familiar en 1970, el sueño de "Andy, el león morado" (D. Scharff, 1987; 1992). La señora Green soñó que un león morado parecía amenazar a su hijo mediano, que en el sueño era un bebé. Ella se encontraba en el dilema de saber si el león era amigable o peligroso. A continuación la familia trabajó en el sueño, dándose cuenta de que el león representaba al padrastro dentro de la familia y a mí en la transferencia.

Lo que no percibí, hasta que oí lo que Judy tenía que decirme 23 años después, fue el encapsulamiento en el sueño de la amenaza real de violencia que aún sucedía en la familia. Con seguridad habría entendido este aspecto del sueño y trabajado de una manera diferente si hubiera entendido el grado de violencia que existía en ese tiempo.

De forma similar, tampoco pude entender ni trabajar con la vergüenza ni la degradación relativa a los actos sexuales de Judy que constituían la fuente de su humillación más profunda porque no tuve acceso a la totalidad de las prácticas abusivas de su hermano y a la negligencia de sus padres. La aceptación de ella muestra la profundidad de su gratitud por la terrible atención que le mostraba su hermano, y atestigua la fuerza de su adhesión al objeto malo para la sobrevivencia psíquica. Generalmente se prefiere un objeto malo que la ausencia de un objeto. En aquel tiempo yo no sabía lo suficiente para preguntar extensamente sobre las historias de abuso sexual, tampoco para sospechar esto con base en la conducta de trastorno límite de personalidad y disociativa mostrada por Judy. Ella mostraba una conducta disociativa leve, trastornos de memoria y una sexualización de su desarrollo con expresiones incestuosas y con coetáneos. Hasta que Judy me contó en forma específica sobre sus favores sexuales en su infancia, no vi sus síntomas como claves de la historia de su trauma temprano. A pesar de que ya estábamos estudiando y escribiendo sobre el trauma del abuso sexual, y a pesar de que he recordado a menudo mi trabajo con Judy, no me había sucedido que volviera a pensar el caso de Judy como uno de trauma infantil.

Judy y yo estuvimos de acuerdo en que el propio potencial de ella no había sido completamente explotado y que ella había actuado en forma contraproducente de maneras sutiles pero seguras. Por ejemplo, a la obediencia ciega a su hermano en la infancia le había seguido una obediencia ciega a su maestro religioso, quien no fomentó su crecimiento. Por fortuna, no escogió un esposo abusivo, aunque ella pensaba que a menudo no era completamente eficaz. Por ejemplo, al igual que su padrastro, nunca ganó lo suficiente para vivir, aunque, a diferencia de él, le encantaba lo que hacía profesionalmente. Me dio gusto que la ambición y la firmeza de Judy permanecieran y la hayan conducido en forma impresionante hacia una visión de lo que podría ser. Pensé que estaba preparada para maximizar su crecimiento y recomendé para ella un análisis de bajo costo, porque era capaz de llevar a cabo y beneficiarse de un trabajo intensivo de largo plazo y porque el psicoanálisis como ámbito es más adecuado para enfrentar las secuelas del abuso sexual en la infancia.

CUANDO UN TRAUMA REAL REAPARECE COMO UNA FANTASÍA DE ABUSO SEXUAL Y EL TRABAJO POSTERIOR NO DEVELA UN RECUERDO

La señora A., una mujer con sobrepeso, divorciada, de más de 40 años, era incapaz de permanecer casada, de amar a fondo o de trabajar independientemente. Trataba de comer alimentos de dieta programados cuidadosamente, de hacer las comidas en compañía; pero cuando estaba sola, picotear la comida le hacía imposible perder peso. A causa del sobrepeso y de la falta de respiración, carecía de la energía para hacer su trabajo como gerente de ventas al por menor, llevar su casa o molestarse en tener sexo. Su matrimonio terminó. La señora

A. notaba el gran malestar que sentía si alguien la veía comer, especialmente masticar y morder. Estos problemas referentes a la comida se remontaban al *shock* que padeció a la edad de 5 años cuando a su medio hermano, un adulto joven, del primer matrimonio de su madre, lo mataron inesperadamente de un disparo en un crimen relacionado con las drogas. Tras esto, su madre y su padrastro se ensimismaron en el recuerdo y estaban demasiado deprimidos como para prestar atención a la niña. Ella recurrió a la comida como consuelo. Inconscientemente se dejó llevar por la fantasía de comerse a su hermano para mantenerlo vivo y para desplazarlo al amor de sus padres, de modo que pudieran dejar de llorar su pérdida.

La señora A. había estado perdiendo el tiempo en el análisis. En una sesión, se reprendió a sí misma por perder su tiempo y por no tener nada importante que decir. Diez minutos antes de concluir esa sesión, se puso a contarme un sueño largo y enrevesado.

—Había pospuesto mencionar este sueño porque era confuso. En este sueño estoy viendo una miniserie en la televisión. Entonces como que me transporto a la serie, de modo que no la estoy viendo, lo estoy viviendo. Solo que no tengo un papel específico. La película trata de una familia, un padre, una madre, tres hermanas y dos hermanos.

Era muy confuso, porque de vez en cuando yo me convertía en una de las hermanas, la segunda o la tercera. La madre no aparecía mucho y el padre era una figura de fondo. La película era sobre una mujer. Un hombre extraño, atractivo, peligroso entra en la familia a guisa de ser amistoso y útil, como un trabajador, un abogado o un amigo de uno de los hermanos. No es claro qué era. Los aterrorizó, los asustó y los amenazó. No es claro lo que quería de ellos, pero definitivamente quería tener un coito con la hija mayor. La hija mayor siempre decía "No". Él trató de presionarla y ella se fue de la casa pensando que él se iría, pero no lo hizo. Ella todavía no estaba libre, pero regresaría. No entendí eso.

A continuación estaba la hija menor con la que él durmió. Tenía como 13 o 14 años, desarrollada, pero pequeña. Después estaba yo, la hermana de en medio, y yo no le resultaba atractiva. La hermana menor quería acaparar su atención y se ponía celosa si le prestaba atención a otras. Ella no sabía que tener sexo con él no era una buena idea. El padre protestaba un poco, pero no hizo nada. La madre estaba asustada de que el hombre matara a uno de los hijos, pero se alejó de su hija porque el hombre estaba durmiendo con ella. Los padres no estaban muy involucrados. ¿Por qué el padre no llamó a la policía? ¿Por qué la situación se quedó como estaba durante un momento? Y él era guapo y muy sexual.

Había podido cavar un hoyo abajo de la casa. Iba a ser un cuarto de confinamiento que se cerró. Todo el mundo tenía miedo de decir algo, porque los pondrían ahí. Entonces pasaron dos cosas:

Número 1. El hermano mayor llegó a la casa. Era corpulento y poderoso. Todos esperaban que él los salvara, pero era solamente otro acosador. No quería oír nada sobre el sexo ni las amenazas. Solo era otra persona a la que había que temer.

Número 2. La hija mayor regresó a casa. Era muy bonita. Había sido elegida modelo vocera y era famosa. Nada iba a impedir a este hombre forzarla para que tuviera sexo con él. Yo solo circulaba y tenía algunas interacciones. Me atraía el hombre, pero él no quería nada conmigo porque estaba demasiado gorda. Pero yo quería salvar a la familia. Entonces pensé: "Si monto un gran número, evitaré que pase esto. Pensé, si provoco su rabia, me maltratará y eso eliminará su rabia hacia ella.

Noté que la señora A. había esperado hasta casi el final de la sesión para exponer su sueño. Ahora que el tiempo se había acabado, no podíamos afrontar la complejidad del sueño en esta sesión. Sin conocer sus asociaciones, no podía saber lo que significaba, pero observé que parecía referirse a incesto entre hermanos y a negligencia parental. Por otro lado, el sueño también era fantasioso y complejo, sugería una fantasía edípica más que un recuerdo real, que probablemente no se revelaría de una manera tan completa y transparente.

El siguiente día, ella empezó inmediatamente con el sueño. –Usted debe conocer el final. Yo era la hermana de en medio, y tenía que evitar que ese hombre forzara a la hermana mayor a tener sexo. No sabía cómo hacerlo, pero tenía que atraer la atención hacia mí de alguna forma. Sabía que si molestaba al hermano, se pondría violento. Le hinqué el dedo en las costillas y me pegó y me lanzó sobre el techo de un coche. Me caí al suelo y se me rompieron los brazos. Todo es muy doloroso y da miedo. Se acerca y me pregunta si estoy bien, pero aún me está amenazando. Digo: "Me vas a oír. El hombre que está en la casa es malo. Está teniendo sexo con la hermana menor y va a ir tras la hermana mayor". Lo raro es que él estaba sobre mi pecho y yo no podía respirar, de modo que no tenía suficiente aire para decírselo. Cuando finalmente me oyó, aumentó su fuerza, así que no pude decirlo, porque él no quería oírlo. Sin decir palabra, parecía estar diciendo: "Este es un secreto familiar que no queremos que sepa nadie más, y él está bien". Con su peso sobre mí, perdí el conocimiento y me desperté en un hospital.

Después me cambié de lugar y estaba de nuevo en la casa. La hermana menor me miró con desprecio y preguntó: "¿Realmente crees que lo que haces va a evitar algo?"

Probablemente usted quiera oír lo que pienso. No me gusta esto en absoluto, pero hay –sé que usted dirá que así es– algunas semejanzas con mi familia. Los dos hermanos son mi hermano, en su lado amistoso y en su lado brutal. Así, esto significaría que el hombre extraño era Ronald, mi medio hermano muerto.

Ahora bien, todas las hermanas son yo. La mayor se va de la casa, y hace bien, y se niega a tener sexo como yo hice en mi matrimonio. También está la pequeña y sensual, que sí quiere tener sexo y lo hace con él porque él es el único que le presta atención. Ella se siente importante porque es su amante. Yo también soy la hermana de en medio, que en ocasiones existe y en ocasiones no. Una tiene sexo con él y él la controla. La otra quiere irse. El padre es ineficaz. La madre está preocupada, pero es ineficaz.

La parte que está debajo de la casa es una tumba. Si no logro ganar esta lucha conmigo misma, todas las hijas que hay en mí se irán a morir a esa tumba. Ahora bien, ¿por qué tendría que ir con Carl para que me pegara? Porque así la mayor podía escapar. En cuanto a lo demás... Hay una atracción definitiva hacia el hombre que aparece como el hermano muerto. Yo sé que es malo estar enfermo y vivir bajo el control de mi necesidad de ser él. Sin embargo, hay cierta atracción hacia esa situación. Como una hija menor, me encuentro bajo su dominio. Ahora, como una hija mayor, trato de negarlo y desactivarlo.

Al principio, cuando me desperté, pensé que este sueño no tenía ningún sentido, pero después de un rato, las cosas parecían tener sentido.

Yo comenté: –Hasta ahora parece que la golpiza que recibe su cuerpo debido a las dificultades que tiene por comer en exceso sucede para impedir que tenga éxito. Aquí se trata de liberar a la hermana mayor y dejar que tenga éxito. –Por la palabra "aquí" había tratado de decir "aquí en el sueño", pero la señora A. pensó que me refería a "aquí en el análisis".

Me corrigió: –Pero en el sueño la razón era atraer la atención para contar la historia secreta del varón que vivía en mi casa. La figura de Ronald estaría dentro de mí, amenazándome, también sexualmente, lo que no entiendo. El coito es dolor, por lo que no lo hago. Es lo que siempre he pensado del coito. Estoy poco dispuesta a relacionarlo con un hermano muerto. Más bien creo que se trató de otro aspecto en el sueño y no relacionado con Ronald porque no entiendo eso.

Yo me preguntaba ¿qué comunicaba el sueño? ¿Hubo abuso sexual por parte del hermano fallecido o este sueño era una versión de una niña de 6 años encapsulada y congelada por el impacto del trauma de la muerte violenta de Ronald? La señora A. no tenía recuerdos de abuso sexual ni siquiera de fantasías sexuales sobre él, aunque sí recordaba curiosidad sexual sobre su hermano Carl. Pensaba que Ronald había sido mucho mayor y había estado muy lejos en la universidad para que ella tuviera que ver mucho con él. Al tomar en cuenta todos los aspectos, pensé que ella estaba tratando de defenderse de una vinculación de su temor al rechazo sexual con su atracción hacia su hermano fallecido, probablemente como un objeto en el cual desplazar sentimientos edípicos hacia su padre, quien era un hombre retraído, poco expresivo.

Es importante tener en cuenta la posibilidad de abuso sexual sin introducirlo como una explicación prematura que limite la exploración. Una explicación tal puede cerrar el espacio transicional de la terapia tal como ocurre con el incesto real, que cierra el espacio potencial de la personalidad en desarrollo. Por otro lado, el terapeuta no debe rechazar la posibilidad del recuerdo real, y no solo como fantasía, sino que debe tenerlo en mente hasta que el paciente lo exprese en la transferencia y llegue a la convicción o acepte la duda.

En su siguiente sesión, la señora A. presentó un sueño transferencial que la había incomodado terriblemente.

—En mi sueño, usted disfrutaba un encuentro social con otro paciente durante el tiempo destinado a mí. Sabía que eso no era correcto y me enojé. Usted me dijo que yo también podía venir a un encuentro social. Dije: "Usted no me debería pedir que hiciera eso". Y usted dijo: "Sé que es molesto tener que esperar su sesión, pero puede quedarse en mi casa" (como si eso mejorara la situación). Dije: "¡No, no!" Y usted respondió: "Pero puede quedarse en la habitación que queda debajo de la mía" (como si eso hiciera más atractivo el ofrecimiento). Me desperté como si hubiera visto una película de horror. No pasó nada físico ni horrible, pero fue como una pesadilla.

En este caso se experimentó el abuso en la transferencia conmigo como una seductora inapropiada, sin remordimientos. Después ella vinculó el tema de exclusión de la pareja con su conflicto edípico.

—Anoche me vestí de gala para ir a ver a mamá y papá en el club donde se hospedan cuando vienen a la ciudad. Mamá fue al baño, y papá elogió cómo me veía. Eso me gustó, pero me sentí incómoda y preocupada de que mamá se enojara conmigo.

—Y estos días me asusto con mucha más facilidad. Estoy más consciente de los pequeños estímulos. Cualquier cosa que cae, o una puerta que se cierra o, como hoy, la persona que sale de la habitación me sorprende más de lo que me pasaba antes.

Aún preguntándome sobre el trauma sexual, indagué: ¿Se encuentra alerta sobre algo que pueda suceder tras un ruido, porque en el pasado algo que la asustó sucedió después del ruido de algo que caía?

—Sí, desde luego –estuvo de acuerdo–. Un ejemplo perfecto. ¿Recuerda la noche en que oía ruidos bajo mi cama? Me puse tan tensa, que empecé a oírlos constantemente. Pero el pensamiento de un recuerdo y de un ruido no me desata nada. Se trata solo de que estoy crispada.

La señora A. estaba crispada por su fantasía sobre la relación íntima de sus padres y por su deseo de unírseles o de separarlos. Esta sesión redondeó una secuencia de un recuerdo que, en otros pacientes, podría haber parecido confirmar una experiencia de abuso real. A diferencia de los recuerdos develados de abuso real en los casos de la señora Brown y de Wendy Sheldon en este capítulo, o de Freda en el Capítulo 12, el "recuerdo" del sueño de la señora A. de un suceso incestuoso no conduce al descubrimiento de un recuerdo real de tales sucesos, a pesar de que parece acercarse a eso. Más bien, nos lleva a una formulación de las fantasías incestuosas, a partir de su recuerdo de la infancia, en su vida actual, más de 30 años después del período de desarrollo de la pérdida traumática, cuando tuvo lugar el congelamiento de la situación interna y en el aquí y el ahora de la transferencia.

Se trata de las pérdidas edípicas que la señora A. sufrió cuando tenía 5 y 6 años y que se derivaban de una gran depresión de la familia cuando su hermano, un joven adulto, fue asesinado. Posteriormente llegamos a ver la forma en que esa pérdida cimentaba su culpa por desear a su hermano como un objeto incestuoso, como un sustituto de su padre distante, inalcanzable y deprimido. La formación de la reacción de su culpa la había mantenido congelada en una posición de negación de sus deseos sexuales que comenzó en su adolescencia, cuando la obesidad afectó su atractivo y su movilidad, y que se prolongó durante 25 años desde su adolescencia, esencialmente sin ningún cambio. A pesar del transcurso de tanto tiempo, su mundo interior había permanecido sin cambios porque estaba congelado en el sistema interior cerrado de la constelación traumática.

El aspecto principal a resaltar en el contexto de este capítulo es que la experiencia de la señora A. *no* era de un incesto real o de un trauma sexual. En cambio, se trataba de pérdida del desarrollo interno que se volvió traumática a causa de la depresión familiar y de su experiencia temprana de la muerte de un hermano joven. Y para ella, tal realidad, en parte interna y en parte externa, era tan traumática como los traumas reales lo eran para otros pacientes. El trabajo analítico condujo a una exposición gradual de la situación interna con sus ramificaciones en la transferencia entre el paciente y el analista, los dos sin imponer un juicio establecido de antemano acerca de si el abuso sexual o el incesto habían tenido lugar. La narrativa de ella tenía un contorno evolutivo que inicialmente se asemejaba a los de abuso real, pero que, en última instancia, era bastante diferente, tenía un "matiz" diferente, y contó con una clase diferente de corroboración en el mundo externo actual.

Cuando los pacientes que llegan a creer que no hubo incesto ni abuso real observan a sus parientes, generalmente pueden ver patrones de relaciones que reflejan depresión y empobrecimiento, pero no signos de relaciones abusivas en la actualidad. A diferencia de la señora A., cuando pacientes como Judy Green, la señora Brown y Wendy Sheldon en este capítulo o Freda en el Capítulo 12, observan a sus familias, en caso de que sus padres y hermanos aún vivan, generalmente ven una conducta presente que, para el sentido común, concuerda con los recuerdos que han recuperado. Pueden encontrar la continuación del alcoholismo, o al menos su reconocimiento, la actitud sexual invasiva en forma extendida del tipo que mostró el padre de Freda hasta su muerte, la falta de responsabilidad y de remordimientos o, en ocasiones, el reconocimiento y las peticiones de perdón.

En ocasiones, el cuadro no resulta claro durante un largo tiempo. En algunos casos, nunca se vuelve claro. Sin embargo, en la mayoría de los casos, la apertura mental y la actitud de apoyo del terapeuta durante una amplia investigación permite que los pacientes encuentren el camino que les permita entender la pérdida y el trauma que han marcado su desarrollo sin haber impuesto una teoría o un juicio pre-existentes en ningún aspecto respecto a la siguiente pregunta: ¿Hubo realmente abuso o fue una elaboración fantasiosa del dolor interno?

14. Trauma en terminación

Tratar al paciente traumatizado puede representar todo un reto para el narcisismo del terapeuta analítico. Requiere que adaptemos nuestras formas analíticas que se trataron y probaron con pacientes neuróticos, de modo que tengamos una metodología con la cual responder terapéuticamente al proceso que es único para la situación del trauma. Una vez que estemos dispuestos a hacer esto, podemos aprender la importancia que tiene el seguir siendo. Podemos sentirnos gratificados por nuestra capacidad de seguir y de estar ahí sin convertir cada experiencia en palabras. Podemos aprender a valorar nuestras intervenciones interpretativas que convengan al estado o a los estados del yo del paciente.

En ocasiones no lo entendemos correctamente. Si no tenemos una teoría para entender la experiencia del trauma del terapeuta, nos podemos sentir traumatizados por el paciente, podemos ser traumatizados por colegas que tampoco entienden o podemos regresar el trauma al paciente. La falta de comprensión del trauma conduce a un resultado insatisfactorio para el paciente y para el terapeuta.

REGRESO DEL TRAUMA AL PACIENTE

Quince años atrás, antes de que estuviéramos estudiando el trauma, un joven, Herb, buscó terapia individual para la depresión y para su dificultad de mantener relaciones íntimas. Herb era artista, hijo de sobrevivientes del Holocausto, que se había forjado una vida de clase media financieramente segura en EEUUA. Él no había sido traumatizado, pero estaba preocupado por el trauma de sus padres. Recordaba haberse sentido constreñido por los temores de sus padres sobre su futuro y agobiado porque depositaban sus esperanzas ansiosas en

417

él, su único hijo. Como adulto de clase media próspero, hacía pinturas de niños de los barrios marginales, con caras angustiadas, vacías, hambrientas, y de viejos sin experiencia; apoteosis del hambre y las carencias. Parecía revivir en su arte el trauma de sus padres.

Poco después de hablarme (DES) de su necesidad de lograr tranquilizar a sus padres sobre haber impedido que el trauma continuara, me contó sobre su perversión de adolescente. Iba al sótano de su departamento de Nueva York, se quitaba la ropa y se masturbaba, con la esperanza de que llegara una joven y lo viera. Nadie llegó nunca, pero él recordaba estos episodios secretos con una mezcla de regocijo y culpa. Su masturbación exhibicionista parecía destinada en forma inconsciente a liberarse de las garras de sus padres y de su trauma.

A pesar de mi interés en este caso y en la relación entre su fantasía perversa, su arte y su situación como vehículo de defensa en la transmisión transgeneracional del trauma, encontré que me horrorizaba trabajar con Herb. Lo veía al comenzar la tarde, cuando solía estar muy alerta, pero con él me sentía terriblemente cansado. Habló Herb, pero nada parecía real o inmediato. No había nada con lo que pudiera trabajar. Era como si no estuviera realmente ahí conmigo. Me sentía muerto. Me dije a mí mismo que, a causa de la vacuidad implicada en el trabajo, el paciente no era apto para una terapia individual. Sin haber discutido mi experiencia con él, decidí terminar la terapia recomendando que no siguiéramos trabajando juntos porque no representaría un beneficio para él. En otras palabras, me deshice de él. De lo que quería deshacerme, y no resultaba difícil de conseguirlo, era de su personalidad aburrida, de su falta de vida, y de la repercusión que producía en la mía.

Esta terapia terminó a causa de mi intolerancia hacia su pusilanimidad esquizoide, hacia el peso que cargaba del trauma de sus padres. Sin saber por qué era tan mortecino, yo no podía ayudar. Lo culpé por las partes que faltaban de nuestra experiencia y le achaqué mi sentimiento de no tener que ver con él, de modo que él era quien tenía que arreglárselas sin mí. En vez de entender mi contratransferencia como una identificación con los objetos muertos que lo obsesionaban a él y a sus padres, yo quería alejarme de ellos. En vez de darme cuenta de que al arreglármelas sin él en las sesiones, él estaba revirtiendo en forma útil el trauma de la necesidad de él que tenían sus padres, me sentí inquieto e inseguro del futuro, al igual que sus padres y, al igual que ellos, esperaba demasiado de él. Tras nuestra última sesión, me envió una postal con una de sus pinturas impresas: dos niños en harapos, infelices, separados por una gran extensión de arena.

TRAUMA EN LA TERMINACIÓN

Incluso cuando el trabajo con el trauma ha ido bien, nos enfrentamos al trauma de la terminación. Un esbozo de un hombre que recuperó dos recuerdos traumáticos y que se reflejaban inconscientemente en el trauma no expresado de su madre, nos coloca frente a frente a la inevitabilidad de que compartamos los dilemas de nuestros pacientes porque en cierta forma nosotros dependemos de ellos como ellos dependen de nosotros. Siempre somos vulnerables a experimentar el objeto de abandono en el paciente que quiere huir del tratamiento porque el trabajo duele, incluso cuando no se trata de un trauma extremo. Así como no existe un bebé sin una madre, no existe un terapeuta sin un paciente que va a ser tratado. En este ejemplo, la interdependencia se había acrecentado en la última fase de tratamiento porque la terapeuta (JSS) del paciente, en esa época una aspirante avanzada en el entrenamiento psicoanalítico necesitaba que uno de sus casos cumpliera los criterios para terminar satisfactoriamente los dictados de la American Psycholoanalytic Association. Su progreso dependía del progreso de él.

El señor Hendry, un hombre guapo de casi 30 años, se quejaba de una diarrea con sangre que resultaba penosa y de una actitud compulsiva que ponía en peligro su función cognitiva, de modo que no podía distinguir el bosque de los árboles, y esto lo mantenía preocupado porque no tenía tiempo ni disposición para trabajar. En el transcurso del análisis, recordó haber sido humillado por un seductor entrenador de béisbol de la universidad, que lo golpeó en una ocasión en que estaba borracho. Hendry abandonó el equipo y no volvió a jugar con ese entrenador. Tras haber recuperado ese recuerdo, su diarrea se disipó. Mucho tiempo después, luego de haber experimentado una reacción intensa a un programa de abuso sexual, recordó un incidente temprano similar: siendo un niño de 6 años, fue lastimado al tratar de liberarse de un cuidador de niños que se le había exhibido y que trataba de involucrarlo en su fantasía de masturbación. Hendry no había sido capaz de decirle a sus padres lo que había pasado, porque estaba seguro de que al enterarse su frágil madre se hubiera alterado. Después olvidó el incidente hasta que analizó su transferencia hacia mí como una mujer a la que, al igual que su madre, le afectaría mucho si le contaba su pena, y simultáneamente, el desencadenante de haber visto un programa sobre abuso le había hecho recordar el incidente.

El señor Hendry trataba en forma compulsiva de analizar sus dificultades en un lenguaje más bien abstruso e intelectual que me era difícil seguir. Al experimentar en la transferencia su necesidad de que él fuera parte de mí, siendo yo su madre, a fin de evitar sentimientos de un dolor no expresado que él sentía bajo la superficie de ella, pudo separarse más de ella y apreciarme como una persona separada de él. Decidió visitar a sus padres y confrontar sus fantasías acerca del sufrimiento de su madre. Se atrevió a preguntarle a su madre sobre los detalles de la causa de su sufrimiento y se enteró de su experiencia de haber presenciado tortura y discriminación y la pérdida de miembros de la familia. Cuando le insistió a su madre para que contestara sus preguntas, su padre intervino para protegerla, le dio un puñetazo que tiró al señor Hendry al suelo; un agresión que lo sorprendió y lo hirió, pero ante la cual no se desquitó, a pesar de que era mucho más fuerte que su padre.

En su siguiente sesión, me avisó que terminaría el análisis ese día. Me sentí bastante afectada. Incapaz de detectar en la transferencia alguna razón que lo llevara a rechazarme repentinamente. Dije que pensaba que tenía que golpearme porque su padre lo había golpeado cuando él quería enterarse de asuntos de sus progenitores, y que él quería que yo supiera qué tan profundo dolía, a pesar de que él estaba actuando superficialmente, como si esa repentina partida no me importara.

Me sorprendió que regresara a otra sesión, durante la cual recordó algunas ocasiones similares de violencia de su padre hacia él durante su adolescencia, todas las cuales había olvidado por completo. Las cosas se normalizaron de nuevo y terminó el trabajo de liberarse de su obsesión por los sentimientos de su madre. Fue capaz de llevar a cabo un trabajo intelectual bien organizado e inició una relación amorosa con una mujer. Sin embargo, un año después, luego de tres años de análisis, decidió terminar el tratamiento en forma categórica porque había terminado todo lo que deseaba hacer. Esta vez rechazó todos mis intentos de entender la razón por la que consideraba que tenía que marcharse de repente. Después de un mes de haberme dicho que tenía intención de terminar el análisis, se fue.

¿Estaba listo el señor Hendry para marcharse? ¿Había resuelto la transferencia? ¿O la había desplazado con éxito con el fin de tener una razón para dejarme en forma prematura? Tuve que aceptar su punto de vista de que había analizado la identificación proyectiva con su madre. Había recuperado sus recuerdos de la amenaza del abuso sexual de la infancia y de la juventud, y del abuso físico en la adolescencia por parte de su padre. Había superado su fijación con su madre hasta poder volverse sexual con un objeto no incestuoso. Su cuerpo era sano, y su intelecto operaba con libertad. Tuvo un sueño de la terminación –el último de una secuencia de solo tres que relató durante el análisis–; un aspecto común en un paciente traumatizado. Me pareció que era un tiempo razonable para que un joven tomara un descanso del análisis. Sin embargo, tenía que hacerlo a su manera.

TRAUMA POR LAS RESPUESTAS DE LOS COLEGAS

Esto nos lleva al trauma del terapeuta. Aunque estaba de acuerdo en que el señor Hendry había logrado objetivos razonables para la fase de su vida, yo hubiera preferido una terminación planeada junto conmigo que abarcara tres o cuatro meses de trabajo sobre la pérdida del análisis mismo y su repercusión en las pérdidas anteriores. De este modo, la pérdida con la que tenía repercusión era la mía.

A pesar de que mi supervisor estuvo de acuerdo conmigo en que el análisis del señor Hendry estaba completo con una fase de terminación inusualmente corta, el comité del instituto analítico no lo aceptaba como un "caso completo", porque el período de terminación no fue suficientemente largo; la decisión de terminarlo había sido impulsiva y la fecha de terminación había sido establecida unilateralmente. Tuve que aceptar esa decisión, al igual que había tenido que aceptar la del señor Hendry. Tuve que asumir la pérdida y vivir con la aflicción de que mi futuro dependiera de su manera de negociar la relación durante la etapa de separarse de mí. Me encontraba en forma muy similar a su madre con su aflicción secreta. Tan parecida al niño cuyo desarrollo dependía de la forma en que la madre controlaba su propia aflicción. Tan traumatizada por mis colegas. Al igual que mi paciente, tenía que afrontarlo estudiando más y trabajando más duro.

Incluso cuando nuestro trabajo es acertado, no es raro que la relación que ha significado mucho durante años de pronto parece no significar nada para nuestro paciente. Nos sentimos heridos, traicionados, descartados, utilizados y desechados. En ocasiones solo sucede en la terminación, cuando el paciente baja finalmente la guardia y nos transmite todo el impacto del trauma hacia nosotros. Tenemos en mente que con frecuencia hay finales traumáticos, y que esto constituye un componente necesario de la experiencia del tratamiento, un regalo final y doloroso, en el cual nuestros pacientes, como el señor Hendry o la señora Feinstein, al partir, son libres de transmitir en la transferencia parte del dolor que han llevado por tanto tiempo.

Esto nos conduce al tema central sobre el trabajo con tales pacientes traumatizados. Durante mucho tiempo, la teoría analítica clásica no ha conseguido tomar en cuenta e interpretar la necesidad del paciente traumatizado de poner en acto el trauma durante el tratamiento. Ahora nosotros estamos aprendiendo sobre las necesidades y experiencias especiales de pacientes como Herb, Hendry o Feinstein y muchos otros a los que hemos tratado sin distinguir la forma de su proceso de tratamiento del de los tradicionalmente neuróticos. Ahora sabemos valorar un final traumático como una evolución previsible, incluso bienvenida, una afirmación final de agravio, una declaración de independencia de su yo recientemente autónomo.

15. Conjuntando la teoría y técnica del trauma

En la Sección I revisamos aspectos de la teoría que son útiles en la conceptualización del impacto del trauma físico y sexual sobre la personalidad en desarrollo (Tabla 15-1). A partir de la teoría de las relaciones objetales, amplificada por diversos elementos procedentes de la teoría del trauma, de los estudios de la personalidad múltiple, de los estudios sobre la histeria, de la investigación de la memoria, de la investigación sobre los bebés, del feminismo, de la terapia familiar y del psicoanálisis, hemos unificado un enfoque de la terapia de las relaciones objetales que satisface las necesidades del paciente que ha sido traumatizado física o sexualmente. En la Sección II ilustramos el funcionamiento de la personalidad traumatizada del adulto en la vida familiar y en diversas modalidades de tratamiento, como la terapia de pareja y la terapia familiar, la psicoterapia individual y el psicoanálisis, en los cuales demostramos el enfoque de la terapia de relaciones objetales relacionada con el trauma. En esta parte queremos reunir estos estudios de la literatura y de la experiencia clínica en un resumen de la teoría y la técnica de la terapia de las relaciones objetales en el caso de trauma físico y sexual.

Tabla 15-1. Efectos del trauma físico
y sexual en el desarrollo de la personalidad

- Encapsulamiento de los núcleos traumáticos
- Disociación y vacíos en la psique
- Escisiones del yo con concienciación

- Escisiones en los yoes múltiples con bancos de recuerdos separados y con conciencia no comunicativa
- Capacidad disminuida para la elaboración fantasiosa y para la simbolización
- Pensamiento que es literal, concreto y en ocasiones no verbal
- Preocupación defensiva de lo mundano
- Preocupación por los síntomas corporales
- Conductas de recuerdos implícitos que repiten el trauma

ESCISIÓN Y REPRESIÓN EN EL DESARROLLO NORMAL DE LA PERSONALIDAD

La teoría de las relaciones objetales sostiene que la estructura psíquica del individuo se construye –a través de procesos de identificación introyectiva y proyectiva, de represión, de represión primaria y de disociación– a partir de la internacionalización de la experiencia usual e inusual con las figuras significativas en la vida del niño. La experiencia se clasifica en forma general en categorías de buena o mala. La buena, despojada de la mala, se acoge y se recibe bien. Impregna la personalidad y mejora las respuestas vivificantes, generativas, que tienden a garantizar una buena experiencia posterior. La mala, escindida de la buena, se recibe y se enfrenta de maneras que intentan controlarla y separarla de la experiencia buena para que la experiencia buena siga siendo buena. La experiencia mala se clasifica, además, en categorías de una gran necesidad de rechazo y de una gran necesidad de excitación, de mala y excesivamente mala, de desagradable o de abrumadora. Después de clasificarlas y escindirlas, la experiencia mala da lugar a un objeto interno que a continuación es capturado por las partes escindidas del yo. Las partes del yo y las partes del objeto asociado con la experiencia desagradable se someten a una represión horizontal en diferentes ámbitos de la personalidad por parte del yo central. Todos estos mecanismos son parte integrante de la formación normal de la personalidad.

REPRESIÓN PRIMARIA Y DISOCIACIÓN: ENCAPSULAMIENTO Y MULTIPLICIDAD TRAS EL TRAUMA ACUMULATIVO

Cuando la sexualidad y la agresión se entrelazan completamente como sucede el abuso sexual durante la infancia y el mecanismo común de represión horizontal de múltiples niveles no es capaz de enfrentar el impacto, la experiencia es realmente abrumadora. Esta experiencia es traumática. El yo se siente impotente y desesperado. La represión primaria y los mecanismos disociativos asumen el control. El niño no siente que tiene un conflicto; se siente abrumado, o no siente nada. La represión misma no surte efecto bajo el impacto o no ha sido suficientemente bien establecida para resistir el ataque. Es imposible formar un compromiso y una equivalencia simbólica, y el yo recurre a la ruta del proceso primario de la represión primaria. En la disociación, el niño entra en un estado similar al trance a través de la autohipnosis, en la cual la relajación y el adormecimiento reemplazan el temor terrorífico y la impotencia. Una adaptación pasiva con la resignación al trauma asegura la supervivencia, pero reduce el sentido del yo activo, competente y valioso. Los encapsulamientos defensivos –debidos a la represión primaria– coexisten con los vacíos opuestos en la psique –debidos a la disociación–, donde no se construyó una estructura en respuesta a la experiencia. En torno a los vacíos en la psique, se crea una serie de objetos internos estáticos y restringidos y yoes en un estado de terror y espanto, donde no se siente nada, no se piensa nada, no se recuerda nada o no se anticipa nada. Este cuadro congelado impide que el terrible potencial produzca la recurrencia del trauma. Los subyoes escindidos traumáticamente no son reprimidos adecuadamente y permanecen fuera de contacto con otras partes del yo. Cualquiera de ellos puede hacerse del control como si fuera el yo central, el yo que dirige, pero no puede llevar a cabo un trabajo eficaz porque carece de acceso a todas las partes del sistema. Ocurren escisiones verticales en el yo. Puntos de vista proscritos del yo como una víctima o sobreviviente del trauma limitan el idioma personal, el sentido de destino y la capacidad de crear relaciones generativas.

Cuando un niño es traumatizado antes de la edad de 8 años, existe una mayor posibilidad de que los mecanismos disociativos puedan dar como resultado una organización psíquica completa de multiplicidad, especialmente en un niño que tiene una disposición constitucional a disociar. Bajo el impacto del trauma, el yo entra en una posición pre-determinada de disociación activa y en una asociación alternativa que da como resultado un estado de no integración relativa. El grado de no integración depende del nivel previo del desarrollo de la personalidad, de la capacidad y oportunidad para expresarse y del significado ads-crito al trauma. Los encapsulamientos traumáticos y las disociaciones coexisten para preservar un área de seguir siendo relativamente libre de conflicto.

FUNCIONES TERAPÉUTICAS

Estas funciones se resumen en la Tabla 15-2.

Tabla 15-2. Técnica de la terapia
de relaciones objetales para el trauma

- Aceptar continuar existiendo
- Relacionarse con las escisiones
- Recrear la zona transicional para la fantasía
- Monitorear el ambiente de sostén
- Traducir las comunicaciones corporales
- Mantener una posición neutral equidistante entre el trauma y el continuar existiendo
- Recuperar imágenes en la transferencia-contratransferencia
- Poner las imágenes en forma narrativa
- Reencontrar el yo como su propio objeto
- Estar ahí objeto presente y ausente
- Transmutar el trauma a generatividad

Aceptación del seguir siendo

En el enfoque de las relaciones objetales del individuo o la familia traumatizados, el principio fundamental es el de respetar esta área de seguir siendo. Debemos apreciar y experimentar nuestra respuesta a este seguir siendo en la contratransferencia, aunque nos produzca sueño, aburrimiento, inquietud o hiperactividad. No solo lo entendemos como una defensa para sobrevivir, sino como una comunicación vital de la experiencia de la vida temprana en relación con objetos importantes. Esperamos experimentar estados disociativos en la contratransferencia, los cuales son concordantes con este aspecto del yo del paciente. Los terapeutas encuentran estos estados disociativos más difíciles de reconocer y de valorar que los ejemplos más dramáticos que son percibidos como traumatizados, como el yo del paciente, o traumatizantes, como el objeto parental perpetrador o como el médico intrusivo. Nosotros utilizamos estas respuestas de la contratransferencia de vacío, de insignificancia y de vacuidad para entender la experiencia del paciente.

Relación con las escisiones

Nosotros no confrontamos en forma abrupta la negación y las escisiones de la personalidad. Nos relacionamos con cada una de ellas en forma respetuosa, siempre teniendo en mente las que están ausentes. Estamos atentos al surgimiento de más subselfs durante la terapia como una defensa de la amenaza de la repetición del trauma en un yo único a medida que la terapia se intensifica. Interpretamos la disociación como una defensa ocasional, pero más comúnmente la aceptamos, no como una resistencia, sino como una forma de compartir la experiencia disociativa en la transferencia-contratransferencia. Usamos la dialéctica de la transferencia-contratransferencia en la terapia de las relaciones objetales para abrir una brecha en el sistema cerrado de las partes, para acceder a las partes faltantes del self y para permitir la integración a medida que el paciente se identifica con la función contenedora e integradora, del terapeuta.

Recreación de la zona transicional para la fantasía

La traición de la confianza familiar y el colapso de la zona para la relación transicional en la vida familiar, donde se puede disfrutar el juego y la fantasía, conducen a una constricción en la capacidad de experimentar el placer, el odio, el deseo sexual y discriminar entre la fantasía y la realidad. En contraste con esta área de funcionamiento reducido en la personalidad, la hipertrofia de la barrera a los estímulos, que sucede para protegerse de los efectos de los estímulos que pueden reavivar el trauma, da como resultado una inmunidad a la fantasía y una comunicación inconsciente que hace que el paciente parezca resistente al psicoanálisis, cuando en realidad el paciente simplemente está haciendo uso de mecanismos necesarios de supervivencia.

Monitoreo del ambiente de sostén

Al tener esto en cuenta, somos cuidadosos al analizar la naturaleza de la alianza terapéutica para crear un buen ambiente de sostén para que el paciente se descubra a sí mismo y para asegurar tal descubrimiento frente a los estímulos amenazantes y a las puestas en acto traumáticas antes de que estemos disponibles para ser utilizados como objetos de una relación "yo-yo". Creamos un espacio psicológico seguro con la atención adecuada a las funciones que mantienen las fronteras. Esto prepara el camino para la construcción de un espacio transicional entre el paciente y el terapeuta, en el cual se pueda examinar la realidad, se pueda explorar la fantasía, se pueda disfrutar el juego, se pueda realizar el trabajo y tenga lugar el crecimiento. Al actuar dentro de la relación analítica, el paciente y el terapeuta crean núcleos de relación curativos. El paciente asimila esta cualidad generativa de la relación no traumatizante que anteriormente no parecía existir, y a partir de esta experiencia erige núcleos generativos que contraatacan los núcleos traumáticos y llenan los vacíos de la personalidad.

Movimiento entre el contexto y el centro

Aprendemos a movernos entre las partes de la personalidad, desde el espacio relativamente seguro de seguir siendo hasta la constelación traumática y los vacíos en la psique. A partir de esta base, podemos interpretar el conflicto o la resistencia como lo haríamos más libremente con el paciente con problemas neuróticos, pero solo hacemos eso cuando tenemos la confianza de que los mecanismos represivos han existido, en lugar de las adaptaciones disociativas al trauma. Nos ponemos a disposición para que se nos relacione con figuras contextuales y como objetos tanto con cierto parecido como esencialmente diferentes a los objetos internos.

Traducir las comunicaciones corporales

Los síntomas histéricos ya no aparecen como parálisis dramática, afonía y ataques del tipo de los que Freud y Charcot frecuentemente observaban en el pasado. Actualmente más a menudo adquieren la forma de anorexia, dolor físico y trastornos del deseo sexual. En términos freudianos clásicos, en la histeria, un síntoma corporal sustituye a un sentimiento relacionado con una idea o con un deseo que sucedió en respuesta a un trauma. En términos de las relaciones objetales, el síntoma corporal representa una identificación con un objeto parcial o con un yo parcial proyectado en el cuerpo o representa una identificación primaria por una parte del yo con un objeto total que no se ha distinguido como "otro". El trauma fue abrumador o sucedió en circunstancias que impedían un insulto verbal adecuado.

Equidistancia entre el trauma y el continuar existiendo

En la terapia de las relaciones objetales, ofrecemos un ambiente de sostén seguro. Escuchamos y seguimos el afecto sin hablar demasiado; pero no usamos el silencio para crear ambigüedad porque esto es muy similar a la secrecía que envuelve el trauma original. Escuchamos sin ninguna interrupción ni interpretación alguna de resistencia cuando el material del paciente no parece ir a ninguna parte, porque sabemos que este no lugar es donde está el paciente. Nosotros seguimos mientras el paciente expresa una serie gradual de acercamientos al material traumático, intercalados con períodos de seguir siendo relativamente carentes de afecto. En estas exposiciones discontinuas relativas al trauma, como olas que revientan en un mar calmado, el paciente experimenta gradualmente el afecto intenso asociado al trauma en la transferencia, y siempre tiene un lugar de relativamente bajo afecto al cual regresar. El terapeuta encuentra un reflejo del trauma en la contratransferencia y trabaja para contenerlo ahí y para entenderlo desde dentro de la experiencia. El terapeuta permanece neutral, sin negar o sin ser intrusivo, porque no quiere identificarse con la inducción del trauma o con la función de mantener el trauma del objeto interno.

Recuperación de imágenes en la transferencia-contratransferencia y su conversión en forma narrativa

La experiencia traumática se codifica en un sistema de memoria implícito-icónico-sensoriomotor-visoespacial donde se guarda como una imagen de la sensación o como una conducta y no se procesa en una forma explícita-simbólica-lingüística-narrativa, en parte porque la naturaleza abrumadora de los estímulos traumáticos conduce a una regresión del pensamiento y del almacenamiento de la memoria en el nivel implícito, y en parte porque en la familia no se habla sobre el trauma de manera suficiente para alcanzar un grado explícito debido a que causa dolor, culpa y ansiedad. Esta falta de forma narrativa es particularmente verdad en casos de abuso sexual infantil que permaneció secreto bajo amenaza; pero también lo encontramos en las personas en las que hubo negación de un déficit corporal o daño procedente de un trauma físico. La experiencia traumática se lleva como conducta y no como recuerdo. En la historia del paciente observamos la tendencia a repetir el trauma en vez de recordarlo.

Este hallazgo de que el recuerdo implícito predomina en las personas que han sido traumatizadas tiene implicaciones para la terapia cuando los recuerdos pueden inferirse a partir de una conducta en la transferencia, en vez de recuperarse en una forma narrativa. El proceso de la terapia tiene que ver con el desarrollo de las interferencias y con la creación de una narrativa, siempre con cuidado de evitar declaraciones preceptivas que impidan el lento proceso de descubrimiento dentro de la relación terapéutica. Así, la capacidad del recuerdo explícito se desarrolla a partir de la traslación de las conductas del recuerdo implícito sin falsificaciones.

Redefinición del self como su propio objeto

Nosotros ponemos a los pacientes en el centro del esfuerzo terapéutico. Adaptamos nuestros propósitos al nivel de sus ambiciones de crecimiento. Aunque en ocasiones podemos preocuparnos más que ellos por la esencia de sus yoes en la terapia, no podemos preocuparnos por su recuperación más de lo que ellos se preocupan; de otro modo sus progresos serían una actividad falsa para satisfacernos, en vez de ser un acto de valor y autonomía. En la relación terapéutica, los pacientes encuentran que sus yoes pueden reconocerse, en vez de subordinarse como objetos deseados en forma narcisista, como objetos externos para las personas significativas. Nosotros alentamos la expresión de la ambivalencia y de la rabia contra nosotros interpretando la forma en que estos sentimientos se negaron con el fin de mantener una apariencia de tener un objeto bueno, ser para alguien un objeto bueno, y de este modo sentirse como un yo bueno, aunque de manera falsa. Traducimos en palabras la comunicación de la sintomatología corporal. Nos relacionamos con el paciente como un cuerpo-yo que está inseguro de su forma y que necesita redefinir sus márgenes en relación con nosotros como un objeto no invasivo. Estamos conscientes de nosotros como objetos para el paciente, y hablamos al paciente sobre la forma en que nos experimentamos. Experimentamos y después interpretamos las diversas partes del yo y del objeto –abusivo, espectador, amoroso, que odia, excluyente, seductor, desagradable–, con los cuales los pacientes nos identifican en diferentes momentos.

Estar ahí como objeto presente y ausente

No queremos ser encapsulados como objetos admirados e idealizados por tener que oponernos a la desintegración de los pacientes o a su identificación con el encapsulamiento traumático de los núcleos de sus yoes. Una forma de liberarnos de esta responsabilidad consiste en interpretar la envidia de los pacientes de los núcleos libremente activos de nuestros yoes y nuestra integridad a fin de liberarlos de ataques destructivos hacia su terapia y sus yoes. Otro apoyo para impedir el encapsulamiento consiste en estar atentos a que nos utilicen el espacio entre las cápsulas y en ser sensibles a nuestra propia desaparición. Así, prestamos atención y analizamos los sentimientos de temor, de aburrimiento y de impotencia congelada de nuestra contratransferencia para poder entender desde nuestra propia experiencia interna el significado de la comunicación inconsciente de los pacientes acerca de sus estados emocionales. Finalmente, se nos experimenta como el vacío, como la madre poco sensible que no pudo evitar o amortiguar el trauma.

Transmutar el trauma en generatividad

Durante el proceso de la terapia, se recuperan recuerdos icónicos mediante la asociación y a estos recuerdos se les otorga una forma narrativa, de modo que diferentes sistemas de recuerdos pueden reconectarse en una forma adulta, y las partes diferentes del yo pueden reintegrarse. La terapia empática buena ofrece un contexto de sostén y una relación focalizada que facilita el surgimiento de núcleos de formas libres de géneros del yo elaborado a partir de la relación con el terapeuta. Estos elementos nuevos y renovados del yo no se repri-men, sino que se esparcen a través de la personalidad. Al atraer más experiencia buena, se ofrece una alternativa a los aumentos de maldad en los núcleos traumáticos disociados. Al diseminar la bondad, se facilita el sentido de la maldad abrumadora que lleva a la necesidad de escisiones. Esto favorece la curación de las escisiones y la integración progresiva de la personalidad. Los pacientes que han encontrado sus identidades con referencia a sus aspectos del yo victimizados y que han sobrevivido gradualmente se sienten suficientemente seguros para entrar en un espacio transicional para jugar, trabajar y crecer. En lugar de verse a sí mismos como los objetos culpables o avergonzados de los deseos de sus padres o de la ambición terapéutica de los médicos, los pacientes traumatizados se vuelven capaces de encontrarse y de preocuparse por sí mismos. Gradualmente el yo llega a ser definido en términos de su potencial, de su capacidad para crecer y cambiar, de su individualidad expresada en el trabajo, en sus esparcimientos y en las relaciones íntimas con su cónyuge y sus hijos.

Hace cien años, los pacientes cuya discapacidad se debía a un trauma sexual constituyeron la inspiración para la invención de Freud del psicoanálisis. Su interés se desplazó del trauma real, de los estados disociados, de la conciencia histérica doble y de la sexualidad en la adolescencia a la sexualidad infantil, a la fantasía edípica, a la pérdida, a la represión y a la neurosis. Con pocas excepciones, como Ferenczi, los colegas de Freud siguieron su camino. Como en un campo, el psicoanálisis y la psicoterapia psicoanalítica se separaron del trauma para dirigirse a la neurosis, de la disociación a la represión. Como consecuencia, no hemos contado con una comprensión profunda de los efectos del trauma y de su tratamiento, como sí hemos contado con la conceptualización y el tratamiento de las dificultades neuróticas. Durante este largo intervalo, no avanzó nuestro conocimiento sobre pacientes realmente traumatizados y, en consecuencia, tuvimos menos que ofrecerles lo pudimos haber hecho. Pero, como hemos descubierto al revisar nuestra propia experiencia clínica, y como creemos que la mayor parte de los médicos encontrarán algo similar, han estado con nosotros siempre, levantando sus voces silenciosas hacia nosotros, esperando que los oigamos, los aceptemos, los validemos y los entendamos, mientras ellos simultáneamente ocultaban y transmitían su experiencia. Al leer la literatura reciente, al revisar nuestra experiencia clínica y al escribir sobre nuestro trabajo con pacientes traumatizados, hemos llegado a entenderlos mejor. Esperamos que este libro nos impulse hacia un viaje compartido, mientras nosotros y nuestros pacientes continuemos juntos desarrollando y afinando la terapia de relaciones objetales para sobrevivientes de un trauma físico y del abuso sexual infantil.

Bibliografía

Anzieu, D., *The Skin Ego* [C. Turner, trad.], New Haven, Yale University Press, 1989.

Apprey, M., "Psychical transformations by a child of incest", en S. Kramer y S. Akhtar (eds.), *The Trauma of Transgression: Psychotherapy of Incest Victims*, Northvale, NJ, Jason Aronson, 1991, pp. 115-147.

Aronson, E., "The theory of cognitive dissonance: A current perspective", L. Berkowitz (ed.), *Advances in Experimental Social Psychology*, vol. 4, Nueva York, Academic Press, 1969, pp. 1-34.

Barnhouse, R.T., "Sex between patient and therapist", *Journal of the American Academy of Psychoanalysis*, 6, 1978, pp. 533-546.

Berman, E., "Multiple personality: Psychoanalytic perspective", *International Journal of Psycho-Analysis*, 62, 1981, pp. 288-300.

Bernstein, A.E., "The impact of incest trauma on ego development", en H.B. Levine (ed.), *Adult Analysis and Childhood Sexual Abuse*, Hillsdale, NJ, Analytic Press, 1990, pp. 65-92.

Bick, E., "The experience of the skin in early object relations", *International Journal of Psycho-Analysis*, 49, 1968, pp. 484-486.

_____, "Further considerations on the function of the skin in early object relations", *British Journal of Psychotherapy*, 2, 1986, pp. 292-299.

Bigras, J. (con K.H. Biggs), "Psychoanalysis as incestuous repetition: Some technical considerations", en H.B. Levine (ed.), *Adult Analysis and Childhood Sexual Abuse*, Hillsdale, NJ, Analytic Press, 1990, pp. 173-196.

Bikel, O., "Innocence Lost: The veredict", programa de televisión, 5 y 6 de julio de 1993.

Bion, W., *Second Thoughts,* Londres, Heineman, 1967.

———, *Attention and Interpretation,* Londres, Tavistock, 1970.

Bleuler, E., *Dementia Praecox or the Group of Schizophrenias* [J. Zinkin, trad.], Nueva York, International Universities Press, 1950.

Bollas, C., *The Shadow of the Object,* Londres, Free Association Press, 1987.

———, *Forces of Destiny,* Londres, Free Association Books, 1989.

———, *Being a Character,* Nueva York, Hill and Wang, 1992.

Boszormenyi-Nagy, l. y G. Spark, *Invisible Loyalties: Reciprocity in Intergenerational Family Therapy,* Nueva York, Harper and Row, 1973.

Bowlby, J., "Anxious attachment and some conditions that promote it", *Attachment and Loss,* vol. 1: Attachment, Londres, Penguin, 1969, pp. 245-274.

———, "The trauma of loss", *Attachment and Loss,* vol. 3: Loss: Sadness and Depression, Nueva York, Basic Books, 1980, pp. 7-22.

Braun, B.G., "Towards a theory of multiple personality and other dissociative phenomena", *Psychiatric Clinics of North America,* 7, 1, 1984, pp. 171-193.

———, "The transgenerational incidence of dissociation and multiple personality disorder: A preliminary report", en R.P. Kluft (ed.), *Childhood Antecedents of Multiple Personality,* Washington D.C., American Psychiatric Press, 1985, pp. 127-150.

Braun, B.G. y R. Sachs, "The development of multiple personality disorder: Predisposing, precipitating and perpetuating factors", en R.P. Kluft (ed.), *Childhood Antecedents of Multiple Personality,* Washington D.C., American Psychiatric Press, 1985, pp. 37-64.

Breuer, J. y S. Freud, "On the psychical mechanism of hysterical phenomena: Preliminary communication", *Standard Edition,* 2, 1893, pp. 3-17.

_____, "Studies on hysteria", *Standard Edition,* 2, 1893-1895, pp. 1-335.

Briere, J.N., *Child Abuse Trauma: Theory and Treatment of the Lasting Effects,* Newbury Park, Sage, 1992a.

_____, "Studying delayed memories of childhood sexual abuse", *The Advisor, Journal of the American Professional Society on the Abuse of Children,* 5, 3, 1992b, pp. 17-18.

Briere J.N. y M. Runtz, "Differential adult symptomatology associated with three types of child abuse histories", *Child Abuse and Neglect,* 14, 1990, pp. 357-364.

Briquet, P., *Traite Clinique et Therapeutique l'Hysterie,* París, Balliere, 1859.

Burland, J.A. y R. Raskin, "The psychoanalysis of adults who were sexually abused in childhood: A preliminary report from the discussion group of the American Psychoanalytic Association", en H.B. Levine (ed.), *Adult Analysis and Childhood Sexual Abuse,* Hillsdale, NJ, Analytic Press, 1990, pp. 35-41.

Casement, P., *On Learning from the Patient,* Londres, Tavistock, 1985.

Christianson, S., *Handbook of Emotion and Memory,* Hillsdale, NJ, Erlbaum Associates, 1992.

Oyman, R.B., "Implicit memory and child psychiatry", en D.J. Siegel (ed.), *Childhood Memory,* Proceedings of Institute IV, American Academy of Child and Adolescent Psychiatry, San Antonio, 29 de octubre de 1993, pp. 1-13.

Cohen, J., "Structural consequences of psychic trauma: A new look at Beyond the Pleasure Principie", *International Journal of Psycho-Analysis,* 61, 1984, pp. 421-432.

_____, "Trauma and repression", *Psychoanalytic Inquiry,* 5, 1, 1985, pp. 163-189.

Cohen, J. y W. Kinston, "Repression theory: A new look at the corner-stone", *International Journal of Psycho-Analysis,* 65, 1984, pp. 411-422.

Cohen, N.J. y L.R. Squire, "Preserved learning and retention of pattern-analyzing skills in amnesia: Dissociation of knowing how and knowing that", *Science,* 221, 1980, pp. 207-210.

Courtois, C., *Healing the Incest Wound,* Nueva York, Norton, 1988.

Crews, F., "The unknown Freud", *The New York Review of Books,* 18 de noviembre de 1993, pp. 55-66.

Davies, J.M. y M.G. Frawley, "Dissociative processes and transference-countertransference paradigms in the psychoanalytically oriented treatment of adult survivors of childhood sexual abuse", *Psychoanalytic Dialogues* 2, 1, 1992, pp. 5-36.

_____, *Treating the Adult Survivor of Childhood Sexual Abuse. A Psychoanalytic Perspective*, Nueva York, Basic Books, 1994.

Deutsch, F., "A footnote to Freud's 'Fragment of an analysis of a case of hysteria'", *Psychoanalytic Quarterly,* 26, 1957, pp. 159-167.

Dewald, P.A., "Effects on adults of incest in childhood: A case report", *Journal of the American Psychoanalytic Association,* 37, 1989, pp. 997-1014.

De Young, M., "Case reports: The sexual exploitation of victims by helping professionals", *Victimology,* 6, 1983, pp. 92-98.

Diagnostic and Statistical Manual of Mental Disorders-IV, Washington D.C., American Psychiatric Association, 1994.

Dickes, R., "The defensive function of an altered state of consciousness: A hypnoid state", *Journal of the American Psychoanalytic Association,* 13, 1965, pp. 336-403.

Donaldson, M.A. y R. Gardner, "Stress response in women after childhood incest". Presentado en Annual Meeting of the American Psychiatric Association, Toronto, 15-21 de mayo de 1982.

_____, "Traumatic stress among women after childhood incest", en C.R. Figley (ed.), *Trauma and Its Wake: The Study and Treatment of Post-Traumatic Stress Disorder*, Nueva York, Brunner/Mazel, 1985, pp. 356-357.

Emde, R.N., Z. Biringen, R.B. Clyman y D. Oppenheim, "The moral self of infancy: Affective core and procedural knowledge", *Developmental Review*, 11, 1991, pp. 251-270.

Erdelyi, M.H., "Repression, reconstruction and defense: History and integration of the psychoanalytic and experimental frameworks", *Repression and Dissociation: Implications for Personality, Psychopathology and Health*, Chicago, University of Chicago Press, 1990, pp. 1-31.

_____, "Psychodynamics and the unconscious", *American Psychologist*, 47, 6, 1992, pp. 784-787.

Erikson, E.H., "Reality and actuality", *Journal of the American Psychoanalytic Association*, 10, 1962, pp. 454-461.

Esterson, A., *Seductive Mirage: An Exploration of the Work of Sigmund Freud*, Chicago, Open Court, 1993.

Etezady, M.H., "Victims of incest", en S. Kramer y S. Akhtar (eds.), *The Trauma of Transgression: Psychotherapy of Incest Victims*, Northvale, NJ, Jason Aronson, 1991, pp. 149-166.

Fairbairn, W.R.D., "Notes on the religious phantasies of a female patient", *Psychoanalytic Studies of the Personality*, Londres, Routledge & Kegan Paul, 1952, pp. 183-196.

_____, "Is the superego repressed?", 1929a. En D.E. Scharff y E.F. Birtles (eds.), *From Instinct to Self: Selected Papers of W.R.D. Fairbairn*, vol. I, Northvale, NJ, Jason Aronson, 1994, pp. 101-114.

_____, "Repression and dissociation", 1929b. Tesis doctoral de Medicina en la University of Edinburgh. En E.F. Birtles y D.E. Scharff (eds.), *From Instinct to Self, Selected Papers of W.R.D. Fairbairn*, vol. II, Northvale, NJ, Jason Aronson, 1994.

_____, "Medico-psychological aspects of the problem of child assault", *Mental Hygiene*, 13, abril de 1935, pp. 1-16. Reimpreso en *From Instinct to Self, Selected Papers of W.R.D. Fairbairn*, vol. II, Northvale, NJ, Jason Aronson, 1994.

_____, "Phantasy and internal objects". Leído por el doctor Glover en W.R.D. Fairbairn's absence, 17 de febrero de 1943 at the British

Psychoanalytical Society, Londres. En R. King y P. King (eds.), *The Freud-Klein Controversies 1941-1945*, Londres, Routledge, Chapman, Hall and the Institute of Psychoanalysis, 1991, pp. 358-360.

_____, "The repression and return of bad objects" (with special reference to the "war neuroses"). En *Psychoanalytic Studies of the Personality*, Londres, Tavistock, 1952, pp. 59-81.

_____, "Endopsychic structure considered in terms of object relationships", 1944. En *Psychoanalytic Studies of the Personality*, Londres, Routledge and Kegan Paul, 1952, pp. 82-136.

_____, *Psychoanalytic Studies of the Personality*, Londres, Routledge and Kegan Paul, 1952.

_____, "Observations on the nature of hysterical states", *British Journal of Medical Psychology*, 27, 1954, pp. 105-125.

_____, "On the nature and aims of psychoanalytical treatment", *International Journal of Psycho-Analysis*, 39, 3, 1958, pp. 74-385.

Faller, K.C., "Can therapy induce false accusations of sexual abuse?", *The Advisor, Journal of the American Professional Society on the Abuse of Children*, 5, 3, Reimpreso en D.J. Siegel (ed.), *Childhood Memory*, Proceedings of Institute IV, American Academy of Child and Adolescent Psychiatry, San Antonio, 29 de octubre de 1992.

Ferenczi, S., "Letter dated 25 December 1929 in The Freud-Ferenczi correspondence", en J. Dupont (ed.), *The Clinical Diary of Sandor Ferenczi* [M.H. Balint y N.Z. Jackson, trads.], p. xii, Cambridge, MA, Harvard University Press, 1929a.

_____, "The principle of relaxation and neo-catharsis", *Final Contributions to the Problems and Methods of Psychoanalysis*, Nueva York, Brunner/Mazel, 1929b, pp. 108-125.

_____, "Confusion of tongues between the adult and the child", 1933a. En *Final Contributions to the Problems and Methods of Psychoanalysis*, Londres, Hogarth Press, 1955, pp. 156-167.

_____, *The Clinical Diary of Sandor Ferenczi*, [J. Dupont, ed.; M.H.

Balint y N.Z. Jackson, trads.], Cambridge MA, Harvard University Press, 1933b.

Figley, C.R., *Trauma and its Wake. The Study and Treatment of Post-Traumatic Stress Disorder*, Nueva York, Brunner/Mazel, 1985.

Finkelhor, D., "Sex among siblings: A survey on prevalence, variety and effects", *Archives of Sexual Behavior*, 9, 1980, pp. 171-194.

Finkelhor, D. y A. Browne, "The traumatic impact of child sexual abuse: A conceptualization", *American Journal of Orthopsychiatry*, 55, 1985, pp. 530-541.

Fisher, R.M.S., "The unresolved rapprochement crisis: An important constituent of incest experience", en S. Kramer y S. Akhtar (eds.), *The Trauma of Transgression: Psychotherapy of Incest Victims*, Northvale, NJ, Jason Aronson, 1991, pp. 39-56.

Fivush, R., "Developmental perspectives on autobiographical recall", G.S. Goodman y B.L. Bottoms (eds.), *Child Victims, Child Witnesses: Understanding and Improving Testimony*, Nueva York, Guilford, 1993a, pp. 1-24.

_____, "Theoretical and methodological issues in memory development research", D.J. Siegel (ed.), *Childhood Memory*, Proceedings of Institute IV, American Academy of Child and Adolescent Psychiatry, San Antonio, 29 de octubre de 1993b, pp. 1-26.

Fleiss, R., "The hypnotic evasion: A clinical observation", *Psychoanalytic Quartery*, 22, 1953, pp. 497-511.

Frank, A., "The unrememberable and the unforgettable: Passive primal repression", *Psychoanalytic Study of the Child*, 24, Nueva York, International Universities Press, 1969, pp. 48-77.

Franz, S.l., *Persons, One and Three: A Study in Multiple Personalities*, Nueva York y Londres, McGraw-Hill, Whittesley House, 1933.

Freud, A., *The Ego and the Mechanisms of Defence*, Nueva York, International Universities Press, 1936.

_____, "Comments on trauma", en S. Furst (ed.), *Psychic Trauma*, Nueva York, Basic Books, 1967, pp. 235-245.

_____, "A psychoanalyst's view of sexual abuse by parents", en P.B. Mrazek y C.H. Kempe (eds.), *Sexually Abused Children and their Families*, Nueva York, Pergamon Press, 1981, pp. 33-34.

Freud, S., "Extracts from the Fliess papers", en *Standard Edition*, 1, 1892-1899, pp. 177-280.

_____, "Case histories: Fraulein Elisabeth von R.", en *Standard Edition*, 2, 1893a, pp. 135-181.

_____, "Case histories: Katharina", en *Standard Edition*, 2, 1893b, pp. 125-134.

_____, "On the psychical mechanism of hysterical phenomena", en *Standard Edition*, 3, 1893c, pp. 27-39.

_____, "The psychotherapy of hysteria", en *Standard Edition*, 2, 1893d, pp. 253-305.

_____, "The neuropsychoses of defence", en *Standard Edition*, 3, 1894, pp. 41-68.

_____, "Draft H-paranoia", en *Standard Edition*, 1, 1895, pp. 206-212.

_____, "Extracts from the Fliess papers: Letter 52", en *Standard Edition*, 1, 1896a, pp. 233-240.

_____, "The aetiology of hysteria", *en Standard Edition*, 3, 1896b, pp. 191-221.

_____, "Extracts from the Fliess papers: Letters 60-71", *Standard Edition*, 1, 1897, pp. 259-266.

_____, "The interpretation of dreams", en *Standard Edition* 4/5, 1900, pp. 1-626.

_____, "Fragment of an analysis of a case of hysteria", en *Standard Edition*, 7, 1905a, pp. 3-122.

_____, "Three essays on the theory of sexuality", en *Standard Edition*, 7, 1905b, pp. 123-243.

_____, "My views on the part played by sexuality in the aetiology of the neuroses", en *Standard Edition*, 7, 1906, pp. 271-279.

_____, "On narcissism. An introduction", en *Standard Edition*, 14, 1914a, pp. 67-104.

_____, "Remembering, repeating and working through", en *Standard Edition*, 12, 1914b, pp. 147-156.

_____, "Repression", en *Standard Edition*, 14, 1915a, pp. 146-158.

_____, "The unconscious", en *Standard Edition*, 16, 1915b, pp. 166-204.

_____, "General theory of the neuroses. The paths to the formation of symptoms", en *Standard Edition*,16, 1917a, pp. 358-377.

_____, "Resistance and repression", en *Standard Edition*, 16, 1917b, pp. 286-302.

_____, "From the history of an infantile neurosis", en *Standard Edition*, 17, 1918, pp. 7-122.

_____, "Introduction to psycho-analysis and the war neuroses", en *Standard Edition*, 17, 1919, pp. 205-210.

_____, "Beyond the pleasure principle", en *Standard Edition*, 18, 1920, pp. 7-64.

_____, "The ego and the id", en *Standard Edition*, 19, 1923, pp. 12-66.

_____, "An autobiographical study", en *Standard Edition*, 20, 1925, pp. 1-71.

Freyd, P., "Executive Director's letter", *FMS Foundation Newsletter* 2, 1, 1993, p. 1; Jan, 2, 1, 1994, p. 1.

Frischolz, E.J., "The relationship among dissociation, hypnosis and child abuse in the development of multiple personality disorder", en R.P. Kluft (ed.), *Childhood Antecedents of Multiple Personality*, Washington D.C., American Psychiatric Press, 1985, pp. 99-126.

Furman, E.A., *Child's Parent Dies,* New Haven, Yale University Press, 1974.

Furst, S. (ed.), *Psychic Trauma*, Nueva York, Basic Books, 1967.

Gabbard, G.O. (ed.), *Sexual Exploitation in Professional Relationships*, Washington D.C., American Psychiatric Press, 1989.

_____, "Commentary on 'Dissociative processes and countertransference paradigms...' by J.M. Davies y M.G. Frawley", *Psychoanalytic Dialogues*, 2, 1, 1992, pp. 37-47.

Gabbard, G.O. y S.W. Temlow, "Mother-son incest in the pathogenesis of narcissistic personality disorder", *Journal of the American Psychoanalytic Association,* 42, 1, 1994, pp. 171-189.

Gardner, M., "The false memory syndrome", *Skeptical Inquirer,* 17, 1993, pp. 370-375.

Gardner, R., *True and False Accusations of Child Sex Abuse,* Cresskill, NJ, Creative Therapies, 1992.

Gelinas, D.J., "The persisting negative effects of incest", *Psychiatry,* 46, 1983, pp. 312-332.

Glover, E., "The concept of dissociation", *International Journal of Psycho Analysis,* 24, 1943, pp. 7-13.

Good, M.I., "The reconstruction of early childhood trauma: Fantasy, reality and verification", *Journal of the American Psychoanalytic Association,* 42, 1, 1994, pp. 79-101.

Goodwin, J., "Post-traumatic symptoms in incest victims", en S. Eth y R.S. Pynoos (eds.), *Post Traumatic Stress Disorders in Children,* Washington D.C., American Psychiatric Press, 1985, pp. 155-168.

―――― (ed.), *Sexual Abuse: Incest Victims and Their Families,* 2da ed., Chicago, Year Book Medical, 1989.

―――― , "Applying to adult incest victims what we have learned from victimized children", R.P. Kluft (ed.), *Incest Related Syndromes of Adult Psychopathology,* Washington D.C., American Psychiatric Press, 1990, pp. 55-74.

Goodwin, J., M. Simms y R. Bergman, "Hysterical seizures: A sequal to incest", *American Journal of Orthopsychiatry,* 49, 1979, pp. 704-708.

Gray, P., "The assault on Freud", *Time,* 29 de noviembre de 1993, pp. 47-51.

Greenacre, P., *Emotional Growth,* vol. 1, Nueva York, International Universities Press, 1971.

Greenberg, M.S. y B.A. Van der Kolk, "Retrieval and integration of traumatic memories with the painting cure", B.A. Van der Kolk (ed.), *Psychological Trauma*, Washington D.C., American Psychiatric Press,1987, pp. 191-215.

Greer, J.M.G., "Return of the repressed", en the analysis of an adult incest survivor: a case study and some tentative generalizations. Trabajo presentado en la American Psychoanalytic Association, Nueva York, diciembre de 1992.

Grosskurth, P., *The Secret Ring*, Reading, MA, Addison-Wesley, 1991.

Grotstein, J., *Splitting and Projective Identification*, Nueva York, Jason Aronson, 1981.

_____, "Commentary on 'Dissociative processes and countertransfeence paradigms...' by Jody Messler Davies and Mary Gail Frawley", *Psychoanalytic Dialogues*, 2,1, 1992, pp. 61-76.

Grubrich-Simitis, I., "From concretization to metaphor", *Psychoanalytic Study of the Child*, 39, Nueva York, International Universities Press, 1984, pp. 301-319.

_____, "Trauma or drive-drive and trauma: A reading of Sigmund Freud's phylogenetic fantasy of 1915", *Psychoanalytic Study of the Child* ,43, Nueva York, International Universities Press, 1988, pp. 3-32.

Herman, J.L., *Father-Daughter Incest*, Cambridge, MA, Harvard University Press, 1981.

_____, *Trauma and Recovery*, Nueva York, Basic Books, 1992.

Herman, J.L, D. Russell y K. Tracki, "Long-term effects of incestuous abuse in childhood", *American Journal of Psychiatry*, 143, 1986, pp. 1293-1296.

Herman, J.L y E. Schatzow, "Recovery and verification of memories of childhood sexual trauma", *Psychoanalytic Psychology*, 4, 1987, pp. 1-14.

Hilgard, E.R., "Neodissociation theory of multiple cognitive control systems", en D.E. Shapiro y G.E. Schwartz (eds.), *Consciousness and Self Regulation: Advances in Research*, vol. 1, Nueva York, Plenum, 1976, pp. 138-157.

_____, *Divided Consciousness: Multiple Controls in Human Thought and Action*, Nueva York, Wiley, 1977.

_____, "The hidden observer and multiple personality", *International Journal of Clinical and Experimental Hypnosis*, 32, 1984, pp. 248-253.

_____, *Divided Consciousness: Multiple Controls in Human Thought and Action*, edición ampliada, Nueva York, Wiley, 1986.

Hocking, S.J. y Company, *Living with Your Selves. A Survival Manual for People with Multiple Personalities*, Rockville, MD, Launch, 1992.

Holmes, D., "The evidence for repression", J. Singer (ed.), *Repression and Dissociation,* Chicago, University of Chicago Press, 1990, pp. 85-102.

Hopper, E., "Encapsulation as a defense against the fear of annihilation", *International Journal of Psycho-Analysis*, 72, 4, 1991, pp. 607-624.

Horowitz, M.J., *Stress Response Syndromes*, 2da ed., Northvale, NJ, Jason Aronson, 1986.

Huizinga, J.N., "Incest as trauma: A psychoanalytic case", H.B. Levine (ed.), *Adult Analysis and Childhood Sexual Abuse,* Hillsdale, NJ, Analytic Press, 1990, pp. 117-135.

Jaffe, A., *Jung's Memories, Dreams, Reflections,* Nueva York, Vintage Books, 1965.

Janet, P., *L'Automatisme Psychologique*, París, Balliere, 1889.

Jaroff, L., "Lies of the mind", *Time*, 29 de noviembre de 1993, pp. 52-59.

Johnson, A.M., "Factors in the aetiology and fixation of symptom choice", *Psychoanalytic Quarterly,* 22, 1953, pp. 475-496.

Johnson, M.K. y W. Hirst, "Processing subsystems of memory", R.G. Lister y H.J. Weingartner (eds.), *Perspectives in Cognitive Neuroscience*, Nueva York, Oxford University Press, 1992, pp. 197-219.

Kardiner, A., *The Traumatic Neuroses of War*, Nueva York, Hoeber, 1941.

Kaufman, l., A. Peck y C. Tagiuri, "The family constellation and overt incestuous relations between father and daughter", *American Journal of Orthopsychiatry*, 24, 1954, pp. 266-277.

Kempe, C.H. y R.H. Helfer, *The Battered Child*, Chicago, University of Chicago Press, 1968.

Kernberg, O., *Borderline Conditions and Pathological Narcissism*, Nueva York, Jason Aronson, 1975.

Kerr, J., *A Most Dangerous Method: The Story of Jung, Freud and Sabina Spielrein*, Nueva York, Knopf, 1993.

Khan, M.M.R., "The concept of cumulative trauma", *Psychoanalytic Study of the Child*, 18, Nueva York, International Universities Press, 1963, pp. 286-306.

———, "Ego distortion, cumulative trauma, and the role of reconstruction in the analytic situation", *International Journal of Psycho-Analysis*, 45, 1964, pp. 272-279.

Kihlstrom, J.F., *The False Memory Syndrome*, Filadelfia, Foundation, 1994.

King, P. y R. Steiner (eds.), *The Freud-Klein Controversy 1941-1945*, Londres, Routledge, 1991.

Klein, M., "Notes on some schizoid mechanisms", 1946. En *Envy and Gratitude and Other Works 1946-1963*, Nueva York, Delacourt, 1975, pp. 1-24.

Kline, M.V., *Freud and Hypnosis*, Nueva York, Julian Press and the Institute for Research in Hypnosis Publication Society, 1958.

Kluft, R.P., "Multiple personality in childhood", *Psychiatric Clinics of North America*, 7, 1984a, pp. 121-134.

———, "Treatment of multiple personality disorder", *Psychiatric Clinics of North America*, 7, 1984b, pp. 9-30.

———, "Preliminary observations on age regression in multiple personality patients before and after integration", *American Journal of Clinical Hypnosis*, 28, 1986, pp. 147-156.

_____ (ed.), *Childhood Antecedents of Multiple Personality*, Washington D.C., American Psychiatric Press, 1985.

_____ (ed.), *Incest Related Syndromes of Adult Psychopathology,* Washington D.C., American Psychiatric Press, 1990a.

_____, "On the apparent invisibility of incest", *Incest Related Syndromes of Adult Psychopathology*, Washington D.C., American Psychiatric Press, 1990b, pp. 11-34.

Kluft, R.P, B.G. Braun y R. Sachs, "Multiple personality intrafamilial abuse and family psychiatry", *International Journal of Family Psychiatry*, 5, 1984, pp. 283-301.

Kolb, L., "A neuropsychological hypothesis explaining post-traumatic stress disorders", *American Journal of Psychiatry*, 144, 1987, pp. 989-995.

_____, "Trauma revisited", *Academy Forum*, 37, 4, 1993, pp. 4-7.

Kramer, S., "Object-coercive doubting: A pathological defense response to maternal incest", en H. Blum (ed.), *Defense and Resistance*, Nueva York, International Universities Press, 1983, pp. 325-531.

_____, "Residues of incest", H.B. Levine (ed.), *Adult Analysis and Childhood Sexual Abuse*, Hillsdale, NJ, Analytic Press, 1990.

_____, "The technical handling of incest-related material", en S. Kramer y S. Akhtar (eds.), *The Trauma of Transgression: Psychotherapy of Incest Victims*, Northvale, NJ, Jason Aronson, 1991, pp. 167-180.

Kramer, S. y S. Akhtar (eds.), *The Trauma of Transgression: Psychotherapy of Incest Victims*, Northvale, NJ, Jason Aronson, 1991.

Krener, P.K., "Assessment of memory in children", en D.J. Siegel (ed.), *Childhood Memory*, Proceedings of Institute IV, American Academy of Child and Adolescent Psychiatry, San Antonio, TX, 29 de octubre de 1993.

_____, "Acquired disorders of memory in childhood", en J.H. Bietchman, N. Cohen, R. Tannock y M. Konstantareas (eds.), *Language,*

Learning and Behavioral Disorders, Nueva York, Cambridge University Press, 1996.

Krystal, H. (ed.), *Massive Psychic Trauma*, Nueva York, International Universities Press, 1968a.

_____, "Patterns of psychological damage", en H. Krystal (ed.), *Massive Psychic Trauma*, Nueva York, International Universities Press, 1968b, pp. 1-7.

_____, "Trauma and the stimulus barrier", *Psychoanalytic Inquiry*, 5, 1, 1985, pp. 131-161.

Krystal, H. y W.G. Neiderland, "Clinical observations of the survivor syndrome", en H. Krystal (ed.), *Massive Psychic Trauma*, Nueva York, International Universities Press, 1968, pp. 327-348.

Lakoff, R.T. y J.C. Coyne, *Father Knows Best: The Use and Abuse of Power in Freud's Case of Dora*, Nueva York, Teachers College Press, 1993.

Lasky, R., "The psychoanalytic treatment of a case of multiple personality", *Psychoanalytic Review*, 65, 1978, pp. 353-380.

Laub, D. y N.C. Auerhan (eds.), "Knowing and not knowing the Holocaust", *Psychoanalytic Inquiry*, 5, 1, 1985, pp. 1-193.

Levine, H.B., "Clinical issues in the analysis of adults who were sexually abused as children", H.B. Levine (ed.), *Adult Analysis and Childhood Sexual Abuse*, Hillsdale, NJ, Analytic Press, 1990a, pp. 197-218.

_____, "Introduction", en H.B. Levine (ed.), *Adult Analysis and Childhood Sexual Abuse*, Hillsdale, NJ, Analytic Press, 1990b, pp. 3-19.

_____ (ed.), *Adult Analysis and Childhood Sexual Abuse*, Hillsdale, NJ, Analytic Press, 1990c.

Levine, M.D., "Neurodevelopmental variation and dysfunction among school-aged children", en M.D. Levine, W.B. Carey y A.C. Crocker, *Developmental Behavioral Paediatrics*, 2da ed., Filadelfia, Saunders, 1992, pp. 477-490.

Lew, M., *Victims No Longer: Men Recovering from Incest and Other Sexual Child Abuse*, Nueva York, Harper/Collins, 1990.

Lifton, R.J., *Death in Life: Survivors of Hiroshima*, Nueva York, Random House, 1967.

Lisman-Pieczanski, N., "Countertransference in the analysis of an adult who was sexually abused as a child", en H.B. Levine (ed.), *Adult Analysis and Childhood Sexual Abuse*, Hillsdale, NJ, Analytic Press, 1990, pp. 137-147.

Loewenstein, R.J., "Somatoform disorders in victims of incest and adult abuse", en R.P. Kluft (ed.), *Incest Related Syndromes of Adult Psychopathology*, Washington D.C., American Psychiatric Press, 1990, pp. 75-111.

Loftus, E.F., "Leading questions and the eye witness report", *Cognitive Psychology*, 7, 1975, pp. 560-572.

_____, "The malleability of memory" en número especial sobre la memoria en adultos y niños de *The Advisor, Journal of the American Professional Society on the Abuse of Children*, 5, 3, pp. 7-9. Reimpreso en D.J. Siegel (ed.), *Childhood Memory*, Proceedings of Institute IV, American Academy of Child and Adolescent Psychiatry, San Antonio, 29 de octubre de 1992.

Loftus, E.F, D. Donder, H.G. Hoffman y J.W. Schooler, "Creating new memories that are quickly accessed and confidently held", *Memory and Cognition*, 17, 1989, pp. 607-616.

Lorand, S. y H.I. Schneer, "Sexual deviations, III. Fetishism, transvestism, masochism, sadism, exhibitionism, voyeurism, incest, pedophilia, and bestiality", A.M. Freedman y H.l. Kaplan (eds.), *Comprehensive Textbook of Psychiatry*, Baltimore, Williams and Wilkins, 1967, pp. 977-988.

Margolis, M., "A preliminary study of a case of consummated mother-child incest", *Annual of Psychoanalysis*, 5, Nueva York, International Universities Press, 1977, pp. 267-293.

_____, "A case of mother-child incest", *Psychoanalytic Quarterly*, 53, 1984, pp. 355-385.

_____, "Parent-child incest: Analytic treatment experiences with follow-up data", en S. Kramer y S. Akhtar (eds.), *The Trauma of*

Transgression: Psychotherapy of Incest Victims, Northvale NJ, Jason Aronson, 1991, pp. 57-91.

Masson, J.M., *The Assault on Truth*, Nueva York, Farrar, Strauss, Giroux, 1984.

McClelland, J.L. y D.E. Rummelhart, "Distributed memory and the representation of general and specific information", *Journal of Experimental Psychology*, 114, 1985, pp. 159-188.

McDougall, J., *Theaters of the Body*, Nueva York, Norton, 1989.

McDougall, W., "The relation between dissociation and repression", *British Journal of Medical Psychology*, 17, 2, 1938, pp. 141-157.

McGuire, W. (ed.), *The Freud/Jung Letters*, Princeton, NJ, Princeton University Press, 1974.

Meiselman, K., *Incest: A Psychological Study of Causes and Effects with Treatment Recommendations*, San Francisco, Jossey-Bass, 1978.

Mitchell, J., *Women: The Longest Revolution*, Nueva York, Pantheon, 1984.

_____, "Hysteria, dissociative and related phenomena and gender". Trabajo presentado en Object Relations Theory and Therapy Training Program, Washington School of Psychiatry, Washington D.C., enero de 1994.

Mrazek, P. y C.H. Kempe, *Sexually Abused Children and Their Families*, Nueva York, Pergamon Press, 1981.

Murray, J.M., *Keats*, Nueva York, Noonday Press, 1955.

Nelson, K., "The psychological and social origins of biographical memory", *Psychological Science*, 4,1, 1993a, pp. 7-14.

_____, "Narrative and memory in early childhood", en D.J. Siegel (ed.), *Childhood Memory*, Proceedings of Institute IV, American Academy of Child and Adolescent Psychiatry, San Antonio, 29 de octubre de 1993b.

Ofshe, R. y E. Watters, "Making monsters", *Society*, 30, 3, 1993, pp. 4-16.

Ogden, T., *The Matrix of the Mind*, Northvale, NJ, Jason Aronson, 1986.

———, *The Primitive Edge of Experience*, Northvale, NJ, Jason Aronson, 1989.

Olsen, C., "Multiple personality disorder, neither rare nor neat: A cautionary tale", 37th Annual Meeting, American Academy of Psychoanalysis, San Francisco, 20-23 de mayo 1993.

Palombo, S., *Dreaming and Memory*, Nueva York, Basic Books, 1978.

Perry, N.W., "How children remember and why they forget", en número especial sobre la memoria niños y adultos en *The Advsior, Journal of the American Professional Society on the Abuse of Children*, 5, 3, pp. 1-2, 13-16. Reimpreso en D.J. Siegel (ed.), *Childhood Memory*, Proceedings of Institute IV, American Academy of Child and Adolescent Psychiatry, San Antonio, 29 de octubre 1992.

Peterson, M.R., *At Personal Risk*, Nueva York, Londres, 1992.

Piaget, J., *The Origins of Intelligence in Children*, 2da ed., Nueva York, International Universities Press, 1936, 1952.

Pickle, B., "Reflections on dissociation and repression in Fairbairn's M.D., tesis. Presentada en Washington School of Psychiatry Conference on Hysteria, Dissociative Phenomena and Gender, Washington D.C., enero de 1994.

Pillemer, D.B. y S.H. White, "Childhood events recalled by children and adults", en H.W. Reese (ed.), *Advances in Child Development and Behavior*, Nueva York, Academic Press, 1989, pp. 297-340.

Pines, D., *A Woman's Unconscious Use of her Body*, Londres, Virago Press, 1993.

Pope, K.S., "Teacher-student sexual intimacy", en G. Gabbard (ed.), *Sexual Exploitation in Professional Relationships*, Washington D.C., American Psychiatric Press, 1989, pp. 163-176.

Prager, S., "The false memory syndrome furor", *Psychiatric Times*, 10, 11, noviembre de 1993, p. 11.

Prince, M., *The Dissociation of a Personality*, Nueva York, Longmans, 1906.

_____, "The psychogenesis of multiple personality", *Journal of Abnormal Psychology*, 14, 1919, pp. 225-280.

Putnam, F.W., *Diagnosis and Treatment of Multiple Personality Disorder*, Nueva York, Guilford, 1989.

_____, "Disturbances of self in victims of childhood sexual abuse", en R.P. Kluft (ed.), *Incest Related Syndromes of Adult Psychopathology*, Washington D.C., American Psychiatric Press, 1990, pp. 113-131.

_____, "Dissociative disorders in children and adolescents", *Psychiatric Clinics of North America*, 14,3, 1991, pp. 519-531.

_____, "Memory and dissociation", en D.J. Siegel (ed.), *Childhood Memory*, Proceedings of Institute IV, American Academy of Child and Adolescent Psychiatry, San Antonio, 29 de octubre de 1993.

_____, "Multiple personality, dissociative phenomena and gender". Trabajo presentado en Object Relations Theory and Therapy Training Program Conference on Hysteria, Dissociative Phenomena and Gender, Washington School of Psychiatry Audiotape Collection, Washington D.C., enero de 1994.

Putnam, F.W. y P. Cole, "Effect of incest on self and social functioning", *Journal of Consulting and Clinical Psychology*, 60, 2, 1992, pp. 174-184.

Putnam, F.W., J. Guroff, E. Silberman, *et al.*, "Clinical phenomenology of multiple personality disorder", *Journal of Clinical Psychiatry*, 47, 1986, pp. 285-293.

Raphling, D.L., "Technical issues of the opening phase", en H.B. Levine (ed.), *Adult Analysis and Childhood Sexual Abuse*, Hillsdale, NJ, Analytic Press, 1990, pp. 45-64.

_____, "A patient who was not sexually abused", *Journal of the American Psychoanalytic Association*, 42, 1994, pp. 65-78.

Rascovsky, M. y A. Rascovsky, "On consummated incest", *International Journal of Psycho-Analysis*, 31, 1950, pp. 32-47.

Reich, J.C., *Tarnished Silver*, Minneapolis MN, RCR Enterprises, 1993.

Reich, W., "The monster in the mists", *New York Times Book Review*, pp. 1, 33, 35, 37, 38, 15 de mayo de 1994.

Rinsley, D.B., "Fairbairn's object relations theory: A reconsideration in terms of newer knowledge", *Bulletin of the Menninger Clinic*, 43, 1979, pp. 489-514.

Rosenfeld, A., "Incidence of a history of incest among 18 female psychiatric patients", *American Journal of Psychiatry*, 136, 1979, pp. 791-795.

Rummelhart, D.E. y J.L. McClelland (eds.), *Parallel Distributed Processing. Explorations in the Microstructure of Cognition. Vol. I, Foundations*, Cambridge, MA, MIT Press, 1986.

Rutter, P., *Sex in the Forbidden Zone*, Los Angeles, Jeremy P. Tarcher, 1989.

Sandler, J., *et al.*, "An approach to conceptual research in psychoanalysis illustrated by a consideration of psychic trauma", sin publicar, 1991.

Schachtel, E., "On memory and childhood amnesia", *Psychiatry*, 10, 1947, pp. 1-26.

Schacter, D.L., "On the relation between memory and consciousness: Dissociable interactions and conscious experience", en H.L. Roediger y F.I.M. Craik (eds.), *Varieties of Memory and Consciousness: Essays in Honor of Endel Tulving*, Hillsdale, NJ, Lawrence Erlbaum, 1989, pp. 355-390.

Scharff, D.E., "The inpatient treatment of a borderline personality disorder", *Psychiatric Opinion*, 6, 1969, pp. 37-43.

_____, *The Sexual Relationship: An Object Relations View of Sex and the Family*, Londres, Routledge & Kegan Paul, 1982.

_____, "Transference, countertransference and technique in object relations family therapy", en J. Scharff (ed.), *Foundations of Object Relations Family Therapy*, Northvale, NJ, Jason Aronson, 1989, pp. 421-445.

_____, *Refinding the Object and Reclaiming the Self*, Northvale, NJ, Jason Aronson, 1992.

Scharff, D.E. y E.F. Birtles, *From Instinct to Self-Selected Papers of W.R.D. Fairbairn, vol. I: Clinical and Theoretical Contributions*, Northvale, NJ, Jason Aronson, 1994a.

_____, *From Instinct to Self Selected Papers of W.R.D. Fairbairn, vol. II: Applications and Early Contributions*, Northvale, NJ, Jason Aronson, 1994b.

Scharff, D.E. y J.S. Scharff, *Object Relations Family Therapy*, Northvale, NJ, Jason Aronson, 1987.

_____, *Object Relations Couple Therapy*, Northvale, NJ, Jason Aronson, 1991.

Scharff, J.S., *Projective and Introjective Identification and the Use of the Therapist's Self*, Northvale, NJ, Jason Aronson, 1992.

Scharff, J.S. y D.E. Scharff, *Scharff Notes: A Primer of Object Relations Therapy* Northvale, NJ, Jason Aronson, 1992.

Schetky, D.H., "A review of the literature on the long term effects of childhood sexual abuse", en R.P. Kluft (ed.), *Incest Related Syndromes of Adult Psychopathology*, Washington D.C., American Psychiatric Press, 1990, pp. 35-54.

_____, "Clinical applications of memory: Assessing memory in legal contexts", en D.J. Siegel (ed.), *Childhood Memory*, Proceedings of Institute IV, American Academy of Child and Adolescent Psychiatry, San Antonio, 29 de octubre de 1993.

Shengold, L., "The parent as sphinx", *Journal of the American Psychoanalytic Association*, 11, 1963, pp. 725-751.

_____, "The effects of overstimulation: Rat people", *International Journal of Psycho-Analysis*, 48, 1967, pp. 403-415.

_____, "The metaphor of the mirror", *Journal of the American Psychoanalytic Association,* 22, 1974, pp. 97-115.

_____, "Some reflections on a case of mother-son incest", *International Journal of Psycho-Analysis*, 61, 1980, pp. 461-475.

_____, *Soul Murder*, New Haven, CT, Yale University Press, 1989.

Sherkow, A.E., "Consequences of childhood sexual abuse on the development of ego structure: A comparison of child and adult cases", en H.B. Levine (ed.), *Adult Analysis and Childhood Sexual Abuse*, Hillsdale, NJ, Analytic Press, 1990, pp. 93-115.

Siegel, B., "Personal communication", 1992.

Siegel, D.J. (ed.), *Childhood Memory*, Proceedings of Institute IV, American Academy of Child and Adolescent Psychiatry, San Antonio, 29 de octubre de 1993.

Silber, A., "Childhood seduction, parental pathology and hysterical symptomatology: The genesis of an altered state of consciousness", *International Journal of Psycho-Analysis*, 60, 1979, pp. 109-116.

Silvio, J., "An analyst's first encounter with M.P.D: Struggling with dissociation and multiplicity in theoretical and technical orientation", 37th Annual Meeting of American Academy of Psychoanalysis, San Francisco, 20 al 23 de mayo de 1993.

Simon, B., "'Incest-see under Oedipus complex': The history of an error in psychoanalysis", *Journal of the American Psychoanalytic Association*, 40, 4, 1992, pp. 955-988.

Singer, J. (ed.), *Repression and Dissociation*, Chicago, University of Chicago Press, 1990.

Sonnenberg, S.M., A.S. Blank y J.A. Talbott, *The Trauma of War: Stress and Recovery in Vietnam Veterans*, Washington D.C., American Psychiatric Press, 1985.

Spencer, J., "Father-daughter incest", *Child Welfare*, 57, 1978, pp. 581-590.

Spiegel, D., "Multiple personality as a post-traumatic stress disorder", *Psychiatric Clinics of North America*, 7, 1, 1984, pp. 101-110.

_____, "Hypnosis, dissociation and trauma", J. Singer (ed.), *Repression and Dissociation*, Chicago, University of Chicago Press, 1990, pp. 121-142.

Spiegel, H., "The dissociation-association continuum", *Science and Psychoanalysis*, 6, 1963, pp. 152-159.

_____, "Hypnosis and evidence: Help or hindrance?", *Annals of the New York Academy of Science*, 347, 1980, pp. 73-85.

Spitz, R., "Hospitalism: An inquiry into the genesis of psychiatric conditions in early childhood", *Psychoanalytic Study of the Child*, 1, Nueva York, International Universities Press, 1945, pp. 53-74.

_____, "Hospitalism: A follow-up report", *Psychoanalytic Study of the Child*, 2, Nueva York, International Universities Press, 1946, pp. 113-117.

Squire, L.R., "Mechanisms of memory", *Science*, 232, 1986, pp. 1612-1619.

_____, *Memory and Brain*, Nueva York, Oxford University Press, 1987.

_____, "Declarative and non-declarative memory: Multiple brain systems supporting learning and memory", *Journal of Cognitive Neuroscience*, 4, 3, 1992, pp. 232-243.

Steele, B., "Parental abuse in infants and small children", en T. Benedek (ed.), *Parenthood*, Boston, Little Brown, 1970, pp. 449-457.

_____, "Psychodynamic factors in child abuse", en *The Battered Child*, C.H. Kempe y R. Helfer (ed.), 3ra ed., Chicago, University of Chicago Press, 1980, pp. 49-85.

_____, "Long-term effects of sexual abuse in childhood", en P. Mrazek y C.H. Kempe, *Sexually Abused Children and their Families*, Nueva York, Pergamon Press, 1981, pp. 223-234.

_____, "Some sequelae of the sexual maltreatment of children", en H.B. Levine (ed.), *Adult Analysis and Childhood Sexual Abuse*, Hillsdale, NJ, Analytic Press, 1990, pp. 21-34.

Stekel, W., "Ueber coitus im Kindesalter", *Wiener Medizinische Blatter*, 18, 16, 1895, pp. 247-249.

Steward, M.S., "Preliminary findings from the University of California, Davis, Child Memory Study: Development and testing of interview protocols for young children", en número especial sobre la memoria en niños y adultos de *The Advisor, Journal of the American Professional Society on the Abuse of Children*, 5, 3, pp. 11-13. Reimpreso con permiso en D.J. Siegel (ed.), *Childhood Memory*, Proceedings of Institute IV, American Academy of Child and Adolescent Psychiatry, San Antonio, 29 de octubre de 1992.

_____, "Understanding children's memories of medical procedures: 'He didn't touch me and it didn't hurt!'", *Memory and Affect in Development: The Minnesota Symposium on Child Psychology*, vol. 26, Hillsdale, NJ, Lawrence Erlbaum, 1993, pp. 171-225.

Summit, R.C., "Misplaced attention to delayed memory", en número especial sobre la memoria en niños y adultos de *The Advisor, Journal of the American Professional Society on the Abuse of Children*, 5, 3, pp. 21-25. Reimpreso en D.J. Siegel (ed.), *Childhood Memory*, Proceedings of Institute IV, American Academy of Child and Adolescent Psychiatry, San Antonio, 29 de octubre de 1992.

Symington, N., *Narcissism: A New Theory*, Londres, Karnac, 1993.

Terr, L., "Chowchilla revisited: The effects of psychic trauma four years after a school bus kidnapping", *American Journal of Psychiatry*, 140, 1983, pp.1543-1550.

_____, "What happens to early memory of trauma?", *Journal of the American Academy of Child and Adolescent Psychiatry*, 27, 1988, pp. 96-104.

_____, "Childhood traumas: An outline and overview", *American Journal of Psychiatry*, 148, 1991, pp. 10-20.

_____, "Psychological defenses and memories of childhood trauma", en D.J. Siegel (ed.), *Childhood Memory*, Proceedings of Institute IV, American Academy of Child and Adolescent Psychiatry, San Antonio, 29 de octubre de 1993.

_____, *Unchained Memories*, Nueva York, Basic Books, 1994.

Thigpen, C.H. y H. Cleckley, *The Three Faces of Eve*, Nueva York, McGraw Hill, 1957.

Tulving, E., "Episodic and semantic memory", en E. Tulving y W. Donaldson *Organization of Memory*, Nueva York, Academic Press, 1972, pp. 381-403.

Tustin, F., "Autistic shapes", *International Review of Psycho-Analysis*, 11, 1984, pp. 279-290.

_____, *Autistic Barriers in Neurotic Patients*, New Haven, Yale University Press, 1986.

Vaillant, G., "Repression in college men followed for half a century", en J.L. Singer, *Repression and Dissociation*, Chicago, University of Chicago Press, 1990, pp. 259-273.

Van der Kolk, B., *Psychological Trauma*, Washington D.C., American Psychiatric Press, 1987.

_____, "The compulsion to repeat the trauma", *Psychiatric Clinics of North America*, 12, 1989, pp. 389-411.

Wallerstein, J.S. y J. Kelly, *Surviving the Breakup*, Nueva York, Basic Books, 1980.

Watkins J.G. y H.H. Watkins, "Ego state therapy", en L.E. Abt e I.R. Stuart (eds.), *The Newer Therapies: A Source Book*, Nueva York, Van Nostrand Holt, 1982, pp. 127-155.

_____, "Hazards to the therapist in the treatment of multiple personalities", *Psychiatric Clinics of North America*, 7, 4, 1984, pp. 111-119.

Westerlund, E., *Women's Sexuality After Childhood Incest*, Nueva York, Norton, 1992.

White, S. y K. Quinn, "Investigatory independence in child sexual abuse evaluations: Conceptual considerations", *Bulletin of the American Academy of Psychiatry and Law*, 16, 3, 1988, pp. 269-278.

Wilbur, C.B., "Multiple personality and child abuse", *Psychiatric Clinics of North America*, 7, 1984, pp. 3-7.

Williams, L.M., "Adult memories of childhood sexual abuse: Preliminary findings from a longitudinal study", en número especial sobre la memoria en niños y adultos de *The Advisor, Journal of the*

American Professional Society on the Abuse of Children, 5, 3, pp. 19-20. Reimpreso con permiso en D.J. Siegel (ed.), *Childhood Memory*, Proceedings of Institute IV, American Academy of Child and Adolescent Psychiatry, San Antonio, 29 de octubre de 1992.

Winer, R., "The role of transitional experience in healthy and incestuous families", J.S. Scharff (ed.), *Foundations of Object Relations Family Therapy*, Northvale, NJ, Jason Aronson, 1989, pp. 357-384.

_____, *Ethics Curriculum*, Washington D.C., Washington Psychoanalytic Institute, 1993.

Winnicott, D.W., "Primitive emotional development", *International Journal of Psycho-Analysis*, 26, 3 y 4, 1945, pp. 137-143.

_____, "Transitional objects and transitional phenomena", en *Collected Papers: Through Paediatrics to Psycho-Analysis*, Londres, Tavistock, 1951a, pp. 229-242.

_____, "Primary maternal preoccupation", en *Collected Papers: Through Paediatrics to Psycho-Analysis*, Londres, Tavistock, 1958, 1956, pp. 145-156.

_____, "Collected Papers", en *Through Paediatrics to Psycho-Analysis*, Londres, Tavistock, 1958.

_____, "The theory of the parent-infant relationship", en *The Maturational Processes and the Facilitating Environment*, Londres, Hogarth, 1975, 1960a, pp. 37-55.

_____, "Ego distortion in terms of true and false self", en *The Maturational Processes and the Facilitating Environment*, Londres, Hogarth, 1975, 1960b, pp. 140-152.

_____, "The development of the capacity for concern", en *The Maturational Processes and the Facilitating Environment*, Londres, Hogarth, 1975, 1963a, pp. 56-63.

_____, "Communicating and not communicating leading to a study of certain opposites", en *The Maturational Processes and the Facilitating Environment*, pp. 179-192, Londres, Hogarth, 1975, 1963b.

_____, *Therapeutic Consultations in Child Psychiatry*, Londres, Hogarth, 1971.

Yapko, M.D., "Memories of the future: Regression and suggestions of abuse", en J. Zeig (ed.), *Ericksonian Methods*, Nueva York, Brunner/Mazel, 1993, pp. 225-230.

_____, *Suggestions of Abuse: True and False Memories of Childhood Sexual Trauma*, Nueva York, Simon & Schuster, 1994.